新时代中国区域经济前沿问题系列丛书

我国区域协调发展与
区域新格局构建研究

WOGUO QUYU XIETIAO FAZHAN YU
QUYU XINGEJU GOUJIAN YANJIU

孙久文◎著

经济管理出版社
ECONOMY & MANAGEMENT PUBLISHING HOUSE

图书在版编目（CIP）数据

我国区域协调发展与区域新格局构建研究/孙久文著.—北京：经济管理出版社，2024.1
ISBN 978-7-5096-9388-9

Ⅰ.①我…　Ⅱ.①孙…　Ⅲ.①区域经济发展—协调发展—研究—中国　Ⅳ.①F127

中国国家版本馆 CIP 数据核字（2023）第 204962 号

责任编辑：申桂萍
助理编辑：张　艺
责任印制：张莉琼
责任校对：陈　颖

出版发行：经济管理出版社
　　　　　（北京市海淀区北蜂窝 8 号中雅大厦 A 座 11 层　100038）
网　　址：www. E-mp. com. cn
电　　话：（010）51915602
印　　刷：唐山昊达印刷有限公司
经　　销：新华书店
开　　本：720mm×1000mm/16
印　　张：20
字　　数：386 千字
版　　次：2024 年 1 月第 1 版　　2024 年 1 月第 1 次印刷
书　　号：ISBN 978-7-5096-9388-9
定　　价：98.00 元

目　录

第一篇　区域协调发展研究

第二篇　区域发展新格局构建研究

第三篇 区域重大战略研究

第一篇

区域协调发展研究

第一章 区域协调发展的机制与空间特征

第一节 我国区域空间的百年嬗变[*]

——庆祝中国共产党成立 100 周年之空间变革

　　1921 年中国共产党成立，这对于刚刚推翻封建统治的中国来说是地平线上的一道曙光。时光荏苒，百年之后的中国，已经是世界第二大经济体，屹立在世界的东方。建党百年，我国区域空间发生了巨大变化。从空间变革看中国共产党领导中国人民走过的百年征程，是认识百年中国的一个重要的窗口，也是对百年区域空间发展的总结和凝练。

一、胡焕庸线两侧的百年空间流变

　　1921~1949 年，在中国共产党成立后的 28 年间，中国一直是处于战乱和反侵略战争的状态，沿海地区现代工业和城市的发展与内陆地区传统农业和农村发展的停滞形成了鲜明的对比。1935 年，中国地理学家胡焕庸先生按照人口密度把我国划分为东南半壁和西北半壁两个部分，首次提出"瑷珲—腾冲线"。当时的中国国土面积为 1100 多万平方千米，东南半壁和西北半壁面积比重约为 36%和 64%，人口比重为 96：4[①]。这条线后被称为"胡焕庸线"，是我国"东南地

---

　　[*]　本文原载于《齐鲁学刊》2021 年第 5 期。
　　[①]　孙大权：《中国经济史学的新探索——民国经济学术史中的胡焕庸》，《贵州社会科学》2016 年第 9 期。

·3·

狭人稠、西北地广人稀"人口分布格局的真实写照,也是对中国国土空间构成的基本认知。它的重要意义在于第一次明确了中国人口的空间分布特征,也指明了背后存在的自然条件以及经济活动的空间差异,充分体现了地理学的综合性、区域差异以及空间布局研究的特色[1]。

(一) 胡焕庸线两侧的人口分布

胡焕庸线与多条重要的自然地理分界线相重合,是人口分布乃至人文地理的分界线。胡焕庸线不仅展示了中国人口分布差异情况,更在于其揭示了中国资源环境基础的区域差异特征[2],展示了经济社会的发展状态。因此,改变分布不合理的区域空间格局是中华人民共和国成立初期的一项重要任务。

在中国共产党成立百年之后,当今中国版图东南半壁、西北半壁面积比重约为44%、56%①。胡焕庸线两侧的人口分布格局基本未发生改变,这主要是因为胡焕庸线本质上是反映生态环境梯度的变化[3],生态环境上的差异能够极大影响人类居住范围,在居住地不变的情况下,改变自然环境成本高昂且无实际意义,所以导致人口分布格局不易打破。然而,胡焕庸线两侧的经济和社会发展的内涵发生了巨大的变化,国土空间与人口生存质量的变化可以说是天翻地覆。特别是最近10多年来,中国进入了一个高质量发展的阶段,总体来看,胡焕庸线东南侧人口数显著高于西北侧人口数(见图1-1)。

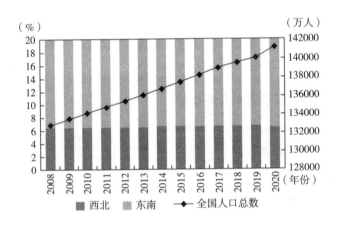

图1-1 2008~2020年胡焕庸线两侧人口数及总数

注:人口占比仅显示前20%的水平,未显示的80%均为东南侧占比。

资料来源:《中国统计年鉴》相关年份数据与七普数据。

---

① 罗国芬:《胡焕庸线背后的真命题》,《探索与争鸣》2016年第1期。

相较于 2008 年，2020 年我国各省份人口分布格局并未发生明显改变，说明打破胡焕庸线"魔咒"的难度较大，仍需通过多项举措逐渐突破人口分布限制。其中，2020 年，广东、山东、河南、江苏、四川人口数高于 8000 万人，占比分别为 8.92%、7.19%、7.04%、6.00%、5.93%；河北、湖南、浙江、安徽、湖北人口数高于 5700 万人，占比分别为 5.29%、4.71%、4.57%、4.32%、4.09%[1]。上述十个省份 2008 年人口占比为 56.52%，2020 年为 58.06%[2]。由此可见，十多年来我国人口始终集中于广东、山东、河北、四川等省份，产生人口集聚现象，这主要与区位禀赋传统差异和地区发展差距等因素有关。

（二）胡焕庸线两侧空间经济与人均收入

在中国共产党的领导下，近年来胡焕庸线两侧的经济发展水平都显著提高，经济社会发展正迈向高收入国家行列。2020 年，广东、江苏、山东地区生产总值最高，分别为 110760.94 亿元、102719 亿元、73129 亿元；浙江、河南地区生产总值分别为 64613 亿元、54997 亿元；四川、福建、湖北、湖南、上海、安徽、河北、北京等地区生产总值均高于 36000 亿元；甘肃、海南、宁夏、青海、西藏地区生产总值低于 10000 亿元。考虑到人均地区生产总值，胡焕庸线两侧的差异也仍较大[3]。2020 年，各省人均地区生产总值差距较大，最高的北京为 164904 元，最低的甘肃为 36038 元，绝对差值达 128866 元，有进一步扩大的趋势[4]。具体而言，北京、上海、江苏、福建、天津、浙江人均地区生产总值突破十万元大关；其次为广东、重庆、湖北、内蒙古、山东人均地区生产总值高于 70000 元；河北、贵州、广西、黑龙江、甘肃人均地区生产总值最低，低于 50000 元[5]。

胡焕庸线两侧的经济发展程度是根据其人口分布、资源环境承载力等诸多因素综合决定的。胡焕庸线两侧国土空间开发保护定位是以经济社会发展中的地位出发的：胡焕庸线东南侧总体为一般开发区域、优化开发区域，是先发地区和资源环境承载力较强、鼓励对其进行开发的区域；胡焕庸线西北侧普遍为禁止开发区域、限制开发区域，是自然资源保护区和生态功能区。此外，西北侧还有部分重点开发区，是目前具有较为丰富的资源贮藏和发展潜力的地区。

胡焕庸线也是我国居民人均可支配收入的分界线。2020 年，全国居民人均

---

① ③ ④ ⑤ 资料来源：根据 2020 年全国 31 个省市自治区经济运行情况整理得到。

② 资料来源：根据 2009 年《中国统计年鉴》和 2020 年全国 31 个省份经济运行情况整理得到。

可支配收入为 32200 元①, 位于胡焕庸线东南侧的上海、北京、浙江、天津、江苏、广东、福建、山东、辽宁高于全国平均水平, 胡焕庸线西北侧仅有内蒙古人均可支配收入接近平均值。由此可以看出, 胡焕庸线东南侧居民人均可支配收入显著高于胡焕庸线西北侧居民人均可支配收入。与之相联系, 胡焕庸线两侧居民消费水平的差异较为明显, 同样呈现东南地区高于西北地区的绝对趋势。2020 年, 上海居民消费水平最高, 达到 42536 元, 是唯一突破 4 万元的省市; 其次为北京、浙江、广东、天津、江苏、福建居民消费水平高于 25000 元; 居民消费水平最低的是贵州和西藏, 低于 15000 元②。

(三) 胡焕庸线两侧城镇化水平

中国的城镇化水平在中国共产党成立的 20 世纪初大致为 12%, 到 2020 年上升为 63.89%, 约上升了 52 个百分点。城镇化水平的提高不仅会促使农民转移就业增加收入, 享受更好的公共服务, 而且扩大内需, 刺激消费潜力和基础设施、公共服务等投资需求, 还可以推动产业结构转型, 推动社会分工细化、三次产业联动发展。中国城镇化水平的提高, 是中国共产党领导中国人民取得社会主义经济建设成就的一个生动写照。

胡焕庸线的东南侧各省份绝大多数城镇化水平高于全国平均水平; 而这条线的西北侧各省份, 绝大多数低于全国平均水平[4]。2008~2020 年, 我国城镇人口比重逐年上升 (见图 1-2)。

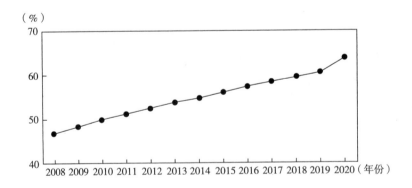

图 1-2   2008~2020 年全国城镇人口比重

资料来源: 根据历年《中国统计年鉴》整理。

---

①② 资料来源: 根据 2020 年全国 31 个省、市、自治区经济运行情况整理得到。

根据第七次全国人口普查数据，城镇化水平由 2008 年的 46.99% 上升至 2020 年的 63.89%，年均增长率为 2.39%①。我国城镇人口比重较高的省份逐渐由东部地区和东北地区转向东南部沿海地区。2020 年，总体位于胡焕庸线东南侧的上海、北京、天津、广东、江苏、浙江、辽宁、重庆、福建、山东、湖北、黑龙江以及位于胡焕庸线西北侧的内蒙古城镇人口比重高于全国平均水平，这一情况同 2008 年的水平类似，仅在城镇化水平的排名位次上发生一定波动。

根据城镇化的阶段划分，城镇人口比重低于 30% 为城镇化初期，在 30%~70% 为城镇化中期，高于 70% 则为城镇化后期。根据各省 2020 年经济运行情况可知，上海、北京、天津处于城镇化后期，其他地区均处于城镇化中期，但西藏、甘肃、云南、贵州城镇化水平明显偏低，低于 50%。由此可见，近年来，我国各省份城镇化率总体提高，城镇人口比重较高的地区由东部向东南部转移。

就规划建设的城市群来看，目前我国大部分城市群集中于胡焕庸线的东南侧，但有向西北侧倾斜的趋势。2015 年 3 月至 2018 年 3 月，国务院先后批复了九个国家级城市群，有七个位于胡焕庸线东南侧。由此可见，胡焕庸线东南侧城市联系程度和发育程度较高，具备形成国家级城市群的条件和基础。2018 年以来，随着我国全方位开放的推进、"一带一路"节点城市建设，胡焕庸线西北侧城市群发展受到关注。2019 年，习近平总书记提出黄河流域生态保护与高质量发展，这一国家战略囊括胡焕庸线西北侧多个省份，为促进西北侧各省份生态文明建设与绿色高质量发展提供了基本思路。此后，"十四五"规划以城市群发展为思路，将我国 19 个城市群划分为三类②，逐渐形成疏密有致、分工协作、功能完善的城镇化空间格局。

百年流变，中华大地万象更新。当前，中国区域空间发展战略逐步完善、体系健全，胡焕庸线虽然可能仍然是客观存在的基本事实，但是随着西北侧人口集聚水平提升、生活水平改善、城镇化水平提高，胡焕庸线的学理内涵可能会随之有着更深层次的改变，这也需要继续坚持在党的领导下有序合理地开展区域空间调整，为人民谋幸福、为民族谋复兴。

---

① 资料来源：国家统计局，第七次全国人口普查主要数据情况，访问地址：http://www.stats.gov.cn/tjsj/zxfb/202105/t20210510_1817176.html。

② "十四五"规划指出，要以促进城市群发展为抓手，加快形成"两横三纵"城镇化战略格局。优化提升京津冀、长三角、珠三角、成渝、长江中游等城市群，发展壮大山东半岛、粤闽浙沿海、中原、关中平原、北部湾等城市群，培育发展哈长、辽中南、山西中部、黔中、滇中、呼包鄂榆、兰州—西宁、宁夏沿黄、天山北坡等城市群。

二、百年以来的沿海与内陆关系沿革

考察中国区域空间结构，在"胡焕庸线"之后，首先要考察的是沿海与内陆的关系。中华人民共和国成立前经历了长期战乱后，经济基础十分薄弱，生产力分布极不平衡，工业主要集中于东部沿海地区。东部沿海大城市是当时中国区域经济的中心，全国工业总产值的77%以上集中在不到国土面积12%的东部沿海地区，其中仅天津、辽宁、上海三个省市占沿海地区工业总产值比重高于55%，而其余地区如西部等几乎没有现代工业。在此背景下，要尽快改变生产力分布极端不合理的情况，实现社会生产和再生产链条的完善也需要内陆地区参与经济生产建设，利用地区自然资源优势形成相应的主导产业以推动本地经济增长，这对我国的发展具有重要作用。

（一）均衡发展与"三线建设"

中华人民共和国成立后的国际政治经济形势变化深刻影响着我国区域经济发展的空间格局。朝鲜战争、中苏关系紧张、越南战争等一系列国际冲突与矛盾直接刺激中国意识到要尽快处理好北部和南部存在的各种可能威胁，也要尽快培植建立抵抗外部经济封锁的内在实力。值此背景，中央在详细评估国际复杂国际形势后，提出了加快三线战略后方建设、积极备战、准备打仗的思想[5]。

从"一五"计划开始，我国区域空间发展是以均衡发展为思想，逐渐调整区域空间布局并向西推进。在这一过程中，主要以财政收入划拨和计划指令倾斜两种方式保证均衡发展战略的顺利进行。一方面是要求沿海相对发达地区上缴更多的财政收入，通过转移支付以补贴西部内陆地区；另一方面是通过制订计划，如五年发展计划等保障投资与基础设施建设向西部倾斜的力度。到改革开放前，均衡发展战略显著促进了中西部内陆地区发展，拓展了生产力发展空间，有力促进缩小区域发展差距，基本建成以重工业为主的产业体系，扶持内陆地区近乎形成全产业链，更是为中西部地区未来经济发展奠定了坚实的战略基础。从投资总量看，"一五"时期和三线建设时期为内陆地区带来了数千亿元资金，在促进重工业产业体系建立起来的基础上，建设了大批国有企业和科研单位，为内陆的工业化发展奠定了基础。在举国上下的共同努力下，我国内陆工业总产值占全国工业产值的比重稳步上升，从1952年的30.6%上升到1978年的39.1%[①]，基本改变了中华人民共和国成立前遗留下来的极不平衡的产业布局状况。但当时的均衡

---

① 资料来源：根据《新中国六十年统计资料汇编》整理得到。

发展战略也带来一些问题，主要是因为当原本在东部地区利润更高的产品或效益更大的产业链转移到中西部内陆地区生产后，由于内陆地区配套设施、经济基础、自然环境各方面相对落后，相应的产品或产业链并未发挥实际价值，即在公平和效率这一问题上过于偏向公平而导致效率缺失，从而浪费了一定资源，更在客观上也限制了东部地区的发展。

1978 年召开的党的十一届三中全会做出了将全党工作重心转移到以经济建设为中心的社会主义现代化建设上来的重大战略决策。国家战略总体上从过去的"以阶级斗争为纲"转变到"以经济建设为中心"上来，实行改革开放。如何扩大开放，打破生产力和资源制约成为当时探讨的重点，解决方案之一是通过分层次和分阶段发展区域经济，通过发展沿海等经济基础更好的地区，待其发展到一定程度后再带动内陆地区发展，这也就是"先富带后富、实现共同富裕"的战略构想。至此，均衡发展战略转变为非均衡发展战略，我国随后设立了五大经济特区和 14 个沿海开放城市，逐渐形成了沿海地区率先发展的格局。

（二）沿海与内陆发展差距的形成

"沿海"是指辽宁、河北、天津、山东、江苏、上海、浙江、福建、广东、广西等邻海省份，其余则属于内陆。1978 年改革开放之后，以追求经济发展效率和向沿海地区倾斜的非均衡发展战略成为主导中国区域空间发展的战略。从"六五"时期全国基本建设投资看，沿海地区所占比重由"五五"时期的42.2%提高到47.7%，内陆则由50%下降到46.5%，这一趋势在"七五"期间进一步强化。沿海地区凭借其区位优势、政策倾斜和自身禀赋条件，迅速成为吸引外资和经济集聚的高地，直接成为带动国家经济发展的主要动力。经过10 多年的持续快速发展，沿海地区已经成为保持中国经济强劲增长势头的重要力量和增长极，并在经济集聚力的作用下形成了长江三角洲、珠江三角洲和环渤海经济圈[①]。

虽然沿海地区凭借政策优惠带动国民经济发展，但也直接导致中西部内陆地区无法基于比较优势参与生产竞争或吸引外资，导致西部地区发展滞后，东西差距不断拉大。地区间矛盾和摩擦也在不断加剧。随着改革开放后国家不再以计划命令规定各省的发展方向，而是各省依托本省水平和禀赋设计自身发展路径，这种主动权的提高伴随着本省效益和权益的随之增长而产生严重的贸易壁垒问题，地方保护主义横行引发地区间矛盾与贸易摩擦，更限制了国内统一市场的形成，

---

① 现为与之相应的长三角一体化、粤港澳大湾区和京津冀协同发展战略。

拉大区域发展差距。此外，区域经济非均衡发展战略的实施举措不完善还导致区域产业结构趋同、区域利益冲突、过度追求经济增长、忽视资源环境保护等诸多矛盾和问题。

（三）东、中、西三大地带的形成与发展

改革开放初期，我国的经济技术发展较为落后，各地区在工农业生产、交通运输、科学技术、经营管理、人均国民收入水平，以及城乡结合、各种自然资源开发利用程度等方面都还存在着较大差别的情况下，党中央审时度势，按照客观规律将我国空间结构划分成不同发展水平的三大经济地带，即经济发达的东部沿海地带、经济发展程度居中的中部地带和经济欠发达的西部地带，这是对沿海与内陆关系的进一步细化和突破。

正确处理东、中、西三个经济地带的关系，充分发挥各自优势，进一步提升相互的横向经济联系，把东部地区的发展和中、西部地区的开发结合起来，使经济全面振兴，人民共同富裕，是我国区域经济发展的基本指导思想，反映了党中央多年来形成的实事求是和分类指导的总的经济发展方针。三个地带划分的理论是在沿海与内陆两分法的基础上根据新的区域特征进行了重新划分，是区域经济发展理论的重大创新。但是，东、中、西三大经济地带的差异，必然造成工业生产远离原材料、燃料产地，延长运输距离，增加运输成本。西部地区将始终处于原材料产地的地位，加工业很难发展起来，贫困落后的面貌很难得到改变。东部沿海地区将受西部地区原材料供应的制约，经济发展势必受到影响，这非常不利于我国东、西部地区的协调发展，严重影响我国经济发展的步伐。

摆正三大经济地带在我国经济发展中所处的地位，处理好其相互关系是我国经济社会发展战略的实质所在。明确各地带经济技术发展优势和方向，选择好建设重点：充分发挥三大地带之间优劣互异的条件，按照扬长避短、形式多样、互惠互利、共同发展的原则，大力加强横向经济联系，促进资金、设备、技术、人才的合理交流和经济结构、地区布局的合理化，对促进国民经济发展具有重要作用。但是，三大地带的发展水平也存在着显著差距，1979~1992年，中国东部与中部地区间人均国内生产总值的相对差距由31.1%上升到43.5%，而东部与西部地区间的相对差距则由43.3%增加到49.9%，二者分别扩大12.4个和6.6个百分点[1]。

---

① 魏后凯：《新中国60年区域发展思潮的变革与展望》，《河南社会科学》2009年第4期。

三、进入 21 世纪的空间结构鼎新

进入 21 世纪,随着人民生活水平的不断提高和改革开放的不断推进,极大促进了我国对外交流,区域空间结构开始出现了诸多变化。中国共产党领导中国人民从发展实际需要出发,对我国区域发展战略和区域空间结构与布局都进行了方向性的调整。

(一)从非均衡发展到协调发展的战略转变

改革开放以后,非均衡发展战略进一步凸显了东部同其他地区的发展差距,面对东西差距的不断扩大,明确新的区域发展战略就成为紧要任务,以协调发展为思路指导我国区域空间发展成为进入 21 世纪以来的主角,在新时代下仍然发挥着重要作用。区域协调发展战略的产生可以追溯至 1999 年西部大开发战略确立,这是体现我国开始向实施区域协调发展战略转变的重要标志。此后,"十一五"规划全面阐述区域协调发展,并明确区域发展总体战略为"坚持实施推进西部大开发、振兴东北地区等老工业基地、促进中部地区崛起、鼓励东部地区率先发展",至此,区域协调发展战略成为指导我国区域空间格局的重要指示精神,后续城市群发展规划等一系列内容均是在此基础上补充和拓展协调发展的理论和实践内涵。

党的十七大报告进一步高度概括区域发展总体战略,将原先表述更新为"深入推进西部大开发,全面振兴东北地区等老工业基地,大力促进中部地区崛起,积极支持东部地区率先发展",这是对未来区域发展的新要求,具有一定指向性。党的十八大以来,我国着力推进区域协调发展,形成以"一带一路"建设、京津冀协同发展、长江经济带发展三大战略为引领,统筹推进区域发展总体战略,区域协调发展水平不断提高。党的十九大报告进一步强调实施区域协调发展战略,并将四大板块发展确定为"强化举措推进西部大开发形成新格局,深化改革加快东北等老工业基地振兴,发挥优势推动中部地区崛起,创新引领率先实现东部地区优化发展"。此后,2018 年《中共中央　国务院关于建立更加有效的区域协调发展新机制的意见》发布,指出要以"一带一路"建设、京津冀协同发展、长江经济带发展、粤港澳大湾区建设等重大战略为引领,以西部、东北、中部、东部四大板块为基础,促进区域间相互融通补充。以"一带一路"建设助推沿海、内陆、沿边地区协同开放,以国际经济合作走廊为主骨架加强重大基础设施互联互通,构建统筹国内国际、协调国内东中西和南北方的区域发展新格局。在面对百年未有之大变局的背景下,"十四五"规划继续强调要优化区域经济布

局、促进区域协调发展，指明了深入实施区域协调发展战略，要深入推进西部大开发、东北全面振兴、中部地区崛起、东部率先发展，支持特殊类型地区加快发展，在发展中促进相对平衡，这对构建高质量发展的区域经济布局具有重要作用[6]。

（二）"四大板块"空间结构的形成与发展

"十一五"规划在"三大地带"划分的基础上对我国区域发展的空间格局进一步细化，开始实行"四大板块"划分方式。在完善"十五"时期相继实施的区域发展战略的基础上，提出了"坚持实施推进西部大开发，振兴东北地区等老工业基地，促进中部地区崛起，鼓励东部地区率先发展"的区域发展总体战略。相较三大地带的划分，"四大板块"战略是对既有划分方式的进一步升级和优化，致力于实现各地区的共同发展和繁荣，是全面完整的区域发展战略。东部率先、西部开发、中部崛起和东北振兴"四大板块"的区域发展格局，与局域性发展战略相比，涉及地域空间范围更广、合作内容更全。

1. 西部大开发

1999 年 9 月，实施西部大开发战略首次提出并强调这是直接关系到扩大内需，促进经济增长，关系到东西部协调发展和最终实现共同富裕的重大问题，上升到了重要战略高度。由于西部地区地理环境特殊，无法充分发挥资源禀赋优势以促进民生改善和经济发展，需要通过在国家战略的帮扶和指导下从基础设施、工程建设、资金技术等方面努力改善其发展困境。1999~2008 年，西部地区经济增速从原先的 4.82%上升至 22.91%，直观反映出西部地区发生了巨大变化，同时全社会固定资产投资在十年间增长了 5.8 倍，年均增长高达 23.8%，增速位居四大板块之首①。高速增长的投资推动西部地区经济社会进入快速发展时期，特别是进入 21 世纪以来，西部地区经济增速位居全国前列，增速位居全国前三的省份分别为西藏、贵州、云南，均来自西部地区。

虽然西部大开发取得诸多成效，改变了地区绝对落后的局面，但同其他地区相比，西部地区的基础设施、产业结构、供需结构等仍具有较大的待改进空间[7]。2020 年，《中共中央 国务院关于新时代推进西部大开发形成新格局的指导意见》发布，指出要推动西部地区形成大保护、大开发、高质量发展的新格局，指明了新时代西部大开发的新方向、新要求和新思路，更是在当前百年未有之大变局下立足西部地区的实际发展水平而制定的全局性新动向，对未来西部地

---

① 资料来源：根据历年《中国统计年鉴》整理得到。

区发展具有格外的重要意义。

2. 振兴东北

东北老工业基地是我国工业的摇篮，具有雄厚的工业基础和巨大的发展潜力。20世纪90年代以前，东北地区一直是我国工业经济最发达的地区之一，为国家经济建设做出巨大贡献，但由于改革开放后市场经济同本地体制机制的不相匹配，导致东北地区发展速度减缓，甚至出现负增长。

"十一五"规划曾指出，"东北地区要加快产业结构调整和国有企业改革改组改造，在改革开放中实现振兴"。围绕这一思路，东北地区以加快东北等老工业基地振兴为主要内容，积极扭转地区经济增长为负的衰退态势，通过完善体制机制，深入推进"放管服"改革，积极创造开放、包容、法制的政策与市场环境，着力优化营商环境。同时，党的十九大报告明确提出，要深化改革加快东北等老工业基地振兴；"十四五"规划中也指出要推动东北振兴取得新突破。东北地区要以推动新旧动能转换实现高质量发展为目标，更加注重激发内生动力，更加注重分类精准施策，推动已出台的各项政策举措落地生根，结合新时代新要求研究新的支持东北振兴的政策，推动东北地区依靠更大力度的改革创新更好发挥自身优势，加快振兴步伐。2020年，面对新冠肺炎疫情的冲击，东北三省经济增长均为正，吉林省增速最高为2.4%[①]，其他主要经济指标基本平稳，经济发展总体持续呈现回升态势。

3. 中部崛起

中部地区主要包括山西、河南、湖北、湖南、安徽、江西6省，是连接东西两大板块的重要过渡带。2006年，有关中部崛起的一系列政策文件接连出台，"十一五"规划也指出中部地区要通过在推进工业化和城镇化、提升产业层次、承东启西中发展优势实现崛起。此后，关于中部崛起的具体实施方法和比照西部大开发和东北振兴的具体细则陆续发布，有力促进了中部地区发展。

中部地区右邻东部沿海地区，独特的地理位置决定其在改革开放初期既不是开放战略下的优先发展区域，也不是承接国外产业转移的重地。在这种背景下，中部地区还是凭借着中华人民共和国成立以来三线建设时期对交通能源、基础工业及国防工业体系的战略性建设基础而得到了较快发展。1978～2020年，中部地区各省经济增速除安徽和河南两省外均低于全国平均水平，整体增速位居全国中等。分阶段看，改革开放和经济转轨期间，特别是在市场经济体制改革后的一段

---

① 资料来源：根据2020年全国31个省份经济运行情况整理得到。

时间，中部地区经济增速位居全国前列，反映出地区经济具有较为强劲的增长实力和潜力。进入新时代以来，面对复杂的国内外形势，虽然山西省经济增速水平处在5%左右的相对较低水平，但是中部地区其余省份均高于平均水平，这一方面是对前一阶段经济增长实力的延续，另一方面更说明中部地区具有经济增长内生动力，能够在百年未有之大变局中继续源源不断地提供高质量原动力。2020年，中部地区生产总值占全国总量比重为21.95%[①]。除2020年受新冠肺炎疫情严重影响地区经济以外，自2015年以来，中部地区的年均地区生产总值增速位居四大板块之首，反映出中部地区已逐渐形成一定的内生动力，但仍需提高经济韧性，提高面对巨大负外部冲击时的抵抗力。

4. 东部率先发展

东部地区包括除广西和辽宁以外的所有沿海地区，独特的区位优势和在过去政策倾斜下获得的良好发展基础，使东部地区成为我国经济发展的重要主体。2020年，东部地区生产总值占全国的比重达到51.93%，比1978年提升了8.3个百分点，同时，东部地区1978~2020年经济增速位居四大板块之首，比中部、西部、东北地区分别高0.37个、0.38个和2.91个百分点[②]。从人均水平看，东部地区更具有绝对领先优势，其中，2020年东部地区人均地区生产总值约为15722.11美元[③]，已高于世界银行定义的高收入国家12736美元的门槛，反映出东部地区居民生活水平和福利待遇已向高收入地区靠拢并领先于其他板块。从各个省份看，福建、广东和浙江三个东南沿海省份抓住改革开放机遇和红利，GDP绝对值增长超过了400倍，从原先经济水平较低的地区成为地区生产总值位居全国前列的重点省份。

东部地区经济发展迅速除了得益于区位优势创造了众多发展机遇以外，还因为东部地区港口运输业独具优势，能够通过发展外向型经济承接国外产业转移和技术转移，依托政策激励和劳动力优势，在改革开放初期成为制造业发展重心，并在国外贸易中年年创造新高。此后，东部地区通过产业转移，集中力量发展高技术产业和服务业，地区产业结构不断优化，成为现代服务业、现代制造业、现代科技创新中心，进一步成为高端、高质量、高水平的经济集聚重地，对推动我国国民经济高质量发展起到了重要作用。

四、开启社会主义现代化新征程的区域空间创新

进入21世纪，面对复杂多变的国际形势和国内宏观环境的新动态，中国空

---

① ② ③　资料来源：根据2020年全国31个省份经济运行情况整理得到。

间布局呈现出新的变化。由于区域发展不平衡一直是我国基本国情，缓解不平衡不充分发展矛盾也成为开启社会主义现代化新征程中的重中之重，通过形成多支点的空间骨架，形成具有增长极效应的城市群体系，以国家战略带动全国经济高质量发展成为当前持续进行和不断深化的有益探索。

（一）空间结构的新特点

1. 多支点的空间骨架逐渐形成

中国区域经济从聚集到扩散，在区域空间上逐步向均衡发展。相对均衡的区域空间结构需要多个战略支点的支撑。改革开放以来，中国空间格局上形成的战略支点主要有：长三角地区、珠三角地区和环渤海地区；中部崛起促成了长江中游地区和中原经济区等新的战略支点的形成；西部大开发促成了成渝经济区和关中—天水经济区等若干新的战略支点的形成。随着中国区域经济的进一步均衡和因城镇化进程加快而形成大面积的城市地区，可能会出现更多的战略支点，如目前形成的包括北部湾经济区、东北中部地区、天山北坡地区、海峡西岸地区等次一级的新战略支点。当前，在经济较发达的长三角、珠三角、京津冀地区，已经完成从单中心支点区域向多中心支点区域转变，开始向网络布局模式转变。例如，长三角地区的一级中心是上海，二级中心是苏州、杭州、南京、宁波，三级中心北翼为无锡、扬州、常州、南通、镇江，南翼是嘉兴、台州、绍兴。多中心模式是未来区域空间的主要发展方向[8]。

2. 产业转移是区域空间变化的主导力量

当前中国区域发展战略是区域发展总体战略与三大战略组成的"4+3"战略，这在"十三五"规划中得到了明确体现。国家实施"4+3"战略的目的是通过各区域的发展缩小地区差距，进一步促进区域协调发展。根据各地区的发展密度、资源环境承载力以及发展潜力，统筹考虑经济、人口、资掘等的分布，"4+3"战略对中国生产力布局优化提出了新的要求。一是各区域的工业布局要与资源环境相协调，对资源环境承载力弱的生态脆弱区应减少工业的分布。二是各区域根据本身的区位条件、资源等布局优势产业的同时，要按照三大战略的要求来发展区域合作，最终实现区域的均衡协调发展。三是进一步明确加快产业转移的方向，通过产业转移进行空间布局的调整已经得到广泛的认同，中西部地区通过承接东部地区的产业转移加快发展，缩小与东部地区的差距是客观要求，但仍需进一步明确产业转移方向。

发展现代产业是打造新的战略支点的核心和关键。产业转移的加速使区域加快形成新的战略支点和新的产业支撑体系。未来中国的新战略支点将主要出现在中西部地区。而在东部地区，随着国家层面各类规划的作用逐步显现，东部地区经济增长方式将由过去较多依赖外部环境的支撑形式，向内生性、集约型的增长方式转变。虽然近几年东部地区全社会固定资产投资增速低于中西部等地区，同时该指标占全国比重也呈现下降的趋势，但是东部地区依然获得了大量的政策资源，同时具有大量的劳动力资源和强劲的消费支撑。在东部地区逐步转为现代服务业为主体的经济区域的情况下，可以预测中国制造业的中心将转到中部地区[9]。

3. 政策平台建设成为推进区域经济发展的重要举措

构建精准性的区域政策体系，建立统一规范、层次明晰、功能精准的区域政策体系，发挥区域政策在宏观调控政策体系中的积极作用。加强与财政、货币、产业、投资等政策的协调配合，突出宏观调控政策的空间属性，提高区域政策的精准性和有效性。优化区域创新与发展平台，实施区域协调发展战略需要培育区域经济新功能，要进一步完善各类发展平台，包括国家级新区、综合配套改革试验区、承接产业转移示范区等具有先行先试的政策优势的区域性平台[10]。加强区域规划的权威性和可操作性，跨行政区的区域协调发展是现阶段最需要加强的部分，协调行政区的利益，做好区域规划与相关规划的衔接配合，真正实现"多规合一"，做到"一张蓝图绘到底"，不因地方政府换届造成政策多变，保持政策连贯性[10]。保障国家和区域的生态、防疫、防灾安全，对于生态安全的认识已经比较统一，区域经济发展中生态安全已经贯穿始终。对于防疫防灾，应当在今后的区域规划、国土开发中充分重视起来。

(二) 优化区域经济布局

2021年通过的"十四五"规划，成为了中国共产党领导中国人民迈向现代化新征程的新起点。对于区域发展，"十四五"规划提出的优化区域经济布局，包括深入实施区域重大战略、深入实施区域协调发展战略和主体功能区战略。这"三大战略"具有导向价值，是推动国民经济发展的重要原动力、不断创新的新机遇。

1. "三大战略"

"十四五"规划中对区域发展的战略规划是：深入实施区域重大战略、区域协调发展战略、主体功能区战略这"三大战略"，健全区域发展体制机制，构建高质量发展的区域经济布局和国土空间支撑体系。

深入实施区域重大战略包括：加快京津冀协同发展、全面推动长江经济带发展、积极稳妥推动粤港澳大湾区建设、提升长三角一体化发展水平、扎实推进黄河流域生态保护和高质量发展。

深入实施区域协调发展战略包括：推动西部大开发形成新格局，重点是从空间上进行创新，建议把西北地区和西南地区分开来进行发展规划，重视西部地区的数字经济发展，克服水资源的发展障碍；推动东北振兴取得新突破，体制机制创新是关键，重点是解决营商环境问题。建议把辽中南作为重点城市群进行重点建设；促进中部地区加快崛起，重点是建设中部的制造业基地，打造中高端产业集群，重点推进高标准建设内陆开放平台；鼓励东部地区加快推进现代化，核心任务是创新引领、率先实现高质量发展，建设社会主义现代化的先行区，建议把建立全方位开放型经济体系作为优先选项。

关于特殊类型区，规划提出：支持革命老区、民族地区加快发展，加强边疆地区建设，推进兴边富民、稳边固边，加快资源枯竭型地区、环境退化地区的发展、欠发达地区发展。

"十四五"规划特别强调了积极拓展海洋经济发展空间，包括：建设现代海洋产业体系，关键是突破核心技术；打造可持续海洋生态环境，提出一个指标是自然岸线不低于35%；深度参与全球海洋治理，表明党比历史上的任何时期都更加重视海洋的治理和开发的参与。重点强调了北极问题、南极问题、海洋立法问题。

2."三大经济区"

"三大战略"中的第三个战略，是主体功能区战略。按照规划，把全部国土划分为三类地区：一是城市化地区，主体功能是高效集聚经济和人口，主要范围是19个城市群。二是农产品主产区，主体功能是生产农产品，基本任务是保护基本农田。三是生态功能区，主体功能是生态环境保护，主要任务是提供生态产品，其范围包括城市地区、农产品主产区之外的地区，覆盖全部国土，包括全部自然保护区。

"三大经济区"于"十四五"规划中正式提出，表明了国土空间治理的目标主要是在重塑与调整空间格局的基础上实现国土空间的主体功能明显、优势互补和高质量发展，在高效归类和利用国土空间的过程中推进区域协调发展和新发展格局建设。其中，城市化地区基本涵盖了国土空间内经济发展水平较高或者发展潜力大的地区；农产品主产区主要是保证国家粮食安全的重要主体；生态功能区是提供生态产品、保护物种多样性和野生生物生存的自然保护地[11]。

从个体看，城市化地区要加强经济集聚与人口集聚，加快转变经济增长方式和动力；农产品地区要进一步强化国家粮食安全责任意识，明确永久基本农田保护红线不可逾越的原则意识，在以保护为主、开发为辅的基本原则下实施乡村振兴发展战略；生态功能区是要完善生态文明建设与可持续发展，划定生态保护红线和生态保护空间。从整体看，"三大经济区"建设一是要优化基础设施建设，促进基本公共服务均等化与通达程度提高，保证各区域人民生活水平相对平衡；二是城市化地区要同农产品地区和生态功能区建立沟通有效的合作制度，在城乡一体化和城市集聚化过程中保护耕地与生态环境，满足人民日益增长的美好生活需要；三是农产品地区在农业生产中要加强科技兴农和富农意识，通过与城市化地区的科技合作，建设标准化农田、智慧化农业和现代化示范基地，以乡村振兴建设美丽农业生产园区；四是生态功能区在保护生态环境中逐渐引导人口转移外迁至城市化地区，加大保护和修复生态系统，基于地区特色建立具有差异化的国家公园等自然保护体系；五是农产品地区和生态功能区要加强区内人口素质和劳动力基本服务质量，促进新兴旅游休闲业等的发展，吸引城市化地区人口游赏。

（三）深入实施区域重大战略

区域重大战略于"十四五"规划中正式提出，分别是"加快推动京津冀协同发展、全面推进长江经济带发展、积极稳妥推进粤港澳大湾区建设、提升长三角一体化发展水平、扎实推进黄河流域生态保护和高质量发展"。这事实上是对区域经济发展空间格局的总结和凝练，并根据已有发展的客观事实指明了下一步方向。随着黄河流域生态保护与高质量发展的提出，五大战略基本涵盖了四大板块下的多个区域，相对弥补了以前西部地区政策洼地的困境，有利于形成互为补充、互相合作、互动配合的区域协调发展新模式。

1. 加快推动京津冀协同发展

随着京津冀协同发展战略在区域空间一体化、交通、生态、公共服务等多领域取得诸多进展后，紧抓疏解北京非首都功能、推动管理体制创新、提高科技创新实力、加快交通运输建设、深化大气污染保护成为"十四五"时期加快推动京津冀协同发展的基本方向。京津冀协同发展能够更好地在处理好京津关系的基础上实现地区内部产业转移，推动河北各地形成内生动力，最终实现一体化[12]。2017年，河北雄安新区和北京城市副中心陆续建造设计，开始探寻有效治理"大城市病"的优化开发模式。当前，京津冀二元问题已逐渐好转，三地产业分工更加趋于合理，协同创新网络初步形成，公共服务水平总体提升，但仍需进一步完善协同治理顶层设计，实现三地协同发展。

2. 全面推进长江经济带发展

长江经济带是贯穿我国东中西三大地带的横向经济带，经济带内环境、人文、产业等发展背景和禀赋存在较大差异，据此也在长江上中下游形成了各具特色的城市群都市圈，起到了促进经济带发展的重要作用。长江经济带包括成渝双城经济圈、长江中游城市群和长江三角洲城市群，各区域均对周边地区发展起到了辐射带动作用。2020 年，长江经济带经济总量占全国的比重已突破 46%①，交通运输建设成果突出，与"一带一路"建设融合程度更高，生态环境保护取得显著进展。"十四五"规划指出，要继续坚持生态优先、绿色发展和共抓大保护、不搞大开发，协同推动生态环境保护和经济发展，打造人与自然和谐共生的美丽中国样板。长江经济带将会在生态环境保护为主的背景下构建绿色产业体系，实现经济绿色高质量发展。

3. 积极稳妥推进粤港澳大湾区建设

粤港澳大湾区作为我国开放程度最高和经济活力最强的区域之一，对丰富"一国两制"发展内涵、成为世界级城市群典范具有重要意义。目前，粤港澳大湾区经济活力强劲、科技创新能力高、产业结构不断优化、生态环境逐渐优化，区域经济发展质量高、效益好，有力保障地区居民生活水平和福利待遇。作为粤港澳三地互相合作搭建起的平台，在"一国两制"基础上积极稳妥地探索三地规则衔接和机制对接是需要长期探索的问题。同时，三地各具优势，分别在产业、教育、旅游等方面独具特色，需要加强三地产学研协同发展，加快城际铁路建设和通关模式改革，实现人员、货物、车辆等便捷高效流动，推动大湾区经济进一步提高。

4. 提升长三角一体化发展水平

长三角是一体化发展程度、国际化发展水平、现代化建设质量高的地区。在 2020 年各省经济总量排名中，长三角的苏浙沪三省稳居全国十强，江苏省 GDP 首次突破十万亿元，位居全国第二；2020 年跨入万亿俱乐部的长三角城市也已达到八个②，说明长三角地区在不断加强区域合作的基础上，充分发挥优势潜力，具有抵抗外部风险的强劲韧性。随着长三角区域经济发展实力持续提高，如何在继续保证区域科技、人才、交通等发展质量的基础上起到辐射带动全国发展的能力是长三角地区未来继续深化的关键内容[13]。目前来看，长三角地区已加快建设长三角 G60 科创走廊和沿沪宁产业创新带，并加强轨道运输和港口航运建设，并运用上海自贸试验区优势更好更快地发挥经济集聚功

---

① 国家发展改革委：国家发展改革委就推动长江经济带发展五周年取得的成效举行专题新闻发布会，访问地址：http://www.gov.cn/xinwen/2021-01/06/content_5577443.html。

② 资料来源：根据 2020 年全国 31 个省、市、自治区经济运行情况整理得到。

能，实现绿色一体化发展。

5. 扎实推进黄河流域生态保护和高质量发展

2019 年，习近平总书记提出了黄河流域生态保护与高质量发展，是有效保护水资源和生态环境的重要举措，对促进中西部相对落后地区发展也具有重要作用。黄河流域虽然在生态环境上存在着脆弱性，但从本质上看这种脆弱性与水源和土壤有着必要联系，从而导致人口集聚或产业发展存在诸多问题，极大限制了地区发展。在此背景下，以生态文明建设为指导，重点实施保护水资源和生态环境，实现人地和谐成为这一战略实施的前提与共识。扎实推进黄河流域生态保护和高质量发展除了是以生态为先开展经济活动，也是在强调促进城镇、生态和农业发展中要基于充实的前期发展评价和承载力评价等来确定具体的发展模式，从而实现绿色高质量发展。

中国共产党走过的百年路程，是领导中国人民改变中国面貌的过程，我国区域空间结构的每一个变化，都是中国共产党正确的战略与政策的实施结果。展望未来中国社会主义现代化的建设，中国的区域空间将会发生更大的变化：国家富强，人民富裕，山清水秀，让我们共同期待！

参考文献

[1] 陈明星，等.胡焕庸线两侧的人口分布与城镇化格局趋势——尝试回答李克强总理之问 [J].地理学报，2016 (2).

[2] 马海涛.突破胡焕庸线：新型城镇化助推国土空间利用质量的均衡 [J].科学，2015 (3).

[3] 王铮.地理本性：胡焕庸线的突破与打破问题 [J].探索与争鸣，2016 (1).

[4] 李培林.新型城镇化能否突破胡焕庸线？ [J].环境经济，2015 (Z1).

[5] 魏后凯.新中国 60 年区域发展思潮的变革与展望 [J].河南社会科学，2009 (4).

[6] 孙久文，苏玺鉴.新时代区域高质量发展的理论创新和实践探索 [J].经济纵横，2020 (2).

[7] 孙久文.探寻新时代西部大开发 2.0 的新方位 [J].人民论坛，2020 (26).

[8] 孙久文，蒋治."十四五"时期中国区域经济发展格局展望 [J].中共中央党校（国家行政学院学报），2021 (2).

[9] 孙久文.重塑中国经济地理的方向与途径研究 [J].南京社会科学，2016 (6).

[10] 孙久文.论新时代区域协调发展战略的发展与创新 [J].国家行政学院学报，2018 (4).

[11] 孙久文，张皓.新发展格局下中国区域差距演变与协调发展研究 [J].经济学家，

2021（7）.

［12］孙久文，张皓.京津冀区域经济合作的优化与拓展［J］.前线，2021（6）.

［13］玉梓利，林晓言.交通基础设施如何促进区域金融发展——基于广义运输成本传导机制的检验［J］.江西财经大学学报，2021（1）.

第二节 中国区域经济发展的空间特征与演变趋势*

当前中国区域经济的空间格局，是改革开放以来实施各时期区域经济发展战略的产物。改革开放之初，中国东部地区面向太平洋和西部地区深入欧亚大陆内陆深处的陆海分布的自然地理格局，迎合国际产业大尺度向东亚特别是中国沿海地区进行空间转移的趋势，使中国向沿海倾斜、融入国际经济体系的区域发展战略得以顺利实施，实现了从内陆发展为主向沿海发展为主的转变，促进了经济的腾飞。进入21世纪，"三大地带"发展差距逐步拉大，形成了自然资源丰裕程度和区域经济发达程度的阶梯形态分布格局，客观上要求各区域发挥优势，缩小差距，落实区域发展总体战略也具备了坚实的客观基础。党的十八大以来，伴随中国经济发展进入新常态，区域经济不可避免地迎来转型时期，砥砺多年的"4+3战略"日臻成熟，同时以经济发达程度和市场发育程度为导向制定的区域政策和区域规划进入发力期，促进区域协调发展成为区域发展转型的基本战略。习近平总书记在党的十九大报告中，将新时代中国社会的主要矛盾定义为"人民日益增长的美好生活需要和不平衡不充分的发展之间的矛盾"，使加快促进区域协调发展的意义更加重大，区域协调发展成为区域经济的统领性战略。

区域经济空间格局是实施区域协调发展战略的基础。那么，经过多年变化的中国区域空间格局的基本形态和主要特征是什么？未来的演变趋势到底如何？

一、中国区域空间的基本形态

中国区域空间40年来一直延续不变的格局是：东部地区发展水平高、所占比重大，中部地区和西部部分地区发展迅速但所占比重仍然较小，地带性差异所反映的区域空间格局大体稳定。1978~2016年，东部地区的比重一直在50%~

---

* 原文系《建立更加有效的区域协调发展新机制要谈》之一，原载于《中国工业经济》2017年第11期。

60%变化。从 2005 年之前的"三大地带"时期，到 2005 年之后的"四大板块"时期，东部地区的 GDP 比重都没有太大变化，即便到了 2016 年仍然大于 50%。

在省级尺度上，中国区域经济发展程度最高的区域依次为上海、北京、天津等直辖市，其次是除了海南和河北以外的东部沿海省份，其中，位于"长三角"的江苏和浙江两省及位于"珠三角"的广东省是中国经济的精华所在，再次为中部地区各省份和东北地区三省份，最后是西部地区各省份。省际发展差异主要反映在增长动力的不同上。从增长动力看，西部和中部目前的经济增长主要还是依靠投资拉动，如山西、安徽、江西、贵州、云南、西藏、陕西、甘肃、青海、宁夏、新疆等，2016 年投资额均超过 GDP 的规模。另有一些省份消费对区域经济的作用明显，社会消费品零售总额增速达到或超过 10% 的有广东、江苏、山东、浙江、福建、江西、安徽、湖北、湖南、河南、广西、重庆、四川、贵州、云南、河北、黑龙江、西藏、青海。创新成为经济增长动力的地区主要是东部的若干省份，2015 年规模以上工业企业 R&D 经费投入最大的省份为广东、江苏、山东、浙江和上海，授予专利最多的省份有江苏、广东、浙江、山东和北京。随着中国国民经济统计范围的变化，部分研发投入计入 GDP，沿海地区的创新优势将更加明显，创新能力将会更加活跃，技术进步逐步成为东部地区经济增长的主要动力。

2016 年中国区域经济增长的中心主要在西南地区。根据国家统计局的数据，从各地经济实际增速看，西部为 8.6%、中部为 7.7%、东部为 7.6%、东北为 3.5%。从各省份看，重庆为 10.7%、贵州为 10.5%、西藏为 10%，排在前三位。增速最慢的几个省份为吉林、河北、上海、北京、黑龙江、山西、辽宁，分别为 6.9%、6.8%、6.8%、6.7%、6.1%、4.5%、−2.5%，除上海外均为北方省份。十年之前，北上广深四个增长极与其余城市差距较大，城市发展的分异线离海岸线不远。当时，除了东南沿海地区外，其他城市群特别是经济带只是初见雏形，而当前城市群和经济带逐渐形成，并向网络化的空间形态演变。这十年间区域经济从聚集向扩散转变的过程，不仅在东部内部由中心城市向其腹地扩散，而且由东部向中西部扩散，重庆、西安等西部城市发展程度不断提高，发展速度明显加快，与兰州—成都一线以西的城市形成明显的分异。

二、区域空间变化的影响机制

中国区域空间格局在不变与变化中前行，区域经济发展面临的根本问题是增长动力转型难题。改革开放以来的中国区域空间变化的作用机制主要是体制创新、聚集经济和结构优化。

1. 改革开放与空间重塑

在空间经济上制度与空间经济互为依托,制度创新离不开空间载体,寻找制度阻力稀薄的地区率先进行发展转型,是空间重塑成功的重要保证。制度创新所具有的改变空间格局的能力,已经被中国区域经济发展的历史反复证明。改革开放初期,东南沿海是计划经济体制的相对薄弱地区,同时又是对外联系便捷的窗口地区,东部地区理所当然作为"突破口"承担起空间转型的重要任务。中国东南沿海抓住改革开放带来的制度创新窗口期,迅速实现经济率先发展,这一结果展示出制度创新是塑造空间格局的重要力量。

进入21世纪,由于多年非均衡发展形成的发展惯性,区域发展差距持续扩大,基尼系数并未显著缩小,用区域发展总体战略代替向沿海倾斜的战略是空间重塑的主要途径,也是全面实现制度创新的空间安排。中西部和东北地区发展战略中的一些制度安排、综合改革配套试验区的布局以及国家级新区的出台等都是这方面的具体措施。

中国经济进入新常态后,由于区域政策和区域规划存在"泛化"趋势,区域政策的边际效应正在降低,空间转型的难度加大。以改革促进空间发展的"突破口",就是进行有针对性的空间联通,特别是在实施"一带一路"倡议和全方位开放的战略背景下,以经济带建设来实现区域空间的重塑是有基础的。然而由于各区域的空间要素早已经不是一片空白,承载体制机制作用的区域政策的作用也不可能一蹴而就,所以强化区域政策的精准性和实质性作用力,通过法治化手段规范区域政策的制度程序,才能够保障空间重塑有一个正确的方向。

2. 聚集经济与产业布局

中国东南沿海地区经济的快速发展和水平的提升,是工业化进程加快所导致的。而工业化进程的加快很大程度上是生产率提升和空间聚集的结果,同时工业聚集也成为空间格局变化的重要原因。工业是国民经济的主导部门,它担负着为其他部门提供设备、能源、原材料及为人民生活提供各种必需品的任务。1998年工业在全国的集中指数为61.81%,2005年工业集中指数为64.49%,集中度在不断提高。2005年之后开始进行产业布局调整,沿海地区的转型发展开始启动,到2016年工业集中指数仍然保持在59.53%,说明工业在全国显现很强的集聚特征。从集中度的绝对值看,1998年为0.29,到2005年为0.34,2016年为0.31,说明排名前三位的省份工业所占份额之和已占到了全国的1/3左右。

各省份的工业聚集程度也存在显著的差异,东部聚集程度高,中西部聚集程度低。2007~2015年，工业占全国比重超过5%的省份为6个，低于3%的省份为21个。各省份的工业区位商差异巨大，上海、广东、江苏、浙江、山东等的工业区位商在2~3，中西部很多省份低于1，最低的西藏为0.1，低于1的省份占全部省份的2/3。说明工业在省间的聚集程度不均衡。从工业区位商的变化看，工业区位商增长幅度明显的省份有内蒙古、山东、天津等，这些省份同时也是经济发展比较快的省份；而一些经济发展活力比较弱的省份，如辽宁、黑龙江、山西等下降程度明显。工业份额向东部沿海的省份集中，造成空间格局向沿海倾斜，产业布局的作用十分明显。工业从东部省份向中西部省份的转移加快，出现可喜的趋势，优化区域空间格局从产业布局的优化开始，无疑是正确的选择。

多年来，我们强调区域竞争多，区域合作少，不利于区域空间格局的优化。另外，新区、开发区等的布局对于优化产业布局也至关重要，特别是国家级新区需要有统一的规划。

3. 结构优化与空间转型

优化产业布局的核心是产业结构的优化与调整。一直以来，我们都主张一个地区的产业结构取决于该区域的资源禀赋。然而，随着区域发展水平的提高，完全局限在区域的资源禀赋上而不思进取显然是落后的思维。用优化产业结构来求得产业布局的优化，进而实现空间格局的优化，其基本要求就是从产业的创新、转型、升级等出发，重新审视一个地区的产业结构构成。当前区域发展中的衰退区域的问题，很大程度上是产业结构的原因，特别是由单一结构造成的。

我们看到，当前的区域问题已经从板块尺度的系统区的区域问题转变为以类型区形式出现的区域问题。例如，资源型城市的衰落和老工业基地的发展乏力，成为很多资源丰富地区的共性问题。结构单一、市场集中程度过高、体制机制负担沉重是造成此类区域问题的内在根源。缺乏以创新为主导的内生增长动力是这些地区发展乏力的重要原因。这类地区发展的方向是要积极破解结构单一的问题，着力提高区域经济的多样化程度和聚集经济水平。具体来讲，一是着力破解资源型地区和老工业基地的单一结构问题，通过多样化的产业发展战略增强区域经济发展活力，提升地方经济参与市场竞争的能力。二是依靠聚集经济和内生增长带动区域开发。单纯依靠资源开发的区域发展模式容易造成产业结构单一的不利局面，要发挥聚集经济的优势，促进产业集群的培育，将区域开发模式逐步转向依靠创新和内生增长的轨道上来。三是注重培育自身的自生能力，发挥比较优势。根据区域比较优势进行产业选择是提高区域自生能力的基本方针。各区域应当立足比较优势、提升竞争能力，实现区域经济持续健康发展。

另外，产业转移也是解决区域问题、优化空间格局的主要途径。随着东部沿海地区环境、土地等成本不断提高和转型发展的趋势日益明显，产业聚集的方向应当是加快产业向中西部地区转移。

三、区域空间格局的演变趋势

伴随供给侧结构性改革的推进，中国经济发展转型的任务也为区域经济发展带来重要考验。随着经济开发程度的提高，发达经济体越来越表现出区域化的态势，区域尺度越来越成为承载产业集群和经济集聚的理想载体。区域化现象能够突破行政区的边界，将经济活动的空间配置交由市场来实现。从区域的尺度思考国民经济发展成为必然的趋势。如果中国形成区域经济支撑国民经济的态势，那么确保区域经济的基本面能够稳定、高效发展是极其重要的。鉴于此，本文对中国区域空间格局的未来变化趋势，做出如下研判：

1. 城市群和经济带支撑与多极化的趋势

从 2005～2016 年变化趋势来看，中国的区域空间格局呈现从增长极引领逐步转变为城市群和经济带支撑的过程。东部沿海地区在京津冀、长三角和珠三角等成熟城市群的支撑下已经形成了一条明显的发展轴带。另外，从京津冀城市群，经中原城市群、长江中游城市群并连接珠三角城市群这一纵向轴带，与长江经济带这一横向轴带相交叉，已经初见雏形。

这种态势的形成原因是一系列区域规划的出台，以及"区域化"和"多极化"成为中国经济不可逆转的趋势。改革开放以来形成的东西部"核心—边缘"结构开始解构，区域经济进入多极并起的区域化时代。这种结构消解是实施"一带一路"建设、京津冀协同发展、长江经济带发展三大战略，构建"四大板块＋三大战略"的区域发展格局的结果。与局域性发展战略相比，"三大战略"涉及地域空间范围更广、合作内容更全。从地域上看，"三大战略"均是跨省级行政区乃至连接国内外的空间安排；从内容上看，每个战略均强调基础设施互联互通、重点领域率先突破和体制机制改革创新，通过改革创新打破地区封锁和利益藩篱。"三大战略"的深入实施，促使中国区域经济版图从主要依靠长三角、珠三角和京津冀三大引擎带动的传统格局，向区域联动、轴带引领、多极支撑的新格局转变，这必将为区域协调发展战略的实施注入新的动力。

2. 发展动力分化与创新增强的趋势

通过深化改革开放打造制度性增长极并进一步发挥增长极的空间溢出和带动

作用是中国区域经济改革发展的基本规律，利用中国广阔的空间纵深来消化这一改革红利，是中国区域经济发展非常突出的大国综合优势。在全面实现小康、迈向现代化国家的新时代，寻找新的制度性增长极成为中国当前区域经济发展面临的新局面，通过布局制度变革的空间试点破解区域经济增长动力转型成为新的时代要求。

21世纪以来，国家相继布局了国家级新区、改革试验区和自贸区等一系列制度创新的试点，并在空间上逐步推开。然而，随着经济发展形势日趋复杂，区域经济发展面临的机遇和挑战均出现异化，制度创新在空间上的"突破口"始终扑朔迷离。针对不同的发展区域，重新制定有针对性的、差异化的区域政策，是应对发展动力分化的重要发展诉求。

创新成为东部地区的主要增长动力。上海、江苏、广东、浙江、山东、北京、天津等省份反映突出，说明东部沿海地区创新能力活跃，技术进步显著，与其他中西部省份存在明显的差异。虽然西部和中部地区的经济运行较为平稳，但其内部分化现象较为明显，因此区域政策的差异化更有必要。值得注意的是，西部的西北地区和西南地区呈现出不同的产业结构：西南地区近年来向电子制造、装备制造、汽车产业等现代制造业转型，外贸出口增长较快，现代产业体系在逐步完善；西北地区自然资源富集，矿产开发和重化工业比重较大，投资对经济增长的拉动作用明显。中部地区的山西省与西北地区有相似之处，产业结构偏重，内需不足使得西北和山西投资增速大幅下滑，需要加快产业转型升级。同时，外需不振使西南出口受阻，需要拓展新兴经济体市场。

因此，我们判断未来板块内经济运行和产业格局均会有进一步的分化，区域政策的差异化与精确瞄准就更有必要。

3. 空间布局的总体分散、分类聚集的趋势

空间效率和空间平衡一直是影响区域空间格局的两难选择。20世纪80年代，中国实施东部地区率先发展政策以来，东部地区凭借区位、要素和政策优势迅速崛起，板块间差距不断拉大，大尺度的空间聚集和不平衡发展成为主要趋势。克服板块之间的发展落差、释放东中西部地区之间的梯度势能构成空间格局优化的主要思路。然而，近年来这种"总体聚集"的态势正在发生逆转，"总体分散、分类聚集"的战略态势开始显现。从空间经济理论角度，总体分散符合新经济地理学框架的大尺度空间分散态势，而小尺度的聚集则更加有利于发挥聚集经济效应。21世纪以来，中国空间经济逐渐走向"大分散、小聚集"格局，板块间差异在2004年前后达到顶峰之后不断回落，2008年金融危机之后，市场化经济比

较发达的东南地区发展强劲，而经济结构单一化的资源型城市和老工业基地却呈现出增长乏力和疲软，2013年以后板块间差距已经降到20世纪90年代初期的水平，板块内部的差距也在不断加大。大的空间尺度出现经济分散和均衡布局，小的空间尺度出现经济聚集和不平衡布局，"分类"聚集成为中国区域经济的新趋势。

四、建立更加有效的区域协调发展新机制

面对区域空间发展中的困境，我们在新时代的任务就是改造生存的这片土地，使之成为理想的伊甸园，这就需要我们完成习近平总书记在党的十九大报告中提出的新任务："建立更加有效的区域协调发展新机制。"

1. 构建带状联通机制

"一带一路"建设、京津冀协同发展、长江经济带发展三大战略，构建"四大板块+三大战略"的区域发展格局，与局域性发展战略相比，涉及地域空间范围更广、合作内容更全。

首先，"四大板块"是在"三大地带"的基础上形成的，当其空间范围长期固化之后，加强板块之间东西方向的联通，一直是区域发展的重要任务。其次，在当前的经济带建设的基础上构建区域协调发展机制要注重南北向的沟通与联系。一方面，无论是原来的东部沿海地区还是中部地区，经济发展的南北向均出现了分化，南方发展水平和活力均优于北方地区；另一方面，长江经济带和丝绸之路经济带均对加强东西向的联系发挥了重要作用，然而目前加强南北向联系，缓解南北向分异的战略并未形成。最后，在当前的发展状态，东部沿海经济带和从京津冀城市群，经中原城市群、长江中游城市群并连接珠三角城市群这一纵向轴带均具有建设南北向经济带的基础。因此，可以考虑以此为基础建设南北向的经济带，与长江经济带和以连云港为起点的新丝绸之路经济带形成交叉，构建多中心网络状的空间格局，优化经济发展的新空间。

2. 构建空间平衡机制

空间平衡主要是指板块之间的发展均衡。从中华人民共和国成立之初的沿海与内地之间的关系，改革开放之后的东、中、西"三大地带"的关系，到21世纪初的东、中、西和东北的"四大板块"关系，建立解决空间发展平衡问题的机制，一直是我们努力的方向。进入新时代，空间板块的裂解不可避免，最后形成南部沿海、北部沿海、中部地区、东北地区、西北地区和西南地区六大板块，有助于区域政策的精准实施。

不同板块采取不同的发展策略。南部沿海地区是中国经济实力量强的地区，广东 2016 年达到 7.9 万亿元人民币的产值，折合约 1.2 万亿美元，高于俄罗斯的 1.18 万亿美元产值。江苏 2016 年达到 7.6 万亿元人民币产值，广东加上江苏相当于印度 2016 年的产值（2.4 万亿美元）。南部沿海地区应当成为稳固中国经济发展的支柱力量，并且通过产业升级发展，大力推进创新，在形成新的发展动力的同时，提升中国国际竞争力。北部沿海地区推进产业结构的转型，应当采取改革体制、调整结构、塑造动力的措施，改掉影响经济发展的顽疾，形成发展的新动能。中部地区是下一个经济周期的主要增长区域，也是未来国家的主要制造业中心，通过产业转移等途径，使其成为中国未来经济增长的引领区域和支撑地带。东北地区通过体制创新和结构优化获得新生，重新确立综合制造业中的地位。西南和西北地区是中国经济发展的后备地区，资源开发仍然是主要的发展形势，但需加强生态保护的意识。

3. 实现绿色协调一体化

"绿色发展"是五大发展理念之一，彰显出绿色化和生态文明的重要性。将绿色化发展从理念转化为实践，需要在区域空间上有明显的印记，这就是要造就绿色的国土空间。造就绿色国土空间，形成绿色发展方式是首要任务。在产业发展上，大力支持绿色清洁生产，对传统制造业进行绿色改造，推动建立绿色低碳循环发展的产业体系，更新改造工艺技术装备，为产业转型升级提供良好契机。打造绿色发展空间，一体化无疑是一个显著的趋势，但是，一体化的表现形式多种多样。长三角和珠三角的一体化，实质上是网络化。京津冀、成渝经济区、中原城市群、山东半岛城市群、关中城市群的区域一体化是点轴发展向经济带发展的模式转化。跨省域的经济区的一体化，实际上也是区域合作的关系，如蒙晋冀长城金三角经济合作区、黄河金三角示范区等。

抓住经济带和城市群的建设与发展。中国经济进入高速增长向中高速增长的换挡期，寻找新的经济增长点、挖掘新需求和新市场成为重点。长江经济带成为再造中国内需市场的关键布局，而丝绸之路经济带成为推进对外开放的关键举措。长江经济带和丝绸之路经济带战略的启动，将有效拉动沿线经济，对中国稳增长和调结构都具有战略意义。同时，应以主要中心城市为依托，大力推进城市群建设，统筹京津冀、长三角、珠三角、长江中游和成渝等城市群的发展，加强省际主要城市的联系与协同，统筹大中小城市和小城镇的发展。促进区域经济一体化，加大对落后区域的干预，需要有强有力的区域干预的措施，要通过产业转移追行均衡布局，通过区域合作实现区域之间的协调与协同发展。

总之，区域空间既要协调发展，又要实现发展的平衡。

第二章　区域发展不平衡与区域差距

第一节　我国区域经济发展不平衡的表现、原因及治理对策[*]

党的十九大报告指出："中国特色社会主义进入新时代，我国社会主要矛盾已经转化为人民日益增长的美好生活需要和不平衡不充分的发展之间的矛盾。"区域经济发展不平衡是"不平衡的发展"中的一个重要方面，解决区域经济发展不平衡问题、实现区域协调发展战略，是新时代国家实现更高质量、更有效率、更加公平、更可持续发展的长远大计。

一、我国区域经济发展不平衡的主要动因

（一）城市的极化效应

城市极化效应是指各种经济资源要素单方向地向中心地区集聚，包括区域层面的城市以及全国层面的不同地区，甚至不同地区间城市化水平不同而产生的经济资源要素单方向聚集。[1] 极化效应的结果是城市地区更加繁荣，乡村地区、欠发达地区经济发展相对落后。

城市的极化效应加剧了区域发展和城市发展的不平衡，随着城市化进程不断推进，区域之间、城乡之间的人均收入的差距不断地扩大，成为不平衡发展的一个重要的原因。2014 年，全国四个地区城镇居民人均可支配收入分别为东部

---

* 本文原载于《治理现代化研究》2018 年第 5 期。

33866.4 元、中部 24838.3 元、西部 23694 元和东北 24969.7 元；2010 年，东部地区城镇居民人均可支配收入是东北的 1.46 倍、2014 年为 1.36 倍。在东部地区之间，也同样存在比较大的地区发展差距，2017 年，上海和北京居民人均可支配收入分别为 5.9 万元和 5.7 万元，远高于排名第三的浙江（4.2 万元），山东更是不到上海、北京的一半。地区间收入差距大的部分原因是城乡收入差距，2017 年城镇居民人均可支配收入与农村居民人均可支配收入之比仍为 2.7：1。

（二）发展权利的失衡

改革开放以来我国区域经济发展出现不平衡的主要原因之一就是行政分权。改革开放以来实施的分权改革，使更多的经济发展权力由中央政府向地方政府转移，同时也包含向企业转移。中央与地方的关系处于不断博弈的状态，地方政府成为一个拥有自我主体意识的地方利益代表者。[2] 地方官员因此获得了治理地方经济的权力，特别是由于中央与地方信息不对称，地方政府成为一个地区经济和社会发展的主导者。改革开放以来，中央政府开始向沿海地方政府"放权让利"，使中央政府、地方政府和企业三者在不同程度上成为市场中资源配置的主体，沿海地区政府凭借中央赋予的种种优惠政策和灵活措施，优先发展了地方经济。这些经济优势的逐步积累为这些地方的发展获得了重要的政治资源，导致了地方利益和地方权力的进一步扩大，而中西部及内陆地区由于缺乏这种政治优势和优惠政策，发展不断被边缘化。官员晋升的激励机制造成了地方领导借助于政治力量直接介入并推动当地经济增长，那些优先发展起来的地区，由于经济实力上的优势，而享有更高的政治影响力，从而为地方经济发展带来更多经济资源，相反那些落后地区的领导，由于经济实力相对较差导致影响力较弱，很难争取到同样的经济资源。因此，官员的这种"晋升锦标赛"在一定程度上也拉大了我国区域间的经济发展差距。[3]

（三）要素禀赋的不均衡

要素禀赋是指某一时点特定空间要素的赋存状态，其既有数量的概念也有质量的概念。首先是初始要素禀赋的差异，我国东中西部所拥有的自然资源、地形以及气候等条件决定了我国不同区域的农业生产能力、工业布局结构、交通条件以及市场规模大小与对外开放程度，这直接决定了我国区域不平衡发展的结果；其次积累要素禀赋的差异，特别是人口和资本等要素，虽然可以通过政府和市场配置改变要素的分布状况，但需付出巨大的成本。2000~2016 年，我国西部地区从业人员平均受教育程度与东部地区的差距已经从 1.2 年上升到 1.6 年，中部地区从业人员平均受教育程度与东部的差距从 0.38 年上升到 0.65 年，2016 年东中西部科技人员人均经费支出比为 2.58∶1∶1.26。可见，东部地区的人力资源明显优于中西部地区。[4] 进一步来看，我国东部地区拥有发达的交通基础条件、开放的优惠政策、优裕的生产生活条件，改变了要素的空间布局，在市场化进程差异的影响下，直接影响了要素配置差异，导致了经济发展差异，造成了区域经济发展不平衡。

二、我国区域经济不平衡的主要表现

（一）区域经济增速发展差距较大

2017 年，广东、江苏以 8.99 万亿元和 8.59 万亿元占据 GDP 总值的前两位。深圳经济总量 2.2 万亿元，已经超过广州。广东对外开放程度高，在研发投入、技术转移以及创新载体培育方面实现快速增长，"第三产业增加值""高技术产业主营业务收入"以及"高技术产品出口额"等多项指标排名均列全国第一。中国的西南省份，包括四川、云南、贵州、重庆、西藏 5 个省级行政区，2017 年增速前四名的贵州、西藏、云南和重庆，都属于中国西南地区。四川增长速度也达到 8.1%，高出全国平均水平 1.2 个百分点。近年来，中国西南省份经济发展得益于西部大开发等国家战略。中部六省份增长速度全都超过全国平均水平。江西最高为 8.9%，其次为安徽 8.5%，湖南 8.0%，湖北和河南同为 7.8%，山西 7.0%，2017 年合肥市实际增速 8.8%，名义增速超过 11%，成为中国经济增长最快的省会城市。东三省经济增速分列倒数第四、第五、第六。京津冀地区在全国经济所占比重不升反降，从 2014 年京津冀经济总量占全国的 10.4%，2015 年下降到 10.2%，2016 年进一步下降到 10.02%。2017 年天津增速 3.6% 垫底，河北 6.7%，北京 6.7%，都低于全国平均水平，这也致使京津冀地区在全国的比重进一步下降到 9.9%（见表 2-1）。南北增速差异明显，南方省份经济增速又明显高于北方省份。在北方，山西、天津上半年经济增速为 6.9%，辽宁为 2.1%，山东为 7.7%。

表 2-1　我国分区域经济增长情况　　　　　　　　　单位:%

年份	京津冀城市群	东北地区	长三角	长江中游地区	中原城市群	东南沿海地区	西南地区	西北地区
2000	13.47	9.90	19.72	12.16	13.57	17.34	9.00	4.84
2005	14.57	8.62	20.71	11.34	14.53	17.07	8.32	4.83
2010	14.78	8.58	19.75	12.31	14.25	16.56	8.57	5.20

年份	京津冀城市群	东北地区	长三角	长江中游地区	中原城市群	东南沿海地区	西南地区	西北地区
2016	13.76	6.78	19.44	13.74	13.89	16.89	10.11	5.40
2000~2005	1.10	-1.28	0.99	-0.82	0.96	-0.27	-0.68	-0.01
2005~2010	0.21	-0.04	-0.96	0.97	-0.28	-0.51	0.25	0.37
2010~2016	-1.02	-1.80	-0.31	1.43	-0.36	0.33	1.54	0.20

资料来源:《中国统计年鉴 2016》。

(二) 城乡经济发展不平衡加剧

习近平总书记曾明确指出,"由于欠账过多、基础薄弱,我国城乡发展不平衡不协调的矛盾依然比较突出,加快城乡发展一体化意义更加凸显、要求更加紧迫"。城乡经济发展差距较大,县域经济发展不足。城镇居民人均可支配收入和农村居民人均可支配收入是衡量城乡发展水平的最直接指标。2013~2015 年我国城乡居民可支配收入情况如表 2-2 所示,虽然我国农村居民人均可支配收入增长相对较快,城乡收入差距不断缩小,但仍然保持了近三倍的较大差距,城乡发展不平衡问题仍比较突出。1983 年城乡居民人均收入比为 1.82:1,到 2009 年为 3.33:1,到 2014 年仍然高达 2.92:1;1978 年农民人均纯收入与城镇居民人均可支配收入的差距是 209.8 元,2009 年为 12022 元,2016 年达到 21253 元,2016 年比 2009 年将近翻了一番。城乡公共服务发展不平衡,农村公共服务能力亟待提升。当前我国城乡的教育服务、医疗服务、社会保障、公共基础设施等基本公共服务还存在着一定差距,成为城乡平衡发展的困扰。[5] 以医疗服务为例,2015 年城市每千人口医疗卫生机构床位为 5.94 个,而农村仅为 2.60 个。

表 2-2 2013~2015 年我国城乡居民收入差距的变动

年份	城镇居民人均可支配收入（元）	农村居民人均可支配收入（元）	城镇人均收入指数（2013=100）	农村人均收入指数（2013=100）	城乡收入差距（名义）
2013	26467	9426.9	100	100	2.087
2014	28843.9	10488.9	109	111.2	2.75
2015	31194.8	11421.7	117.9	121.1	2.731

资料来源:《中国统计年鉴 2016》。

（三）区域产业结构不平衡依然严重

近年来，我国产业转型升级态势继续强化，由工业主导向服务业主导转变的趋势更加明确。高技术、互联网等向传统产业渗透，相互融合形成新产业、新业态。东部在经济结构调整、产业转型升级中的引领作用更加凸显，在经济由高增长向次高增长的转换过程中弹性相对更大。东部地区引领服务业和工业的发展，服务业已成为东部经济增长主力。[6] 以北京为例，金融业、信息服务业、科技服务业的贡献率达73.3%。在长三角地区，上海第三产业增加值占地区生产总值的比重达到67.1%；浙江第三产业的占比达到69%，战略性新兴产业增加值占上海市生产总值的比重为16.4%（见图2-1）。与此同时，东部地区工业发展整体良好，江苏省工业利润保持了14.5%的增速，列全国第一。受国家发展战略、地理环境、资源禀赋等诸多因素的影响，我国西部地区经济发展相对滞后，战略性新兴产业所占比重较小，新旧产业结构转换缓慢。甘肃省作为资源型省份，甘肃传统产业占比达到75%，新兴产业发展动力不强，兰州市，其工业以重工业、能源原材料、传统产业、国有及国有控股和中央省属企业为主导，高附加值的下游产业少。从产业结构看，轻重工业比重为27.5∶72.5，产业重化工特征明显。近年来，甘肃省不断加快新兴产业的发展，2015年甘肃省战略性新兴产业完成增加值539.8亿元，同比增长11.9%，占全省生产总值的11.7%。但是，与传统产业动辄75%以上的占比相比，战略性新兴产业发展上存在起步较晚、规模小、创新能力弱等问题。

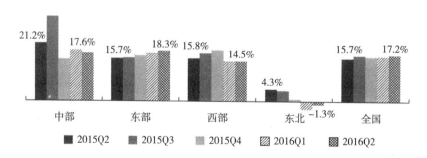

图2-1　各地区战略性新兴产业上市公司营收增速对比

资料来源：2016年上半年战略性新兴产业发展报告。

三、区域发展不平衡治理的国际经验借鉴

从其他国家区域经济发展的经验来看，大都经历了由不平衡到平衡的发展态

势。美国、欧盟都从解决城乡发展不平衡、加快产业转型升级方面作出重大战略调整，实现了区域间的平衡协调发展。

（一）美国：构建"大都市区"城镇体系

城市化是现代化的必由之路，是保持经济持续健康发展的强大引擎，是加快产业结构转型升级的重要抓手，是推动区域协调发展的有力支撑。[7] 通过构建以"大都市区"为特征的高度城镇化的城镇体系来实现城乡一体化发展，是美国治理城乡不平衡发展的重要特征之一。美国是目前全球解决城乡二元经济、城乡协调发展最为均衡的国家。通过大力发展交通方面的基础设施来推进城乡一体化发展，是美国城乡一体化发展的重要举措。遍布全国的公路网尤其是发达的高速公路网，以及私家汽车的普及，城镇发展模式逐步由要素聚集转向周边辐射，城市发展由郊区化进一步分散化，城乡逐步融合发展，形成了许多景观优美、环境优雅、设施齐备的"都市化村镇"。从全国整体出发，采取"都市圈"模式，以开放的、具有梯度辐射效应的"大都市区"为目标，构建以市场为导向、空间适度集聚、区域间相互协调、全国性和区域性中心城市以及众多地方性中小城镇协调互动发展的城镇体系，推动了美国逐步步入城乡一体化高级阶段。

（二）欧盟："再工业化"实现产业结构转型升级

欧盟"再工业化"战略旨在实现欧盟产业结构升级，推动一批新兴产业发展，同时对目前已有产业进行高附加值环节的改造升级，核心在于重构工业与制造业产业链。一是鼓励技术研发与创新。在"再工业化"战略的框架下，研发与创新除了提升产业竞争力与拉动经济增长之外，更注重激发投资者参与新一轮工业革命的热情，增强经营者的商业信心。[8] 二是改善内外部市场环境，鼓励创业与创新。进一步促进产品市场统一，制定内部市场产品规则改革路线，实现新技术和新产品认证规则统一；培育企业家精神，增进内部市场活力，提出"培育企业家行动计划"，为企业创立、转让、初期运营提供制度便利，改进企业破产程序，顺利实现二次创业；推进欧洲专利整合，加强知识产权保护。三是改善融资环境，增加企业融资机会。通过"地平线 2020 计划"与"企业与中小企业竞争力项目"，为工业技术研发及应用提供支持，减少企业在技术研发与扩散初期承担的风险。"中小企业融资便利化行动计划"改善欧洲风险资本市场不活跃现状，创新欧洲社会企业家精神，创建欧洲风险资本单一市场等，提高了资源效率和活跃了创新活动。四是培育人力资本与技能转型。促进就业创造，加快成员国间劳动力流动，促进岗位就业的增加。建立培训生质量框架，通过适当的资金支持引导和鼓励企业加强对青年雇员的培训。

（三）荷兰：加强国土空间开发的引导和管治

通过空间规划的方式加强国土空间开发的引导和管治，是荷兰中央政府实施空间管理的重要手段和政策工具。自 20 世纪 60 年代编制第一次全国空间规划以来，已历经 5 次修改，在基础设施建设、平衡区域发展差异、土地利用控制、物质环境保护等方面起到积极显著的成效。首先划定"两色线"，实行面上保护，进行空间挖掘。[9]荷兰空间规划分为国土规划、省级区域规划和市级土地利用规划，分别用"红色职能""绿色职能"和"黑色职能"表示。"红色职能"表示市政府在城市建设中通过市地重建和农地转用来实施空间规划；"绿色职能"指省政府负责改善农村地区的土地利用结构，使其更加符合经济效益和生态效益的统一，包括农业用地的规划、自然保护区的风景区和生态环境的规划；"黑色职能"指政府负责修建基础设施建设项目，一般由省政府负责。中央政府只负责规划框架的制定和对各级政府规划实施进行监督，本身不参与土地开发活动。实行集聚式开发，荷兰政府在编制第二次空间规划时提出"集中分散"的原则，促进兰斯塔德地区的人口和经济活动沿便捷的交通干线向外扩散，尤其沿着正在开垦的土地和新建交通干线扩散。在第三次空间规划中提出"有选择的经济增长"，并划定 14 个中心城镇作为地区增长极，兰斯塔德地区的空间规划强调空间战略规划与其他规划的相互协调，重视环境保护，将居住的生活中心全部布局在"绿心"之外，实行紧凑型都市发展政策，通过集约式国土空间开发模式提高荷兰的国际竞争力。

四、加快推进区域协调发展的对策思路

（一）推进乡村振兴战略的实施，建立共同繁荣的新型城乡关系

第一，强化区域与城乡发展政策的协同。长期以来，存在区域政策与城乡发展政策的不连贯、功能不明确问题，开发区政策、国家级新区政策、综合配套改革试验区政策与乡村发展政策之间的联系比较少。因此，建立统一规范、层次明晰、功能精准的区域—城乡政策体系，是从全局出发推进协调发展的重要途径。第二，完善促进区域城乡协调发展的体制机制。坚持统筹区域发展和城乡发展，深化区域合作，明确区域和城市功能定位，完善发展成果城乡共享机制，健全利益平衡机制，特别要完善对粮食主产区、重点资源产区的利益补偿机制，以及生态保护区补偿机制。第三，加大区域城乡发展的功能平台改革创新。实施区域协调发展战略需要培育区域经济新动能，动能的转化需要落实在空间上，即需要进一步完善各类发展平台。国家级新区以及各类试验区、示范区等区域功能平台，

应进一步发挥先行先试的政策优势,同时应当建立县域、乡镇和农村居民点的功能发展平台。[10]

(二)营造良好的企业经营环境,实现产业转型升级

注重提升人力资源水平。人力资源是支撑各国工业化发展的重要保障,也是各国对未来工业化发展趋势进行判断及制定未来经济增长战略、先进制造业发展战略的重要考虑因素。注重支持中小企业发展。中小企业是市场经济中最为活跃的元素,也是支撑工业化的重要力量,充分发挥中小企业对先进制造业发展的推动作用,设立小企业信贷保证计划、区域风险资本基金等,为中小企业提供信贷优惠政策。发展促进产业转型的科技和金融中介服务业,通过并购方式获得目标企业的股权和知识产权,是促进技术加速成熟、产业升级换代的有效途径之一,而在企业并购尤其是跨国并购过程中,需要律师事务所、投资银行、会计师事务所、资产评估师事务所等提供的科技和金融中介服务。大力发展相关中介服务机构,既是我国产业转型的现实需要,也是大力发展第三产业的现实需要。大力引进国外知名中介机构,通过其典型示范作用促进我国科技和金融中介机构的加速成熟,推进市场化运作。打破我国现有的政府主导的中介服务体系,通过将中介服务机构推向市场的方式,促进其经济职能的发挥、运作效率的提高和经济价值的实现。

(三)重视区域协同,加强跨区域合作

空间规划应打破行政边界的限制,就共同的区域问题进行跨界合作,促使不同的行政主体进行互利共赢的合作和经验的分享。例如,河流的治理、空气的污染以及资源的共建共享等问题,这些公共事务必须打破原有的行政壁垒,建立横向政府之间的合作机制。当前我国城乡、区域之间的联系越来越紧密,行政区划的分割导致了许多区域主体之间的恶性竞争,削弱了规划的实效性。鼓励区域间跨界合作,冲破传统四大板块区域管理模式,使区域整体优势充分发挥,实现资源在空间的优化配置。欧盟各成员国之间注重跨界、跨区域层面的合作,在既定的目标范围内,确定未来需扶持的地区,对于符合扶持的地区可以联合其他地区进行项目及资金申请,促进了地方合作的积极性,激发了更多跨界的合作项目。注重城市群内部的分工协作,通过网络型基础设施建设,强化城市之间的经济联系,充分发挥大城市的集聚、辐射和服务功能,促进土地和空间的集约利用,实现区域协调的网络型面状发展。在人口稀疏、产业基础薄弱的地区采用据点开发模式,在区域中心城市吸引产业和人口向中心城市集聚,提高产业配套能力和对人口的吸纳能力,带动周边区域的经济发展。在城市数量少、规模小、产业基础薄弱而人口密集的地区,应强化中心城市地位,加强城市与城市之间的联系,吸引产业

和人口向交通沿线集聚,发展交通沿线的城市和城镇,打造发展轴的经济带。

参考文献

[1] 张丽君.欧盟空间规划与凝聚政策的启示 [J]. 国土资源情报, 2011 (11): 36-43.

[2] 薛晴,任左菲.美国城乡一体化发展经验及借鉴 [J]. 世界农业, 2014 (1): 13-16.

[3] 周黎安.中国地方官员的晋升锦标赛模式研究 [J]. 经济研究, 2007 (7): 36-50.

[4] 蔡玉梅,吕宾,潘书坤,杨枫.主要发达国家空间规划进展及趋势 [J]. 中国国土资源经济, 2008 (6): 30-32.

[5] 孙彦红.欧盟"再工业化"战略解析 [J]. 欧洲研究, 2013 (5): 59-76.

[6] 李向阳.产业转型的国际经验及启示 [J]. 经济纵横, 2013 (10): 107-110.

[7] 孙久文,康佳丰.建立区域协调发展新机制 [N]. 中国社会科学报, 2018-01-12 (05).

[8] 茶洪旺,明崧磊.缩小城乡居民收入差距的国际经验比较与启示 [J]. 中州学刊, 2012 (6): 30-35.

[9] 何雄浪,胡运禄,杨林.市场规模、要素禀赋与中国区域经济非均衡发展 [J]. 财贸研究, 2013, 24 (1): 40-48.

[10] 孙久文.从高速度的经济增长到高质量、平衡的区域发展 [J]. 区域经济评论, 2018 (1): 1-4.

第二节 我国区域发展差距的多尺度考察及其"十四五"趋向*

区域发展差距是客观存在的现象,当区域发展差距较大时,便会阻碍国民经济发展、激化社会矛盾。1949 年以来,我国区域发展差距反复波动,基于基尼系数的测度结果显示,不同时期的差距水平各异:1949~1960 年大幅扩大,1961~1963 年快速缩小,1964~1975 年小幅扩大,1976~1990 年缓慢缩小,1991~2003 年缓慢扩大,2004~2015 年大幅缩小,2016 年至今变动趋缓,这一变化与我国国家战略和区域发展导向有着紧密联系。虽然区域发展差距在不断波动,但从整体来看,区域发展差距从 1949 年的 0.30 下降到 2020 年的 0.23,区

---

* 本文原载于《改革》2021 年第 11 期。

域发展差距总体是缩小的。进入新时代，我国区域发展差距虽然有小幅波动，但缩小的基本趋势未发生改变。

区域发展差距是 20 世纪 90 年代以来就备受关注的热点问题。在"十四五"时期区域发展呈现新趋势和新变化的背景下，重议区域发展差距问题，剖析自 1949 年以来多尺度下区域发展差距的变迁状况，形成有助于缩小区域发展差距的建议，具有重要的现实价值。

一、我国区域发展差距的综合分析与理论解释

与主要发达国家相比，我国区域发展差距相对较大。基于基尼系数的分析结果显示，区域发展差距水平主要在 0.22~0.40 之间浮动，具有显著的反复波动特征（见图 2-2），这一变化与已有研究分析结论基本一致[1-2]。我国区域发展差距水平最高为 1960 年的 0.40，此后，区域发展差距逐渐缩小，主要是因为"三线建设"推动了内陆地区的发展，内陆地区承接了大量重工业项目。改革开放后的经济体制改革和对外开放交流激发了各地经济增长活力，使各地区均有了不同程度的发展，特别是中西部的一些欠发达省份经济发展迅速，避免了区域发展差距的进一步扩大。但是，随着非均衡发展战略的实施和社会主义市场经济体制的确立，东部沿海地区凭借着独特的区位优势，经济迅速发展，再一次拉大了

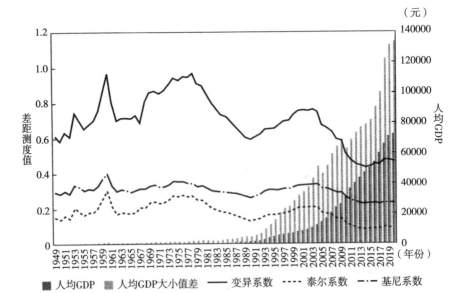

图 2-2 1949~2020 年我国区域发展差距整体变化情况与人均收入变化

区域发展差距。为缓解区域发展差距快速扩大，我国于 2000 年实施西部大开发战略，后又陆续实施了振兴东北地区等老工业基地战略、中部地区崛起战略，一定程度上缩小了区域发展差距。进入新时代，面对复杂多变的国际形势和国内社会供需新矛盾，我国不断深入实施区域协调发展战略，制定出台了若干有助于缩小区域发展差距的政策措施，并取得了一定成效。当前，我国区域发展差距水平相对较低，为 1949 年以来最低水平，长期在 0.23 左右浮动，区域发展差距处于蓄势调整的临界值，需要更加有效地将区域协调发展战略与其他国家战略相结合，促进区域发展差距的进一步缩小。

从人均 GDP 来看，我国经济快速发展，极大提高了人均 GDP。即使受新冠肺炎疫情冲击，2020 年我国人均 GDP 仍增至 72447 元。但是，从各省份人均 GDP 的比较中可以看出，近年来各省份间人均 GDP 差距快速扩大。这说明，在相对稳态的差距水平表象下，实际暗含着人民生活水平差距扩大的趋势。

结合各省份经济增速可知（见图 2-3），1949 年以来，我国经济平均增速达到 11.19%，其中有 20 个省份平均增速高于全国平均水平，主要分布在东部、西部和中部地区。东北地区 1949 年至今的经济平均增速低于全国平均水平，主要是由于近些年东北三省经济增速放缓，一些老问题未得到有效解决。分阶段来看，1949~1977 年、1978~1991 年、1992~2011 年和 2012 年至今，各省份经济增速存在差异，这与所处时代背景有着紧密联系。中华人民共和国成立初期，国民经济百废待兴，尽快实现经济运转，需要从基础设施建设、工农业发展、国防工业等方面重新建设和布局。受国外经济封锁和国内资源禀赋在特定时期内的相对欠缺等因素影响，我国国民经济发展速度较慢，但国家竞争力有所提升，极大保证了国家安全和主权的完整。在对内改革和对外开放后，我国经济发展策略发生转变，通过灵活的政策调整和适当的权力下放，激发了各地区经济发展积极性。同时，非均衡发展战略的实施显著促进了沿海地区发展，使福建、广东、浙江等沿海省份经济年均增速位居前列。在区域协调发展战略实施初期，西部大开发等战略极大地促进了西部欠发达地区的发展，随后振兴东北地区等老工业基地战略和中部地区崛起战略的实施，进一步确立了区域协调发展思路，不同板块开始发挥比较优势向新发展路径前进，开放型城市、资源型城市等城市发展模式初具雏形。这一阶段中西部地区经济平均增速超过其他板块，内蒙古、宁夏、陕西、山西等省份的年平均增速位居全国前列。进入新时代，我国经济发展进入新常态，中央更注重区域协调发展，依据各地要素禀赋、市场化水平以及具体需求等，以脱贫攻坚、经济轴带建设等战略举措持续推动内陆地区发展，使贵州、云南、西藏等省份经济平均增速继续位居全国前列。虽然各省份自改革开放以来均实现经济快速发展，但面对国内外宏观环境的不断变化、各地产业结构调整、产能过剩以及"挤水分"等，近年来，东北三省、天津、内蒙古经济增速降幅明显，甚至趋近负增长，我国地方经济发展出现了亟待解决的新问题和新趋势。

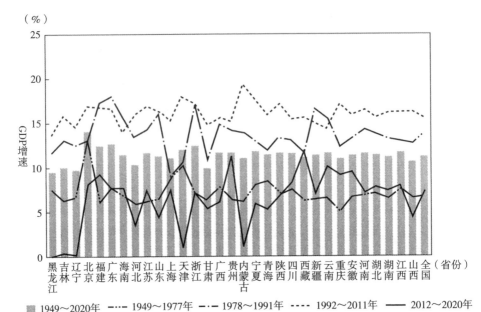

图 2-3　1949~2020 年全国及各省（区、市）GDP 增速统计

从四大板块来看，板块经济发展水平与区域发展战略及其区位优势紧密相关（见图 2-4）。中华人民共和国成立初期的东北地区凭借较高的产业发展水平和重工业体系，占国民经济的比重长期维持在 15% 左右，并持续到改革开放；此后，东北地区经济总量占比持续减少，受国有企业体制机制问题和人口大量流出等的影响，东北地区经济增速减缓甚至出现负增长，最终被其余板块挤占经济份额，近些年仅占 5%。东部地区逐渐成为我国经济发展中的主体和保证我国经济平稳发展的中坚力量。中西部地区经济份额自新中国成立以来较为稳定，经济份额占比仅在 20 世纪 90 年代末有所减少，但随着西部大开发和中部地区崛起战略的实施，经济发展不断向好，近几年经济增速高于其他板块，经济总量均维持在 21% 左右的水平。总的来说，虽然板块经济增速变化相近，但板块间本身存在的固有差异会受相近增速水平的影响而使区域发展差距格局不易被打破，从而成为一种长

期性问题。同时,从各省份经济增速统计变化也能够发现,虽然各省份经济增速在改革开放40多年来均处在10%~17%的范围内,但不同发展阶段仍存在一定差异。

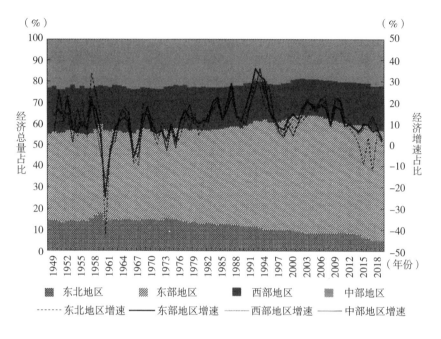

图2-4 1949~2020年四大板块经济发展演变趋势

考察现有经济理论,新结构经济学中所提到的经济体制内生于发展战略的观点基本能够解释我国区域发展差距的变化,并对现有区域协调发展战略的实施提供理论指导。第一,区域发展差距及其关系发展是不断演变的动态变迁过程。中华人民共和国成立初期,中央调控和全国性的社会生产运动能够有效影响区域发展差距的变化。改革开放后市场的逐步放开提供了以要素禀赋为切入点形成地区比较优势的契机,这有助于央地共同解决发展中存在的问题。第二,区域非均衡发展战略的实施本质上是中央政府利用有限资源优势创造局部有利条件,支持内外资企业利用本地要素禀赋培植具有比较优势的产业,从而实现部分地区的"先富"。第三,后续在区域发展战略实施中所强调的协调发展实际上是打破传统贫富二分法的既有观点,以期通过区域协调合作使不同发展水平的地区沿着一条共同路径实现协调式发展[3]。区域发展差距的变化与受限于不同发展阶段的不同禀赋结构有关。因此,不仅要在宏观层面实施区域协调发展战略,而且要加快促进中微观层面形成内在的协调机制,以此缩小区域发展差距。

二、区域发展差距的多尺度考察

现有关于区域发展差距的研究成果主要是以三大地带和四大板块为研究对象，认为三大地带内部的差距呈现缩小趋势[4-6]，在四大板块中，东部地区与其他地区的差距有扩大的趋势[7-8]。以不同划分方式为基础所探讨的差距分析存在差异具有必然性，如何从中总结客观规律，并对我国未来区域经济发展提供指导，具有重要现实意义。考虑到现有区划尺度存在忽略区域内部差异的可能性和近些年出现南北发展差距问题，本节从多尺度考察我国区域发展差距的演变历程与基本规律。

（一）基于三大地带的分析

三大地带作为第七个五年计划的宏观区域政策产物，为过去我国资源配置、宏观调控和政策扶持提供了重要基础。图2-5展示了中华人民共和国成立以来三大地带及其内部的差距演变趋势①。

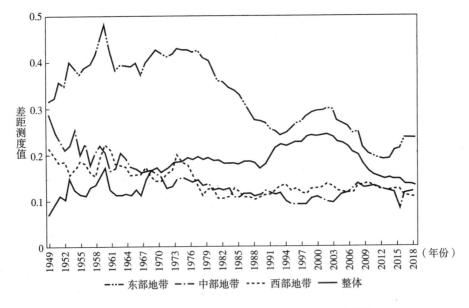

图2-5　1949~2020年三大地带及其内部差距演变趋势

基于三大地带测度的地带间和地带内的差距分析可知：第一，三大地带间差

---

① 本节后续差距分析均是基于基尼系数进行解释。

距整体上存在显著的波动趋势，并在 2004 年左右达到最高值，这主要与沿海和内陆发展差距逐渐拉大有关。第二，东部地带内部差距水平高于其他地带，存在着先升后降的波动趋势。这主要是因为，东部地带各省市在中华人民共和国成立前的经济发展水平上的差距延续至中华人民共和国成立后，而后又因为改革开放时期沿海城市开放和率先发展促进了东部地带除直辖市以外的其他省份迅速发展，从而有效缩小了内部发展差距。但是近几年，东部地带如辽宁、天津经济发展减缓，导致地带内部差距再次增大。第三，中部地带和西部地带内部差距相对较小，整体上存在着差距缩小的趋势，这可能是因为，在承接东部地带产业的同时，两地带部分省份（如四川、湖南、陕西、重庆等）均在此基础上根据地方特色形成了独特的优势产业，并通过较高水平的公共服务质量不断提高吸引力，导致区域内部发展差距相对缩小。

（二）基于四大板块的分析

考虑到过去三大地带划分方式不便于深入分析区域发展差距和制定政策，我国于"十一五"时期把区域经济布局调整为四大板块，以期更好地实现区域间的良性互动和区际协调发展。图 2-6 展示了四大板块的区域发展差距变化趋势。

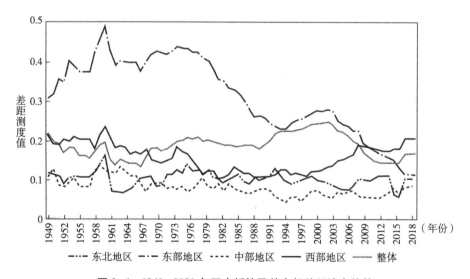

图 2-6　1949~2020 年四大板块及其内部差距演变趋势

基于四大板块得到的差距趋势变化除在中华人民共和国成立阶段和近些年与三大地带分析存在一定差异以外，其余阶段的趋势基本相同。这主要是因为，当东北地区从原先的东中地带整合为一个独立的区域整体后，东北地区产业发展水平一度领先和当前发展速度放缓的情况凸显，最终导致整体差距波动情况不同于前述分析。分板块来看，东北地区和中部地区区域发展差距相对较为稳定，在0.1上下浮动，这主要是因为板块内各省份经济发展实力相近。近些年，东北三省均处在产业结构调整的经济疲软期，而中部地区经济合作交流密集，使地区内部差距有所缩小。东部地区差距变化走势与前述东部地带相似，在此不再赘述。西部地区发展差距呈现倒 N 型趋势，这主要是因为，西部地区以西的自然资源环境等客观因素限制了地区经济发展。虽然"三线建设"缓解了西部地区经济发展矛盾，但在改革开放后受西部地区以东的快速发展影响，西部地区内部差距再次拉大，最终又依靠西部大开发战略有效遏制了区域发展差距的进一步扩大。从目前来看，在新时代西部大开发战略和成渝地区双城经济圈发展战略确立后，西部地区内部逐渐衍生出缩小区域发展差距的积极要素，推动着贵州、新疆、西藏等地的快速发展。

总之，中华人民共和国成立以来四大板块发展差距的变化反映出以政府为主导的区域发展政策对调节区域发展差距的作用。改革开放所释放的经济活力，促使各板块经济均有所增长，但市场经济体制改革促使东部地区经济迅速发展，挤占了其他板块资源，导致地区发展不均衡。积极推进西部大开发、振兴东北地区等老工业基地、促进中部地区崛起、鼓励东部地区率先发展的区域发展战略，使板块内和板块间发展差距再次缩小。但是，东北地区经济增速较低甚至出现负增长，而西部地区不断发展形成内生动力，促使区域发展差距在近些年再次扩大。

（三）基于南北方的分析

近年来，区域经济发展不平衡出现新特征，即南北经济差距逐渐扩大，且存在南快北慢的新趋势。周民良（2000）指出，改革开放后我国经济重心南移将导致区域发展差距扩大的矛盾主要集中在南北方[9]，而现有研究主要认为北方资本积累、经济体制机制、劳动力数量、工业价值链韧性等方面落后于南方，从而导致南北差距呈现不断扩大的趋势[10-11]。通过测度人均 GDP 差距后发现，南北方在过去长期以北快南慢为首要特征，而自 2011 年后，南北方人均 GDP 差距开始缩小，最终于 2016 年南方开始领先北方并不断扩大。到 2020 年底，南北方人均 GDP 差值是中华人民共和国成立以来的最高值，达到 14495.13 元，并有进一步扩大的趋势（见图 2-7）。从差距测度分析中能够看出，南北方区域发展差距水平长期较低，1958~1960 年最高，而后呈螺旋式缩小，1993~2005 年差距最小，之后便开始反复变化，并在 2015 年后再次增长。但是，结合南北方内部差距分析发现，二者内部差距均在不断缩小，并具有相近的变化趋势，这反映出南北方差距的变化不是某一省份单独造就的，而是地区整体发展大环境就存在绝对差距，从而导致二者差距不断缩小，最终在某一点实现根本性扭转并突破既有峰值。

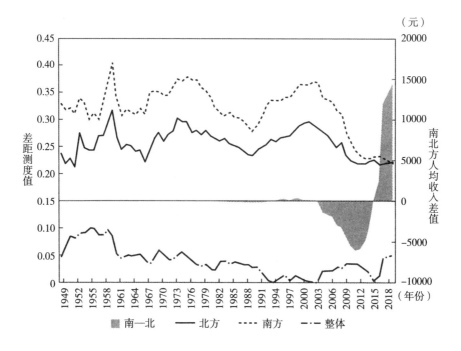

图 2-7　1949~2020 年南北方及其内部差距演变趋势

究其根本，南北方区域发展差距的产生与多方面因素有关。第一，从地理位置看，南方海岸线更长。便利的对外贸易环境不断激发南方地区经济活力，促使其在形成内生动力之余还能吸纳更多的外部投资。第二，从体制机制看，不同于北方地区享受过去计划经济红利而循规蹈矩，南方地区的经济行为更强调效益优先，从而形成一种正向循环累积，最终促使南快北慢格局的形成甚至固化[12]。第三，南北方经济发展思维与民众意识存在较大差异。南方地区更注重自我意识和创业意识，并在政府支持下不断发展民营经济，注重拼搏和创造机遇。第四，现有国民经济政策注重生态文明建设和绿色经济发展。北方地区以煤矿开采发展起来的城市较多，导致其不得不在现行政策下进行产业结构调整，从而影响了现阶段经济发展增速。但是，对于南北发展差距而言，其产生时期较短，可能只是短期经济与产业结构调整后的必然现象，对国民经济发展和实现全体人民共同富裕的负面影响要显著弱于东部地区与西部地区发展差距所带来的一系列问题，因而仍有待进一步观察，现阶段应继续着重解决东西横向发展差距问题。

（四）小结

从三大地带、四大板块和南北方区域发展差距的分析可知，我国区域发展差距存在着周期波动且差距缩小的特征和趋势，但是这种下降表明我国地区发展仍然存在不均衡的特点。事实上，区域发展差距除受区位环境、市场化水平等因素的影响外，还与地方长期历史环境等因素有关。缩小区域发展差距，应从区域政策入手，根据不同区域特色形成不同的优势发展路径，而这也是当前以及未来区域协调发展战略所要解决的主要问题。

三、"十四五"时期缩小区域发展差距的基本思路

区域发展差距的变化一方面受国内外环境和区域要素禀赋影响，另一方面则受区域政策和区域发展战略等的影响，而后者往往起到更重要的作用。从前述区域发展差距的分析不难看出，在特定阶段的差距水平与同期的区域政策紧密相关。中华人民共和国成立后一段时期的区域平衡化发展是以政府为中心协调资源流动的，区域发展差距维持在一定水平是这一时期的主要特征；改革开放后，我国根据发展实际需要先后实施了区域非均衡发展战略和区域协调发展战略，导致区域发展差距反复波动，最终形成当前区域发展差距缩小且趋缓的态势。在"十四五"时期构建新发展格局和我国全面建成小康社会并向社会主义现代化强国迈进的现实背景下，区域协调发展战略要随之进行调整，在新形势、新环境和新格局下作出一系列改变，以此在决定区域发展差距未来走势的关键期进一步缩小区域发展差距。继续坚持实施区域协调发展战略，是缩小区域发展差距的必然选择，在新发展阶段有着更为重要的使命。

"十四五"时期促进区域协调发展，可进一步将全国划分为若干个地区，对每个地区实行"精准+周期浮动"式的定位调整，使其能够充分利用并最大限度发挥比较优势，形成国民经济发展的最优合力。同时，也要把区域协调发展与推动经济高质量发展，支撑构建以国内大循环为主体、国内国际双循环相互促进的新发展格局结合起来，使区域协调发展战略成为承接发展规划和指导具体细节实施的中坚力量，促进各区域全面可持续发展。总之，要推进西部大开发形成新格局，推动东北振兴取得新突破，促进中部地区加快崛起，鼓励东部地区加快推进现代化。

基于这一思路，各个地区具有了不同的时代价值和存在意义。第一，相对欠发达的西部地区要利用外部投资、财政支持和转移支付等，在内部形成"先富带后富以实现共富"的生产循环，同时对外依靠资源禀赋优势形成效益链条，以此发挥应有角色和最大优势。例如，新疆凭借独特的自然环境优势已成为我国重要棉花产业基地，在这一背景下，应加快新疆农业现代化和特色化发展，并基于地区劳动力结构完善相应的产业链、拓宽对外销路，从而进一步发挥新疆农业优势。第二，进一步巩固东部地区在支撑国民经济发展中的重要地位，稳住其经济增长面，充分挖掘东部地区创新发展潜力。东部地区政策资源丰富，现有五大区域发展战略①均与东部地区有关。在各方面资源均较为丰富的现实背景下，保障东部地区平稳发展就是稳住了国民经济发展大局，这一点尤为重要。第三，就中部地区和东北地区而言，前者要继续通过承接东部地区产业转移培植区内新增长点，后者要剖析区域发展病症以勇于试错的精神不断试点调整，参与国内大循环和新发展格局的构建，以点带面式地提高经济发展质量与活力。总之，要健全区域战略统筹、市场一体化发展、区域合作互助、区际利益补偿等机制，更好地促进发达地区和欠发达地区、东中西部和东北地区共同发展；深入挖掘各个地区比较优势，基于现实状况设计可行思路，加快发展现代产业体系，推动经济体系优化升级，从而利用好地区优势盘活资源，加快经济发展。

　　当前五大区域发展战略的辐射范围主要集中在东部和中部地区，东北地区和西部地区受到政策资源辐射较少，特别是革命老区、民族地区和边疆地区等[13]。针对这一问题，需要在实地评估考察中理性地规划部署区域发展战略，使协调发展的正效应辐射到更多地区，丰富区域协调发展战略的内涵，从而通过区域政策助力地区经济发展。要促使各个地区形成战略支点，通过辐射作用带动其他地区发展，支撑国民经济平稳运行，这是因为中心城市在推动区域经济发展中发挥着主导作用。例如，在东北地区和西部地区要尽快培育设立类中心城市，以此带动这些地区的经济发展，缓解政策资源辐射较少的阶段性困境。

　　另外，加快构建新发展格局为区域协调发展提供了新的实践内涵，有助于缩小区域发展差距。构建新发展格局需要畅通生产、分配、流通、消费四个环节的堵点，打通这些堵点不仅有助于构建新发展格局，而且有助于加强发达地区和相对欠发达地区在供给侧和需求侧方面的联系。在国内大循环构建中打破循环阻

---

　　①　五大区域发展战略是指加快推动京津冀协同发展、全面推动长江经济带发展、积极稳妥推进粤港澳大湾区建设、提升长三角一体化发展水平、扎实推进黄河流域生态保护和高质量发展。

滞，推动区域协调发展水平提升，有助于在要素流通畅通且循环的大环境下加快缩小区域发展差距，提高人民生产生活质量，实现共同富裕。

除上述内容外，"十四五"时期区域发展战略的实施还需要从基础设施、公共服务等多个方面着力，特别是要以完善财政转移支付制度为基础加大对革命老区、民族地区、边疆地区等特殊类型地区的建设投入，扭转欠发达地区与基础设施等的错配，使其具备承接和发展本地产业的基础条件。对其他基础条件相对欠发达的地区也要予以政策倾斜，使其具备形成增长内生动力的基础条件，防止返贫。在这一过程中，要注意处理好中央与地方的关系，以改变地区发展环境的愿景为共同动力，共同促进地区发展基础条件的改善。

四、"十四五"时期缩小区域发展差距的政策建议

本节以区域发展差距为切入点，基于多个尺度对中华人民共和国成立以来全国整体、三大地带、四大板块和南北地区的差距演变过程进行分析，发现我国区域发展差距存在着在周期波动中下降的基本特征，这种下降反映出我国地区发展不均衡的特点。同时，现阶段区域发展差距处在内部不断调整的平缓期，是决定未来区域发展差距走势的关键期。

区域发展差距演变过程和当前呈现的新趋势与区域协调发展战略的实施紧密相关。面对当前国外宏观环境新变化和国内经济发展的新形势，应在优化已有战略的基础上尽快迈入区域协调发展新阶段，打破当前区域发展差距的平稳固化，以此实现各区域经济高质量发展和区域发展差距的进一步缩小。值得强调的是，区域协调发展是在特定时间和特定范围内的协调发展，新区域协调发展战略应在"十四五"时期以更加长远的眼光对未来区域布局和政策制定提供有益指导，抓住战略窗口期的可能机遇。

（一）正确、客观认识与利用区域发展差距

面对我国未来也可能长期存在区域发展差距的基本现实，应正视区域发展差距，并利用区域发展差距造成的地区发展水平落差，使其从不利变为有利，成为缩小区域发展差距的动力。具体而言，在明确欠发达地区存在发展机遇和潜力的基本认识的基础上，充分利用发达地区经济优势，基于区域发展差距考量估计当前可解决的差距因素，利用此挖掘发达地区能够为欠发达地区作贡献的可行方式，从而加快要素流动，促进欠发达地区发展。

当前，国家区域发展政策的基本出发点仍然是东西部之间的发展差距。乡村振兴重点地区的选择、资源型地区、革命老区、民族地区的扶持政策等，都是从

东西部之间差距的角度进行选择的。南北方的发展差距已经有很多学者进行分析和研究。但是，南北方的发展差距还没有达到影响区域发展政策的地步，也就是说，对于南北方的发展差距仍需进一步观测。

（二）因地施策形成差异化、特色化区域发展模式

建立统一规范、层次明晰、功能精准的区域发展政策体系，是从全局性和区域性出发推进区域协调发展的重要途径[14]。当前我国区域发展政策已从国家顶层设计—区际规划—省际部署等方面展开诸多有益探索，成效显著，但缺乏进一步从更小尺度的空间单位制定更加精细的地方政策。事实上，在扶贫攻坚中实施精准扶贫战略证实了精准施策在完成战略目标和短期任务中的突出价值和积极作用。现阶段，可在明晰各区域发展所存在问题的基础上，设计与施行更具针对性的经济发展政策，以加快区域经济发展和缩小区域发展差距，推动地区整体发展水平的提高。

"十四五"时期，应针对重大战略覆盖区域、城市群、中心城市、特殊类型地区等制定差异化和特色化的发展战略，从区域经济的比较优势出发，确定其发展定位。例如，原来对于西部地区的一些深度贫困区域，我们重视的是如何对其进行发展援助，在新时代需要对这些区域进行重新定位，发挥其在国民经济中的作用，从而在不同程度上推动地区经济发展，形成新时代的区域协调发展格局。

（三）统筹协调区域发展重大战略、地区发展与要素禀赋间的关系

区域发展政策是基于地区发展水平和要素禀赋而制定的。虽然已有政策是在考虑上述因素的基础上制定发布的，但从实际应用推广效果来看，往往会受体制机制或资源环境的限制而减弱。在五大区域发展战略的背景下，统筹协调其关系，突破行政区划界限，促进各个地区互融共通，形成从上至下逐一辐射、逐一落实的协作关系，对未来区域协调发展具有重要意义。同时，也要针对不同地区的要素禀赋差异制定差异化的发展规划，使之与重大战略相匹配，从而形成优势互补的层次关系，以便促进区域发展差距缩小和经济高质量发展。

"十四五"规划提出的"区域发展重大战略"，充分彰显了中央缩小区域发展差距的取向。其中，长江经济带发展、黄河流域生态保护和高质量发展战略，都是涵盖东中西部、发达与欠发达地区的经济带发展战略，京津冀、长三角、粤港澳三个地区的发展战略，则为辐射带动欠发达地区的发展确立了发展的中心区域。

（四）建立更加有效的区域协调发展新机制

"十四五"时期新区域协调发展战略要在《中共中央 国务院关于建立更加

有效的区域协调发展新机制的意见》的基础上，进一步体现新机制的新价值。首先，区域发展战略特别是经济带战略要进一步深化带状连接，形成空间联动机制，依托中心城市形成扩散式点轴模式，辐射带动周边相对欠发达地区发展。其次，在基础设施、公共服务、财政金融、区域利益等方面做到优化和平衡，为新机制的实施创造良好的软环境，以便形成区域协调发展的最优合力。最后，深度挖掘地区比较优势，促使各个地区在协调发展中协同合作，以此提高各自效率，实现国内大循环。主要的机制应当包括：一是协同发展机制，要推动城市、交通、生态、产业等各个方面的区域协同发展。二是区域一体化机制。区域一体化包括商品贸易、基础设施、要素流动和政策设计等多方面的一体化，要有统一的领导，编制一体化的发展规划，制定相关的发展政策，用来推动资本、技术、产权、人才、劳动力等生产要素的自由流动和优化配置。三是区域合作机制。在建立地区党政主要领导定期会晤机制的基础上，进一步探索建立有组织、可操作的专项议事制度，积极推动各类经贸活动的开展。加强政策的统一性和协调性，消除市场壁垒，规范市场秩序，形成良好的政策环境和发展条件。

总之，依托新发展格局，打通、整治不同区域之间在生产、分配、流通、消费各环节的堵点、难点、痛点，提高经济运行效率，是实现区域高质量发展的关键。利用好构建新发展格局的契机，充分发挥和挖掘相对欠发达地区的发展优势，从产业结构、人口流动、对外开放等多个方面，在政策和资源上向相对欠发达地区倾斜，特别是要加快相对欠发达地区城市群建设，吸引更多的人口与资源向相对欠发达地区的核心区域集中。

参考文献

[1] 张红梅，李善同，许召元.改革开放以来我国区域差距的演变 [J].改革，2019（4）：78-87.

[2] 干春晖，郑若谷.中国地区经济差距演变及其产业分解 [J].中国工业经济，2010（6）：25-34.

[3] 林毅夫，苏剑.新结构经济学 [M].北京：北京大学出版社，2012.

[4] 蔡昉，都阳.区域差距、趋同与西部开发 [J].中国工业经济，2001（2）：48-54.

[5] 许月卿，贾秀丽.近20年来中国区域经济发展差异的测定与评价 [J].经济地理，2005（5）：600-603.

[6] 金相郁，郝寿义.中国区域发展差距的趋势分析 [J].财经科学，2006（7）：110-117.

[7] 陈秀山，徐瑛.中国区域差距影响因素的实证研究 [J].中国社会科学，2004（5）：117-129.

［8］Fujita M，Hu D. Regional disparity in China 1985-1994：The effects of globalization and economic liberalization ［J］. The Annals of Regional Science，2001，35（1）：3-37.

［9］周民良.经济重心、区域差距与协调发展［J］.中国社会科学，2000（2）：42-53.

［10］杨明洪，巨栋，涂开均."南北差距"：中国区域发展格局演化的事实、成因与政策响应［J］.经济理论与经济管理，2021（4）：97-112.

［11］杨明洪，黄平.南北差距中的结构效应及空间差异性测度［J］.经济问题探索，2020（5）：1-13.

［12］蔡之兵.南北分化视角下的北方区域经济失速问题探因［J］.江淮论坛，2019（5）：70-77.

［13］尹虹潘，刘姝伶."中心—亚中心—外围"区域发展格局：宏观战略与微观诉求的空间联结［J］.改革，2020（12）：67-83.

［14］孙久文.论新时代区域协调发展战略的发展与创新［J］.国家行政学院学报，2018（4）：109-114.

第三章　区域协调发展战略的实践创新

第一节　区域协调发展与全面建成小康社会和
全面建设社会主义现代化国家[*]

党的十九大报告指出，经过长期努力，中国特色社会主义进入新时代，我国社会主要矛盾已经转化为人民日益增长的美好生活需要和不平衡不充分的发展之间的矛盾。这是关系全局的历史性变化，要求我们在谋划经济社会发展时，要着力解决好发展不平衡不充分的问题。习近平总书记指出，要从我国发展中不平衡、不协调、不可持续的突出问题出发，着力推动区域协调发展、城乡协调发展、物质文明和精神文明协调发展。[①] 可见，推动区域协调发展是解决我国发展不平衡、不充分问题的基本路径之一，对全面建成小康社会、全面建设社会主义现代化国家具有重要意义。

一、党的十八大以来党中央关于区域协调发展的理论与实践探索

关于推动区域协调发展，马克思主义经典作家早就有过阐述，我们党的领导人也都作出过一系列理论分析和战略安排。改革开放后，我国东部沿海地区抓住改革开放机遇和国际产业转移的机遇，发挥自身优势，集中发展现代制造业，实现了经济的快速发展，而中西部地区由于种种条件限制，逐步被拉开了差距。区

---

[*] 本文原载于《党的文献》2021年第1期。

[①] 参见习近平：《深入理解新发展理念》，《求是》2019年第10期。

域差距日益扩大对国民经济和人民生活都带来不利影响。党中央高度重视应对区域发展差距的问题，组织力量对这一问题开展了大量研究，并提出以实施区域协调发展缓解和逐步解决区域发展差距过大的问题。我国推动实施西部大开发、东北振兴、中部崛起等一系列发展战略，推动区域协调发展不断取得新的进展。

党的十八大以来，以习近平同志为核心的党中央持续关注区域协调发展问题，不断作出新的形势判断和战略安排，对区域协调发展的认识不断深化。习近平总书记多次强调区域协调发展的重要意义，提出京津冀协同发展、建设雄安新区等重大战略，使区域协调发展的理论与实践不断深化并更好地结合起来。比如，2014年12月，习近平总书记主持召开中央经济工作会议，会议明确提出："要重点实施'一带一路'、京津冀协同发展、长江经济带三大战略。"① 此后，作为我国经济发展在空间格局上的重大创新，上述三大战略的顶层设计逐渐落实为具体行动。京津冀协同发展的地域范围包括北京、天津、河北三省市，总人口超过1亿人，地区生产总值占全国的1/10以上。通过对京津冀三地的要素整合，可对其他地区开展区域合作起到示范作用。长江经济带是承东启西、对接"一带一路"的核心经济带，包括11个省市，人口约6亿，国内生产总值总量超过全国的40%，是我国区域经济发展的重要引擎，可以形成以长三角城市群为龙头，长江中游城市群和成渝城市群为重要支撑，以滇中城市群和黔中城市群为补充的格局。

党的十九大是区域协调发展战略走向深化的重要节点。习近平总书记在党的十九大报告中对区域协调发展战略作出明确阐述和要求："加大力度支持革命老区、民族地区、边疆地区、贫困地区加快发展，强化举措推进西部大开发形成新格局，深化改革加快东北等老工业基地振兴，发挥优势推动中部地区崛起，创新引领率先实现东部地区优化发展，建立更加有效的区域协调发展新机制。以城市群为主体构建大中小城市和小城镇协调发展的城镇格局，加快农业转移人口市民化。以疏解北京非首都功能为'牛鼻子'推动京津冀协同发展，高起点规划、高标准建设雄安新区。以共抓大保护、不搞大开发为导向推动长江经济带发展。支持资源型地区经济转型发展。加快边疆发展，确保边疆巩固、边境安全。坚持陆海统筹，加快建设海洋强国。"② 这些论述和要求概括了区域协调发展的基本内容，把区域协调发展战略推向一个新的高度。根据党的十九大的战略安排，区

---

① 《人民日报》2014年12月12日。
② 《人民日报》2017年10月28日。

域协调发展需要以地域为单位促进区域经济发展水平的提高，在推动不同区域均衡发展的过程中逐步缩小区域之间的发展差距。其理论内涵主要包括三个方面：一是地区间基本公共服务，包括教育、医疗卫生、社会保障、劳动就业、公共安全、公共文化等，要实现适度均衡，不应因地区和人群的不同而有明显的差异；二是实现地区间发展机会的均等，包括资源开发、企业进入、基础设施、城市建设、乡村振兴等方面的机会均等，发挥各地区的比较优势，消除区域间的利益冲突；三是实现地区间人口、资源与生态环境的均衡发展，实现人与自然关系的和谐。

习近平指出："区域协调发展的基本要求是实现基本公共服务均等化，基础设施通达程度比较均衡。"① 达到区域协调发展要以实现一些具体目标作为标准：一是区域协调发展的总体目标，是以协调东部、中部、西部和东北等"四大板块"之间的关系为基础，以区域协调发展统领板块之间、经济带之间、城乡之间、类型区之间的发展关系。二是区域协调发展的社会发展目标，是在实现基本公共服务均等化的基础上，进一步提高公共服务的整体发展水平。从实现全面建成小康社会的要求出发，需要特别重视提高贫困地区基本公共服务的主要领域指标，使其接近全国平均水平，同时使基本公共服务供给保障措施更加完善，可持续发展的长效机制基本形成。三是区域协调发展的经济目标，是实现区域经济的高质量发展。党的十九大报告指出，我国经济已由高速增长阶段转向高质量发展阶段，正处在转变发展方式、优化经济结构、转换增长动力的攻关期。党的十九届五中全会重点强调构建以国内大循环为主体、国内国际双循环相互促进的新发展格局，更加凸显区域经济在国民经济运行中的重要作用，也必将对区域协调发展提出新的要求。四是区域协调发展的空间目标，是形成以经济带建设为主体的空间布局。比如，2019 年 9 月，习近平总书记在主持召开黄河流域生态保护和高质量发展座谈会时提出，京津冀协同发展、长江经济带、粤港澳大湾区建设、长三角一体化发展和黄河流域生态保护与高质量发展一样，同属国家重大发展战略。② 五是区域协调发展战略的生态环境目标，是以习近平生态文明思想为指导，实现区域生态环境的可持续发展。我国是一个领土广阔的国家，也是一个生态环境多样化特点十分显著的国家，但是国土中高原、山地、沙漠、草原等占据相当大的比例。我国历史遗留的环境问题较多，生态文明建设的任务十分繁重，

---

① 习近平：《推动形成优势互补高质量发展的区域经济布局》，《求是》2019 年第 24 期。

② 《人民日报》2019 年 9 月 20 日。

我们在推动区域协调发展和经济建设时，必须以保护生态环境为基础，以实现可持续发展为目标。

党的十八大以来，党中央关于推进区域协调发展的决策部署和政策举措，主要集中体现在以下几个方面：

第一，推动特殊区域发展。习近平指出："要根据各地区的条件，走合理分工、优化发展的路子。"① 党的十九大报告重点提到特殊区域发展问题。在特殊区域当中，贫困地区的涵盖面最广，解决贫困地区的发展问题十分重要。2013年以来，我国以"精准扶贫"为导向，重点解决贫困地区的基础设施缺乏和基本公共服务不完善等问题；面对产业基础薄弱的短板，有针对性地采取扶持农业生产或畜牧养殖的政策，并采取产业扶贫模式，探索出"扶贫车间"等具体形式。另外，资源枯竭地区是另一种特殊区域，以东北老工业基地为代表。资源枯竭地区的典型问题是产业结构单一，体制机制建设缓慢。这些问题都严重制约了区域经济发展。解决资源枯竭地区问题的一个重要思路是以特殊的经济政策支持推动变革，如资源开发补偿机制、衰退产业援助机制、新兴产业扶持机制等。对其中自身发展能力弱的区域，更要增加人力物力的支援。

第二，推动经济带发展。目前形成的区域协调发展国家战略有：长江经济带、京津冀协同发展、粤港澳大湾区建设、长三角一体化发展与黄河流域生态保护和高质量发展，均是在一个开放的区域空间中，由相对发达的区域与相对不发达的区域结合构成的经济空间。从经济带形成的过程来看，在经过经济增长极、发展轴、经济网络三个阶段到形成经济带之后，区域经济空间就进入到了新的更高的发展阶段。因此，落实经济带发展战略，可以形成相对发达地区的产业优化和高质量发展，带动相对落后区域的生产力优化布局，促使区域经济的要素配置发生有利于形成新动能的积极变化，进而推动整个国家区域经济的协同发展。

第三，以城镇化带动发展。城镇化是我国保持经济持续发展的强大引擎，是促进产业结构转型升级的重要途径，是推动区域协调发展的有力支撑。习近平指出："要形成几个能够带动全国高质量发展的新动力源，特别是京津冀、长三角、珠三角三大地区，以及一些重要城市群。"② 我国目前已经形成了"城市群—都市圈—中小城市—小城镇"这样的城市分布格局。其中，在全国主要城市群中，以大城市或特大城市为核心，与中小城市和小城镇相结合，成为我国城镇化推进的

①②　习近平：《推动形成优势互补高质量发展的区域经济布局》，《求是》2019 年第 24 期。

主要方式。同时，在西部地区由于地域面积广大，人口与经济生活相对分散的区域应当注意发展大城市和特大城市，形成该区域的核心增长极。伴随时间的推移，城市群和都市圈的作用将进一步凸显。

第四，推动陆海统筹发展。党的十九大报告从战略高度对海洋事业发展作出了重要部署，明确指出要坚持陆海统筹，加快建设海洋强国。贯彻落实这一要求，必须统筹海洋维权与保持周边安全稳定、统筹近海资源开发与远洋空间拓展、统筹海洋产业结构优化与产业布局调整等诸方面。

第五，推动可持续发展，确保生态安全。推进生态文明建设是新时代促进区域协调发展的重要组成部分，是区域可持续发展的重要保障。习近平总书记十分重视生态文明建设，多次强调建设生态文明，关系人民福祉，关乎民族未来。学习贯彻习近平生态文明思想，对于我们谋划国土开发、优化科学布局、推进城镇化建设和全面实施乡村振兴战略等，都具有划时代的指导意义。

党的十九届五中全会通过的《中共中央关于制定国民经济和社会发展第十四个五年规划和二〇三五年远景目标的建议》中明确指出，要"坚持实施区域重大战略、区域协调发展战略、主体功能区战略，健全区域协调发展体制机制，完善新型城镇化战略，构建高质量发展的国土空间布局和支撑体系"①。因此，未来一段时期我国的区域发展要坚持这三大战略。其中区域重大战略是解决国土空间的重点区域发展问题，建设国家空间发展的支柱与脊梁；区域协调发展战略要继续实现地区之间、城乡之间、人口资源环境之间的协调，缩小地区之间的发展差距，推动实现各地区之间的协调发展、共同富裕；主体功能区战略是强调发挥各区域的比较优势，摆脱"一方水土养不好一方人"的问题，建设永续发展的美丽中国。

构建高质量发展的国土空间布局和支撑体系，是"十四五"时期的重点任务，也是未来15年我国区域发展的重要任务。高质量发展的国土空间布局，应从国土空间的景观分布上着力，包括城市、乡村、道路、农田、草原、森林等分布合理有序，人口分布的聚集与分散合理结合，主要生产要素的高质量、高产出的紧凑布局等。同时，要构建高质量发展国土空间布局的支撑体系，包括协调发展与合理分布的城乡体系、方便生产和生活的城市群与都市圈体系、区域经济的创新型产业体系、国土空间的生态保护与环境整治体系、以国际国内双循环为特征的区域对外开放体系等。

---

① 《人民日报》2020年11月4日。

二、区域协调发展与全面建成小康社会

习近平总书记指出，"全面建成小康社会是国家整体目标""我国发展不平衡，城乡、区域、人群之间存在收入差距是正常的，全面小康不是平均主义"[1]"我国经济由高速增长阶段转向高质量发展阶段，对区域协调发展提出了新的要求。不能简单要求各地区在经济发展上达到同一水平，而是要根据各地区的条件，走合理分工、优化发展的路子"[2]。习近平总书记全面阐述了区域协调发展与全面建成小康社会的关系，特别强调全面建成小康社会过程中也有一些短板，必须加快补上。全面建成小康社会涉及经济社会发展的各个方面，要聚焦短板弱项，实施精准攻坚。但补短板是硬任务，这就要求我们必须实施区域协调发展战略，坚持在协调发展中补齐短板。

区域协调发展是全面建成小康社会的题中之义。全面建成小康社会是我们党对全国人民许下的庄严承诺，要求区域和城乡之间要缩小发展差距，实现更加协调、更加平衡的发展。完成这一目标要求，至少应该包含的内容有：第一，各地区人均国内生产总值的差距应当保持在适度范围。努力缩小区域和城乡差距是区域协调发展的主要目标之一，也是全面建成小康社会的主要目标之一。这种目标的一致性，彰显了区域和城乡协调发展与全面建成小康社会的紧密联系。第二，各地区都能够发挥比较优势，实现区域间优势互补，共同发展。我国广阔的地域面积、各地差异较大的现实状况，决定了我们必须在准确把握国家战略方向的前提下，充分考虑不同地区的实际需求，构建差别化、有针对性的区域政策体系，通过区域政策的精准化，使各地区的经济社会发展全部达到全面小康水平。

区域协调发展是全面建成小康社会的必然要求。从长远来看，全面建成小康社会是实现中华民族伟大复兴中国梦的一个重要阶段性目标，其中自然涵盖区域、城乡等之间的协调发展。但是，我国区域发展中的不平衡不充分问题，一度成为制约全面建成小康社会的短板弱项。一是诸如革命老区、少数民族地区、边疆地区、老工业基地、资源枯竭地区的发展问题等，哪一项问题不解决都会影响全面建成小康社会的质量和水平。二是我国各地区之间的发展差距当前仍较大。如 2019 年，我国东部地区生产总值约 51.12 万亿元，人均国内生产总值约为 9.4 万元；中部地区生产总值约 21.87 万亿元，人均国内生产总值约为 59 万元；西

① 习近平：《关于全面建成小康社会补短板问题》，《求是》2020 年第 11 期。
② 习近平：《推动形成优势互补高质量发展的区域经济布局》，《求是》2019 年第 24 期。

部地区生产总值约 20.52 万亿元，人均国内生产总值约为 5.4 万元；东北地区生产总值约 5.02 万亿元，人均国内生产总值约为 4.7 万元。① 中部和西部地区的人均国内生产总值是东部地区的 60% 左右，东北地区则只有东部地区的 50%。所以，我们在全面建成小康社会的过程中，一直致力于缩小区域发展差距，而区域发展差距缩小的过程，也是全面建成小康社会稳步向前推进的过程。

按照党中央决策部署，我国要建立与全面建成小康社会相适应的区域协调发展新机制。近年来，我国围绕促进区域协调发展，在建立健全区域合作机制、区域互助机制、区际利益补偿机制等方面进行积极探索，取得了一定成效。从整体发展态势看，各地域经济总量普遍呈增长趋势，地区间经济差距拉大现象得到遏制；从空间上来看，中西部地区发展速度不断提升，各地区国内生产总值占全国的比重趋于稳定，发展潜力依然巨大。总的来说，我国各地区产业转型升级不断加速，功能定位更加清晰，这为进一步缩小区域发展差距、充分实现区域协调发展提供了条件。

党的十九届五中全会提出，"十四五"时期要构建高质量发展的国土空间布局和支撑体系。完成这一目标任务，关键是要从中国的国土空间实际出发。在国土全覆盖的前提下实现高质量发展和布局，前提是要对国土的区域范围有一个更加合理的划分。我国实施多年的"四大板块"战略，是以地理单元为基础形成的区域发展战略。然而，新的区域发展态势要求我们对我国的国土空间有新的认识和布局。党中央提出的坚持实施区域重大战略、区域协调发展战略、主体功能区战略，就已经体现了区域空间的新的发展布局和安排。从现在一直到 2035 年，将是一个区域发展战略叠加和区域协同发展的新时期。要以长江经济带发展、黄河流域生态保护和高质量发展、京津冀协同发展、长三角一体化、粤港澳大湾区建设和成渝经济区建设等"六大战略"构成我国区域协调发展的核心骨架；以西部大开发、东北振兴、中部崛起、东部率先发展组成"四大板块"的区域协调发展来覆盖全部国土；以主体功能区战略为基础来实现各地区比较优势的充分发挥。

推动城乡区域协调发展是保障脱贫攻坚战取得全面胜利的重要举措。"保障民生底线，推进基本公共服务均等化，在发展中营造平衡"②，是党中央对我国区域发展提出的重要要求。脱贫攻坚是全面建成小康社会的底线任务和标志性指

---

① 《中华人民共和国 2019 年国民经济和社会发展统计公报》，《人民日报》2020 年 2 月 29 日。
② 《人民日报》2019 年 8 月 27 日。

标。经过接力奋斗，我国已实现现行标准下 9899 万农村贫困人口全部脱贫，832 个贫困县全部摘帽，128 万个贫困村全部出列，区域性整体贫困得到解决。① 我国脱贫攻坚战取得了全面胜利。

基本公共服务均等化水平是衡量城乡区域协调发展的重要指标。以在国民经济中属于基础性、先导性、战略性产业和重要服务性行业的交通运输业为例，党的十八大以来，我国大力推进城乡基本公共服务均等化，通过公路客运普及和农村物流的发展有力促进了城乡发展一体化。截至 2019 年底，已开展 52 个城乡交通运输一体化示范县建设，全国城乡交通运输一体化发展水平达到 AAA 级、AAAA 级以上的区县比例分别超过 95% 和 79%，使乡村之间、城乡之间连接更加紧密。要想富，修公路；道路通，百业兴。我国尤其注重积极推进贫困地区建设外通内联的交通网络，仅在 2016~2019 年，就支持贫困地区改造建设了国家高速公路 1.7 万千米、普通国道 5.3 万千米，建成内河航道约 2365 千米。贫困地区县城基本实现了二级及以上公路覆盖，许多贫困县通了高速公路，不少地方还通了铁路、建了机场。这些举措极大推进了贫困地区的物流发展，为农村特别是贫困地区带去了人气、财气，改善了 6 亿农民的生产生活。②

三、区域协调发展与全面建设社会主义现代化国家

党的十九大提出全面建设社会主义现代化国家的时间表，即到 2035 年基本实现社会主义现代化，到 21 世纪中期把我国建成富强民主文明和谐美丽的社会主义现代化强国。党的十九届五中全会擘画了到 2035 年我国基本实现社会主义现代化的远景目标。从区域协调发展的视角来看，人均国内生产总值达到中等发达国家水平，城乡区域发展差距和居民生活水平差距显著缩小，都是值得高度关注的指标。着力完成这些目标任务，更好推动区域协调发展向更深层次迈进，是全面建设社会主义现代化国家的题中之义和战略要求。

（一）以区域协调发展促进建设现代化经济体系

在全面建成小康社会基础上开启全面建设社会主义现代化国家新征程，必须构建现代化经济体系，而区域协调发展是构建现代化经济体系的内在要求，是提高资源分配效率、形成整体优化的生产力布局结构的重要手段。习近平总书记指出："现代化经济体系，是由社会经济活动各个环节、各个层面、各个领域的相

---

① 《人民日报》2021 年 2 月 26 日。
② 中华人民共和国国务院新闻办公室：《中国交通的可持续发展》，《人民日报》2020 年 12 月 23 日。

互关系和内在联系构成的一个有机整体。"① 实现城乡和区域协调发展是建立现代经济体系的重要一环，是推动解决我国区域发展不平衡的重要途径。为实现"十四五"时期发展目标和 2035 年远景目标，需要重点解决一系列问题。比如，区域经济与城市经济的高度协调问题。目前形成的国家层面的区域发展战略，均是在一个开放的区域空间中，由相对发达的区域与相对不发达的区域结合构成的。处理好发展程度不一的各区域之间的经济联系和协同创新关系，是实施区域协调发展战略的重要抓手，而经济带的形成在一定程度上可以优化相对落后区域的生产力布局，促使区域要素配置发生积极变化，进而推动相邻地区经济的协同发展。

展望未来，要促使我国区域经济版图实现高水平的协调发展，就需要促进区域经济与城市经济的高度协调。这种高度协调的一种实现途径，就是加快城市群和都市圈发展，形成区域经济的核心引领发展区域。习近平总书记指出："我国经济发展的空间结构正在发生深刻变化，中心城市和城市群正在成为承载发展要素的主要空间形式。"② 从我国当前的情况来看，未来 15 年将会形成大城市群，每一个城市群内部包括若干都市圈，以及城市群外面与之相配合的若干都市圈。这些城市群是：长三角城市群、粤港澳大湾区城市群、京津冀城市群、成渝城市群、长江中游城市群、中原城市群、关中城市群、山东半岛城市群、辽中南城市群和海峡西岸城市群。要以这十大城市群为引擎，带动区域发展，实现区域联动，形成多极支撑的新的区域发展格局。这必将为促进我国的区域协调发展注入新的动力，在解决空间关系、缩小发展差距和优化配置资源等方面发挥重要作用。

（二）以区域协调发展促进构建新发展格局

积极推动并实施区域协调发展战略，是新时代构建以国内大循环为主体、国内国际双循环相互促进的新发展格局的基本路径之一。构建新发展格局，必须形成强大的国内市场。

一方面，要打通、整治不同区域之间在生产、分配、流通、消费各环节的堵点、难点、痛点，提高经济运行效率。习近平总书记指出，健全区域协调发展新机制，必须"形成全国统一开放、竞争有序的商品和要素市场"。具体来说，"要实施全国统一的市场准入负面清单制度，消除歧视性、隐蔽性的区域市场壁垒，打破行政性垄断，坚决破除地方保护主义。除中央已有明确政策规定之外，全面放宽城市落户条件，完善配套政策，打破阻碍劳动力流动的不合理壁垒，促

---

① 《人民日报》2018 年 2 月 1 日。

② 习近平：《推动形成优势互补高质量发展的区域经济布局》，《求是》2019 年第 24 期。

进人力资源优化配置。要健全市场一体化发展机制，深化区域合作机制，加强区域间基础设施、环保、产业等方面的合作"。①

另一方面，要挖掘国内市场潜力，进一步扩大内需，为畅通国内大循环创造更广阔的平台，为我国经济成长提供更大的回旋空间。当前我国东中西部和南北方的发展差距问题比较明显，但是不管各区域的发展水平如何，在未来都各有自身的发展优势和发展潜力空间。要客观承认现实存在的差距问题，在发展中逐步缩小东中西部和南北方的差距。我国东中西部的发展差距由来已久，但是经过持续实施西部大开发、中部崛起等战略，这些差距已经出现缩小的迹象。要继续缩小东中西部的发展差距，必须进一步贯彻党和国家关于新时代推进西部大开发的战略部署，从产业结构、人口流动、对外开放等多个方面，在政策上和资源上向中西部倾斜，特别是要加大中西部城市群的建设力度，吸引更多的人口与资源向西部的核心区域集中。

同时，近年来出现的南北发展差距问题，已经引起更加广泛的关注。习近平总书记指出，我国"区域经济发展分化态势明显。长三角、珠三角等地区已初步走上高质量发展轨道，一些北方省份增长放缓，全国经济重心进一步南移"②。要从历史和现实的多重原因考虑问题，鼓励人口与经济发展水平的适度均衡，以人均水平的提升作为解决南北发展差距的出发点。

此外，要更加重视相对落后区域的发展。对我国现在的相对落后区域，首先要在规划上重视，在空间上识别出来，在人口流动、投资、贸易等方面给予政策上的特殊支持；其次要分类制定长期战略，在基础设施建设、新基建等方面有所倾斜；最后是加快产业发展，从宜工则工、宜农则农、宜商则商的原则出发，发挥这些地区的比较优势，找到地区准确的发展定位，提升在全国经济发展中的地位。

（三）以区域协调发展促进共同富裕取得更为明显的实质性进展

习近平总书记指出："共同富裕是社会主义的本质要求，是人民群众的共同期盼。我们推动经济社会发展，归根结底是要实现全体人民共同富裕。"③ 党的十九届五中全会提出的到 2035 年基本实现社会主义现代化的远景目标中，就包括"全体人民共同富裕取得更为明显的实质性进展"。在各区域实现共同富裕是实现国家层面和全体人民共同富裕的基础，也是推动全面建成小康社会的重要动力。只有稳就业、促就业，才能稳固和提高人民收入和生活水平，激发人民积

①② 习近平：《推动形成优势互补高质量发展的区域经济布局》，《求是》2019 年第 24 期。
③ 《人民日报》2020 年 11 月 4 日。

极性、主动性、创造性，为扎实推进共同富裕提供条件。而稳就业、促进就业，与区域产业分布及发展密切相关。这表现在空间格局上，就是城市群、中小城市、小城镇和新农村的协调发展。其中，大城市重点集聚人口和经济资源，发展高新技术产业；中小城镇是接纳农村转移人口的主要承载区域，在产业发展上未来将更多承担现代制造业的发展任务，并成为主要的消费品生产基地；新农村要承担保证我国的粮食生产和粮食安全，以及生态保护和环境优化等任务。未来，以城市群引领产业发展的趋势还会继续加强，东部沿海地区的大城市特别是超大城市的功能需要进一步疏解；中部、西部和东北地区则需要强化大城市的发展，形成带动经济发展的强大增长极。同时，要做好产业转移及承接。

（四）以区域协调发展巩固拓展脱贫成果，全面实施乡村振兴战略

决胜全面建成小康社会取得决定性成就，完成新时代脱贫攻坚目标任务，意味着我国消除了绝对贫困和区域性整体贫困，在缩小城乡区域发展差距、推动城乡区域协调发展方面取得了重大进展。但同时也要看到，当前我国城乡之间的收入差距仍然比较大，实现城乡协调发展是一个长期任务。国家统计局的数据显示，2019 年全国人口达 140005 万人，其中城镇常住人口 84843 万人，农村常住人口 55162 万人，城镇化率为 60.6%。2019 年城镇居民的人均可支配收入为 42359 元，农村居民的人均纯收入为 16021 元，两者之比为 2.64∶1。城镇 20% 的高收入户的人均可支配收入为 91683 元，农村 20% 的低收入户的人均纯收入只有 4263 元，两者的收入差距比较明显。① 从巩固全面建成小康社会成果的角度出发，完成脱贫攻坚任务后，如何进一步巩固拓展脱贫成果？如何进一步缩小区域和城乡发展差距？要回答和解决这些问题，都离不开城乡和区域协调发展的深入推进。

习近平总书记指出："脱贫摘帽不是终点，而是新生活、新奋斗的起点。"② 全面建成小康社会实现之后，巩固这一伟大成果要高度重视解决贫困人口全部脱贫之后的防止返贫问题。习近平总书记指出："区域协调发展同城乡协调发展紧密相关。要以深入实施乡村振兴战略为抓手。"③ 要建立统一规范、层次明晰、功能精准的区域城乡政策体系，统筹区域发展和城乡发展，深化区域合作，明确区域和城市功能定位，健全利益平衡机制，特别要完善对粮食主产区等的利益补偿机制以及生态保护区补偿机制。要加大城乡区域发展的功能平台改革创新。落实区域发展战略需要培育区域经济发展新动能，动能的转化需要进一步完善各类

① 《中华人民共和国 2019 年国民经济和社会发展统计公报》，《人民日报》2020 年 2 月 29 日。
② 《人民日报》2020 年 3 月 7 日。
③ 《人民日报》2020 年 4 月 2 日。

发展平台，特别是建立县域、乡镇和农村居民点的功能发展平台。同时，进入"十四五"时期我们面临的重要任务就包括如何防止返贫的问题，从如何解决绝对贫困向缓解相对贫困转变的问题，如何统筹城乡发展全面解决贫困问题，如何进一步做好巩固拓展脱贫攻坚成果与乡村振兴有效衔接的问题，等等。其中，缓解相对贫困是一个更加长期和复杂的问题，需要我们从多维角度去考虑，也对城乡与区域协调发展和推动实现共同富裕提出了新的要求。缓解相对贫困是一个长期的任务，因为社会发展中的相对贫困人口是长期存在的。同时，缓解相对贫困也是一个复杂的问题，因为全面建成小康社会后，整个社会的需求必然会发生很大变化，衡量相对贫困的指标也会随之发生变化。比如我们在解决绝对贫困时采取的"两不愁、三保障"的标准，就需要进一步向多维的更高标准转变。因此，党中央提出"十四五"时期要巩固拓展脱贫攻坚成果，实践上就是要在由解决绝对贫困向解决相对贫困转变的过程中，预留一个过渡期。经过 5 年左右的时间，持续提高已经脱贫人口的收入水平和生活水平，逐步实现由集中资源支持脱贫攻坚向全面推进乡村振兴平稳过渡。① 为此，要继续推进新型城镇化建设，推进以县城为重要载体的城镇化建设，促进城乡融合发展。

　　总之，党的十八大以来，在以习近平同志为核心的党中央坚强领导和决策部署下，我国区域协调发展取得了一系列显著进展和成果，在全面建成小康社会过程中发挥了重要作用。在新征程上，必须贯彻落实党中央决策部署，扎实实施区域协调发展战略，深化和优化区域协调发展，为全面建设社会主义现代化国家作出应有的贡献。

第二节　新时代区域协调发展战略的发展与创新 *

一、新时代区域协调发展战略的演进

　　区域协调发展的概念是在国民经济第九个五年计划（以下简称"九五"计

　　① 《人民日报》2020 年 12 月 30 日。

　　* 本文原载于《国家行政学院学报》2018 年第 4 期。

　　［基金项目］研究阐释党的十九大精神国家社科基金专项课题"新时代区域协调发展的理论发展与实践创新研究"（18VSJ022）。

划）中正式提出的概念。当时的背景是：经过近 20 年的改革开放，我国经济社会发展取得长足的进步，经济增长开始进入持续的起飞阶段。但随着城乡收入差距拉大，中西部地区与东部沿海地区的发展差距不断扩大，区域发展的不协调越来越引起中央的高度重视，区域协调发展战略作为指导地区经济和社会发展的战略导向而提出，具有深远的意义。

回顾 20 多年来区域协调发展战略的形成与完善的过程，对我国的经济社会发展起到了重要的作用。

（一）区域协调发展第一阶段（1995~2000 年）

20 世纪 80 年代初期，当时我国的区域经济维持一种低水平的均衡状态。改革开放之初，邓小平同志就高瞻远瞩地提出了"两个大局"的区域发展战略：第一个大局是先集中发展沿海，内地支持沿海地区的发展，第二大局是沿海发展起来之后，沿海地区再支援内地发展。[1]

在当年改革开放的背最下，东部地区紧紧抓住改革开放带来的发展机遇，利用全球产业向东亚—太平洋地区进行大尺度集中转移的趋势，充分发挥劳动力成本优势，顺应向沿海倾斜的区域发展战略，使经济迅速发展，并在沿海地区形成了我国的制造业基地，进而形成了京津冀、长三角和珠三角这三大都市圈。同时，中西部地区由于区位上的劣势，远离海洋的不利条件，加上对外开放程度较低，经济发展滞后，逐步拉大了与东部地区的经济发展水平差距。在改革开放初期，沿海与内地发展水平大体均衡的基础上，到 1995 年，东部地区与西部地区的人均 GDP 之比扩大到 2.3 : 1。

为了改变区域差距日益扩大的趋势，自国民经济"九五"计划起，中央就提出要缓解区域发展差距的扩大，主要途径就是要区域协调发展。因此，1995~2000 年，是区域协调发展的提出阶段，五年中学术界对区域协调发展的内涵、主要内容等进行了探讨，特别是对中国区域发展的差距进行了研究，重点分析区域差距产生的原因，找出解决的方案。[2]

（二）区域协调发展第二阶段（2000~2012 年）

进入 21 世纪，区域协调发展进入战略构建时期。1999 年底中央决定实施西部大开发，我国的区域经济发展进入东部支援西部的新的时期。据统计，2000~2009 年，西部地区 GDP 年均增长 11.9%，高于全国同期的增速。这一时期最显著的特征，是基础设施建设取得突破性进展：青藏铁路、西气东输、西电东送、国道主干线西部路段和大型水利枢纽等一批重点工程相继建成，完成了送电到乡、油路到县等建设任务。特别是大规模的交通基础设施建设，改变了西部闭塞的状况，使物流更为通畅，人员出行更为便捷。

2002年，中央提出实施振兴东北等老工业基地，战略核心是对东北等老工业基地进行技术改造，提升发展能力。以国有企业的改组改制的体制机制创新也取得了很大的进展。2004年，中央开始实施中部崛起战略，中部地区以承接产业转移为核心，发展现代制造业。因此，国家在安徽皖江城市带、重庆沿江、湖南湘南、湖北荆州等地建设国家级承接产业转移示范区，取得了明显的成效。

在西部大开发、东北振兴、中部崛起等区域发展战略实施之后，一个覆盖全部国土的区域发展战略开始形成，这就是区域发展总体战略。《2004年国务院政府工作报告》提出"要坚持推进西部大开发，振兴东北地区等老工业基地，促进中部地区崛起，鼓励东部地区加快发展，形成东中西互动、优势互补、相互促进、共同发展的新格局"，标志着全国进入区域协调发展的新阶段。

2007年党的十七大报告，在区域发展总体战略上，加上了生态文明建设的内容，使经济与生态并列，主体功能区政策配合生态文明建设而出台。

（三）区域协调发展第三阶段（2012~2018年）

在党的十八大之后，习近平总书记多次强调要继续实施区域发展总体战略，促进区域协调发展，是今后相当长一段时间内区域发展的基本战略思想。

习近平总书记所强调的"区域发展总体战略"，提出区域政策和区域规划要完善、创新，特别强调要缩小政策单元，重视跨区域、次区域规划，提高区域政策精准性。提高区域政策精准性是习近平总书记狠抓落实的工作作风的一贯延续和务实作风的重要体现。

多年来，我国的区域发展战略的政策单元基本上是宏观大尺度的，是对若干省市区组成的大区域进行战略指导。从顶层设计的角度讲，这种大区域的战略指导无疑是不可或缺的。但是，战略的落实需要有具体区域的规划，这就必须提高区域政策的精准性，更加有效地依据当时当地的资源条件和发展环境提出有针对性的发展路径。2013年的中央经济工作会议，中央把改善需求结构、优化产业结构、促进区域协调发展、推进城镇化作为中国经济发展的四个主攻方向，提出加大对革命老区、民族地区、边疆地区、贫困地区的扶持力度，"精准扶贫"是这一时期提出的最有代表性的扶持政策。

区域协调发展战略的另一个重要发展，是在党的十八大之后，中央推出三个经济带发展战略：京津冀协同发展战略、长江经济带发展战略和"一带一路"倡议，形成"四大板块+三大战略"的新的区域发展战略。

（四）新时代区域协调发展战略的提升

党的十九大报告将区域协调发展战略首次提升为统领性的区域发展战略，正是为了解决新时代社会主要矛盾中的"不平衡不充分"的发展问题。

习近平总书记在党的十九大报告中对区域协调发展战略的阐述是："加大力度支持革命老区、民族地区、边疆地区、贫困地区加快发展，强化举措推进西部大开发形成新格局，深化改革加快东北等老工业基地振兴，发挥优势推动中部地区崛起，创新引领率先实现东部地区优化发展，建立更加有效的区域协调发展新机制。以城市群为主体构建大中小城市和小城镇协调发展的城镇格局，加快农业转移人口市民化。以疏解北京非首都功能为'牛鼻子'推动京津冀协同发展，高起点规划、高标准建设雄安新区。以共抓大保护、不搞大开发为导向推动长江经济带发展。支持资源型地区经济转型发展。加快边疆发展，确保边疆巩固、边境安全。坚持陆海统筹，加快建设海洋强国。"习近平总书记的报告概括了区域发展的全部内容，区域协调发展战略与乡村振兴战略等一起已经成为新时代建设现代化经济体系的重要组成部分。

二、区域协调发展战略的理论内涵

区域协调发展战略是在马克思主义经济学和习近平新时代中国特色社会主义经济思想指导下的区域经济研究的最新发展，有着坚实的理论基础和明确的理论标准。

（一）区域协调发展的理论标准

"协调"的含义是"配合适当、步调一致"。所谓协调发展，就是促进有关发展各系统的均衡、协调，充分发挥各要素的优势和潜力，使每个发展要素均满足其他发展要素的要求，发挥整体功能，实现经济社会持续、均衡、健康发展。

从理论上讲，协调发展反映的是人们对市场经济规律的认识，是把经济规律和自然规律结合起来认识客观世界的实践总结。在全面建成小康社会的进程中，坚持协调发展就是要自觉地纠正一些地区和领域出现的重经济增长、轻社会进步，重效率、轻公平，重物质成果、轻人本价值，重眼前利益、轻长远福祉，重局部、轻全局的倾向，避免造成经济社会发展的失衡。为实现经济社会可持续发展的战略目标，不是单纯追求 GDP 的增长，而是在经济发展的基础上提升全体人民的福利。

从区域发展的宏观目标出发，区域协调发展的理论标准是：

第一，缩小并最终消除区域发展差距。现阶段促进区域协调发展的一项首要任务，就是要遏制地区间人均生产总值扩大的趋势，并努力使之保持在一个适度的范围内，在实现平衡发展的过程中逐步缩小。

第二，实现区域间公共服务的适度均衡。包括义务教育、公共卫生、基本医疗、社会保障、劳动就业、扶贫开发、防灾减灾、公共安全、公共文化等基本公共服务，不应因地区的不同、人群的不同而有明显的差异。

第三，实现地区间发展机会的均等。包括资源开发、企业进入、基础设施、城市建设、乡村振兴等方面的机会均等，使各地区的比较优势都能够得到合理有效的发挥，有效消除区域间的利益冲突，促进区域间的优势互补、互利互惠。

第四，实现人口、资源与环境的可持续发展。习近平总书记的"绿水青山就是金山银山"的理论，从根本上讲清楚了人口、资源与环境和谐发展的质的规定性，只有让人与自然关系处于和谐状态，才能真正做到区域可持续发展。[3]

（二）协调发展的区域经济学特征

如果我们把协调发展作为区域经济的一种形态，在区域经济学上具有空间性、功能性、动态性和综合性等基本特征。

1. 区域协调发展的空间性特征

从区域经济的理论出发，区域经济是特定区域的经济活动和经济关系的总和。如果我们把全国的国民经济看作是一个整体，那么区域经济就是整体的一个部分[4]，是国民经济整体不断分解为它的局部的结果。对于国家的经济来说，整体系统涵盖了部门体系，也涵盖了区域体系。区域是它的一个实体，是一个子系统。区域体系是由无数个区域实体组成的，而且每一个实体都有其自身的特点和运行规律。我们把国家宏观经济管理职能下面的、按照地域范围划分的经济实体及其运行都看作是区域经济的运行。

区域协调发展的空间性特征表明，不能抛开区域与国家的关系而孤立考虑区域的发展，也不能用每一个区域经济增长的叠加来计算国民经济整体的增长。正确处理区域与国家的关系和区域之间的关系，是促进协调发展的重要原则。

2. 区域协调发展的功能性特征

区域协调发展的功能性主要通过区域定位来体现。也就是说，我们把国民经济看作是一个完整的区域系统，根据区域协调发展的要求，各区域的发展必须有一个明确的区域定位，规定该区域在区域系统中扮演的角色。区域定位展示出一个区域的功能特点，找出区域的产业优势和区域的资源优势，形成主导产业，确立带动规划、战略和政策配套。

区域协调发展的功能性在区域产业发展中的表现，就是在产业发展的过程中形成区域产业功能结构。这个结构是由主导产业、辅助产业和基础产业共同组成的，功能结构的优化也是区域产业结构优化的重要内容。

3. 区域协调发展的动态性特征

在国家的区域发展中，有的地区水平高些，有的地区水平低些；有些地区发展快些，有些地区发展慢些，并且在不断的变化当中，区域经济的动态性特征是明显存在的。区域协调发展理论为我们提供的是如何正确处理公平与效率的问题：把生产要素投在发达地区，效率高些，地区间的差距拉大；投到落后地区，可缩小差距，但又可能会影响效率。所以，如果一项区域发展政策能够实现区域的帕累托改进，这项政策就是可行的。

新时代的区域经济应当更加强调公平发展。区域协调发展正是对区域发展导向的调整和干预，旨在树立整体协调的区域之间的发展关系。

4. 区域协调发展的综合性特征

协调发展是区域发展综合性的一种体现。解决区域发展中存在的问题，需要对区域发展的方方面面统筹兼顾，形成各类综合体。区域的发展不能仅对统计意义上的"整体"做贡献，还要真正惠及由各个区域组成的有机整体。

新时代的区域协调发展战略，最大的特点就是增强了区域发展的综合性。以区域协调发展战略来引领四大板块之间、经济带之间、城乡之间、类型区之间的发展关系，从而将区域发展与国民经济发展更加紧密地结合在了一起。

三、新时代区域协调发展战略的核心内容

区域协调发展战略的核心内容，是要有效发挥区域优势，正确处理区域间的关系，形成要素有序自由流动、基本公共服务均等、资源环境可承载的区域发展新格局。

(一) 区域经济发展战略的提升与完善

多年来，我国制定了大量的区域规划和发展战略，从地域性发展战略到国家级的各类区域的规划，对我国的区域发展起到了重大的成效。特别是当前，这些规划都到了规划成效的显示时期，对这些规划的总结、提升与完善是区域协调发展的重要任务之一。

区域发展总体战略是以"四大板块"的协调为基础的，中心是以地理位置并考虑行政区所形成的"政策覆盖区"的协调发展，强调的是对区域板块的政策指导和发展定位，所以没有过多考虑区域板块之间的经济联系。[5] 因此在全面高效指导我国地区经济的协调发展中，迫切需要加强板块之间的联系。2014 年中央经济工作会议指出：要完善区域政策，促进各地区协调发展、协同发展、共同发展。要重点实施"一带一路"、京津冀协同发展、长江经济带三大战略。经济带战略，恰恰就是从加强区域经济联系的角度进行的政策设计。[6] 所以，区域协调发展战略是在继承区域发展总体战略基础上的完善与具体化，是新时代中国区域经济发展的统领性战略。

从板块和类型区协调向全面协调转变，从地域上实现全覆盖，在实施中划定重点区和经济带，对特殊区域采取特殊具体政策，不断细化区域规划使之更有针对性，这就是新时代区域协调发展战略的最大特点。

（二）完善促进区域协调发展的体制机制

经过40多年的改革开放和多年的高速发展，我国每个区域都获得了长足的进步，但区域之间的关系始终存在不协调的问题。新时代区域协调发展战略的重要任务之一，是构建完善的区域发展的体制机制。

首先是协同发展机制。当前协同发展的主要区域是京津冀地区。京津冀地区是国家最重要的畿辅地区，但京津冀地区一体化发展远未形成。2014年2月26日，习近平总书记在北京主持召开座谈会，听取京津冀协同发展工作汇报，强调实现京津冀协同发展，是面向未来打造新的首都经济圈、推进区域发展体制机制创新的需要。推动区域协同发展的关键是形成协同发展的机制，包括城市、交通、生态、产业等各个方面，都需要有区域协同的发展机制。

其次是区域经济一体化机制。当前区域经济一体化最成熟的是粤港澳大湾区。区域经济的一体化是包括商品贸易、基础设施、要素流动和政策设计等多个方面的一体化，要有统一的领导，编制一体化的发展规划，制定相关的发展政策，用来推动资本、技术、产权、人才、劳动力等生产要素的自由流动和优化配置。

最后是区域合作机制的完善。长三角地区的区域合作是全国的典范。在建立地区党政主要领导定期会晤机制的基础上，进一步探索建立有组织、可操作的专项议事制度，积极推动各类经贸活动的开展。加强政策的统一性和协调性，消除市场壁垒，规范市场秩序，形成良好的政策环境和发展条件。

（三）构建精准性的政策体系和可操作的政策平台

为了提高政策的精准性，全方位、多层次的协调发展需要有与之相适应的政策平台。经过多年的实践，我国管理区域政策平台的经验已经日臻成熟。中华人民共和国国家发展和改革委员会等有关部门近十年来出台了数十个发展规划和区域发展的"指导意见"，取得了显著的效果。

当前的问题是随着区域经济发展态势的变化，政策范围过宽、各类政策不连贯、政策功能不明确的问题开始显现。例如，开发区政策、国家级新区政策、综合配套改革试验区政策与主体功能区政策之间的联系就比较少，有些地方甚至存在一定的冲突。所以，建立统一规范、层次明晰、功能精准的区域政策体系，是从全局性和区域性出发推进区域协调发展的重要途径。发挥区域政策在宏观调控政策体系中的积极作用，可以加强区域政策与财政、货币、产业、投资等政策的协调配合，突出宏观调控政策的空间属性，提高区域政策的精准性和有效性。

优化区域创新与发展平台。我国当前经济增长动力正在发生转换，实施区域协调发展战略需要培育区域经济新动能，需要改革区域创新的体制机制，而这些动能的转化落实在空间上，就是要进一步完善各类发展平台。具体措施：一是激发活力，以体制机制改革促进经济活力的迸发，以科技创新促进生产能力的提升；二是拓展空间范围，让这些功能平台更多向中西部地区、革命老区、边疆地区、贫困地区延伸，使这些政策资源匮乏的区域获得加快发展的政策资源；三是自身优化，当前来看这些功能平台的发展参差不齐，对区域发展起到的作用也差别很大。自身优化的核心是调动发展能力，提升产业层次，拓展产业规模。

加强区域规划的权威性和操作性。区域规划是充分发挥地域优势、谋划区域未来发展的纲领性文件。多年来，我国的区域规划已经成为了区域发展、产业选择和项目安排的依据。然而，并不是所有的区域规划都能够得到有效的实施。原因就在于有些规划不具有权威性和可操作性。从我国目前的情况来看，区域发展最需要加强规划的是跨行政区的区域发展，而恰恰是这类"合作区"的规划最难实施。难点就在于行政区的利益难以协调。做好区域规划与相关规划的衔接配合，真正实现"多规合一"，做到"一张蓝图绘到底"，不因地方政府换届而造成政策多变，保持政策连贯性。

（四）保障国家和区域生态安全

推进生态文明建设是新时期区域发展的重要组成部分，是区域可持续发展的重要保障。习近平总书记十分重视生态文明建设，多次指出建设生态文明，关系人民福祉，关乎民族未来。把生态文明提高到民族生存的高度来认识，是从来没有过的，也体现了习近平总书记在区域发展上的高瞻远瞩。

由于我国国土面积广大，生态环境多种多样，同时历史遗留的环境问题较为严重，建设生态文明的任务十分繁重。对于如何推进生态文明建设，习近平总书记从着力树立生态观念、完善生态制度、维护生态安全、优化生态环境，形成节约资源和保护环境的空间格局、产业结构、生产方式、生活方式等方面提出了基本的思路。习近平总书记指出必须树立尊重自然、顺应自然、保护自然的生态文明理念，坚持节约资源和保护环境的基本国策，坚持节约优先、保护优先、自然恢复为主的方针。

经济发展同生态环境保护的关系历来是十分复杂和难以处理的关系。习近平总书记强调，牢固树立保护生态环境就是保护生产力、改善生态环境就是发展生产力的理念，更加自觉地推动绿色发展、循环发展、低碳发展，决不以牺牲环境为代价去换取一时的经济增长。这种理念突出地反映了我国对区域发展的新思路，这种思路是可持续发展的最高理念。

四、新时期区域协调发展战略的实施重点

新时代区域协调发展战略需要理论深化，更需要实践的创新探索。在构建新时代现代经济体系的大背景下，实施区域协调发展战略，需要完成六大重点任务。

（一）加快特殊区域发展，核心是解决区域援助问题

党的十九大报告中首先提到特殊区域的发展：加大力度支持革命老区、民族地区、边疆地区、贫困地区加快发展。特殊区域一般都是问题区域，这些区域存在的问题有：基础设施缺乏和基本公共服务不完善，是掣肘地区经济发展的瓶颈；产业基础薄弱，缺乏特色，大多数地区以农业生产或畜牧养殖为主，发展的能力很低；特殊区域大多远离市场，资源丰富但开发程度不高，很难吸引企业入驻。

对于上述特殊区域的发展战略，应采用对口援助。给予特殊的政策支持，对于本身发展能力弱的区域，增加人力物力的支援。

（二）完善四大板块战略，核心是在国土全覆盖的情况下解决如何实现协调发展问题

针对不同地区实施全覆盖的"四大板块"战略，是以地理单元为基础形成的区域发展战略。由西部开发、东北振兴、中部崛起、东部率先组成的区域发展总体战略，多年来在解决空间关系、缩小发展差距和优化配置资源等方面发挥了重大的作用。新时代的区域协调发展战略，就是要继续发挥"四大板块"在空间协调上的作用，同时加强经济联系、推动要素流动，处理好板块之间、省际之间和中间地带如何实现全覆盖发展的问题。

（三）推进经济带发展战略，解决如何加强区域协同、创新和经济联系的问题

目前形成国家战略的三大经济带：环渤海经济带（京津冀为核心）、长江经

济带和丝绸之路经济带，均是在一个开放的区域空间中，由相对发达的区域与相对不发达的区域结合构成的。经济带的形成在一定程度上可以优化相对落后区域的生产力布局，促使区域要素配置发生积极变化，进而推动相邻地区经济的协同发展。

与局域性发展战略相比，"三大战略"涉及地域空间范围更广、合作内容更全。从地域上看，三大战略均是跨省级行政区乃至连接国内外的空间安排；从内容上看，每个战略均强调基础设施互联互通、重点领域率先突破和体制机制改革创新，通过改革创新打破地区封锁和利益藩篱。三大战略的深入实施，促使我国区域经济版图从主要依靠长三角、珠三角和京津冀三大引擎带动的传统格局，向区域联动、轴带引领、多极支撑的新格局转变，这必将对促进区域协调发展注入新的动力。

（四）实施城市化战略，解决区域发展的带动与承载问题

城市化是现代化的必由之路，是保持经济持续健康发展的强大引擎，是加快产业结构转型升级的重要抓手，是推动区域协调发展的有力支撑，是解决"三农"问题的重要途径和促进社会全面进步的必然要求。

空间格局上，城市群、中小城市和小城镇将是新型城镇化的主要载体，中小城镇是接纳农村转移人口的主要承载区域。产业发展上，城市化需要产业支撑，通过城市群集聚要素，提高服务业比重，吸纳新市民就业。当前，城市群的作用越来越强。以城市群引领区域经济发展的趋势未来还会继续加强。与此同时，大城市特别是超大城市的功能正在进一步疏解；此外，城市发展正从粗放到精致转化。对于城市群的带动力与承载力的评估将是下一步研究的重点。

（五）重视"问题区域"发展，解决资源枯竭型地区和衰退地区的复苏问题

"问题区域"不同于"后发区域"，它是曾经辉煌和发达、后来落伍的区域。当前我国的"问题区域"主要集中在北方资源枯竭地区和东北等老工业基地地区。这些区域的一个共同特点可以概括为"单一结构"区域：就是以某一类资源为基础形成的资源型产业在当地的产业结构中比重很大，当地经济的繁荣与衰退完全被这类资源产品的价格所左右。"单一结构"地区当前面临的是产业选择和综合发展的难题。把握好产业发展的次序，"单一结构"区域才能在产业转型中步入合理路径。

（六）坚持陆海统筹战略，解决建设海洋强国与海洋国土开发问题

陆海统筹最初是在"十二五"规划中明确提出的。将发展海洋经济、建设海洋强国放在战略的高度。党的十九大报告从战略高度对海洋事业发展做出了重

要部署，明确指出要"坚持陆海统筹，加快建设海洋强国"。在当前的国际局势下，继续推动陆海统筹战略，必须统筹海洋维权与周边稳定、统筹近海资源开发与远洋空间拓展、统筹海洋产业结构优化与产业布局调整、统筹海洋经济总量与质量提升、统筹海洋资源与生态环境保护、统筹海洋开发强度与利用时序，并以此作为制定国家海洋战略和制定海洋经济政策的基本依据。

参考文献

［1］邓小平.邓小平文选（第二卷）［M］.北京：人民出版社，1994：152.

［2］孙久文，李恒森.我国区域经济演进轨迹及其总体趋势［J］.改革，2017（7）：18-29.

［3］范恒山，孙久文，等.中国区域协调发展研究［M］.北京：商务印书馆，2012：12-15.

［4］［德］赫特纳.地理学［M］.商务印书馆，1982：308.

［5］魏后凯.改革开放30年中国区域经济的变迁［J］.经济学动态，2008（5）：9-16.

［6］白永秀，王颂吉.丝绸之路经济带的纵深背景与地缘战略［J］.改革，2014（3）：64-73.

第三节　中国区域协调发展的实践创新与重点任务*

一、引言

区域协调发展是构建优势互补高质量发展的区域经济布局的应有之义。长期以来，学者们围绕中国区域协调发展进行了大量研究，有学者认为适度的重点倾斜与全面协调发展相结合是动态协调发展思想的核心内容[1]。在区域协调发展的评价方面，应当关注地区经济是否持续发展、区域差异是否控制在合理限度内、区域经济联系是否密切等问题[2-3]，并且通过实证研究发现，在"十二五"之前我国东部与东北地区的区域经济协调发展水平趋于上升，中西部地区的区域协调发展水平为下降趋势[4]。也有学者认为评价发展协调与否还应当关注地区公共产品是否均衡、区域分工是否合理、是否存在非市场壁垒[5]。从中国地理格局变化

＊ 本文原载于《浙江工商大学学报》2022年第2期。

的基础上看，未来城乡协调发展成为经济地理格局变化中的主体形态[6]。在发展动力方面，开放以及市场引导与政府管理相结合[7-8] 等因素是我国区域协调发展动力的重要组成部分。区域协调发展的相关研究与发展实践紧密相关。

党的十九大之后，区域协调发展成为我国统领性的区域发展战略，它不仅是为了解决不平衡不充分的发展问题，还是我国建设现代化经济体系中的重要内容。特别是进入"十四五"时期，我国经济社会发展的内外部环境均发生了巨大变化，区域发展面临的问题更加复杂，因此正确认识我国区域发展的总体环境与趋势，研判未来我国区域协调发展的重点方向具有重要意义。本节在通过总结我国区域协调发展的实践创新、分析区域发展的总体环境与趋势的基础上，提出新阶段推进实施区域协调发展的重点任务。

二、我国区域协调发展的演化历程与方向

（一）经济社会发展主要矛盾的三次转变与区域发展战略

我国经济社会主要矛盾经历了三次转变，区域发展战略也经历了三次重大调整。第一次是在 1956 年，党的八大报告指出"我们国内的主要矛盾，已经是人民对于建立先进的工业国的要求同落后的农业国的现实之间的矛盾，已经是人民对于经济文化迅速发展的需要同当前经济文化不能满足人民需要的状况之间的矛盾"。同年，毛泽东在《论十大关系》中首次把正确处理沿海与内地发展的关系当作中华人民共和国成立初期我国经济建设过程中的重大关系之一提出来。毛泽东认为"好好地利用和发展沿海的工业老底子，可以使我们更有力量来发展和支持内地工业""沿海的工业基地必须充分利用，但是，为了平衡工业发展的布局，内地工业必须大力发展"。毛泽东的区域战略思想就是通过均衡布局发展经济，最终走向共同富裕。这一区域经济思想及其策略构想，充分考虑到了当时国内工业布局的现状，对于改变落后地区的工业状况，乃至为后来对欠发达地区的开发，都奠定了良好的基础。第二次是在 1981 年，在党的十一届三中全会作出了"把全党工作的着重点和全国人民的注意力转移到社会主义现代化建设上来"的战略决策之后，党对当前我国社会主要矛盾进行了深入探讨。1981 年，党的十一届六中全会将我国进入社会主义社会以后的主要矛盾表述为"在社会主义改造基本完成以后，我国所要解决的主要矛盾，是人民日益增长的物质文化需要同落后的社会生产之间的矛盾"。党和国家工作的重点转移到以经济建设为中心的社会主义现代化建设上来，大力发展社会生产力。此时的区域发展战略随之调整为向沿海倾斜的率先发展战略，进入 21 世纪以来又调整为涵盖四大板块的区域

发展总体战略。第三次是在 2017 年，党的十九大报告指出"新时代我国社会主要矛盾已经转化为人民日益增长的美好生活需要和不平衡不充分的发展之间的矛盾"。在今后的发展时期，要着手解决好发展不平衡不充分的问题，决胜全面建成小康社会，开启社会主义现代化国家全面发展和建设的新征程。党的十九大报告将区域协调发展战略首次提升为统领性的区域发展战略，正是为了解决新时代社会主要矛盾中的"不平衡不充分"的发展问题。区域协调发展战略与乡村振兴战略等一起成为新时代建设现代化经济体系的重要组成部分。

（二）区域协调发展的形成过程及阶段特征

我国区域协调发展战略的形成从政策特征上看可以分为三个阶段：第一阶段是改革开放初期，我国受到国际产业转移影响，东部与中西部差距逐步拉大的阶段，这也是区域协调发展战略正式提出前的一段时期；第二阶段是区域协调发展提出之后的一段时期，构建了西部大开发、东北振兴、中部崛起、东部率先的区域发展战略框架，并在之后加上了生态文明建设的内容，提出了主体功能区战略。在这一阶段，东北、中部均有比较快的发展速度，区域协调发展战略作用明显；第三阶段始于三大战略统筹时期，国家相继提出"一带一路"倡议、京津冀协同发展、长江经济带发展、粤港澳大湾区建设、长三角一体化发展、黄河流域生态经济带等重大国家战略，区域协调发展战略的统领地位开始显现，整个国家的区域发展格局开始由条块转为东中西联动[9]。党的十九大之后，我国社会的主要矛盾发生改变。一方面，社会生产建设水平日益提升，综合国力不断增强；另一方面，经济落后的矛盾逐步转化为发展不平衡不充分的矛盾，复杂性进一步提升。因此，区域发展战略调整为以区域协调发展为引领的新战略。将精准化的政策设计作为推动战略实施的关键[10]，为破解"社会主要矛盾"作为新时代区域协调发展战略的基本出发点，最终解决"不平衡不充分"的区域发展问题[11-12]。

（三）新时代区域协调发展战略的地位和作用

目前，我国区域协调发展面临区域差距较大与发展不均衡、部分地区发展活力较弱、区域协调发展机制有待完善、老少边穷地区发展相对落后、海洋开发利用程度有待提高等问题。党的十八大以来，"一带一路"倡议、京津冀协同、长江经济带等竞相发展，联动协调成为区域发展的关键词。党的十九大立足我国区域发展的国情，将区域协调发展战略作为新时代发展的主要任务，将其作为建设现代化经济体系的重要组成部分确定下来，具有深刻的理论和现实意义，象征着我国区域协调发展进入了全面的局面。习近平总书记强调，现代化经济体系是由社会经济活动的各个环节、各个层面、各个领域的相互关系和内在联系构成的一个有机整体。现代化经济体系包含产业体系、市场体系、收入分配体系、城乡区域发展体系、绿色发展体系、全面开放体系和充分发挥市场作用、更好发挥政府作用的经济体制等方面。七个方面有机结合，是适应我国经济由高速增长阶段向高质量发展阶段的重要支撑。其中，城乡区域发展体系是现代化经济体系的空间特征，是推动我国区域充分协调发展的应有之义。新时代区域协调发展战略则是现代化经济体系的重要保障。当前，京津冀协同发展在重点领域率先突破，长江经济带现代产业走廊稳步推进，西部地区经济增速在全国处于领先水平，老少边穷在脱贫攻坚的助力下得到发展，海洋强国和陆海统筹成为经济发展新的聚焦点，区域协调发展战略正在扎实推进。新型城镇化得到推进，城镇化率有了较大的提高，城市群发展格局加速形成。新时代区域协调发展战略更强调地区间的统筹联动和借力发展，公共服务均等化、人才技术对经济的贡献、大中小城市和小城镇协调发展以及城乡联动等方面。

三、我国区域协调发展的实践创新

（一）区域经济空间格局多样化

从国民经济第九个五年计划（以下简称"九五"计划）中区域协调发展概念的提出至今，区域协调发展已经从一个空间发展过程上升成为我国区域发展的纲领性战略，在理论和实践上都得到了极大的丰富，对我国区域经济格局产生深远的影响。具体地，我国在推动区域协调发展过程中的实践创新举措在空间模式上主要分为以下三类：

（1）多支点布局支撑国民经济发展。我国的多支点布局表现出由大的板块演进到单个城市的逐渐精细化特征。从"九五"计划期末，为缩小区域经济差距，促进区域协调发展，并构建高效、协调、可持续的国土空间开发格局，我国先后出台了一系列政策措施促进中西部地区的发展，提高中西部地区对外开放水平，增强东部地区对中西部地区发展的支持，形成了四大板块战略。四大板块之间存在较大的差距，东西差距和南北差距并存，且各大板块各自又存在不同的发展问题：西部地区面临贫困落后问题，东北地区面临萧条衰退问题，中部地区面临发展停滞问题。四大板块空间格局仍然是我国区域发展政策制定和实施的主要依据之一。

四大板块仅是以地理位置并考虑行政区划对我国区域进行的划分，但行政区划并不等于经济区划，同一板块内部经济发展特征可能存在不同，不同板块之间的某些地区经济发展特征反而相似。在中国经济新常态的背景下"均衡协调"更加要求中国经济在多极化趋势下呈现多支点、多层次的空间经济协调，更加强调突破行政区划的束缚，在比四大板块划分更细尺度上的中国经济各个增长极和经济支点之间找寻新的空间经济平衡。因此，城市群的概念首次在《中共中央关于制定"十一五"规划的建议》中提出。在此之后，城市群的规划与建设突飞猛进，并在《中华人民共和国国民经济和社会发展第十三个五年规划纲要》中被重点提及，由此我国在国家层面初步规划形成了以 19 个城市群为支点驱动国民经济发展的空间格局。

中心城市是中央在城市群建设的基础之上提出的又一项在更为精细的空间尺度上的多支点布局，城市群的形成是以中心城市为支点，中心城市的发展又以城市群为依托。目前我国的中心城市大体上可以分为国家级中心城市、区域性中心城市和地区性中心城市三个层级。其中，在 2018 年《关中平原城市群发展规划》明确将西安建设成为国家级中心城市之后，我国一共有包含北京、天津、上海、广州、重庆、成都、武汉、郑州，共 9 个国家级中心城市，多中心城市格局的顶层设计逐渐清晰。

不断演化发展的多支点空间布局模式作为重塑我国经济地理的重要动力，不断平衡与协调我国区域经济发展格局，拓展我国经济发展的空间腹地，为我国宏观经济增长探索新的空间动力。

（2）带状经济区成为区域经济发展的重要空间形式。区域协调发展的推进离不开不同地区之间的互动。例如，劳动力、技术等生产要素的跨区域流动，地区间产业协同与产业转移，地区间利益协调机制的制定和实施等。在传统的行政区经济模式主导下，行政区边界成为实体障碍，阻碍上述目标达成。因此，在点状或块状的多支点空间模式的基础上又形成了更高等级的带状区域经济空间组织形式。经济带作为一种更为高级的区域经济空间组织形态，能够高效地联结带动周围不同等级规模城市的经济发展，在一定程度上可以优化相对落后区域的生产力布局，促使区域要素配置发生积极变化，进而推动相邻地区经济的协同发展。

我国带状经济区的建设以及发展战略的实施，在空间上主要依托于交通干线，在内容上由相对发达的区域与相对不发达的区域结合，利用交通轴线在要素跨区域转移上的便利性，优化沿线生产力布局与生产要素配置，促进整体经济发展，缩小区域间发展差距。目前我国正在实施的相关发展战略或倡议包含：利用地区间经济联系较为紧密而推动实施的京津冀协同发展和粤港澳大湾区建设等；依托交通轴线建设的长江经济带以及"一带一路"倡议；依托主要河流生态建设与经济发展而共建的黄河流域生态保护与高质量发展战略。

经济带的建设是党中央对我国的区域经济发展战略提出的新思路，促进了区域之间的交流和联系。推动了区域间协调机制、高层次的合作磋商机制的建立，并在一定程度上缓解了因各地间各自为政而导致的资源耗费与效率低下问题。这种巨大的空间上推动构建的新发展格局为区域协调发展新机制的探索提供了更多可能，将推动我国区域协调发展向更高层次迈进。

从地域上看，国内各区域内部自行协调的难度较大。到目前为止，大多数地区的区域间协调机制还没有完全建立，高层次的合作磋商协调机制还不够完善，各自为政的问题还比较普遍，这是我国未来区域协调发展向更高层次迈进过程中需要解决的重要方面。

（3）网络化发展为中国区域协调发展提供强大动力。网络化发展是我国推进区域协调发展的实践中的又一巨大成就，完善的交通基础设施建设连接了各大、中、小城市，城市间的产业、经济、文化等各方面的联系增多，时空距离的缩短不仅加快了中西部地区的发展脚步，也推动东部地区的转型升级。同时，交通的发展还能够缩小城乡差距，一些代表性研究也表明交通基础设施的网络属性推动区域经济一体化进程，强化了区域中心城市向周边城市的经济扩散效应，促进周边城市的经济增长[14]。

我国区域经济的网络化发展得益于交通基础设施的建设。1978~2018 年中国交通固定资产投资年均增速为 18.17%，这一比例远高于同时期 GDP 年均增速 9.5%。大量的交通基础设施投资推动了我国高速公路和铁路运营里程突破性增长。截至 2019 年底，全国高速公路里程 14.96 万千米，铁路营业里程 13.9 万千米，其中高铁营业里程达到 3.5 万千米（见图 3-1），三者均位居世界第一。2021 年 2 月发布的《国家综合立体交通网规划纲要》绘制了一幅交通强国的宏伟蓝图，预计到 2035 年基本建成现代化高质量国家立体交通网，涉及铁路、公路、水运、民航和邮政快递等多个方面，中国交通基础设施建设进入一个新的发展阶段。

（二）政策尺度趋于精确化

区域的空间尺度决定了其规划的性质。就其对应的空间政策而言，可分为空间中性政策与基于地区政策，前者旨在在国家—区域尺度上实现协调均衡，后者则侧重城市小尺度上的空间倾斜，二者的结合使我国经济地理格局呈现"大分散、小集聚"的特征。当前"区域繁荣"向"人的发展"政策转变似乎面临一个悖论：一方面，市场失灵论甚嚣尘上"空间中性"既难作为又可能导致效果

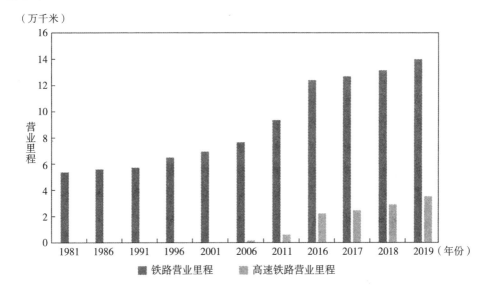

图3-1 全国铁路与高速铁路营业里程变化情况

资料来源：《中国铁道年鉴2019》与中国研究数据服务平台（CNRDS）。

违背初衷，实现密度、距离和分割三者最优也并非一蹴而就；另一方面，尽管《2009年世界发展报告》指出应该最少且最后使用这种空间干预政策，但现实中地区政策实践仍然十分普遍，这种"万金油"式的空间政策会给问题地区带来非常严重的"药物依赖性"，从而导致一系列政策重叠、冲突，恶化区域一体化的制度环境。

中华人民共和国成立后，"工业西进"战略的推进使我国一直保持区域经济"二分法"格局——沿海和内陆，这时的政策意图是要扭转过去工业布局不均衡的格局。改革开放后，"两个大局"开始分化为"三大地带"，沿海优先发展战略将我国区域发展的梯度拉开，这是市场化转型过程中市场选择和政府干预交叉形成的。21世纪以来，东北地区从"三大地带"中析出，"四大板块"格局基本形成，这是政府干预下的区域协调发展格局。2010年的《全国主体功能区规划》与"十三五"期间提出的三大战略意在加强东中西联系、统筹海陆，扭转之前东西部发展差距较大的局面，近年来关于南北差距的研究方兴未艾，协调经济带之间的发展关系将成为这一尺度上的关键问题。

因此，鉴于劳动力不完全流动、市场的区域性分割以及产业集聚带来的空间外溢，理论上占优的"空间中性"政策往往泛化而被扭曲，"基于地区"的干预政策更容易实施。当前，我国沿海的珠三角和长三角基本实现了人均收入水平的空间均衡，具备实施"空间中性"战略的现实基础，但在大尺度上仍然存在梯度。下一步，需要在权衡效率和公平的前提下，通过集聚经济的空间外溢来跨越"区域差距拉大"这一陷阱，进而形成"大分散、小集聚"的空间格局。

四、区域发展的总体环境与趋势

（一）国际环境日趋复杂

2018 年美国发起的对华贸易战表明贸易保护主义和"逆全球化"的理念已经逐渐从一种声音转变成为国家意志。2019 年末暴发的新冠肺炎疫情也使发达国家制造业空心化矛盾凸显，"制造业回流"的呼声也越来越高。另外，科技创新也在影响全球产业布局。

（1）贸易保护主义和"逆全球化"浪潮加剧。近几年来"逆全球化"浪潮加剧，贸易保护主义不断升级，全球多边机制受挫，单边主义和民族主义有所抬头，如英国脱欧、美国大选、中美贸易战。美国政府提出"美国利益至上"对中国启动"301 调查报告"、全球堵截华为、封锁中兴通讯等高科技企业，进一步凸显了我国产业跨越提升到新阶段所面临的技术封锁和升级阻滞。我国以FDI、加工贸易和服务外包等方式低端嵌入全球价值链，很大程度上实现了产品升级和流程升级，但功能升级和链条升级则受到发达国家控制和阻击。阻击手段包括：制定更严格的质量、安全或者环保等进入壁垒、利用代工企业专用性资产的投资锁定特征和代工者间的价格战，切断其靠利润积累获得研发投入的通道、通过政治否决机制等进行技术封锁、采用知识产权保护和行业技术标准体系等。在美国将中国视为其主要对手后的未来一段时间里，以美国为首的西方国家利益集团将会持续鼓吹"逆全球化"以及推动贸易保护主义，中国国际贸易的环境将会不容乐观。

（2）西方发达国家的"再工业化"战略。自 2008 年全球经济危机以来，西方发达国家逐步调整国内产业结构与发展战略，提出了"再工业化"和"制造业回归"等一系列措施。特别是在唐纳德·特朗普当选美国总统之后，基于其"让美国制造业再次伟大"的竞选承诺，采取了诸如贸易保护、减税等一系列激进的方式推进美国制造业回归。在欧洲，德国的工业 4.0 战略表明了其力图抢占全球产业发展的战略制高点的雄心。欧美制造业的振兴计划说明产业转型的方向已经不是用服务业等第三产业去替代制造业，而是采用创新的方式不断提高制造业的技术水平和附加值，以达到推动制造业和服务业双向融合发展的目的。这种"再工业化"的战略将会在某种程度上抵消我国制造业的出口竞争优势，在国内消费结构未完成转型之前将会在一定程度上加剧我国产能过剩的问题，不利于我国已成熟产业的发展和高端产业的突破。

（3）新科技革命带来的科技和产业突破。从世界经济史的发展历程看，历次经济危机都伴随着全球范围内的产业结构调整和生产方式的变革，也催生新的科技革命和产业变革。自2008年经济危机以来，如大数据、云计算、物联网、生命科学和新能源等领域不断有新的发现和突破，新产业、新业态以及新模式的不断出现带来全球产业分工格局的调整，不断重塑各个国家和区域在全球产业价值链中的地位。从历史来看，每次的科技革命和产业变革都是后发国家实现"弯道超车"和"换道超车"的时间窗口[15]。在新科技革命爆发的前夕，我国一定要抓住这一历史机遇，适应全球产业变革和技术发展方向，加快传统产业技术改造升级，培育壮大新经济，推进信息技术与制造业深度融合，抢占全球产业发展战略制高点，推进产业迈向全球价值链中高端。

（二）国内发展环境发生深刻变化

我国经济发展进入新常态，正处在转型升级的关键阶段，长期累积的结构性矛盾进一步凸显，产业层次低、结构不合理，产业"低度化""碎片化""空心化""趋同化"等问题突出，低端产能重复过剩与高端产品短缺并存的问题较为尖锐。随着我国劳动力、土地等要素成本的上升和资源环境约束的加剧，这种高资本投入、高资源消耗、高污染排放、低成本竞争、低效率产出的产业发展模式已难以为继，以低端产业、低附加值产品、低层次技术为主的产业格局正经受着严峻的挑战。在此基础上，我国传统比较优势丧失、结构性矛盾加剧、经济下行压力加大等新问题，促使我们必须改变以往产业转型升级的方向与路径。

（1）居民消费结构转变亟须深化供给侧结构性改革。改革开放40多年来，我国经济迅猛发展，总量已经跃居世界第二，工业品产量跃居世界第一，成为全球第一大货物出口国。我国经济已经从供给短缺转变为结构性供给过剩，突出表现为日益严重的传统产业产能过剩问题。但与此同时，我国在一些中高端产品和消费领域出现了结构性短缺。其背后根源在于随着我国进入中等收入国家行列，居民消费结构在不断升级，对中低端产品的需求降低，对高端产品的需求上升。消费已经从过去的模仿型排浪式消费转变为当前的个性化、多样化消费[16]。消费结构的变化迫切需要深化供给侧结构性改革，通过提升改造传统产业和培育壮大战略性新兴产业及现代服务业，来推进产业迈向全球价值链中高端，满足人民群众日益增长的高质量、差异化的消费需求。

（2）资源环境约束加剧。我国矿产资源和能源等人均拥有量低，资源、能源利用效率较低，随着经济快速增长，除煤炭、稀土等少数矿产资源外，大部分矿产资源和能源需要依赖进口，生产成本不断上升，且面临较大不确定性。改革开放以来，我国通过发挥劳动力、土地、能源、环境价格低廉的比较优势，参与国际产业分工合作，获得了快速的经济增长，但也面临日益强化的资源环境约束。

从资源的层面来看，中国工业化进程开始以来，能源的需求数量持续上升。根据中国社会科学院发布的《中国能源前景 2018—2050》中预测，中国能源需求已经接近峰值，将逐步下降，到 2030 年全国能源总量预计下降到 41.8 亿吨标准煤，到 2050 年进一步下降到 38.7 亿吨标准煤的水平并保持稳定。但是，能源需求总量的减少并不能说明我国面临的能源约束状况得到了改善，如在能源总需求量下降的同时，对天然气的需求正在快速增长。过去粗放式的发展基于我国优越的自然资源禀赋，使经济增长过度依赖生产要素的投入，从而陷入"资源陷阱"，在我国各类资源的开采、使用水平越过高峰开始下降之后，使经济发展受到抑制，成为经济进一步发展的瓶颈，需要长时间来进行结构调整和资源替代。从环境的层面来看，我国经济发展面临环境约束也日益收紧，环境问题逐渐成为影响人们身体健康、制约经济发展的重要因素。一个地区或一座城市生态环境的状况决定了其经济发展的上限，因此，环境的约束成为区域发展不得不考虑的一个重要限制因素。虽然随着近年来环境问题有所改善，但是其对区域发展的影响和限制依然存在。随着人民生活水平的提高，人民群众对生态环境的要求也日益提高，传统产业转型升级迫在眉睫。只有不断培育和集聚人力资本、技术、信息等高端要素资源，才能打破资源环境约束，提升改造传统产业，培育壮大新兴产业，加快要素禀赋结构升级和比较优势动态转换，形成新的产业竞争优势。

（3）人口红利状况改变。进入 21 世纪后，随着经济快速增长，我国劳动力工资呈持续快速上升趋势。根据国家统计局相关数据，全国城镇单位就业人员平均工资年均名义增长率为 13.23%，实际增长率为 10.21%。2004 年以后，我国劳动力供求关系开始发生逆转，导致劳动力成本进一步上升。改革开放初期，农村大量剩余劳动力亟待向城市和工业部门转移，劳动力呈无限供给状态。进入 21 世纪以来，我国农村有效剩余劳动力数量持续下降，而劳动力需求不断增长，劳动力供求关系发生转折性变化，从"民工潮"向"民工荒"转变。自 2004 年以来"民工荒"现象从沿海向内陆蔓延。我国以农民工为主体的普通劳动力工资呈持续上涨态势，导致劳动力比较优势不断下降。在劳动力工资快速上涨的同时，我国劳动生产率与发达国家和世界平均水平相比仍然存在较大差距。劳动力比较优势已不明显，劳动力成本过快上涨已严重削弱我国制造业的竞争力。随着发达国家制造业的回归，高端制造业也面临严峻挑战。在发展中国家工业化与发达国家再工业化的双重挤压下，传统产业特别是劳动密集型产业转型升级迫在眉睫。

上述各方面因素的变化要求在推进区域协调发展的新阶段，应当着眼更高层面、涵盖更广领域统筹谋划区域发展新格局，立足突出问题、重点区域，缩小政策单元，实施差别化经济政策，不断提高区域政策精准性，形成新的区域经济增长极，细化深化区域协调发展战略，既是我国当前区域经济发展的必经阶段，也是必然选择。

五、新阶段推进实施区域协调发展的重点任务

（一）优化区域发展动力转换路径

经济发展进入新常态后，区域发展动力发生新一轮的转换。一方面，投资、消费、净出口等传统要素对区域发展的驱动力递减。另一方面，经济社会的发展使人们对区域发展的质量要求进一步提高。即随着传统区域发展动力的衰竭，区域发展转向创新驱动，实质是劳动生产率和全要素生产率的提高，经济表现为农业现代化、服务业升级、高端制造业发展和城市化与现代技术的融合。区域发展的动力面临着从传统的要素驱动向创新驱动转换，这是以往区域动力转换所未能呈现的，是更高层次、更为系统的区域动力的转换。在经济下行和资源约束的双重限制下，经济社会发展与改革的目标转向了建立区域战略统筹机制、健全市场一体化发展机制、深化区域合作机制、优化区域互助机制、健全区域利益补偿机制、创新区域政策调控机制、健全区域发展保障机制等方面。同时，在区域协调发展的政策规制中，更注重针对微观主体，强调跨区域和次区域的规划，完成区域协调发展从宏观到微观的转变。在区域协调发展新政策的制定和优化中应当客观认识不同地区在区域经济发展中的层次，精准施策，推动区域经济协调高质量发展。

（二）特殊类型地区仍是区域协调发展中的重要部分

党的十九大报告对促进区域协调发展作出重要部署，提出要加大对革命老区、民族地区、边疆地区、贫困地区等特殊地区的支持力度。这些新的部署，是党中央立足我国国情、应对时代课题的战略安排，也是进一步推进区域协调发展的行动指南。由于自然条件不利以及经济基础薄弱，推进基础设施建设是实现这些地区群众生存权、发展权的基础和前提。因此，在新阶段，应继续着力加强这

些地区交通、水利、能源、信息和物流等基础设施建设。特别地，在沿边地区，尽管中华人民共和国成立以来经济发展已经取得了巨大的成就，但目前发展也遇到了诸多不可忽视的问题，总的来看，我国沿边经济发展的主要问题有以下五点：其一，沿边经济发展的外生性和不确定性仍然显著。其二，沿边经济的总体发展水平较低，缺乏工业基础且不成规模。其三，沿边经济发展政策的差别化、针对性和倾斜度不足。其四，沿边地区与周边国家和地区的合作机制不健全。其五、口岸管理水平滞后。当前，国家对区域协调发展和对外开放更加重视"一带一路"倡议被称为中国进入"对外开放4.0时代"的标志。沿边地区作为对外开放，尤其是内陆开放的直接窗口，需要从国家区域发展战略的高度，在国家相关部门的支持配合下，紧紧把握"一带一路"倡议的政策红利，结合扩大沿边开放的实际需要，加快发展沿边开放经济。

（三）统筹推动城乡协调发展

城乡协调发展是服务于新时代区域协调发展的关键一环。"十三五"时期我国不仅实现了全面脱贫，而且实现了全面建成小康社会的阶段性目标。然而，当前我国城乡发展差距依然较大，集中体现为以人口城市化为导向的人口结构失衡、以城市扩张和农村萎缩为主的空间失衡、以农村承接传统制造业转移为主的产业失衡、城乡管理体制分割的制度失衡、忽视中小城市过渡作用的城市体系失衡。为此，党的十九大报告提出要实施乡村振兴战略，强调农业农村农民问题是关系国计民生的根本性问题，必须始终把解决好"三农"问题作为全党工作重中之重。在我国第十四个五年规划的新发展阶段，仍需将缩小城乡差距作为区域协调发展的重要内容，通过顶层制度设计促进城乡互动，激发乡村发展活力。

（四）构建更加科学的区域政策体系

改革开放以来，区域政策为我国经济腾飞和区域经济版图的优化作出了历史性的贡献。进入新阶段之后，密集的区域政策文件的出台推动了区域经济协调发展的深化和细化。区域发展总体战略、主体功能区战略的密切配合和一系列新区、改革试验区以及区域规划的合理匹配将极大促进我国区域协调发展格局和体制机制改革进程。与此同时，当前区域政策也存在一些争论和挑战。一方面，区域政策出台之后的贯彻落实面临严重的问题，区域协调机制的建立和区域政策体系的完善是摆在我们面前的重要任务。另一方面，一系列区域政策和区域规划出台带来了区域政策"泛化"的质疑，区域政策应当力避"普惠化"倾向。总之，新发展阶段，我们需要构建更加科学的区域政策体系，以服务于区域协调发展战略的高效实施。

参考文献

［1］曾坤生.论区域经济动态协调发展［J］.中国软科学，2000（4）：120-125.

［2］覃成林.区域协调发展机制体系研究［J］.经济学家，2011（4）：64-70.

［3］覃成林，张华，毛超.区域经济协调发展：概念辨析、判断标准与评价方法［J］.经济体制改革，2011（4）：34-38.

［4］覃成林，郑云峰，张华.我国区域经济协调发展的趋势及特征分析［J］.经济地理，2013（1）：9-14.

［5］陈栋生.论区域协调发展［J］.北京社会科学，2005（2）：3-10，62.

［6］樊杰，王亚飞.40年来中国经济地理格局变化及新时代区域协调发展［J］.经济地理，2019（1）：1-7.

［7］杜传忠.经济新常态下推进我国区域协调发展的路径及对策［J］.理论学习，2017（6）：27-30.

［8］孙久文，李爱民.基于新经济地理学的"整体分散，优势集中"区域发展总体格局研究［J］.经济学动态，2012（5）：70-75.

［9］孙久文.论新时代区域协调发展战略的发展与创新［J］.国家行政学院学报，2018（4）：109-114.

［10］李兰冰，刘秉镰."十四五"时期中国区域经济发展的重大问题展望［J］.管理世界，2020（5）：36-51.

［11］郝枫，张圆.国民财富视角下我国区域经济发展均衡性初探［J］.商业经济与管理，2021（2）：80-96.

［12］李兰冰.中国区域协调发展的逻辑框架与理论解释［J］.经济学动态，2020（1）：69-82.

［13］余泳泽，潘妍.高铁开通缩小了城乡收入差距吗？——基于异质性劳动力转移视角的解释［J］.中国农村经济，2019（1）：79-95.

［14］BAUM-SNOW N. Did Highways Cause Suburbanization？［J］. Quarterly Journal of Eeonomics，2007，122（2）：775-805.

［15］李晓华."新经济"与产业颠覆性变革［J］.财经问题研究，2018（3）：3-13.

［16］江飞涛，李晓萍.当前中国产业政策转型的基本逻辑［J］.南京大学学报（哲学·人文科学·社会科学），2015（3）：17-24.

第四节 区域协调发展视角下"行政区经济"的演变*

党的十九大提出要实施区域协调发展战略，建立更加有效的区域协调发展新机制。2018年11月出台的《中共中央 国务院关于建立更加有效的区域协调发展新机制的意见》提出："坚决破除地区之间利益藩篱和政策壁垒，加快形成统筹有力、竞争有序、绿色协调、共享共赢的区域协调发展新机制，促进区域协调发展。"然而，地区之间不同的利益诉求成为区域协调发展的重大障碍。不同区域利益主体的一体化需要创新协调机制，积极探索区域协调发展的新机制，实现区域协调发展，构建与区域协调发展相适应的区际利益关系被认为是重要举措之一。进入新时代，中国提出经济高质量发展理念，实施区域协调发展战略，注重地区发展的系统性和全局性，促进"行政区经济"向区域经济转变，实现区域经济一体化发展是促进发展成果共享的关键。

一、"行政区经济"与区域经济的关系

"行政区经济"作为具有中国特色的区域经济现象，随着各地经济发展程度的不同，逐渐对区域协调发展构成很强的体制障碍。"行政区经济"的弊端在于经济活动空间受制于行政区划范围，行政区边界具有屏蔽效应，地方政府出于本位主义控制资源流动，在行政区内构筑自我封闭、自我配套的经济结构体系，难以实现资源在更大空间范围内的有效配置。在省际边际地区，"行政区经济"表现则是该地区的发展被严重边缘化，省际边缘地区的经济发展严重滞后。进入新时代，"我国社会主要矛盾已经转化为人民日益增长的美好生活需要和不平衡不充分的发展之间的矛盾"。这种"不平衡不充分"在区域层面上的表现就是存在明显的区域发展差距，行政区之间的经济联系小于行政区内部的经济联系。在构建区域协调发展新机制的时代背景下，积极探索"行政区经济"向"经济区经济"转变的路径，减少行政壁垒对区域协调发展的阻碍，有利于形成全国统一的超大规模市场优势。

"行政区经济"是由于行政区划对区域经济的刚性约束而产生的一种特殊区

---

* 本文原载于《区域经济评论》2020年第6期。

域经济现象，是中国区域经济由纵向运行系统向横向运行系统转变过程中出现的一种区域经济类型。"行政区经济"的形成可以理解为政治权力的空间分布牵引着经济活动的空间分布，并且政治权力分割伴随着经济活动的分割。具体表现为行政区划体制对区域经济的发展乃至规划建设管理有很大影响。行政区划带来的经济管理界线如同一堵"看不见的墙"，使跨行政区的生产要素流动严重受阻。另外，由于各个行政区单元内实施的产业政策和提供的公共服务存在很大差异，不同的行政区基于对自身经济发展的需要出台相应的产业政策，导致各类生产要素的集聚也出现差异，最终影响到各地经济集聚能力和劳动生产率的差异，难以实现在行政区边界两端的区域一体化发展。

"行政区经济"显示了中国转型期区域经济运行带有强烈政府干预的本质特征。"行政区经济"的缘起是改革开放以来中央向地方下放经济发展权限，极大地提高地方政府发展本地经济积极性的结果，各地方政府在行政区管辖范围内大力发展地方经济，形成以行政区为基础的经济发展模式，进而形成了"行政区经济"。"行政区经济"是由计划经济向市场经济转轨过程中发展型政府的产物，地方政府肩负起发展当地经济、改善当地居民生活水平的责任，地方政府掌握土地等生产资源，则必然出现"行政区经济"。因此，"行政区经济"具有行政性、封闭性、稳定性、双面性和过渡性等特征。阻碍区域协调发展的是"行政区经济"的封闭性和稳定性，"行政区经济"的封闭性和稳定性是导致区域发展差异的关键因素。首先，"行政区经济"的封闭性使生产要素不能实现跨行政区的自由流动，导致区域经济发展受阻，这一点在不同省份之间的经济发展差异上表现尤为突出。例如，即使在中国区域经济一体化程度较高的长三角地区，上海、江苏和浙江三省市之间也存在生产要素流动的行政区壁垒，在省级交界处，经济发展相对于核心区仍有滞后，生产要素跨省流动也存在诸多限制。其次，"行政区经济"的稳定性则是能够维持不同行政区之间经济集聚能力的差异，不同行政区的经济集聚能力出现长期差异。当代空间经济学认为，经济活动的集聚有利于提高劳动生产率。世界各国经济发展的一般规律表明，经济活动呈现空间集聚的格局是经济发展的必然趋势，现实中不存在经济活动的空间均质分布。具体到中国的现实情况而言，不同行政区之间的经济集聚能力是有差异的，而且由于"行政区经济"的稳定性这种不同行政区之间的经济集聚能力的差异长期持续存在，例如在西部地区，省会城市的经济集聚能力明显强于普通地级市，使得生产要素持续向省会城市流入，导致省会城市的经济首位度非常大，因此，"行政区经济"的封闭性和稳定性是导致区域发展差距的重要原因。

"行政区经济"在中国具有较强的时代特征和国情特性,其对城镇化的影响较大,导致了工业化和公共服务的两端脱节、人口城镇化与土地城镇化的分异。行政区划的本质是政治和行政权力的空间配置,淡化"行政区经济"有利于中国形成统一的国内市场,更好地发挥社会主义市场经济的发展优势。

二、区域协调发展战略下"行政区经济"转变的实践探索

"行政区经济"概念的提出者刘君德教授曾经预言,中国的"行政区经济"现象将长期存在。他给出的原因主要有两点:一是中华人民共和国成立以来形成的深刻的体制背景。认为中国将持续"强势"政府的体制,地方政府对地方经济发展的影响将持续存在,地方政府之间的竞争也会持续存在,这种地方政府之间的竞争存在着有利于经济发展的一面。二是历史原因。儒家思想下,地方政府为政一方,有造福一方百姓的属地责任,潜意识里就存在着维护行政区内经济利益的思想。

"行政区经济"具有过渡性的特色,随着市场经济的深化和全国统一市场的形成,"行政区经济"在逐步瓦解。"行政区经济"形成的关键条件是单个行政区成为利益主体。改革开放以来,为了激励地方经济发展,国家承认地方利益的存在,打破了只有国家利益的一元利益主体框架,形成了多个区域利益主体的发展格局,随着经济发展对跨行政区的生产要素自由流动提出更高的要求,有部分学者认为有必要调整行政区域以服从经济发展的需要。然而,调整行政区划以服务于经济发展的做法"治标不治本"。转变政府职能,加强规划引导,完善经济管理体制,改变粗放式的经济发展模式才是破除行政区藩篱的关键。进入新时代,中国提出京津冀协同发展、长三角一体化和粤港澳大湾区建设等区域发展战略,为建立区域协调发展新机制作出了积极的努力和探索,在一定程度上减少了"行政区经济"对经济一体化发展的阻碍。主要表现在:

1. 中央政府的行政协调,减少了协同发展的制度成本

京津冀协同发展战略是以中央政府作出的战略布局作为指引,北京疏解非首都功能,强化京津冀三地区域经济分工,在河北设立雄安新区,承接北京非首都功能产业转移,缩小北京与河北的发展差距。在京津冀协同发展战略实践中,突破"行政区经济"体制束缚,关键在于协同发展上升为国家战略,由中央政府主导京津冀协同发展的战略布局,实现了更高层次的行政协调,明确京津冀三地的区域分工,因此,虽然京津冀地区还存在着明显的行政经济特征,但是由于中央政府的行政协调,加快了京津冀三地协调发展的进程,减少了建立京津冀协

同发展机制的制度成本，在行政协调的助推下，三地"行政区经济"的封闭性和稳定性都出现了变化，更高层级的政府经济管理体制协调京津冀三地的利益冲突，通过强化京津冀区域的分工与合作，加强三地的经济联系，使三个"行政区经济"趋向于变成一个统一的经济区。

2. 省级政府之间的积极合作，探索跨省级行政区生产要素自由流动

在实施长三角一体化发展战略过程中，长三角各省级政府为突破"行政区经济"进行了有益的探索。2019 年 10 月 25 日经国务院批复，设立长三角生态绿色一体化发展示范区，范围包括上海市青浦区、江苏省苏州市吴江区、浙江省嘉兴市嘉善县，面积约 2300 平方千米。示范区自设立之初就是跨省级行政区，由三地政府联合管理，采用"理事会+执委会+发展公司"管理模式，在建设用地指标、投资管理和财税分享机制等方面进行先行先试的改革。目的在于突破省级行政区的边界障碍，打破省级行政壁垒，通过三地政府积极协商与合作，探索和创新长三角一体化制度，建立有效的一体化发展新机制。长三角绿色生态一体化发展示范区的设立是长三角地区积极探索跨省级行政区一体化发展的重大里程碑事件，以共建共治共享共赢为原则探索区域协调发展新机制的思路，通过增强政策的协同性，降低行政壁垒，让生产要素跨省级行政区自由流动。长三角一体化战略的实践，减少了行政干预，更充分地发挥市场在推动区域协调发展的作用，积极引导市场机制在跨省级"行政区经济"之间发挥资源配置的决定作用，通过市场的力量将不同的"行政区经济"塑造成一个统一的经济区。

3. 充分利用交通联通作用，促进粤港澳大湾区的一体化进程

粤港澳大湾区涉及两种制度、三个关税区，在"一国两制"的制度背景下，粤港澳大湾区是"行政区经济"特征最为显著的地区。广东与香港、澳门的行政区壁垒在短期内难以打破，然而粤港澳大湾区也是中国经济最有活力的地区之一，其中广州、深圳、香港和澳门都是重要的国际都市，经济辐射力强，市场机制在单个行政区内的资源配置中起着决定性作用，不同的制度背景、法律体系和贸易模式在一起相互碰撞，成为粤港澳大湾区创新的强大动力，不断衍生出新的经济业态。在行政区壁垒短期内难以通过行政协商来打破的情况下，为了促进粤港澳大湾区的经济一体化建设，粤港澳积极探索发挥市场机制在湾区经济一体化建设中的作用，通过加快交通基础设施建设，修建举世闻名的港珠澳大桥，形成以城市轨道交通为主的公共交通体系等加强经济联系的措施，充分挖掘市场力量在经济一体化中的作用。减少跨行政区之间的要素流动成本，提高生产要素流动的便捷性是粤港澳大湾区减少"行政区经济"束缚的一大特征，也是粤港澳地

区积极探索区域协调发展新机制的现实做法和积极尝试，便捷高效的交通运输体系为粤港澳三地形成统一的经济区打下坚实基础。

三、建立"行政区经济"向"经济区经济"转变的协调机制

一般而言，国家体制决定了只要行政区存在，就会出现"行政区经济"现象，并且"行政区经济"在强化地区利益主体、提供地区发展激励、促进地区经济发展中起着积极的关键作用。中国的区域经济不可能脱离行政区而单独存在，经济发展中始终嵌套着行政因素。对"行政区经济"的作用并不是全盘否定，而是应该将"行政区经济"的行政界线的刚性约束转变为柔性约束，既发挥市场在资源配置过程中的决定性作用，又更好地发挥政府在提供经济发展秩序中的管理作用。"经济区经济"是与"行政区经济"相对的一个概念，经济区是市场经济条件下社会生产地域分工的空间表现形式，是一种市场主导资源配置的空间结果。通过总结京津冀协同发展、长三角一体化和粤港澳大湾区建设等区域发展战略在突破"行政区经济"、实现一体化发展方面的实践经验，本节提出建立三种"行政区经济"向"经济区经济"转变的机制。

1. 发挥市场机制在资源配置中的决定性作用，建立服务型政府形成机制

让市场在资源配置过程中起决定性作用，强化市场机制，减少政府对经济活动的干预，政府做到"有求必应，无事不干预"。

"行政区经济"向"经济区经济"的转变，本质上是让市场的力量大于行政的力量，是各个地区之间的利益协调问题。一方面，需要充分发挥市场机制的作用，让市场在资源配置过程中起决定性作用。另一方面，加强有限政府建设，减少政府对经济活动的干预，逐渐由发展型政府向服务型政府转变，加快经济管理体制改革，提升政府管理水平，实现生产要素在各个行政区之间自由流动。行政区划并不一定阻碍生产要素的自由流动，欧美发达国家在经济发展过程中很少调整行政区划，其原因在于这些国家政府对经济活动的干预较少，能够做到政治和经济的恰当分离，经济的发展并不受政治权力空间上分割的影响。因此转变政府职能，符合国家治理体系现代化的发展要求，充分发挥市场机制在调节区域发展差距的作用是未来我国区域协调发展战略重要的实现路径之一。经济区应该是行政边界限制少、地区优势互补性强、内部经济联系密切的经济发展区域，经济活动受到政府的干预较少，市场能够主导经济区内的资源配置。行政区与经济区的适度分离是现代社会发展到一定阶段，为了进一步提高效率、提升专业化水平的要求。

行政区与经济区的不协调本质上是市场在资源配置中起决定作用与政府主导资源配置之间的矛盾，是市场与政府之间边界不明确的结果，是市场活动的空间范围超出行政区的范围后对提升经济效率的要求。"行政区经济"是我国转型期出现的一种特殊的区域经济类型，它与"经济区经济"相对应。经济区形成发展要依托于行政区，而行政区的发展会深刻影响到经济区的发展；行政区与经济区是一种既对立又统一的矛盾关系。"行政区经济"形成的一个重要原因是全能型政府，政府的作用扩展到资源的配置领域。有限政府应逐渐由发展型政府向服务型政府转变，提升政府管理水平，实现生产要素在各个行政区之间的自由流动。

2. 发挥行政机制的协调作用，建立政府之间的合作机制

行政协调只是在本级行政区的范围内，如果超出了行政区的范围，就缺乏有效的行政协调，这就有必要更高一层级的政府在并列的行政区之间建立起有效的行政协调机制。由于同级政府之间存在竞争关系，"行政区经济"在短期内难以通过同级政府之间的协商建立起有效的协调机制。此时，根据我国的政治体制，上级政府应主导下级政府之间的合作，破解下级政府之间的利益藩篱。根据新制度经济学的观点，建立新机制的最优路径应该是由建立制度成本最小的主体去做，同级政府之间在经济发展存在竞争关系的体制背景下，通过合作协商建立起区域协调发展的成本较大，且缺乏有效的监督实施；上级政府主导行政区内的协调发展，建立起区域协调发展的机制则成本相对较小，且可以监督下级政府对新机制的实施，因此是最优的协调发展新机制建立路径。这种模式最终将加大中央政府在区域协调发展战略中的职能，省级行政区经济之间的协调发展问题最终都由中央政府主导解决。例如，深圳作为改革开放的前沿，其设立初期是作为改革开放的特区，行政区面积相比北京、上海等一线城市较为狭小，随着深圳经济的迅速发展，深圳的人口密度是一线城市中最高的，造成了现在人多地少、房价高企的现象。2019 年 8 月，深圳又获得社会主义先行示范区的政策加持，因此扩大深圳特区行政区面积的呼声不断高涨，应及时调整深圳行政区划面积，以适应深圳经济的发展，然而深圳扩大行政区面积需要中央的批准。通过省政府协调建立的"深汕合作区"，使这个矛盾得到了部分缓解。然而，虽然邻近深圳的东莞、惠州受到深圳经济发展的带动作用，但由于行政区经济的限制，靠近深圳的东莞和惠州部分地区与深圳在公共服务、交通基础设施等方面仍存在较大的区域差异，区域合作也存在一定的障碍。

3. 发挥中心城市的辐射带动作用，形成放大国家中心城市效应的机制

超大型城市具有很强的辐射带动能力，对全国经济都具有重要的影响力。近

年来，我国陆续确立起了北京、天津、上海、广州、重庆、成都、武汉、郑州、西安九个国家级中心城市，由于国家级中心城市具有可以突破行政区限制的超大影响力，形成以国家级中心城市为核心的都市圈，在更大的空间范围内配置资源是"行政区经济"向"经济区经济"转型的主要路径；以轨道交通为核心的现代交通运输业正在加速跨行政区之间的经济和人文交流，更是加大了国家级中心城市对周边地区的辐射带动作用，加快了现代都市圈的形成。未来的国家空间经济布局应该是在"集聚中走向平衡"，国家中心城市其超大规模的经济效应完全能够突破行政区的限制，发展成为一个空间范围更为广阔的都市圈，形成一个超越行政区的更大空间范围的经济区，在这个经济区内，将以国家级中心城市为核心展开生产要素的统一布局，突破行政区经济的束缚，在更大空间范围内配置资源。

参考文献

［1］贾若祥.区际经济利益关系研究［J］.宏观经济管理，2012（7）：28-29.

［2］范恒山.探索建立全要素的区际利益平衡机制［J］.区域经济评论，2020（1）：1-3.

［3］郭岚，刘潇，张祥建.破解行政协调之困，推动跨区域发展［J］.科学发展，2018（4）：41-49.

［4］曾冰，张朝，龚征旗，章成帅.从行政区和经济区关系演化探析我国省际交界地区发展［J］.经济地理，2016（1）：27-32+52.

［5］舒庆，刘君德.一种奇异的区域经济现象——行政区经济［J］.战略与管理，1994（5）：82-87.

［6］刘君德.中国转型期"行政区经济"现象透视——兼论中国特色人文—经济地理学的发展［J］.经济地理，2006（6）：897-901.

［7］夏添，孙久文，林文贵.中国行政区经济与区域经济的发展述评——兼论我国区域经济学的发展方向［J］.经济学家，2018（8）：94-104.

［8］王志凯，史晋川.行政区划调整与城市化经济空间——杭州、萧山地方政府博弈的实证［J］.浙江大学学报（人文社会科学版），2015（3）：103-111.

［9］刘君德，马祖琦.中国行政区经济理论的哲学思考［J］.江汉论坛，2016（8）：5-9.

［10］刘小康."行政区经济"概念再探讨［J］.中国行政管理，2010（3）：42-47.

［11］马祖琦."行政区经济"的弊端及其解决方略［J］.城市问题，2010（6）：79-84+90.

［12］孙久文，张翱，周正祥.城市轨道交通促进城市化进程研究［J］.中国软科学，2020（6）：96-111.

第二篇

区域发展新格局构建研究

第四章　新发展格局下区域协调发展的战略骨架与路径构想

第一节　新发展格局下区域协调发展的战略构想*

一、引言

区域经济发展是一个历久弥新的话题。伴随改革开放大幕的拉开，在沿海发展战略的作用下，沿海地区逐步成为中国经济腾飞的中坚力量。与此同时，区域发展不协调的问题也日益凸显，集中体现为沿海与内地发展差距扩大。针对上述问题，中央政府围绕区域协调发展，展开了理论与实践的探索。1999 年以来，中央政府先后实施西部大开发、东北振兴、中部崛起战略，与东部率先战略相配合，共同组成区域发展总体战略的基本构架。党的十八大以来，中央政府在进一步贯彻落实区域发展总体战略的同时，相继开展京津冀协同发展、长江经济带建设、粤港澳大湾区建设、长三角一体化、黄河流域生态保护和高质量发展等政策实践。党的十九大报告将区域协调发展首次提升为统领性战略，作为解决新时代人民日益增长的美好生活需要和不平衡不充分的发展之间的矛盾的必由之路。党的十九届六中全会审议通过的《中共中央关于党的百年奋斗重大成就和历史经验的决议》充分肯定了区域协调发展在改革开放和社会主义现代化建设新时期、中

［基金项目］国家自然科学基金项目"黄河流域城市群与产业高质量发展的协同推进路径与模式"（72050001）。

*　本文原载于《中共中央党校（国家行政学院）学报》2022 年第 4 期。

国特色社会主义新时代所发挥的巨大作用。2021年12月的中央经济工作会议再次强调要增强发展的平衡性协调性。

面向百年未有之大变局，2020年5月，习近平总书记在看望参加政协会议的经济界委员时首次提出"逐步形成以国内大循环为主体、国内国际双循环相互促进的新发展格局"，并在同年7月、8月召开的企业家座谈会、经济社会领域专家座谈会上多次强调构建新发展格局的重要性。构建新发展格局是国家综合研判国内发展阶段和国际环境局势所做出的重大战略部署，是习近平新时代中国特色社会主义经济思想的又一重量级成果[1]。

新发展格局背后蕴藏着深刻的理论与现实逻辑。一方面，国内大循环的要义在于国民经济各环节的有效转换，即生产、分配、流通、消费社会扩大再生产链条的稳定性和延续性[2]。其中，直接生产过程是在国内大循环中发挥决定性作用的环节，分配和流通是连接生产和消费的桥梁与纽带，而消费是物质资料生产总过程的最终目的和国内大循环的关键动力。伴随国内大循环的平稳推进，国内市场资源日益丰富、分工更为精细化、科技愈加创新化，必然会出现生产成本降低的现象，从而使国内需求增加、国际竞争力提高，参与国际大循环以嵌入全球价值链成为大势所趋。另一方面，从中华人民共和国成立到改革开放前30年的时间里，中国通过"内循环为主"的工业化模式，建立起相对完整的工业体系，但由于缺少国内需求刺激与国际循环条件，一度出现了行业结构比例失调的问题；改革开放后30多年的时间里，中国奉行"对内搞活经济、对外实现开放"的方针，形成了"两头在外，大进大出"的外循环模式，然而伴随着人口红利的消失，这种外循环模式愈发难以为继。党的十八大以来，中国经济运行的内外形势不断变化，内部面临下行压力，外部环境复杂严峻，加工贸易比重与外贸依存度均呈明显下降态势，外循环已经无法带动大体量的内循环，内循环为主成为必然选择[3]。

构建新发展格局离不开区域协调发展的理论深化与实践创新。一方面，坚持以国内大循环为主体，就需要将区域发展差距控制在合理范围内，充分发挥不同区域的竞争优势，形成互有分工的高耦合度产业链网络[4]。如果区域间的位势差过于悬殊，相对发达区域与欠发达区域将无法形成科学高效的分工合作关系，阻滞国内统一大市场建设，以国内大循环为主体也就无从谈起。另一方面，实现国内国际双循环相互促进，在调动各区域参与国民经济生产、分配、流通、消费各环节的同时，还应将各区域一并纳入全方位、宽领域、多层次的开放型经济体系，以开放促发展、促合作、促共赢，驱动整个国家向着全球价值链中高端迈进[5]。鉴于此，迫切需要从新发展格局的理论与现实逻辑出发，描绘新时代中国区域协调发展的基本态势，搭建新发展格局下中国区域协调发展的战略骨架。

二、新时代中国区域协调发展的基本态势

随着中国社会主要矛盾转化为人民日益增长的美好生活需要和不平衡不充分的发展之间的矛盾，转变发展方式、优化经济结构、转换增长动力成为新时代区域协调发展的应有之义。

（一）国内国际双循环的物质基础：经济实力

经济规模扩张是国内国际双循环并进的必要支撑。从绝对总量上看，2012年东部、中部、西南、西北、东北地区的GDP分别是29.59万亿元、11.63万亿元、6.62万亿元、4.77万亿元、5.05万亿元；到2020年，五大板块的GDP依次变化为52.58万亿元、22.22万亿元、14.00万亿元、7.33万亿元、5.11万亿元，东部地区始终是国内国际双循环良性运转的压舱石。

从相对变化上看，东部地区GDP增长稳中有进，但2018年以来增速有所放缓，这主要是因为东部地区经济规模基数较大；中部地区GDP增长率先降后升，由2012年的11.30%下降至2015年的5.96%，随后回升至2019年的13.54%，经济规模扩张速度稳中有进，成功避免了中部塌陷现象的发生；西南地区GDP增长率的变动轨迹与中部地区类似，从2012年的14.18%放缓为2015年的7.67%，而后回弹至2019年的15.22%，以成渝城市群为轴心的西南地区正日益成长为西部大开发战略的龙头；西北地区2012~2019年GDP增长率波动较大，除2012~2014年以及2018年增速有所加快以外，其余年份增速尚未超越5%，低于全国平均水平；东北地区GDP增长率总体偏低，在2016年和2019年还分别出现了9.35%和11.46%的负增长，东北振兴仍然面临多重挑战。进一步计算五大板块的GDP平均增长率发现，东部、中部、西南、西北、东北地区GDP年均增长率依次是8.12%、9.45%、10.50%、6.06%、0.06%，再次印证了上述判断。

2020年初，突如其来的新冠肺炎疫情给中国区域经济运行带来了巨大影响，严重阻滞了国内大循环的顺利进行。2020年第二季度以来，伴随新冠肺炎疫情防控逐渐步入常态化阶段，复工复产有序拉开帷幕，五大板块的GDP逆势上扬，受新冠肺炎疫情冲击最明显的中部地区回弹最为显著。经过多方艰苦奋斗，2020年东部、中部、西南、西北、东北地区GDP分别实现2.85%、1.60%、5.15%、

1.73%、1.74%的增长，使全国 GDP 达到 101.60 万亿元，比 2019 年增长 2.30%，成为率先实现正增长的世界主要经济体，彰显出强劲的反危机能力[6]，为畅通国内国际双循环奠定了坚实的物质基础。

（二）国内大循环的主要动力：消费活力与投资实力

高质量国内大循环的基点在于扩大内需。为此，要充分释放消费的基础性作用、有效投资的关键性作用，巩固国内大循环的主体地位。

第一，消费活力。作为生产—分配—交换—消费国内大循环链条的最后一环，消费是居民生活水平的直接表现，正逐渐超越资本形成与进出口贸易成为高质量发展的重要驱动力。

东部地区消费总额自 2012 年的 11.07 万亿元扩大到 2020 年的 19.97 万亿元，年均增长率达到 7.66%，占据了绝对优势地位。这主要是因为东部地区多个省市的人均收入已同中等发达经济体相当，住房、汽车和健康养老消费的比重逐步上升，消费日趋高端化、个性化，建设以消费型社会为主要特征的国内大循环网络已初具条件。中部、西南地区消费总额虽然不及东部地区，分别从 2012 年的 4.27 万亿元、2.36 万亿元扩大到 2020 年的 9.22 万亿元、5.88 万亿元，但两地区消费总额的增长速度依次是 10.11%、12.08%，高出东部地区 2.45 个、4.43 个百分点，内需扮演着愈发关键的角色。西北地区虽然与西南地区同处在西部大开发的战略空间范围内，但消费增长潜力远不及西南地区，仅由 2012 年的 1.37 万亿元缓慢爬升至 2020 年的 2.32 万亿元，年均增长率为 6.78%，低于全国平均水平，尚处于向内需驱动型经济转化的初级阶段。需要引起高度重视的是，东北地区消费总额自 2012 年的 1.96 万亿元缩水至 2020 年的 1.79 万亿元，平均每年降低 1.15 个百分点，断崖式下滑特征明显，疲软的消费成为新时代东北振兴的最大痛点，是盘活国内大循环的政策发力关键点。

第二，投资实力。在筑牢消费基础性作用的同时，释放有效投资的关键性作用同样不容忽视。为贯彻落实新发展理念，国家先后圈定包括 5G 基站、特高压、城际高速铁路和城市轨道交通、新能源汽车充电桩、大数据中心、人工智能、工业互联网等在内的七大新基建工程，上述领域的固定资产投资在对冲宏观经济下行压力、优化国内大循环速率等方面的正外部性显著。

东部、中部、西南地区投资总额呈逐年攀升态势，分别从 2012 年的 15.19 万亿元、8.66 万亿元、4.98 万亿元增加至 2019 年的 29.57 万亿元、19.98 万亿元、12.59 万亿元，年均增长率依次达到 9.98%、12.68%、14.17%。虽然东部地区投资总额最多，但中部、西南地区投资增速较快，均步入了两位数区间。西北地区投资总额在 2012~2014 年上升较快，但 2018 年发生了严重缩水，将年均增长率拉低至 6.30%。东北地区在此期间投资持续低迷，投资总额自 2014 年以来持续走低，在 2016 年曾一度出现了 23.38% 的负增长，解决东北地区有效投资不足的问题，是当前促进国内大循环的重要任务。

（三）国际大循环的重要动能：进出口贸易与外商投资

扩大对外开放是融入国际大循环网络的应时之举。自 2013 年习近平总书记提出"一带一路"倡议以来，中国开放型经济建设进入了全新时期，日益成为国际大循环链条上的中坚力量。进出口贸易与外商投资是中国嵌入国际大循环网络的重要动能。

第一，进出口贸易。进出口贸易扩容是中国参与国际大循环最直接的表现。按照进出口贸易规模从大到小排列，依次为东部、中部、西南、东北、西北地区。20 世纪八九十年代，在沿海发展战略的指引下，中央先后在东部地区设立了一批经济特区、沿海开放城市，形成了环渤海、长三角、闽东南、珠三角四大沿海开放区，东部地区成为开放型经济建设的示范窗口。进入 21 世纪，为巩固开放型经济建设的排头兵地位，东部地区于 2013 年获批在上海率先推行自由贸易区试点，积极融入国际大循环分工网络。统计发现，东部地区进出口总额由 2012 年的 32775.40 亿美元增加至 2020 年的 37174.10 亿美元，平均占到全国进出口总额的 82.53%，处于绝对领先地位。在大力促进东部沿海地区开放的同时，内陆与沿边开放也在加速推进。在内地省会城市、沿江开放城市、沿边开放城市的支撑下，中部、西南、西北进出口总额分别自 2012 年的 1880.10 亿美元、1571.05 亿美元、734.36 亿美元增加至 2020 年的 3621.10 亿美元、3101.10 亿美元、1078.90 亿美元，立体化对外开放格局已基本形成，成为国际大循环的关键枢纽。东北地区进出口总额不升反降，从 2012 年的 1710.29 亿美元滑落至 2020 年的 1583.80 亿美元，融入国际大循环网络道阻且长。

第二，外商投资。在大力发展进出口贸易的同时，中国还广泛开展负面清单实践，外资准入门槛不断降低，广泛参与到国际大循环中去。截至 2019 年底，东部地区 10 个省份已全部进入自由贸易区试点范围，2015 年试点于上海、天津、福建、广东自由贸易区的负面清单政策被成功推广至其他省份，促使外商投资总额从 2012 年的 23833.81 亿美元增加至 2019 年的 66292.15 亿美元，年均增长率达到 15.74%。中部、西南、西北、东北地区的外商投资总额依次由 2012 年的 2687.78 亿美元、1802.43 亿美元、764.93 亿美元、2317.00 亿美元提高到 2019 年的 8236.35 亿美元、6102.56 亿美元、2637.47 亿美元、5131.73 亿美元，年均增长率分别达到 17.35%、19.03%、19.34%、12.03%，中国同世界其他国家的经济关联更加密切，在国际大循环中的主动权得以确立。

三、新发展格局下中国区域协调发展的战略骨架

党的十八大以来，中央不断优化空间战略供给，为构建统筹有力、竞争有序、绿色协调、共享共赢的区域协调发展新机制注入了强劲动力。处在"两个一百年"奋斗目标的历史交汇点，区域发展总体战略、区域发展重大战略、主体功能区战略协同实施[7]，城市群与都市圈建设、新型功能性平台培育并行，共同构成了新发展格局下中国区域协调发展的战略骨架，助力国内大循环与国际大循环。

（一）区域发展总体战略

"十四五"规划纲要指出："深入推进西部大开发、东北全面振兴、中部地区崛起、东部率先发展，支持特殊类型地区加快发展，在发展中促进相对平衡"，将 21 世纪初形成的区域发展总体战略再一次推向时代前沿。区域发展总体战略将充分调动不同板块参与国内大循环与国际大循环的积极性，在构建新发展格局的实践中起到了纲举目张的效应。

第一，鼓励东部地区加快推进现代化。为发挥东部地区在 2035 年基本实现社会主义现代化征程中的引领作用，"十四五"规划纲要强调发挥创新要素集聚优势、培育世界级先进制造业集群，确保东部地区率先完成高质量发展的转型目标，以便更好地支援内陆，最终促成整个国家的高质量发展，描绘出一幅波澜壮阔的新时代"两步走"蓝图。

第二，开创中部地区崛起新局面。为避免发生中部塌陷现象，"十四五"规划纲要将武汉、长株潭都市圈定位为长江中游城市群的轴心，提出在有序承接产业转移的同时，在长江、京广、陇海、京九沿线打造中高端产业集群。此外，考虑到 2020 年初新冠肺炎疫情给以湖北为代表的中部地区带来了巨大冲击，"十四五"规划纲要还特别强调提升中部地区应对公共卫生等重大突发事件的能力。

第三，推进西部大开发形成新格局。"十四五"规划纲要响应 2020 年 5 月发布的《中共中央 国务院关于新时代推进西部大开发形成新格局的指导意见》，将成渝地区双城经济圈定位为具有全国影响力的重要经济中心、科技创新中心、改革开放新高地、高品质生活宜居地。在此基础上，考虑到西部地区南北经济分化的特征性事实，"十四五"规划纲要还将关中平原城市群建设作为促进西北西

南联动的关键支柱。与此同时，"十四五"规划纲要特别提到要推进新疆大型油气生产加工和储备基地、大型煤炭煤电煤化工基地、大型风电基地、国家能源资源陆上大通道建设，支持西藏面向南亚开放，将西部沿边地区更高水平的开发开放提上议程。

第四，推动东北振兴取得新突破。"十四五"规划纲要在强调改造提升装备制造等传统优势产业的基础上，立足黑吉辽三省实际，圈定辽宁沿海经济带、长吉图开发开放先导区、哈尔滨对俄合作开放区三个示范单元，适时培育寒地冰雪、生态旅游等新型业态。

（二）区域发展重大战略

构建新发展格局离不开京津冀协同发展、长江经济带、粤港澳大湾区、长三角一体化、黄河流域生态保护和高质量发展五项区域发展重大战略的支撑。其中，京津冀协同发展、长三角一体化、粤港澳大湾区作用于东部地区，将塑造一条以上海为中心，以京津、广深为南北两翼的沿海经济带，东部地区在国内大循环与国际大循环中的先导地位将不断巩固；长江经济带、黄河流域生态保护和高质量发展勾连中国东、中、西三大地带，将有效控制区域发展差距，充分调动各区域参与国内大循环与国际大循环的积极性。

第一，京津冀协同发展。2014年2月，习近平总书记在北京召开座谈会时首次提出京津冀协同发展。2015年4月，《京津冀协同发展规划纲要》（以下简称《纲要》）审议通过，为推进京津冀协同发展指明了前进方向。《纲要》明确了北京、天津、河北的功能定位，提出了"一核、双城、三轴、四区、多节点"的空间布局方略，并将疏解北京非首都城市功能作为京津冀协同发展的重中之重。历经近八年的实践，京津冀在产业一体化、基础设施一体化、基本公共服务一体化、生态环境保护一体化等关键领域都取得了长足进步。

第二，长江经济带。长江作为联通中国东、中、西三级阶梯的重要通道，是颇具发展潜力的带状区域。早在20世纪90年代初期，长江经济带就已被确立为拉动国家经济社会发展的主轴，与沿海发展战略相呼应，塑造了江海一体的立体化空间格局[8]。为持续释放长江经济带活力，中共中央政治局于2016年3月正式审议通过了《长江经济带发展规划纲要》，其中以"共抓大保护、不搞大开发"为总基调，从目标愿景、空间布局、生态环境保护、黄金水道建设、产业培育、对外开放、构建统一大市场、基本公共服务一体化等方面切入，勾勒了长江经济带高质量发展的美丽愿景。

第三，粤港澳大湾区。建设粤港澳大湾区的设想最早出现在2017年3月的政府工作报告中，报告强调要进一步深化粤港澳三地合作。在中央政府的大力推动下，粤港澳大湾区建设正式上升为国家战略。2017 年 7 月，《深化粤港澳合作推进大湾区建设框架协议》（以下简称《协议》）签发，《协议》明确了合作宗旨、目标与原则，圈定了七大重点合作领域，驱动国际一流湾区和世界级城市群建设。2018 年 4 月，博鳌亚洲论坛召开，会议指出，粤港澳大湾区集纽约湾区的金融中心角色、东京湾区的制造业水准、旧金山湾区的创新能力于一体，一致认为深化粤港澳合作是强化大湾区实力的不二法门。经过将近两年的酝酿，《粤港澳大湾区发展规划纲要》于 2019 年 2 月发布，围绕空间布局、创新能力、基础设施建设、产业体系、生态环境、人民生活、对外开放、区域合作八个领域，为大湾区日后发展指明方向。

第四，长三角一体化。长三角涵盖上海、江苏、浙江、安徽三省一市，是中国经济与人口密度最大的地区之一。2018 年 11 月，习近平总书记在首届中国国际进口博览会上明确表示支持长三角一体化上升为国家战略。为加快长三角各类优质要素高速、高效、自由流动，《长江三角洲区域一体化发展规划纲要》（以下简称《纲要》）于 2019 年 12 月颁行，《纲要》围绕协同创新产业体系、基础设施互联互通水平、生态环境共保联治、公共服务便利共享、更高水平协同开放，展望了未来 15 年的发展图景。为响应高质量发展的时代主旋律，2020 年 8 月，习近平总书记在合肥主持召开扎实推进长三角一体化发展座谈会，强调长三角需紧扣一体化和高质量两个关键词抓好重点工作，助力国民经济复兴。

第五，黄河流域生态保护和高质量发展。与长江流域类似，黄河流域横贯东西，能源资源丰富，生态地位突出，同时又是国家脱贫攻坚与"一带一路"倡议的关键区域。2019 年 9 月，习近平总书记在河南考察调研时将黄河流域生态保护和高质量发展定位为国家战略。2021 年 10 月，《黄河流域生态保护和高质量发展规划纲要》发布，强调黄河流域必须下大气力进行大保护、大治理：一方面，在实施水源涵养提升、水土流失治理、黄河三角洲湿地生态系统修复、河道和滩区综合提升治理等重大生态工程同时，协同做好水污染、大气污染、土壤污染的治理工作；另一方面，加快兰州—西宁城市群、黄河"几"字弯都市圈、关中平原城市群、中原城市群、山东半岛城市群协同发展，带动整个沿黄地区高质量发展。

（三）主体功能区战略

主体功能区划是根据各区域社会经济密度、开发潜力、资源环境承载力对国土空间进行的功能性分区[9]，旨在塑造高质量发展的国土空间开发保护格局，融通国内大循环与国际大循环。2011 年 6 月，《全国主体功能区规划》正式发布，在明确优化结构、保护自然、集约开发、协调开发、陆海统筹五大开发原则的基础上，将国土划分为优化开发、重点开发、限制开发、禁止开发四类。为形成更加科学的国土空间开发保护支撑体系，2021 年 3 月发布的《中华人民共和国国民经济和社会发展第十四个五年规划和 2023 年远景目标纲要》（以下简称"十四五"规划纲要）要秉承分类指导的基本法则，将城市化地区、农产品主产区、生态功能区纳入统一框架。其中，城市化地区与优化开发区、重点开发区一脉相承，农产品主产区同限制开发区在空间分布上高度重合，生态功能区与禁止开发区关联紧密。

为构建以国内大循环为主体、国内国际双循环相互促进的新发展格局，"十四五"规划纲要进一步明确了城市化地区、农产品主产区、生态功能区的核心任务。一方面，对于城市化地区而言，为增强经济和人口的承载能力，要着力培育一批中心城市和城市群，作为城市化地区参与国内大循环与国际大循环的载体。另一方面，对于农产品主产区、重点生态功能区而言，在增强农产品主产区农业生产能力以服务国内大循环的同时，还需支持生态功能区将工作重心转向保护生态环境、提供生态产品等领域，为参与国内大循环与国际大循环营造优质环境。

（四）城市群与都市圈

作为区域协调发展的网络化空间组织形式，城市群能够优化各类资源要素的组合分布，为切实处理好利益共享问题与行为约束问题提供可行方案，加快构建以国内大循环为主体、国内国际双循环相互促进的新发展格局。"十四五"规划纲要圈定了 19 个城市群，两横三纵的新型城镇化格局已基本成型（见表 4-1）。统计表明，各大城市群经济与人口要素的集聚效应显著，长三角城市群 GDP 总量超过 10 万亿元，京津冀、珠三角、长江中游城市群 GDP 总量逼近 10 万亿元；京津冀、长三角、长江中游、中原城市群人口数突破 1 亿人；长三角、珠三角、呼包鄂榆、天山北坡城市群人均 GDP 达到 10 万元以上，成为引领国内大循环与国际大循环的集水区。在构建有序分工、错位发展的城市群等级体系的同时，国家还大力培育以城市群内部超大特大城市或辐射带动功能强的大城市为中心、以 1 小时通勤圈为基本空间范围的都市圈。都市圈建设从基础设施一体化、高端产业培育、统一开放市场孵化、优质公共服务资源共享、生态环境共保共治等维度切入[10]，对实现更高水平的国内大循环与国际大循环更具实操性。

表 4-1　2019 年中国城市群的发展概况

城市群名称	战略定位	GDP（亿元）	人口（万人）	人均 GDP（元）
京津冀	优化提升	84580.08	11307.40	74800.64
长三角		197349.53	15552.83	126889.79
珠三角		86899	6446.89	134792.12
成渝		61220.68	9108.95	67209.37
长江中游		93833.89	13064.81	71821.86
山东半岛	发展壮大	71067.53	10070.21	70572.04
粤闽浙沿海		67554.84	9305.65	72595.53
中原		79196.22	16786.08	47179.70
关中平原		19681.32	3872.84	50818.83
北部湾		21047.83	4262.76	49376.02
哈长	培育发展	20853.10	3949.19	52803.48
辽中南		20925.58	3090.70	67704.98
山西中部		8680.22	1633.26	53146.49
黔中		10037.49	1672.81	60003.76
滇中		14076.87	2143.76	65664.38
呼包鄂榆		13246.28	1154.55	114731.11
兰州—西宁		5562.50	1194.08	46584.02
宁夏沿黄		3425.86	569.59	60146.15
天山北坡		6654.03	523.83	127026.93

资料来源：根据《中国统计年鉴 2020》《中国城市统计年鉴 2020》《中国区域经济统计年鉴 2020》计算。

（五）新型功能性平台

新发展格局下区域协调发展需以新型功能性平台为战略骨架。党的十八大以来，包括自由贸易区、国家级新区、高水平示范区在内的一批功能性平台相继设立，在加快构建以国内大循环为主体、国内国际双循环相互促进的新发展格局的实践中扮演了不可替代的角色。

第一，自由贸易区。步入新时代以来，为充分利用国内国际两种资源、有效整合国内国际两个市场，2013 年 8 月，国务院正式批准设立中国（上海）自由贸易试验区，开放型经济建设迈上新层次。此后，广东、天津、福建于 2015 年 4 月，辽宁、浙江、河南、湖北、重庆、四川、陕西于 2017 年 3 月，海南于 2018

年 4 月，山东、江苏、广西、河北、云南、黑龙江于 2019 年 7 月，北京、湖南、安徽于 2020 年 9 月先后分 5 批开展自由贸易区实践，共囊括 20 个省区市，新增总试点面积多达 35818.45 平方千米。

第二，国家级新区。作为承载深化改革开放重大任务的高地，国家级新区能够有效辐射带动周边区域发展。自 1990 年上海浦东成为首个国家级新区以来，国家先后共设立 19 个国家级新区，其中又以雄安新区最具代表性。设立雄安新区是同京津冀协同发展一脉相承的重大战略决策，疏解北京非首都城市功能的指向性明确：同长三角、粤港澳城市群对比发现，京津冀城市群二线城市缺位，首都北京的极化效应持续叠加，诱发了一系列"大城市病"。作为千年大计、国家大事，设立雄安新区将有助于缓解北京的"大城市病"。在世界眼光、国际标准、中国特色、高点定位的理念指导下，《河北雄安新区规划纲要》《河北雄安新区总体规划（2018—2035 年）》分别在 2018 年 4 月和 12 月得到批复。雄安新区将在城乡融合发展、营造优美自然环境、构建综合交通网络、高起点布局高端产业等方面为人口密集平原区的城市化开辟新路[11]。

第三，高水平示范区。改革开放之初，中国政府为尽快改变落后局面，开创性地实施沿海发展战略。在国家的鼎力支持下，东部地区成为国民经济高质量发展的压舱石。2019 年以来，国家先后提出在深圳建设中国特色社会主义先行示范区、在浦东打造社会主义现代化建设引领区、在浙江高质量发展建设共同富裕示范区的战略构想，东部地区成为 2035 年基本实现社会主义现代化伟大征程中的主心骨。

四、新发展格局下中国区域协调发展的路径构想

构建以国内大循环为主体、国内国际双循环相互促进的新发展格局，需要打通、整治不同区域在生产、分配、流通、消费各环节的堵点、难点、痛点，提高国民经济运行效率。鉴于此，本节将系统探讨新发展格局下中国区域协调发展的路径。其中，前五条路径将优化国内大循环速率，第六条路径将加深中国嵌入国际大循环的广度与深度。

（一）提升发展的协调性与平衡性

步入 21 世纪，以区域发展总体战略、京津冀协同发展、长江经济带、粤港澳大湾区、长三角一体化、黄河流域生态保护和高质量发展、主体功能区战略、城市群与都市圈、国家性中心城市、国家级高新区、经济技术开发示范区为代表的国家重大空间战略逐步推出，为提升发展的协调性与平衡性、畅通国内大循环

奠定了牢固的制度基础[12]。

作为地理学区域学派的核心概念，空间尺度是指将特定地理空间按照一定特征划分成的若干不同等级的子系统，因此层级性是区域的典型特征。就相应区域发展战略的空间属性而言，国家—区域尺度下战略的"空间中性"特征较为明显，旨在实现"整体分散"；城市尺度下的战略更多地表现为"基于地区"，目的在于"优势集中"[13]。"整体分散"与"优势集中"二者相互补充，使发展的协调性与平衡性不断提升，助力国内大循环顺利运转。根据上述尺度划分标准，国家—区域层面的空间战略包括区域发展总体战略、京津冀协同发展、长江经济带、粤港澳大湾区、长三角一体化、黄河流域生态保护和高质量发展、主体功能区战略、城市群与都市圈，城市层面的空间战略包括国家性中心城市、国家级高新区、经济技术开发示范区。上述战略在地理空间上相互交织、相互渗透，将重新定义区域间分工，增进发展的协调性与平衡性，破除国内大循环中的梗阻。在认真贯彻现有空间战略的同时，还应在"整体分散、优势集中"的原则指导下，重点塑造以大运河文化带、河西经济走廊、云贵川大金三角、区域性城市群、区域性中心城市为代表的新型经济地理空间，在行政重组、空间重组与规划重组中推陈出新，激发国内大循环活力。

（二）有序引导产业转移

面向世界百年未有之大变局，产业转移将与更加复杂的国内国际形势相伴，呈现出一系列新特征，为国内大循环带来机遇与挑战。第一，双向转移渐成趋势。在纺织、服装等劳动密集型制造业，钢铁、石化、有色金属等资本密集型制造业向中西部地区转移的同时，新能源汽车、新材料、计算机等技术密集型制造业逐渐向更有效率的东部沿海地区转移。第二，交通基础设施的改善、新技术的推广削弱了制造业对劳动力、土地的依赖。随着国家高速铁路网络渐趋完善，加之大数据、人工智能、物联网等先进技术的推广，劳动力、土地等要素成本上升对制造业生产经营的约束有所减弱，国内产业梯度转移可能呈现放缓态势。第三，集群招商成为重要模式。集群招商从市场细分和专业化分工的角度出发，致力于引进配套项目与相关企业，通过共享、匹配与学习三大微观机制最大化集聚经济正外部性。

为提升国内大循环速率，要在因地制宜、分类指导的基本原则下，独资、合资、收购、兼并、非股权安排等方式并重，科学引导劳动密集型、资本密集型产业向中西部地区转移，避免过度向东南亚、南亚的国家和地区外流。在肯定梯度推移主导地位的同时，产业转移还应同新技术、服务业升级、城市群发展、扩大内需相结合[14]，夯实东部地区京津冀、长三角、珠三角、东北地区辽中南国家制造业中心的地位，保持国家制造业中心在国内大循环中的生命力。

（三）新型城镇化与乡村振兴并举

城乡深度融合是新时代区域协调发展的关键一环，对加快国内大循环意义重大。步入新时代，中国城市化率由 2012 年的 53.10% 提升至 2020 年的 63.89%，提升了 10.79 个百分点，中国已由"乡土中国"进阶至"城乡中国"[15]。然而，在中国城市化进程中依然存在着明显的城乡失衡现象，集中表现为以人口城市化为导向的人口结构失衡、以城市扩张和农村萎缩为主的空间失衡、以农村承接传统制造业转移为主的产业失衡、城乡管理体制分割的制度失衡、忽视中小城市过渡作用的城市体系失衡，同区域差距相互交织，成为贯彻落实新时代区域协调发展战略、加快国内大循环进程中必须破除的障碍。

针对上述失衡现象，要加快城乡深度融合的战略转型，就必须牢牢把握新型城镇化和乡村振兴两大战略要领，同步增进城市化的质和量，以城市和乡村为双轮驱动，赋能以国内大循环为主体的新发展格局。要重点抓好以下三项工作：第一，将人作为新型城镇化的核心要义。要在不断扩大幼儿养育、科学教育、收入分配、医疗卫生、养老与住房保障等领域的基本公共服务供给的同时，加速基本公共服务均等化进程，切实保障农业转移人口的城市权利，朝着"幼有所育、学有所教、劳有所得、病有所医、老有所养、住有所居、弱有所扶"的大同目标迈进。第二，践行农业工业化的构想。科学研判消费需求变动、制度革新所诱发的人地关系重构，在土地配置制度优化、资本下乡、城乡人力对流的三维框架下，助推农业生产机械化与现代化，贴近国际产业技术前沿面。第三，城市文明与乡村文明的交汇融合。要珍视乡村物质与非物质传统文化，紧扣特色小镇、美丽乡村建设的主旋律，发展乡村特色文化产业与文化事业，重塑山清水秀的居住环境、诗意盎然的人文环境，在弘扬现代城市文明的同时"望得见山，看得见水，记得住乡愁"。

（四）扎实推进陆海统筹

中国拥有 300 多万平方千米的海洋国土，蕴藏着丰富的海洋资源，2020 年创造的生产总值已超过 9 万亿元。党的十九大报告将"坚持陆海统筹，加快建设海洋强国"纳入区域协调发展战略内，是夯实国内大循环主体地位的催化剂。

为在更高层次上扎实推进陆海统筹，需要关注四方面内容：其一，统筹海洋权益维护与海洋国际合作。遵循《联合国海洋法公约》的相关精神，在坚决维护中国海洋权益的同时，通过海洋保护与开发的国际合作有效化解当前国际政治经济形势下的各类不确定性，增进全人类福祉。其二，统筹海洋资源利用与生态环境保护。适时开展蓝色国土的主体功能区划分，与陆上主体功能区划相互补充、相互增益。其三，统筹海洋产业结构优化与产业布局调整。牢牢扭住蓝色粮仓建设这一重心，积极开拓同海洋船舶工业、海洋油气业、滨海旅游跨界融合的新业态、新模式。其四，统筹近海优化开发与远洋空间拓展。最大限度发挥蓝色增长极的引领作用，辐射近海、波及远洋。按照上述思路，海洋经济的总量与质量、海洋开发的强度与利用时序将得到最大限度的协调，保障国内大循环行稳致远[16]。

（五）加快绿色发展步伐

绿色发展理念源于生态环境保护，又高于生态环境保护范畴，是贯穿国民经济高质量发展全局的基础性理念[17]。习近平总书记强调，保护生态环境就是保护生产力，改善生态环境就是发展生产力。彰显了生态环境作为生产力内在属性的重要地位，对于发展面向未来的绿色生产力具有十分重要的意义。

为增进国内大循环的可持续性，应综合考虑生态容量和资源承载力的双重约束，高质量完成以下三项工作：首先，以优化绿色全要素生产率为导向驱动产业调整升级。加快绿色技术创新步伐，培育以新材料、新能源汽车、高端装备制造为代表的技术集约型产业，对钢铁、化工、冶金等传统产业部门实施绿色技术改造，释放波特假说效应，为实现绿色发展注入动力。绿色技术创新离不开人才、信息、技术等优质生产要素的支撑，为此，不同区域要着力实现税收减免、加速折旧、盈亏相抵、延期纳税、信贷支持等优惠性措施的一体化，为产业绿色发展创造良好的政策环境，助力绿色全要素生产率的区域协同优化。其次，引导产业梯度转移有序推进。根据《产业转移指导目录》等政策性文件，以绿色发展为首要评价准则，圈定各省区转入与转出产业的主要门类，坚决避免高污染高耗能行业向限制开发区、禁止开发区转移，防止其沦为污染避难所[18]。最后，建立健全环境污染的联防联控机制。对于水体治理而言，必须按照一体化标准实施对废水的无害化处理，着力改善跨行政区大型水域的水质。对于大气与固体废弃物治理而言，要追根溯源，适时联动淘汰落后产能，释放环境规制的约束效应，从源头上减少废气废渣的排放。值得注意的是，在生态环境治理进程中必然会出现开发地区、受益地区与受保护地区的分化，这就需要以系统优化思想为指导，健全跨区域生态补偿机制。

（六）健全开放型经济体制

改革开放以来，本着互利共赢的基本宗旨，中国先后设立了一批经济特区、沿海开放城市、沿海经济开放区、沿江开放城市、沿边开放城市，成为参与国际大循环的中坚力量。

为在更高层次上健全开放型经济体制以驱动国际大循环，需要抓好两方面工作：一方面，高标准建设自由贸易区[19]。在扩大自由贸易区试点范围的同时，不断优化自由贸易区的微观制度设计，扎实推进以"一线放开""二线安全高效管住"为核心的监管服务改革，通过"单一窗口"建设为国际经贸往来提供线上渠道。在发展进出口贸易的同时，还应吸引外商投资、到境外投资、对外承包工程与劳务输出并举，在"引进来"与"走出去"的实践中融入国际经济技术合作网络。另一方面，拓展国际合作的领域。在经贸合作的同时，还要积极加深信息技术、文化教育以及非传统安全领域的合作，从而更好地适应错综复杂的国际政治经济环境。具体而言：其一，通过建设以大数据、云计算、物联网为技术支撑的信息大通道，弱化同其他国家和地区间的数字鸿沟效应；其二，积极挖掘特色文化资源，携手其他国家和地区举办各类文化交流活动，增进人民的文化认同感，中俄青年友好交流年、国际青年创意文化周正是成功典范；其三，中国在自然灾害、公共卫生、恐怖主义、跨国犯罪等非传统安全领域与众多国家和地区休戚与共，各方要加强联防联控，将深化对外开放面临的风险消除在萌芽状态。

参考文献

[1] 刘鹤.加快构建以国内大循环为主体、国内国际双循环相互促进的新发展格局[N].人民日报，2020-11-25.

[2] 王一鸣.百年大变局、高质量发展与构建新发展格局[J].管理世界，2020（12）：1-13.

[3] 江小涓，孟丽君.内循环为主、外循环赋能与更高水平双循环——国际经验与中国实践[J].管理世界，2021（1）：1-19.

[4] 裴长洪，刘洪愧.构建新发展格局科学内涵研究[J].中国工业经济，2021（6）：5-22.

[5] 马建堂，赵昌文.更加自觉地用新发展格局理论指导新发展阶段经济工作[J].管理世界，2020（11）：1-6+231.

[6] 刘伟，蔡志洲.中国经济发展的突出特征在于增长的稳定性[J].管理世界，2021（5）：2+11-23.

[7] 高国力.加强区域重大战略、区域协调发展战略、主体功能区战略协同实施[J].人民论坛·学术前沿，2021（14）：116-121.

[8] 孙久文，张静.长江经济带发展的时空演变与发展建议[J].政治经济学评论，2019

（1）：151-171.

　　[9] 谌莹，张捷，石柳.主体功能区政策对区域经济增长差距的影响研究 [J].中国软科学，2020（4）：97-108.

　　[10] 肖金成，马燕坤，张雪领.都市圈科学界定与现代化都市圈规划研究 [J].经济纵横，2019（11）：32-41.

　　[11] 李国平，宋昌耀，雄安新区高质量发展的战略选择 [J].改革，2018（4）：47-56.

　　[12] 张可云，何大梽.“十四五”时期区域协调发展的空间尺度探讨 [J].学术研究，2021（1）：47-82+177-178.

　　[13] 孙久文，蒋治.“十四五”时期中国区域经济发展格局展望 [J].中共中央党校（国家行政学院学报），2021（2）：77-87.

　　[14] 李雯轩，李晓华.新发展格局下区域间产业转移与升级的路径研究——对“雁阵模式”的再探讨 [J].经济学家，2021（6）：81-90.

　　[15] 刘守英，王一鸽.从乡土中国到城乡中国——中国转型的乡村变迁视角 [J].管理世界，2018（10）：128-146+232.

　　[16] 林香红.面向2030：全球海洋经济发展的影响因素、趋势及对策建议 [J].太平洋学报，2020（1）：50-63.

　　[17] 刘德海.绿色发展理念的科学内涵与价值取向 [J].江苏社会科学，2017（3）：1-7.

　　[18] 孙久文，蒋治.中国沿海地区高质量发展的路径 [J].地理学报，2021（2）：277-294.

　　[19] 岳文，韩剑.我国高标准自由贸易区建设：动因、现状及路径 [J].经济学家，2021（7）：92-100.

第二节　迈向现代化的区域协调发展路径探索[*]

　　进入“十四五”时期，中国开启了全面建设社会主义现代化国家的新征程。区域协调发展是推进中国式现代化的重要动能。区域协调发展战略是增进区域间经济社会联系、深化区域间经济社会关系的统领性战略，是解决中国经济发展中不平衡不充分问题的基本途径。本节在解析中国区域协调发展战略沿革的基础上，探寻实现社会主义现代化过程中区域协调发展的科学内涵与战略走向。

---

　　[*] 本文原载于《改革》2022年第9期。

一、区域协调发展的战略沿革与基本特征

推动区域协调发展是一项漫长而艰巨的任务。在我国长期的经济建设实践中，区域协调发展经历了数次重大调整，其空间性、功能性、均衡性等基本特征愈发明晰。

（一）区域协调发展的战略沿革

实现区域协调发展一直是中国经济社会发展的重要目标之一。早在中华人民共和国成立初期，毛泽东同志就高度重视区域发展问题，把关注的重点集中在沿海与内地的关系上，核心是工业在沿海与内地的均衡布局问题，提出了利用沿海基础和开发内地的基本原则，并体现在向中西部倾斜的地区间投资比例和"三线建设"上。改革开放之后，邓小平同志高瞻远瞩地提出了"两个大局"的战略构想：顺应改革开放的战略部署，优先发展沿海地区，沿海发展起来之后，沿海支援内地，实现均衡发展，同时强调在国家统一指导下按照"因地制宜、合理分工、优势互补、共同发展"的原则来推进区域发展。改革开放四十多年来，京津唐、长三角、珠三角、辽中南等沿海制造业中心的形成和三大都市圈的壮大，正是这一战略设计取得的出色成果的明证。进入 20 世纪 90 年代后，面对日益扩大的区域发展差距，中央政府在第九个五年计划中提出要把"坚持区域经济协调发展，逐步缩小地区差距"作为经济和社会发展必须贯彻的重要方针之一，要实施区域协调政策，遏制区域发展差距逐渐扩大的趋势，积极朝着缩小差距的方向努力。在此背景下，中央政府于 1999 年提出实施西部大开发战略，2003 年和 2004 年又先后提出振兴东北地区等老工业基地和促进中部地区崛起战略，进而形成了区域发展总体战略。区域发展总体战略的实施效果十分明显，在 21 世纪前十年，中西部地区的经济增速明显加快，与东部地区的发展差距开始缩小。党的十八大以来，以习近平同志为核心的党中央把区域协调发展提升为区域经济的引领性战略，相继出台了京津冀协同发展、长江经济带发展、粤港澳大湾区建设、长江三角洲区域一体化发展、黄河流域生态保护和高质量发展等一系列区域重大战略，为形成更加有效的区域协调发展新机制注入强劲动力。波澜壮阔的社会主义建设与改革实践表明，区域协调发展是中国经济社会高质量发展的必由之路。

在党的十八大以来的实践中，通过实施区域重大战略和区域协调发展战略，中国的区域经济发展取得了丰硕的成果。当前，面对百年未有之大变局，对内有效缓解需求收缩、供给冲击、预期转弱三重压力，对外从容应对俄乌冲突、美欧封锁和贸易保护，形成以国内大循环为主体、国内国际双循环相互促进的新发展

格局被推向时代前沿，区域经济发展的重要性进一步凸显，其承担国民经济发展的任务更加繁重，区域协调发展的要求也更加迫切。

（二）区域协调发展的基本特征

伴随全面建设社会主义现代化国家新征程的启动，区域协调发展面临新的任务，实现协调发展的途径也需要不断创新。区域协调发展是人们对中国经济规律认识的一个重要方面，具有空间性功能性、均衡性等基本特征。进入新时代，这些特征正在发生新的变化。

1. 区域协调发展的"新"空间性

区域经济是特定区域的经济活动和经济关系的总和。如果把全国的国民经济看作一个整体，那么区域经济就是整体的一个部分。对于整个国家的经济体系来说，整体系统涵盖了部门体系，也涵盖了区域体系。通过区域重大战略、区域协调发展战略和主体功能区战略的实施，按照大板块和大经济地带范围划分的经济实体及其运行，正在不断强化其运行的动力，并逐步成为未来中国区域经济运行的主体。

2. 区域协调发展的"新"功能性

区域协调发展的功能性主要通过区划来体现。区划就其概念来说是整体的一种不断进行的分解，一种区划就是整体不断地分解为它的部分[1]。也即首先把国民经济看作一个整体，其次对其进行逐层分解，形成一个完整的区域系统。

区域协调发展的功能性在实现社会主义现代化过程中将会进一步强化。类型区的功能性空间划分属于静态排列，其表现为一个区域在自然景观和经济景观的类型差异性，主体功能区就是代表性例证。然而，进入新时代，动态的系统区将起到更大的作用。系统区是区域之间位置关系和相互作用关系的一种表现形式。系统区的划分是将位置相连的区域放在一起，并不强求自然与经济特征具有一致性，而仅仅是去研究它们之间的相互关系。长江经济带、黄河生态带等都是这类系统区的典型形式。区域协调发展的功能性要求各类区域之间的发展必须有一个互动的过程，因而增强带动意识和政策配套是未来的重要任务。

3. 区域协调发展的"新"均衡性

改革开放以来，非均衡性是中国区域经济运行的主要特征。需要强调的是，区域的均衡与非均衡并不是自然而然的，而是有其特定的社会和政策背景。在改革开放初期，中国沿海地区发展快于内陆地区，将资金投放在相对发达地区提高效率是最优选择，但地区间差距拉大是不可避免的。进入新时代后，强调公平与效率的协调就成为重要的战略选择。少数区域优先发展的倾斜性战略转变为均衡的区域发展战略是不可避免的。新发展阶段下的区域发展不能仅追求经济总量的增长，而是要使发展的成果真正惠及各个区域的全体人民，使发展的成果能够在不同区域之间分享。

二、新时代区域协调发展的目标与动力

当前，中国共产党已然踏上实现第二个百年奋斗目标新的"赶考"之路，这对新时代区域协调发展提出了更高的目标，那就是到2035年实现初步的区域共同富裕，到2050年实现完全的区域共同富裕。实现这一目标，离不开城镇化与创新两大动力机制。

（一）新时代区域协调发展的新目标

区域协调发展具有显著的阶段性。秉承实事求是的精神在实践中与时俱进、不断发展、不断优化，正是区域协调发展的活力源泉所在。当前阶段中国经济社会发展的理论逻辑、历史逻辑、现实逻辑决定了区域协调发展需要秉承"立足新发展阶段、贯彻新发展理念、构建新发展格局"这一发展主线。

就新发展阶段而言，"十三五"规划目标任务的完成，意味着中国综合国力迈上新的台阶，以及全面建成小康社会目标的实现。中华民族伟大复兴向前迈出了一大步，朝着2035年基本实现社会主义现代化的宏伟目标稳步迈进。但与此同时，也应看到区域间和区域内发展不平衡不充分问题仍然突出：重点领域关键环节改革任务仍然艰巨；创新能力整体还不适应高质量发展要求，特别是欠发达地区的内生动力严重不足；城乡、区域发展和收入分配差距明显，农业基础还不稳固，农民增收道阻且长；民生保障仍有短板，社会治理和公共服务存在缺位；生态保护任重道远，环境质量有待进一步提升。面对百年未有之大变局，为实现中华民族伟大复兴的中国梦，就需要把区域协调发展置于更高的战略位置。要立足社会主义初级阶段的基本国情，认识社会主要矛盾变化背后中国经济社会发展的新特征与新要求，明晰国际环境变化带来的新矛盾与新挑战，在危机中育先机、在变局中开新局。

就新发展理念而言，要坚持创新发展、协调发展、绿色发展、开放发展、共享发展的理念，把新发展理念完整、准确、全面地贯穿区域协调发展的全过程和各领域，构建新发展格局，切实转变发展方式，推动质量变革、效率变革、动力变革，实现更高质量、更有效率、更加公平、更可持续、更为安全的发展。以创新驱动激发活力，以协调共进弥合差异，以绿色高效贯穿始终，以开放共赢抢抓机遇，以共享和谐服务人民，是下一阶段区域协调发展的基本要求。

新发展格局是党中央立足当下历史时期综合研判国内发展阶段和国际环境局势所作出的重大战略部署。从国内形势来看，中国经济由高速增长阶段转向高质量发展阶段，需要以国内大循环为主体，疏通生产、分配、流通、消费各环节的堵点、痛点、难点。从国际形势来看，经济全球化遭遇逆流，叠加当下世界公共卫生危机，严重威胁到中国参与国际循环的动力和成效。对此，必须以更坚定的发展决心、更强烈的安全要求、更高层次的开放水平助力全球贸易分工和治理体系建设，向国际分工价值链中高端进军，在推动国际循环稳固的同时强化国内循环的主体地位。

更好地立足新发展阶段、贯彻新发展理念、构建新发展格局，需要明晰区域协调发展的总体目标，也即实现区域经济规模协调、区域发展水平趋近、区域发展差距持续缩小、基本公共服务适度均衡、人民群众福祉趋于均等化，与我国到2035年基本实现社会主义现代化的中长期目标高度一致和有效衔接。

（二）实现新目标的动力机制

1. 城镇化是区域协调发展的本源动力

改革开放以来，中国经济快速发展，跻身世界第二大经济体，创造了举世瞩目的经济增长奇迹。城镇化进程加速是经济总量扩张的催化剂，截至2021年，中国城镇居住人口逾9亿人，城镇化率达64.72%，较改革开放初期提升了近3倍，已然实现从"乡土中国"到"城乡中国"的伟大转型[2]，正朝着"城市中国"的宏伟蓝图迈进。

城镇化是经济发展重要的动力支撑。当城市人口增加时，对住房的需求和城市公共设施的需求普遍增加，能拉动经济的增长；劳动力进入城市后，所从事的生产部门从第一产业转为第二、第三产业，劳动效率提升，生产的产品增加，社会生产的财富也大大增加。步入新时代，人民日益增长的美好生活需要赋予城镇化更丰富的内涵，城镇化不仅是人口向城镇流动，更表现为城镇发展模式转型，成为区域协调发展的关键动能，具体表现为：第一，构建创新型城市，加快区域协调发展进程。自2008年深圳被确立为首个创新型城市试点以来，中国先后设立了数十个创新型城市试点，学术界所畅想的"全球创新型城市—国家创新型城市—区域创新型城市—地区创新型城市—创新发展型城市"的国家城市创新网络空间格局[3]正逐渐成形。各创新型城市试点一方面能够健全区域创新体系，另一方面也将在推进城市产业升级的同时优化区域产业结构，进而助力区域的"普遍沸腾"。第二，建设青年发展型城市，强化区域协调发展活力。青年是国家的未来、民族的希望，党和国家高度重视青年的发展。习近平总书记多次强调青年应立志民族复兴，不负韶华、不负时代、不负人民，在青春的赛道上跑出当代青年的最好成绩。应将青年作为提升城镇化质量的一大力量，绘制青年高质量发展与城市高质量发展相耦合的宏伟蓝图。青年发展型城市建设能够充分调动青年主观能动性，组织动员有理想、有道德、有文化、有纪律的青年塑造城市文明新风、引领创新创业大潮、扎根岗位建功立业、广泛参与社会治理、加速生活品质提升，促进城市治理能力与治理体系现代化，激发区域协调发展活力[4]。第三，低碳城市试点保障区域协调发展可持续性。城市是低碳发展和应对气候变化的责任主体，也是区域实现绿色发展、建设美丽中国的责任主体和行动单元。城市是国民经济和社会发展的基本空间单元，城市低碳化将促进区域产业结构调整、优化能源结构，从节能降耗、增加碳汇等多方面激发区域绿色发展潜能，在可持续的区域协调发展实践中助力 2030 年前实现碳达峰，2060 年前实现碳中和。

城乡关系与城镇化进程相生相伴。以县城为重要载体的城镇化建设是改善城乡关系的关键抓手。县城是国家治理体系的细胞，是强化集聚经济外部性、优化经济结构、创新区域发展模式的落脚点。作为推进城乡融合发展的战略基点，当前以县城为重要载体的城镇化需要把握两个要点：一是联结城市。通过主动承接邻近大城市的人口、产业、功能的转移来控制除一线外各线城市的规模，合理化城市规模配置以促进经济社会增长[5]。二是服务农村。通过提高县城辐射能力来促进县乡功能衔接互补，具体来说就是吸纳县域内农业转移人口、服务"三农"。前者是塑造立体化城镇体系的重要内容，能够有效防止城市过度发展的"膨胀病"，将"一市独大"现象扼杀在摇篮中，进而促进国家和地区尺度上的区域协调；后者则是城乡统筹发展的关键举措，是缓解城乡规划、土地、融资、产业、公共品供给等领域二元分割难题的重要抓手，也是城乡尺度下区域协调发展的重要助力。

2. 创新是区域协调发展的直接动力

创新是转换经济发展动力的关键[6]，是区域协调发展的必由之路。通过以科技进步为动力、以自主创新为主导、以创新文化为基础构建创新型城市，能够将发展的驱动因素转换到科技、知识、人力、文化、体制等创新要素上来，进而实现区域经济的高质量发展。习近平总书记指出，"谁牵住了科技创新这个牛鼻子，谁走好了科技创新这步先手棋，谁就能占领先机、赢得优势"。当前，科技创新已然成为现代创新型经济的重点[7]。面向"十四五"乃至更长时期，科技创新都将是区域协调发展的强劲引擎。在过去很长时间里，科技创新主要通过以下两条路径来推动区域发展：一是构建现代服务业类型产业来强化区域核心竞争力；

二是运用科技元素完成对区域传统产业的改造升级，培养一批高新技术产业，提升全要素生产率，重塑城市、城市群、区域乃至国家尺度上的发展格局[8-9]。当前随着信息化和数字化的快速发展，科技创新影响区域发展的途径也有了一定程度的变化。

此外，数字经济正悄然改变区域经济格局。数字经济是指将数字化知识和信息作为关键生产要素、现代信息网络作为重要载体、信息通信技术有效使用作为效率提升动能的一系列经济活动。随着信息化和数字化的快速发展，全球步入人工智能时代，数字经济正日益成为当前最具活力、最具创新力、辐射最广泛的产业部门。当今世界正处在数字经济与工业经济交汇更迭的过渡时期。数字经济正在从多方面深刻改变区域空间格局：从生产要素来看，数字经济以数据为核心生产要素，打破了传统要素市场的束缚，为区域协调发展提供了新的思路。数据对于土地与劳动力的依附性并不强，这使传统的依靠降低土地和劳动力成本吸引产业转移的传统模式受到很大挑战。从空间布局来看，数字经济便于流动的特征催生了"东数西算"等新型区域合作形式，为缩小区域间发展不平衡提供了新的解决方案。从发展条件来看，数字经济需要全新的基础设施，云计算、大数据、人工智能、物联网、区块链等新一代信息技术发展均需要强大且稳定的网络覆盖，数字技术基础设施的建设是基础设施优化面临的全新课题。从影响机制来看，数字经济能够以增加不可贸易商品份额、缓解时空对经济活动约束和数字空间在更大范围配置资源等形式扩大市场规模、激发市场潜能，从而促进城市专业化格局的变动，改变固有区域空间格局。从作用效果来看，数字经济能够促进公共服务的发展，尤其是在信息化与数字化的时代浪潮中，教育、医疗、卫生和社保等公共服务数字化发展趋势明显，先发地区优质公共服务产生的外部性能够更好地惠及后发地区，赋能区域协调发展。

三、新时代区域协调发展的主要内容

区域协调发展的内容十分丰富。进入启动现代化新征程时期的区域协调发展，应当包括区域经济总量的协调、区域产业结构的协调、区域经济布局的协调、区域经济关系的协调和区域发展时序的协调。

（一）区域经济总量的协调

区域经济总量的协调是指在考虑各区域所处区位及其发展阶段的前提下，实现各区域在发展规模上的协调。区域经济总量的协调包括规模协调和水平协调。区域发展规模协调是一个综合性、组合式的概念，是指在各地区比较优势和特殊

功能都能得到有效发挥的前提下，形成体现因地制宜、分工合理、优势互补、共同发展的区域经济格局。区域发展的水平协调是指各地区城乡居民可支配收入及其可享受基本公共产品和服务的人均差距能够限定在合理范围之内，以人均国民生产总值衡量的发展水平的差距逐步缩小。

（二）区域产业结构的协调

区域产业结构由两类结构组成：区域三次产业结构和区域产业功能结构。区域三次产业结构是将区域产业部门归并为三类：第一产业是指自然界的自然物的生产，第二产业是指加工自然物的生产，第三产业是指繁衍于自然物之上的无形财富的生产。区域产业功能结构是根据产业在区域经济发展中所发挥的功能，将各类区域经济活动分为三类：主导产业，又称专业化产业；辅助产业，是围绕主导产业发展起来的产业；基础产业，是指基础设施和服务业。区域产业结构协调是区域三次产业结构和区域产业功能结构的优化，可从以下方面判断产业结构的协调与否：首先，是否合理利用区域内的自然资源，保护当地的生态环境。产业的形成和发展都不可能脱离物质基础，只有在合理利用本地自然资源基础上形成合理的区域产业结构，且能够有效保护生态环境，才能形成真正意义上的区域协调。其次，区域内各产业的发展特色是否突出，是否具有一定的产业创新能力。各产业在发展中需按照区域分工的要求，形成本区域的特色产业，并能够合理开发和利用国内外先进技术，充分利用最新科学技术成果来加快区域经济发展。最后，区域产业发展是否能够为区域内的人民提供与区域发展水平相适应的产品和服务。

（三）区域经济布局的协调

区域经济布局的协调是指实现产业在空间上合理分布的过程。企业在空间不断集聚的过程中，会对劳动力、资金、市场、运输、技术和智力资源等的要求越来越严格，其间联系也越来越紧密，进而构成具有网络联系的产业集群，形成一定区域的空间结构。优化地域经济空间结构，实现区域经济布局的协调，是区域协调发展的中心环节和核心任务。根据区域经济发展需要，合理选择产业投资区域[10]，在综合评价区域发展优势和制约因素的基础上，充分考虑市场需求与区际经济间的联系，实现区域经济景观（实体）的优化配置，是区域经济布局协调的主要方向。区域经济布局的协调，包括中心城市与周边区域的发展协调、主要基础设施建设的区域间协调、区域产业功能分布的协调等方面的内容。需要强调的是，要特别关注产业功能在大的经济地带或经济板块间分布的协调。

（四）区域经济关系的协调

区域经济关系是指区域之间在发展中形成的经济关系。这些关系可以归纳为两类：第一类是竞争关系。区域竞争关系主要出现在特点相似的区域之间，这些区域的产业特点相近、结构趋同，竞争不可避免。在任何情况下，都可能发生区域竞争，包括争夺市场和争夺资源。在构建全国统一大市场的背景下，各地区自然条件和经济发展差异的客观现实要求区域间进行合作，这又使区域竞争一般局限在有限的空间或领域。第二类是合作关系。虽然存在区域竞争，但区域合作仍然是区域关系的主流。在各区域之间，由自然特点和经济社会特点决定的发展特点差异较大的区域占大多数。在这些区域之间，区域关系中一种活动的产出表现为另一种活动投入时所结成的相互吸引的关系，就是区域合作。各区域自然环境和经济社会特征各不相同，而合作的内容经常是两个区域之间生产要素的优劣势的互补，或者是互为市场以扩大生产的规模，因而区域合作对双方发展往往益处更多。区域之间产业上的生产联系十分普遍，成为区域合作的基本形式。产业合作带动了其他方面的合作，开展区域合作应当从产业的合作开始。

（五）区域发展时序的协调

区域发展历来都有一个时序问题，即存在先发地区与后发地区的区别。正确的发展时序对于区域协调发展而言十分重要。中国在改革开放初期制定了"两步走"的区域发展时序方案，即沿海地区率先发展，再回过头来支援内地的发展。新时代同样需要解决发展时序问题，在此阶段，中国经济发展在空间上从东部沿海向中西部地区转移是不可阻挡的时代潮流。要让制造业从东部地区向中部地区和西部地区转移，实现"循序西渐"，这样才能从根本上促进欠发达地区的发展，实现区域经济在发展时序上的协调。产业在全国范围的集中和在区域内部的集中在一定历史时期都是必要的。在区域发展的进程中，重点发展区域经济的中心区域也是十分必要的。与此同时，还要将集中与分散相结合，努力促进中心区域经济要素向外围地区涓滴式地扩散，通过空间的分散实现地方化的发展，通过辐射效应带动区域"普遍沸腾"。

区域协调发展不是目的而是手段，是使所有区域都得到发展而实施的一种发展手段，这才是区域协调发展的真正内涵。在迈向基本实现社会主义现代化的新时代长征路上，为使所有的区域都能够逐步发展起来，应当放弃非均衡发展的思路，而采用均衡发展的思路，这应该是新时代区域协调发展的实践着眼点。

四、到 2035 年推动区域协调发展的战略举措

实现区域协调发展的支撑是区域协调发展战略、区域重大战略和主体功能区战略。从现在起到 2035 年，应坚持实施"三大战略"，筑牢基本实现社会主义现代化的基石。

（一）实施均衡协调的区域协调发展战略

国民经济的平稳运行离不开区域经济格局的持续优化[11]。改革开放之初，为充分发挥东部地区的比较优势，中央开始探索性实施沿海发展战略，沿海地区逐步成为国家经济腾飞的主心骨。随着经济规模的不断扩张，区域发展的失衡问题日益突出。为此，中央围绕区域协调发展展开了丰富的理论与实践探索。自1999年起，中国致力于在发展中促进相对平衡，以深入推进西部大开发、东北振兴、中部崛起、东部率先发展为主要内容的区域协调发展战略初步形成。在长期的实践中，区域协调发展战略在促进区域协调发展方面发挥了积极作用，使地区发展差距持续扩大的趋势得到了遏制。从均衡协调的目标出发，处理好区域板块之间的相互关系，仍然是新时代区域协调发展的重要任务。

作为中国区域经济格局中的后发区域，西部地区在西部大开发政策的推动下在经济发展、产业体系、基础设施建设、生态环境等方面取得了重大突破。但不可否认的是，"建成一个经济繁荣、社会进步、生活安定、民族团结、山川秀美的新西部"目标的实现仍然道路漫长。下一阶段，西部大开发战略应从西南、西北空间分异日益显现的基本事实出发，进一步细化政策作用，统筹提升创新能力、建设现代化产业、优化能源供需体系、接续城乡融合发展、强化基础设施建设、巩固国家边疆安全等多方面任务，绵绵用力、久久为功，致力于构建西部发展的空间新格局。

东北地区在中国工业体系建设史上写下了浓墨重彩的一笔，目前面临着传统产业衰落、产业升级和结构转型压力大、产业盈利能力不强、新动能发展不足等诸多问题[12]。实施东北振兴战略，根本目的就是要使东北地区跳出结构性矛盾约束与要素持续流失的衰退陷阱，按照深化体制机制改革以优化营商环境、重构产业体系以提升产业竞争力、强化创新能力以深化高新技术产业带动作用、紧跟时代潮流发展数字经济等新思路，推进东北地区经济转型升级。在空间上，可将沈阳、大连、哈尔滨、长春四大区域性中心城市作为东北振兴的轴点。

中部地区当前的发展态势是：经济增长经历了从不平衡向相对平衡的演化，产业结构完成了从不协调向相对协调的变迁，创新活动形成了由分散向集聚的优化，城乡关系实现了由分割向融合的转型。进一步实施中部崛起战略，应以加快建设国家中心城市和区域性中心城市、推进孵化国家先进制造业基地与强化紧邻区域辐射带动作用等方面为抓手，积极构建区域协调发展长效机制。

东部地区是中国经济增长和实现现代化的"排头兵"，在畅通国内大循环中发挥了纲举目张的作用。坚持东部地区率先发展，一方面能够为后发地区带来更强的带动效应，另一方面作为先发地区其产业转型升级与功能疏解的实践也可为欠发达区域提供新发展机遇。东部地区也是探索实现共同富裕的领头羊，能够为实现共同富裕的宏伟目标提供宝贵经验。在实践中，要充分联动不同尺度的空间战略，抓住城市群、都市圈等各级空间尺度上的主要矛盾，塑造各级空间战略的最大合力；要把国家中心城市、区域性中心城市和县城的发展紧密结合起来，把大城市—中小城市—县城—建制镇这样的城镇系统真正完善起来，打造立体化的城镇系统。

（二）强化区域重大战略的经济带支撑

深入实施区域重大战略是"十四五"规划提出的重要安排，旨在强化不同类型战略功能区的示范引领作用，以促进区域间融合互动、融通互补，推动形成优势互补、高质量发展的区域经济格局，助力区域协调发展。

区域重大战略主要包括加快推动京津冀协同发展、全面推动长江经济带发展积极稳妥推进粤港澳大湾区建设、提升长江三角洲区域一体化发展水平、扎实推进黄河流域生态保护和高质量发展。这五大战略的实施区域可以大致分为两种类型：一类是京津冀、粤港澳与长三角等点状区域，另一类则是长江流域与黄河流域等轴带状区域。这五大战略充分考虑了中国国土空间类型多样、差异较大的客观实际，通过追寻不同空间尺度和空间类型的地区典型，充分探索区域经济发展和布局的示范引领和辐射带动作用，共同构成了区域协调发展的支撑轴点。

第一，加快推动京津冀协同发展。京津冀协同发展的关键词是"协同"，其实质是寻求打破行政区划分割壁垒、推动要素有序流动、优化资源合理配置的合理方法，进而探索经济和人口密集地区优化发展的路径和模式。新时代京津冀协同发展被赋予加快推动疏解北京非首都功能标志性项目落地、高标准高质量建设雄安新区、推进一批交通基础设施等重大工程项目、加快建设北京国际科技创新中心与支持天津加快建设北方国际航运枢纽等一系列新任务。面向未来，河北雄安新区、北京城市副中心和天津滨海新区将成为京津冀协同发展的建设重点。

第二，全面推动长江经济带发展。长江经济带发展的重点在于坚持"共抓大保护、不搞大开发"的总基调[13]，统筹经济发展和生态保护。这要求上中下游各地通力协作，探索航运、防洪、产业等多领域合作发展的新模式，建立大江大河流域生态优先、绿色发展的可行性体制机制。长江经济带横跨东中西三大地带，经济带内的城市发展是中国城市经济发展的代表[14]，通过研究长江经济带经济发展能够分析地区异质性，更好地为区域经济发展把脉。

第三，积极稳妥推进粤港澳大湾区建设。粤港澳大湾区建设的初衷在于发挥湾区经济特色优势，促进不同经济体之间优势互补，打造开放、包容、多元发展的示范样板。而今，粤港澳大湾区已经初步建成面向世界、具有国际竞争力的产业集群，"湾区创造"正逐渐取代"湾区制造"，区域间企业要素共享日益畅通，为区域合作树立了良好样本。

第四，提升长江三角洲区域一体化发展水平。长三角地区在实践中积累了推广区域一体化和同城化发展的先进经验，是中国推进国土空间工业化与城镇化、基本公共服务均等化、强化地区与行业协同互动的试验田。在危险和机会同生并存的大变局时代，作为引领国民经济高质量发展的高地，长三角地区肩负着探索如何实现一体化与高质量齐头并进、让一体化经济区在地理空间上"多点开花"的重要历史使命。

第五，扎实推进黄河流域生态保护和高质量发展。生态保护是黄河流域发展的重中之重。"十四五"规划将扎实推进黄河流域生态保护和高质量发展上升到区域重大战略的高度，一方面是为了补齐黄河流域高质量发展不充分、不完全的突出短板，弥补黄河流域民生发展不足的最大弱项；另一方面也是为了积极探索统筹推进山水林田湖草沙综合治理、系统治理、源头治理的新方式，在实践中深化"绿水青山就是金山银山"的"两山理论"，打造区域发展新模板。

（三）完善新型城乡体系和生态环境体系

城市群是城镇化发展到高级阶段的产物，能够有效带动区域经济增长。展望未来，促使我国区域经济版图实现高水平的协调发展，应加快城市群和都市圈建设，形成区域经济的核心引领区。在向现代化迈进的新阶段，区域发展将进入由城市群和都市圈带动的新阶段，城市群与都市圈的合理有序发展将成为实现区域协调发展的重要支撑。

党的十九大报告提出建设以城市群为主体，构建大中小城市和小城镇协调发展的城镇格局；国家"十四五"规划纲要提出应以城市群和都市圈为着力点，分类引导大中小城市发展方向和建设重点，形成疏密有致、分工协作、功能完善的城镇化空间格局，为下一阶段城市群与都市圈的建设指明了方向。现代化的区域发展是以城市群和都市圈为核心强力推进，城市群和都市圈以核心城市为引领，形成大城市—中小城市—县城—建制镇构成的城镇系统，通过优化内部分工，遏制或避免"城市病"的滋生蔓延，保证区域发展的稳定性。

区域生态环境保护是缓和人地关系的必然要求。党的十八大以来，以习近平同志为核心的党中央赋予了生态环境以生产力属性，秉承"绿水青山就是金山银山"的理念，从生产、生活两方面论述了新时代构建资源节约型、环境友好型社会的构想。为在 2030 年前实现碳达峰、2060 年前实现碳中和，应综合考虑生态容量和资源承载力的双重约束，高质量完成以下三项工作：首先，以优化绿色全要素生产率为导向驱动产业调整升级。不同区域要着力实现税收减免、加速折旧、盈亏相抵、延期纳税、信贷支持等优惠性措施的一体化，为产业绿色发展创造良好的政策环境，助力绿色全要素生产率的区域协同优化。其次，引导产业梯度转移有序推进。要防止高污染产业向中西部地区转移以逃脱环保管制现象的发生。最后，建立健全环境污染的联防联控机制。就水体治理而言，必须按照一体化标准实施对废水的无害化处理，着力改善跨行政区的大型水域水质。这在黄河流域生态环境治理进程中体现得尤为明显，只有上中下游合力，才能让黄河成为造福人民的幸福河。同时，在这一过程中，必然会出现开发地区、受益地区与受保护地区的分化，这就需要以系统优化思想为指导，健全跨区域生态补偿机制。

（四）推进区域创新发展和数字化转型

优化区域发展动能转向创新驱动，能够有效摆脱经济下行和固有资源的束缚，具体而言，应以建设重大科技创新平台为契机，通过在东部发达地区建设国家级创新示范区等重大创新平台，实现先发区域带动后发区域，推动打造创新型国家。加快社会主义现代化进程，推动区域协调发展，需要培育区域经济新动能。各国家级新区和各类试验区、示范区等区域功能性平台是这一动能的主要载体。只有充分推动各类平台发展，才能更好地服务区域协调发展。要拓展这些功能平台的空间广度，引导其向中西部地区等后发地区延伸。特别是要鼓励和支持区域发展进程中涌现的创新型城市、青年发展型城市、低碳城市和自贸试验区等的建设。支持北京、上海、粤港澳大湾区形成国际科技创新中心，建设北京怀柔、上海张江、粤港澳大湾区、安徽合肥综合性国家科学中心，支持有条件的地方建设区域科技创新中心；强化国家自主创新示范区、高新技术产业开发区、经济技术开发区等的创新功能。

发展数字经济既是信息化时代的客观趋势，又是实现区域协调发展的客观要求和统筹产业转移、生产力再布局的契机。数字经济所需要的基础设施和政策支持与传统经济模式存在一定差异，这给了欠发达地区"弯道超车"的机会，如西部地区一方面可以通过加强数字核心技术支持、建立更好的知识产权保护制度保障等方式吸引数字经济领头企业；另一方面也可引进创新型人才，在科研项目立项、资金分配、产权认定等相关环节给予支持。需要强调的是，作为数字经济关键要素的数据具有流动性高的鲜明特点，因此，发挥数字经济的区域协调作用，助力构建起分工明确、优势互补的区域发展新格局，既要求城市政府以城市的数字化推动产业的数字化发展，努力让数据"留下来"，又要求国家层面进行合理谋划，防止数据过度流动而产生马太效应。

参考文献

［1］［德］赫特纳.地理学［M］.王兰生，译.北京：商务印书馆，1982：308.

［2］刘守英，王一鸽.从乡土中国到城乡中国——中国转型的乡村变迁视角［J］.管理世界，2018（10）：128-146.

［3］方创琳，马海涛，王振波，等.中国创新型城市建设的综合评估与空间格局分异［J］.地理学报，2014（4）：459-473.

［4］孙久文，蒋治.高质量建设青年发展型城市的科学内涵与战略构想［J/OL］.（2022-05-17）西安交通大学学报（社会科学版），https：//kns.cnki.net/kcms/detail/61.1329.C.20220517.1448.002.html.

［5］潘士远，朱丹丹，徐恺.中国城市过大抑或过小？——基于劳动力配置效率的视角［J］.经济研究，2018（9）：68-82.

［6］闫昊生，孙久文，蒋治.创新型城市、所有制差异与企业创新：基于目标考核视角［J］.世界经济，2021（11）：75-101.

［7］洪银兴.科技创新与创新型经济［J］.管理世界，2011（7）：1-8.

［8］樊杰，刘汉初."十三五"时期科技创新驱动对我国区域发展格局变化的影响与适应［J］.经济地理，2016（1）：1-9.

［9］朱春奎.技术创新与区域发展［J］.人文地理，1999（S1）：75-77.

［10］林晨，陈荣杰，徐向宇.外部产业投资与区域协调发展——来自"三线建设"地区的证据［J］.经济研究，2022（3）：173-190.

［11］孙久文，蒋治."十四五"时期中国区域经济发展格局展望［J］.中共中央党校（国家行政学院学报），2021（2）：77-87.

［12］张可云，朱春筱.东北地区现代化经济体系建设　-基于产业—空间—创新环境三维分析框架的探讨［J］.吉林大学社会科学学报，2021（5）：5-18.

［13］高国力.加强区域重大战略、区域协调发展战略、主体功能区战略协同实施［J］.人民论坛·学术前沿，2021（14）：116-121.

［14］孙久文，张静.长江经济带发展的时空演变与发展建议［J］.政治经济学评论，2019（1）：151-171.

第三节　中国区域协调发展的演化框架[*]

一、引言

区域经济学作为一门研究区域问题的经济学，应该具有区别于其他经济学的基本假设、研究范式和独特的研究方法。一般认为，区域经济学独特的学科理论基础有：①资源禀赋理论。以 H-O 理论为核心的资源禀赋的差异是区域经济多样性、互补性和区域分工的基础。②规模经济理论。以马歇尔提出的规模经济理论为基础，区域规模经济的存在反映了区域经济的聚集要求，经济的聚集带来人口的增加，形成城市和经济中心。③运输成本理论。作为区位理论的基础，经济活动必须克服空间的距离限制，并支付距离成本（运费）。

然而，一个有针对性的、解释区域经济增长的理论框架仍然需要进一步完善。在新古典经济理论中，区域经济增长的结果是稳定和收敛的，但这种理论越来越受到现实的挑战，不论是国家宏观经济还是区域经济，都不是趋向稳定而是不断突变的体系，在实际发展中都更类似于"马太效应"所描述的，地区间发展差距越来越大。即便是从一个区域经济的内部发展看，区域经济的发展也是非均衡的、存在路径依赖和偶然性。现实本身是区域经济发展变化的基础，但很多引起区域经济变化的现实因素无法在古典均衡模型中进行刻画。区域经济是一个开放的不断增长和变化的系统，因为其开放性，区域经济发展很难达到一个均衡的状态，不同的区域经济经历着衰落或者高速增长，至少从中国以行政区划为单位的区域经济来看，还没有实现区域均衡增长。以演化经济学的视角研究这样的动态变化和不断发展的经济现象显然更有优势。①

演化经济学与新古典经济学在看问题的出发点上不同，它强调经济变化是无休止的，"新奇"或者说是新偏好、新技术、新制度及新资源是经济系统内生的，是经济变化的充分条件，提出了"满意假说""群体思考"和"历史重要"

---

*　本文原载于《"建立更加有效的区域协调发展新机制"笔谈》，感谢国际"三螺旋"研究所主任、联合创始人周春彦和山东省科技发展战略研究所副所长李海波的建议。

① 贾根良. 演化经济学现代流派与创造性综合［J］. 学术月刊，2012（12）：13-19.

来替代古典经济学的"最优化""类型思考"和"历史无关"三个方面。① 这与区域经济发展的现实非常符合：区域经济发展实践中一般不设定"最优化"发展目标；实现区域经济的增长，追求技术和产业的创新，以及发展手段的多样性是必不可少的，区域经济发展注重包括引进新技术、新资源在内的创造性和创新性，即强调新奇性和创造性；区域经济发展存在路径依赖和时间不可逆性。

自 20 世纪 80 年代以来，演化思想复兴，演化经济方面的研究取得了长足进展。目前，演化经济学研究范围涉及制度、创新、奥地利经济学、法国"调节"经济学、系统理论、演化博弈，以及与区域经济密切相关的演化经济地理学。演化经济地理学提供了对于区域经济内生和自我强化的发展思路，强调变化、动态、历史的视角。② 从历史和时间的进程中研究经济变化是演化经济地理学的基本特点。③ 改革开放以来，我国以行政区划为单位的区域经济的竞相发展是国民经济快速发展并取得巨大成就的有力支撑。在这一过程中，区域经济发展有成功也有缺憾。从历史的角度进行研究，总结我国区域经济发展模式、经验及理论对于为后发地区或国家提供中国智慧具有重要的意义。要做到这一点，需要汲取演化思想的精髓，借鉴演化经济学的研究方法。

区域经济学作为一门应用性学科，与经济现实联系非常紧密。一些在古典经济学研究范式中不重要的因素可能是导致区域经济重大变化的因素。动态、非均衡和异质性是区域经济的发展特点，也是演化经济学的重点考量。演化经济学的引入能够增加区域经济学的研究视角，拓宽区域经济学的研究思路，丰富区域经济学的研究方法，是区域经济研究学者可以尝试的方向。

本节秉承开放、动态、创新和重视历史影响的思想，构建了区域经济"三维演化"增长模式，基本设想是：不论是区域经济内部的各类主体，还是区域经济整体，都处在不断的演化之中。伴随结构优化，区域经济发展应该是没有上限的。因此，本节基于宏观经济学的研究框架，借鉴演化经济地理学的研究方法，建立了由政府、产业、资源三方面构成的区域经济"三维演化"发展模式的框架，以期对我国以行政区划为基本单元的区域经济的发展理论提炼和总结，并寻找区域经济发展中存在的部分问题的解决之道，为区域经济发展提供借鉴。

---

① 贾根良. 理解演化经济学 [J]. 中国社会科学，2004（2）：33-41.
② 贺灿飞，黎明. 演化经济地理学 [J]. 河南大学学报（自然科学版），2016（7）：387-391.
③ Henning M. Time should Tell（more）：Evolutionary Economic Geography and the Challenge of History [J]. Regional Studies，2018（4）：602-613.

二、典型区域与研究维度

(一) 典型区域

区域经济学研究的区域范围类别比较广泛，可以是一个国家的某一部分，可以是多个国家组成的区域，也可以是多个国家的某些部分组成的区域，且内部是非均质的。同时，区域经济学不仅研究区域内部的发展，还研究区域之间的关系。为了简便起见，本节仅研究一个国家的一个部分的经济演变。以下特征为一个典型区域的基本条件。

特征1：典型区域是一个比较普遍的行政区划，在这个区域中，政府具有较大制度自主权，在一定程度上能够制定制度框架，能够直接推动本地经济发展。中央政府的作用是制定面向区域发展的环境、区域合作、全国重点地区的发展战略等，而本级政府层面则在中央政府已经确定好的大环境中，根据自身资源和外部环境状况，创造条件甚至直接拿出资本参与经济活动。

特征2：在一个国家内部区域，要素流动相对容易，区域经济的发展可以比较自如地吸引所需要的人才、资本和技术等资源，但并没有完全依赖这些外部资源。

特征3：存在区域外的市场。在区域经济决策中，市场是需要考虑的，但往往不是主要的关注对象，因为一个区域经济的市场分为区域外和区域内两部分。区域内的市场包括零售、餐饮、娱乐、部分物流服务、部分工业产品的零配件购买厂家、原料购买厂家等，区域外的市场则往往是这个地区得以发展的增长极部门的主要市场。

此外，本节的研究不考虑区域内的差异。对于特定类型的地区，如农业区域的发展、工业区域的发展、服务业区域的发展以及资源型地区的发展、落后地区的发展、膨胀地区的发展等，在分析过程中，仅就区域经济演化规律提出相关的发展建议，而对于不同类型地区发展的模型则不予考虑。

(二) 研究维度

不同的经济理论有不同的研究维度。例如，传统西方宏观经济学认为增长由资本、劳动和技术决定，主要研究政府、企业和家庭的关系；微观经济学研究厂商理论；波特的国家竞争理论中钻石体系理论确立了生产要素、需求条件、相关产业和支持产业的表现及企业的战略、结构和竞争对手这四个关键要素。区域经济研究的关注点主要有：政府、企业、产业、人才、资本、技术、环境、区位、基础设施、公共服务和制度等。其中，政府与基础设施和公共服务、制度等是联系在一起的，产业与企业是紧密联系的，人才、资本、技术、环境等都与资源相关，区位则既关系自然条件又关系经济条件①。因而，区域经济的研究维度可划分为政府、产业和资源三个方面，这三个方面构成了区域经济"三维演化"框架的三个维度。

"三维演化"框架研究的第一个维度是区域本级的政府，仅有部分制度和政策决定权。第二个维度是产业或者企业的总体。区域政府的作用对象更倾向于产业引导，区域政策大多跟产业或某一类型的企业，如创新型企业、中小微型企业等相关，因为产业发展总量与质量、产业结构及产业转型升级直接影响区域发展，中小微型企业和创新型企业的数量和质量关系到区域经济的发展活力和发展潜力。第三个维度是资源。这里的"资源"是实际进入经济系统的资源，包括自然资源、人力资源和资本，因为区位条件好而获得的外部资源，如港口地区获得的价格相对低廉的石化原料，也纳入经济系统，这样，区域经济学中非常重要的区位因素就不会被排斥在模型之外。没有进入经济系统的资源，如禁止开发的矿产资源，则不纳入分析。

三、区域经济"三维演化"框架

区域经济的"三维演化"理论框架旨在阐释中国区域经济发展过程中，政府、产业与资源三个维度的作用与相互作用如何促进区域经济的发展。其总体演化形式如图4-1所示，这三个维度是各自独立演化发展同时又相互影响、制约和

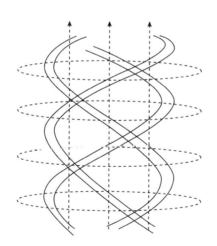

图4-1 区域经济发展的"三维演化"模型

---

① 孙久文. 区域经济学 [M]. 北京：首都经济贸易大学出版社，2011.

支撑发展的。在每个阶段或者说每个层面，政府、产业、资源与不同的功能表现相匹配，共同形成向上发展的力量。

（一）区域的政府演化

在我国区域经济发展的不同阶段，区域政府发挥的作用也有所变化（见图4-2）。第一阶段发生在地区生产以农业为主的时期。此时，区域政府的作用主要是作为国家机器的一部分，维持社会稳定和向中央政府提供税收。进入第二阶段，也就是商品经济和工业化初期，政府部门经常扮演投资者的角色。比如，在我国改革开放初期，很多国有企业以及包括乡镇企业在内的各级集体企业都是政府部门筹资创办的。第三至第五阶段发生在工业化和服务业发展进程中，政府部门的角色增多，起初是提供基础设施，之后提供公共服务的能力越来越重要。改革开放以来，我国地区经济能够得以快速发展的重要原因之一是基础设施便利，以至于"要想富，先修路"一度成为很多政府部门的公共宣传标语，也成为老百姓的共识。在这一过程中，政府部门的投资仍然存在且是比较重要的。比如，政府牵头成立各类城建公司、临港建设公司等基础设施建设公司，促进了基础设施的发展。为了吸引社会资金，政府部门甚至会出资与国内外非公企业合资成立公司，如芜湖奇瑞汽车股份有限公司。进入知识经济时代，工业快速发展，创新的重要性不断提升。政府部门的公共服务和服务效率越来越重要，公共服务效率高的地区往往成为创新创业者的首选地，比如深圳市，虽然不是我国原始创新最多的地区，却是众多创新应用和转化的首选地。

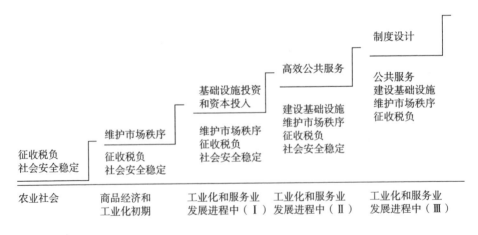

图4-2 区域政府作用的演化

随着民营资本和经济体量的不断扩大，经济参与主体变得更加复杂，它们遇到的很多问题事先无法预想，因此，政府部门越来越难以通过自身的能力把控所有的问题，亟须建立经济主体之间的相互促进与监督制约的良性机制，塑造公平竞争和不同主体都有发展机会的环境。比如，资本的集聚和资本相对于劳动力的优势会造成不同岗位之间的收入分配问题，而贫富差距一方面降低人民的幸福感，另一方面造成失业、贫困锁定等多种问题。因此，政府需要完善最低工资保障制度和工会制度等，确保劳动法等法律法规的实施，保障中低收入者的收益权、休闲时间的自我支配权。同时需要进一步优化营商环境，强化服务能力和服务水平，及时转变思维，优化监管流程和制度，改善执政技术手段，如借助云平台、大数据等，提高管理和服务的效率与水平。

需要注意的是，每个阶段新增的政府作用并不是在前面阶段就完全没有，而是在这一阶段新增加的功能更加重要。比如，公共服务在第三阶段，即工业化和服务业发展进程中的作用已经开始显现，第四阶段在公共基础设施已经比较健全的情况下，提升公共服务的效率与水平是优化招商环境的关键环节。

（二）区域的产业演化

"三维演化"模型的第二个维度是产业。产业是区域经济增长的支撑，其质量和结构直接决定了一个区域的经济能否良好发展。

如图4-3所示，在产业演化的第一阶段，也就是地区发展初期，区域经济往往以农业为主。产业演化的第二阶段，有的地区开始发展工业，而有的地区受条件限制只能发展旅游等服务业。但不管是哪类产业，在初始阶段都仅有少量的企业。随着工业的健康发展，产业发展进入第三阶段，也是非农产业发展的第二个阶段，这个阶段出现了单个或少数的非农产业。这些产业的发展可能会带来具有

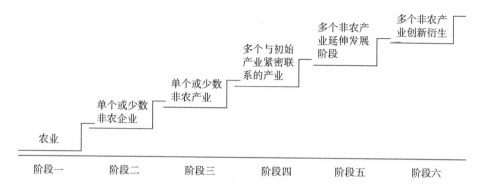

图4-3 区域支柱产业演化的六个阶段

较强联系的相关产业的发展，从而进入产业演化的第四阶段。随着市场活力的进一步提高，产业链继续延伸，相关产业链开始增多，区域经济进入产业演化的第五阶段。在这一阶段，如果产业发展环境良好，那么产业进一步演化会进入第六阶段，此时创新产品不断被生产出来，创新企业不断加入，产业种类更加丰富，同时，区域经济进入自我创新和演化的良好状态。这种情况下的区域经济是富有活力的，且抗冲击能力较强。

从演化时间的长短来讲，区域产业结构从阶段一发展至阶段二，再到阶段三，每个阶段的过渡都需要较长的时间。从阶段四到阶段五所需的时间有可能比较短，如在区位条件好的城市地区，从阶段四很快可以发展到阶段五，甚至从阶段三直接跨越到阶段五也是有可能的；但在交通区位条件不够好的情况下，这个阶段跨越时间也可能很长。而在从第五到第六阶段的发展过程中，产业自身发展势能已经比较大，能够推动自身的发展，在有足够空间的情况下，能够实现自我相对快速的演化。区域经济的发展在农业阶段因农产品保存期短、作物生长受气候影响大等原因，抗冲击能力相对较弱。随着非农产业体量的增大和种类的增多，区域经济抗冲击能力越来越强。到达第六阶段后，区域产业演化最大的制约因素将是政府的制度设计，主要是指制度设计能否有效激发各类要素的积极性和良性互动发展。

区域产业要实现健康可持续发展，一方面要求产业质量的提升，另一方面要求产业种类的丰富和结构的优化。任何一方面出现问题都将导致经济的衰退。如早期我国诸多乡镇企业，依靠价格低廉而工作勤奋的劳动力在物资匮乏的市场条件下迅速积累了大量的初始资本，但是随着供给市场向需求市场转变、产品同质化严重、设计创新不足、销路不畅，诸多乡镇企业陷入困境乃至破产。在产业结构单一的地区，经济韧性差。[①] 以资源型城市为例，在资源尚未枯竭的时候，因为开采资源效益高、获益快，其资本往往集中于这类产业上，有时候一些地区本来有一些其他产业，但受资源产业效益高、收益快的吸引，社会资本从其他产业抽离转入资源产业，导致产业结构过于单一。到资源枯竭或者资源、价格下跌的时候，整个区域经济很容易出现问题。而及时进行产业转型升级和技术更新的地区，则往往在经济发展困难时期获得快速发展的机遇。比如，根据实地调研，山东省泗水县的碳素行业，因为一直注重研发创新和提升产品质量，在2008年爆发全球经济危机，经济增速下滑、客户更加注重控制成本的时候，该地区的碳素产品反而因质量高且

---

① 孙久文，孙翔宇. 区域经济韧性研究进展和在中国应用的探索 [J]. 经济地理，2017（10）.

价格相对于国外品牌低而获得国际著名厂商的订单，打开了高端市场。

（三）区域的资源演化

进入区域经济系统发挥效用的区域资源可分为自然资源、资本和人力资源。

图4-4展示了区域资源演化的三个阶段。在发展的初始阶段，区域经济系统往往缺乏资本，人力资源仅仅是具有一定简单劳动能力的劳动力，而自然资源的种类和多寡则在不同地区之间存在较大的差异。区域经济对资源的利用一般是由自然资源、低技能劳动力向资本，再向重视人才方向转变，最终形成人才和资本结合的以人才为重点的发展方向。其实质是基本的农业、工业或服务业的劳作向现代化、高新技术产业发展所需的技术、复杂劳动力资源转变。在阶段三，区域对自然资源的要求已经发生变化，不再单纯是能源矿产等能直接产生经济效益的自然资源，而是逐渐向能塑造良好的生态宜居环境从而吸引高端人才和高端产业的方向转变。

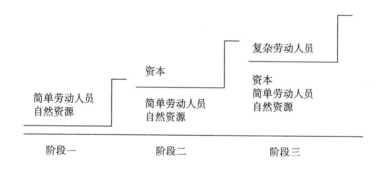

图4-4　区域资源演化的三个阶段

除了上述自然资源和简单劳动人员向资本和复杂劳动人员这个层面的演化外，在经济发展过程中，各类资源也不断演化，出现了更多的功能和类型。

自然资源方面。在经济发展早期，进入经济系统的主要是矿产、能源等可开采资源。在旅游等产业兴起之后，供欣赏、游乐的自然资源也进入经济系统，在当前各地发展的健康服务业中，良好的养生气候和自然环境成为经济系统中的较大卖点。当区域经济发展到一定程度，自然环境的好坏就成为吸引人才的一个重要因素，进而影响资源结构及产业结构的进一步演化。这个过程也体现了自然资源在经济系统中的角色从实际经济效益向生态效益的转变。

资本的演化一般是从区域内资本向区域内外资本相结合，资本数量扩大的方向发展。同时，资本的种类也可能发生变化，比如，从早期单个公司积累资本以供自身发展，到扩张后的分公司、母公司及不同公司、不同行业的注资，再到向吸引金融贷款、风险投资等资本支持实体经济方向发展，以及向期货、基金、保险等资本形式多样复杂的方向演化。

人力资源演化有三个方向。在专业技术方面，从最初的农业劳动力、建筑工人、工匠等从事简单劳动的人向工业部门的熟练工人，再向具有设计、策划、创新、研发型人才方向转变。在管理人员方面，从最初的仅有政府管理人员和少量企业管理人才向拥有众多企业家、职业经理人、创业者转变。同时，越来越多的慈善家、社会组织及管理者出现在区域经济社会系统中。即便是在同一个机构或领域的人才，如在教育、科研等领域有越来越多的人才跨领域、跨行业，增加与社会多个领域的交流与互动，成为多方面的人才。慈善家、技术创新兼创业等人才自身的发展也成为重要的演化方向。

（四）政府、产业与资源的相互作用

演化经济地理学认为政府制度不是外生的，而是受技术、市场等经济体内的因素影响的。类似地，在区域经济发展过程中，政府、产业与资源也是互相制约、相互相影响的。任何一个维度的发展都要受到其他两个维度的影响。如图4-5所示，圆圈表示政府能力、产业表现和资源结构在一个互相匹配的层面上互相影响和牵制；箭头表示作用方向，有些箭头的末端或者前端没有直接指向某一维度，表示这种作用是通过或者受到这一层面的整个系统对其他两个维度施加或被其他维度施加作用力。

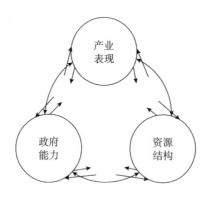

图4-5　区域经济"三维"横切面作用示意图

政府、产业、资源三个维度之间的相互作用分为直接作用和间接作用。直接作用主要体现在资本、人才和管理直接的接触方面，比如，政府出资建立或入股企业，直接参与产业发展；政府开办学校或培训班，提高本地人力资源素质和水平。产业维度内的企业主体直接投资建立培训学校、与学校进行联合培养或建立"师傅带徒弟"等方式的人才培养方式。在这一过程中，政府、产业和学校等可能有直接的人才往来、技术转换和管理人才的工作交流。

三个维度之间的间接作用主要体现在发展环境的打造、政策和制度变化、思维与文化的影响等方面。政府通过制度设计、产业政策影响产业发展外部环境和产业结构，通过社会文化的引导、制度设计影响人才观和资源结构与投向。产业和资源结构的演化不断要求政府转变思维，从提供设施、直接参与决策，向提供服务、维护市场秩序和各主体公平发展的方向转变。产业对自然资源的间接影响主要体现在社会对资源的认识方面，比如，从最初的不重视生态环境到将良好的生态环境视为珍宝；对人力资源的影响包括使人们认识到这个世界的多变性，给予人们学习的压力和动力，有利于形成学习型社会；对资本的影响体现在促使资本投向更多的领域和创造更加多元化的资本创收渠道。自然资源对政府和产业的间接影响主要从气候、生态等方面进行，如我国南部地区夜晚的生活娱乐服务业相比北方地区要发达；人力资源对政府和产业的影响主要是通过思维方式的转变、文化的改变、行为习惯的改变对政府思维、制度影响、企业组织结构、管理方式及市场关注点产生影响，从而影响政府和产业的发展；资本方面，风险投资、小额贷款等的增加会提供创新创业的良好条件，进而促进区域创新创业活动的增加。它们之间具体的相互作用解释如下。

从政府对产业和资源的影响来看，一方面，政府功能、政府对经济发展的投入、政府的制度设计需要根据地区的产业、资源情况进行，政府的能力和政策、制度的实施受到地区产业和资源的限制，因此"因地施策"是非常重要的。比如，政府在进行基础设施和社会公共服务建设过程中能够拿出的资金数量受到本地财政资金的限制，而财政资金的充裕程度是与经济基础和产业发展基础直接关联的；在招商引资过程中，招商企业会考虑企业的配套生产和市场规模等问题，因此，受到地区产业结构及人口消费能力的影响。另一方面，就如企业在不同的发展阶段所需要的不同制度框架一样，区域经济在发展的不同阶段也往往需要不同的制度设计。比如，在高新技术发展过程中，需要重视对新兴产业的鼓励和对技术人才的吸引。同时，基于市场自身的缺陷，随着经济发展，区域内部也可能出现分化、垄断等问题，这在导致社会问题的同时也不利于区域市场经济的良性发展，因此需要政府重视控制区域差异的制度设计，保障各主体享有公平的发展机会。同时，政府对社会文化的影响，比如，大力提倡发展经济、企业家精神、工匠精神、创新精神等将有利于产业的发展和相关人力资源的培育，影响资本的投向。

区域产业演化的不同阶段对政府的要求也不同。在产业演化的第一阶段，主要是基本组织形式的要求，对政府参与度要求不高，但当进入第二、第三阶段，即区域经济的起飞阶段，需要地方政府的大力参与，尤其是在本地人才和资本不够充足，又没有特别的优势吸引外部企业进入的时候，特别需要政府介入，开展招商引资工作，增加本地区的企业数量，优化产业结构，同时进行基础设施的建设。在第四阶段到第五阶段，一般基础设施已经比较完善，政府需要转变思维方式，重视公共服务方面的改革和服务能力水平的提升。到产业演化的第六阶段，一般公共服务和基础设施相对完善，此时，政府部门在维护市场活力和制定实施有利于经济发展的制度方面显得更加重要。在这个过程中，产业的演化要求也引导着政府不断转变关注重点，对自身进行变革，以适应经济社会的发展。产业演化对资源的要求方面，第一阶段需要简单的水利工程、适宜耕种的土地，资源的发展处于有什么用什么的状态；第二阶段需要少量资本和劳动力，这个时候可能本地就能满足资本需求，也可能需要从区域外引进资本；第三阶段至第六阶段需要的资本和人才数量越来越多，对具有不同的技术技能、管理水平、组织水平、营销水平、服务能力等的人才的需求比较多。新的资源需求既需要区域内资源的自我调整和演化，同时也需要不断吸引外部资源。

从资源的利用来看，在资源演化的第一阶段，自然资源的开发数量、开发程度、开发时序影响甚至决定着地区的产业结构；到第二阶段，资源的种类、数量对于产业结构的影响力下降，此时，资源可能从外部引进，劳动力可能是外来人口的加入，资本更有可能是招商引资而来，所以在这个阶段，最重要的是有一种开放的环境，容纳外来资源的进入以促进产业的发展。随着经济的不断发展，资本的重要性提升，需要政府具备与资本持有者对话、提升引导和培育资本市场发展的能力；同时，劳动力的数量、质量和知识结构将发生变化。在人力资源的演化进入高科技、高组织管理水平为主的阶段时，人力资源所需的扁平化管理方式、对政府效率的提升要求等也会深刻地影响政府的行为，促使政府部门信息公开化、透明化，并在一些方面向扁平化方向发展。

总之，政府的作用从最初强硬地维持秩序和获取税收，到开办学校、建设基础设施、提供医疗等公共服务，再到提供宽松的发展环境，以及提供区域内部各主体之间的良性互动的制度框架，往往受内部产业和资源的变化影响，是为实现区域经济的进一步快速发展而做出的改变。产业演化受资源、政府作用等的影响。一般来讲，自然资源在区域经济发展初期比其他时期的重要性更加明显；在区域经济起飞和成熟阶段，产业的发展受政府引导和招商引资等作用的影响较大；到后期产业发展进行更多的创新创业活动时，受人力资源情况和制度与政策的影响较大。资源的变化动力因资源种类不同而有所区别，自然资源受产业情况和政府开发政策的影响较大。人力资源结构在区域经济发展初期受本地人口受教育水平的影响，同时也受产业结构的影响；后期，在区域与外部人力资源丰富且流动性较大的情况下，人力资源受产业结构的影响更大。

比较"三维演化"中三个方面的演化难易程度，可以发现，资源中的资本和劳动力（尤其是一般技能劳动力）的转变一般是比较容易实现的，因为本节所讨论的区域作为某个国家的一部分，资本和劳动力的流动性都比较大。第二个比较容易转变的是产业，在某种程度上，产业演化受资源和区域环境及政府作用的影响较大，因此是一个能够自发发展但同时很容易受外界影响的领域。最难改变的维度是政府，政府的演化一方面体现为政府工作思维方式的转变，另一方面体现为刚性制度的转变，而这两方面的转变一般都需要酝酿较长的时间。同时，区域制度一般受国家大环境的影响，具有较大的刚性，而区域内部的微观环境刚性也较大，因此政府的演化是比较难的。

总的来看，政府、产业和资源三个维度形成的区域"三维演化"经济增长模式依赖每个维度自身的不断演化和相互之间的影响。每个维度自身的演化在社会现实中首先表现为一个渐进的量变过程，在某个时期受自身或其他方面的影响实现了一个突破式创新，达到质变。在相互作用方面，每个维度都通过直接或间接的方式对其他维度施加影响。通过自身演化和相互之间的作用，形成一个动力系统，共同促进区域经济的发展。

（五）区域经济"三维演化"的动力

区域政府演化的主要动力来自区域竞争，以经济绩效为核心的政府官员晋升机制成为政府部门不断寻求变化和促进营商环境改善的动力。随着区域经济的发展，公务员考核机制不断完善，不同或更多目标的考核机制会影响区域政府部门的作用[1]及演化过程。

区域产业演化的动力来自产业本身的发展动力和外部的压力。来自产业本身的动力主要是企业微观主体追求利润和自身发展的需要，产业发展过程中创造需求衍生新产业的发展规律，以及产品技术发展的内在推动。来自外部的压力主要

---

① 后小仙，郑田丹. 晋升激励、政府偏好与区域经济增长［J］. 财贸研究，2016（4）：68-75.

有：解决区域经济社会主要矛盾的需要，如发展前期区域经济社会的主要矛盾是经济发展体量不大，人民生活不富裕，随着经济社会发展和人民生活水平的提高，多元化的就业需求和自我价值实现是产业结构调整的推动力；政府政策的推动，如转换发展动能建设区域现代化经济体系需要进行产业的转型升级和提高高技术产业比重；产业结构的发展还要满足环境规制等的要求，环保标准的提高会促进环保产业的发展。

区域资源的演化在初期依赖于政府部门有关资源开发方面的政策，由于本节所述"资源"为进入经济系统的资源，故而受到经济社会发展条件和技术的影响。比如，很多地区的旅游资源只有在国民经济发展到一定程度之后才能进入"三维演化"模型并发挥作用；有些地区气候条件如干旱等，只有在一些需要干燥条件的产业发展之后才能发挥作用；有些条件只有在大数据时代才能在非农经济系统发挥稳定的作用。资本的演化有赖于本地区应用资本及本地条件与外部资本的契合程度，如金融衍生业和风险投资等资本形态只有在经济发达或科技发达的时候才会涌现出来。人为资源的演化一方面受教育水平的推动，另一方面受经济社会活动所带来的"干中学"水平的影响。微观方面，追求更高的福利或利润是人力资源和资本演化的动力。

区域经济"三维演化"模型并不要求政府、产业、资源同时处在可匹配的平面上，三者发展水平处在同一平面固然能够满足经济系统的需要，但三者发展水平处于不同平面才是区域经济发展的常态。当三者发展水平不处于同一平面的时候，发展快的维度与发展慢的维度之间产生一个势差，这个势差是慢维度对快维度的牵制，但若快维度的作用力更强，则会带动慢维度的发展。

四、基于"三维演化"理论的区域经济发展启示

（一）预防出现简单的产业结构

区域经济发展中存在"资源诅咒"[①] 现象，指的是丰富的资源可能带来发展路径的锁定，最终出现拖累经济发展的现象。这种情况在我国一些资源型地区也有反映。比如，一些资源型地区因为资本、劳动力长期被锁定在资源开采和挖掘活动中，一旦资源枯竭或外部经济环境发生变化，地区经济发展就可能陷入困境。从"三维演化"理论看，在这个困境中，直观的问题是资源供给结构和产

---

① Richard M. A. Routledge. Sustaining Development in Mineral Economies: The Resource Curse Thesis [J]. Resources Policy, 1993（1）：77-78.

业结构的问题。在区域发展早期，产业结构单一，从而资源结构是简单的自然矿产资源、低技能劳动力和资本的组合。在这个结构中，唯一比较丰富的是资本，但资本的投向过度集中于矿产资源。有些煤炭资源地区，在产业发展的早期，真实具有较多种类的产业，但随着煤炭行业的兴起和利润的提升，很多资本都被吸引到这个行业，这在很大程度上导致了地区经济结构的单一问题。如果在这种苗头出现的早期，政府能够强势介入，采取许可证等方式控制煤炭行业的发展，降低资本在这方面的过度投入，着力加大其他产业的引入，那么资源枯竭到来的时间将会拉长，并且地区经济也能建立种类丰富的产业结构，抗风险能力和竞争力都会增强。在非资源型但产业门类相对较少的地区，经济发展也存在区域经济过度依赖某个行业发展从而受外部行业状况影响很大的风险。因此，区域经济应该防范出现简单的产业结构。

（二）优化区域的资源结构

区域产业结构和资源的发展是相互依赖的。要实现产业结构的多元化，必须具有多元化的资源，可能仅需自然资源、劳动力和资本中的单方面的结构发生变化，也可能是多个方面结构的变化。比如，在东部一些煤炭资源型地区逐渐向煤化工等产业过渡的过程中，其实本地煤炭资源已经在减少甚至枯竭，所以煤化工产业所需的煤炭原料要从山西、内蒙古等地运送过去。资本是由当地原来一些挖矿企业所积累起来的。劳动力的变化不是很大，由于采用了很多成熟工艺，矿工经过简单操作培训就可以成为煤化工产业的工人，企业只需要引进生产过程的设计和技术指导所需的少数人才就可以。例如，苏浙地区的工业渐渐发展起来后，在招商引资过程中，区域外部资本的比例加大。本地劳动力在经历了多年的职业技术培训和学校培育之后，建设、引进了诸多的研发实验室具有高新技术和较强创新能力的技术人员和创业者，以及高水平的管理人员，保障了当地经济的发展。

（三）发挥好政府的作用

在我国国民经济高速发展的过程中，地方政府在聚集资本、建设基础设施、开办技术培训学校等公共服务方面的作用是区域经济发展的重要支撑，甚至在某些时候起到了决定性的作用，如江苏省常州市的科教城从 2002 年起开始兴建，逐渐形成职教加高教加重点高校合作实验室的综合性科教基地，在推动当地工业发展过程中起到了巨大作用。发挥好区域政府作用是实现经济发展的重要基础，但同时也应该认识到，在区域经济发展的不同阶段，区域政府发挥作用的重点是不一样的。如我国东北地区在经济发展的初期，其发展势头是很多地方无法企及的，但随着外部经济环境的变化，地方政府的作用没有及时向高质量的营商环境和有利于创新创业的制度设计转变，加上其他一些原因，导致了地区经济的衰落。

五、结论与评价

20 世纪 90 年代，Etzkowitz 和 Leydesdorff（2000）将"三螺旋"理论引进科技创新领域，成为研究大学、产业与政府之间关系和创建区域创新系统的重要理论。其主要思想是强调大学、产业、政府①之间在各自演化的过程中相互作用，形成相互促进的科技创新系统。该理论模式在国际学术界引起很大反响，并被引进国内，成为创新研究领域的重要理论。根据创新领域的"三螺旋"理论大学、产业和政府三类领域分别作为一个螺旋，在保持各自独特身份、维持其主要角色的同时，确保其他两个领域的一些功能正常发挥。每个领域都交互、协作和支持另外的两个领域。创新除由市场产生外，也可以由大学或政府组织以及多种主体混杂的组织产生。本节内容受其启发，根据中国区域经济发展的实践经验，借鉴演化经济学思想，提出了中国区域经济发展的"三维演化"框架，但所选维度的考虑、演化进程和各维度之间的互相作用机制并不相同，科技创新"三螺旋"理论注重产学研的合作与区域创新系统的研究，区域经济"三维演化"增长则更侧重从演化的角度对每个维度的发展进程和相互作用进行分析。

本节初步构建了区域经济"三维演化"框架，试图建立一个能够解释具有典型区域特点的区域经济增长的基本框架，总结中国区域经济发展的基本规律，未来可以对不同类型区域的经济增长进行细化的研究和规律揭示。"三维演化"框架阐释了中国区域经济演化过程中政府、产业与资源之间的相互作用，从定性的实际经济发展研究来看具有较强的解释力，它强调三个方面的不断演化同时又相互作用。这种理论包含"没有上限"的发展思想，与实际情况更加契合。

该理论对政府、产业、资源三个维度各自的演化和总体关系进行了解释，但对三个维度的发展情况如何进行衡量、构成各自发展能力的影响因素还没有进行深入的剖析。另外，如何构建相应的指标体系对地区经济发展给予指导，也是一个重要的问题。每一个领域的细化研究涉及诸多研究领域和一些复杂的问题，需要运用多学科的理论知识和研究方法，这是一个比较大的挑战。

---

① Etzkowitz H. , L. Leydesdorff. The Dynamics of Innovation: From National Systems and "Mode 2" to a Triple Helix of University-Industry-Government Relations [J]. Research Policy, 2000 (29): 109-123.

在理论的实际应用和检验方面，产学研"三维"模型遇到了诸如机理不清、无法测度等问题，区域经济的"三维演化"理论模型在发展过程中也可能也会碰到类似的难题。未来，这个问题在区域经济领域能否被克服，从而使该模型能进行数量检验，还需要进行深入的研究。

第五章　区域合作与区域发展新格局

第一节　以区域合作促进区域发展新格局形成[*]

《中华人民共和国国民经济和社会发展第十四个五年规划和2023年远景目标纲要》把区域经济发展作为实现社会主义现代化的重要途径，以区域协调发展战略为引领，区域重大战略为核心，实现优化区域经济布局的目标。开展区域合作、推进区域一体化是实现区域协调发展的核心内容。本节拟从区域合作的角度来阐述促进区域经济协调发展，加快形成区域发展新格局。

一、区域合作的理论与目标导向

区域合作涉及各地区经济关系的各个领域，区域合作进程也是分阶段演进，区域合作视角必须注重合作各方的利益协调，确立正确的目标导向。

（一）区域合作的基础理论

区域合作的重要理论主要有新制度经济学、劳动地域分工理论、公共选择学、相互依赖理论和空间一体化理论。

首先，新制度经济学是区域合作的经济学基础。在区域合作的现实中，相关区域合作的制度安排十分重要。目前存在各种各样的区域合作形式，相关的制度安排也各种各样。制度对于各区域合作主体而言，具有节约区域合作交易成本的作用。区域合作制度同样存在制度的供给和需求。所谓区域合作制度需求是指制

＊ 本文原载于《开放导报》2021年第4期。

定服务的各种区域合作主体对制度的需求，该需求是在进行区域合作成本和区域合作收益的分析基础上确定的。所谓区域合作制度供给是区域合作制度决定者的供给，它由制度决定者生产和提供。按照新制度经济学的理解，国家的存在有利于契约制度的建立和契约的实施，而中央政府和地方政府都是拥有合法使用强制性手段的、具有垄断权性的制度安排。

其次，区际合作与分工是密不可分的。根据比较优势理论，只要地区间存在生产成本的相对差别，各地区在不同产品的生产上就具有不同的比较优势，这是地域分工的理论基础。分工是合作的基础和前提，合作是分工的必然要求和目标。劳动地域分工客观上要求区域之间加强合作。区域通过调节自身的经济行为，实现地域分工的区域合作，促进地域分工进一步发展，各区域之间通过有效的区内和区际分工，建立合理的区域合作体系。

再次，公共选择理论是区域参与区域合作的行动依据。公共选择学利用现代经济学基本原理，研究政府决策行为、民众的公共选择行为以及二者关系的经济理论流派。公共选择理论认为，人们在需要做出经济决策和政治决策时的反应，在本质上是一致的，总是趋利避害、趋大利而避小利。在国际区域合作中，各国政府的选择一般都是从国家的利益出发做出的。同样，地区间的区域合作，各地区也会从自身的利益出发，来权衡参与或不参与区域之间的合作。当然，处于不同发展程度的国家或者区域，衡量收益的出发点不同。对于区域合作来讲，区域利益与国家总体利益之间的关系、地区与地区之间的利益关系，都是我们需要认真考虑的。

最后，相互依赖理论是对区域合作规律性认识的理论基础。相互依赖关系是一种过程，而且相互依赖关系的范围会随着分工的进一步发展而不断扩大，这样更是客观上要求区域间进一步加强合作。因此，区域发展是以区域之间相互依赖的关系为基础，通过区域之间的良好合作，尤其是务实有效的经济合作实现的。这样的合作不仅包括发达地区与发达地区之间的合作，发达地区与不发达地区之间的合作，还包括不发达地区内部之间的合作。

（二）区域合作的目的、原则与类型

对于一个国家或地区而言，持续的经济增长会推动空间经济一体化。在区域经济持续增长的过程中，空间子系统会重组，其边界会发生变化。这一过程往往按一定规则进行，其最终格局就是全国各地区实现经济全面一体化。当一国经济步入现代化阶段时，该国的经济发展水平较高，人民的生活水平也得到极大提高，地区的经济发展差距较小，市场化程度较高，市场机制完善。这一时期，地区间的市场一体化程度也不断提高，商品和要素在地区间流动畅通。

1. 区域合作的目的

区域合作是区际关系的重要方面，是区域联系的客观要求。各区域对区域利益的不断追逐，推动了区域合作，带来了区域利益的增长，有助于实现区域利益的帕累托最优，这也是区域合作的动力来源。区域合作的根本目的在于通过各区域在资源、技术、人才、投资、信息等方面加强合作，加强彼此间的联系，充分发挥各自的优势，促使资源的优化配置，从而推动区域的协调发展和空间一体化的实现。实践也证明，区域合作可以打破生产要素在区域间流动的各种障碍，促进要素的优化配置，促使区域间合理的分工，有助于深化区域分工，从而形成联系紧密、分工合理、发展协调的区域网络。

利益驱动机制是实现区域合作目标的主要动力。地方政府作为地方利益的代表，所考虑的是在全局最优的基础上，如何实现一个地方的利益最大化。我们知道，地方政府的行为是介于中央政府行为和企业行为两者之间的一种行为，属于一种中观经济的决策。在更多时候，地方政府的利益与当地企业的利益是一致的，通过区域合作来保障当地企业的利益，也就是保障当地区域的利益。

宏观调控机制是实现区域合作目标的重要动力。区域合作是在国家宏观政策的调控基础上进行的，因为宏观调控是控制地区投资的规模和方向，调控的手段包括国家的社会总投资和财政、税收等具体手段。区域合作中的具体大项目，特别是跨区域的基础设施项目的建设，都需要国家的宏观调控来安排和规划。如高铁的建设，国家、铁路部门、地方政府共同投资建设，其中起到决定性作用的是中央政府。

企业布局机制是实现区域合作目标的主体。企业驱动的机制就是利润。由于企业具有独立的法人地位，经营上只要能够使资本增值，就有热情去做。因此，在布局的区位选择上，企业倾向于那些能够使资本最快增值而风险又小的地方，如果两者相互矛盾，企业将进行多方案的比较。由于宏观调控和国家法律、法规的制约，企业在进行布局区位选择时，考虑国家的宏观政策是先决条件。诸如环境保护、资源合理利用、社会发展与公益事业等多方面的问题。从另一个角度来说，区域合作也必须保护企业的利益。企业生产的产品、采用的技术、选择的生产地点都由企业法人来决定。区域合作要尊重企业的选择，企业法人通过衡量不同地区的收益收入，并对投资进行风险分析，最终确定是否参与区域合作。通过生产产品的市场价格和需求量的变化来检验区域合作的方式是否合理。

2. 区域合作的原则

区域合作的目的在于通过要素的整合，最大限度地促进区域利益的增长，实现区域的协调发展。但是，在现实中，各区域的情况会有所不同，各区域的利益可能存在一定冲突，要维护好区域合作，就应该处理好区域的各种关系，充分保障各区域的相关利益，实现区域利益的最大化。所以，需要有原则来指导区域合作的进行。区域合作一般应遵循自愿互利、扬长避短、依托城市、为企业服务、讲求经济效益、加强计划指导的原则，具体分别为发挥优势、分工协作的原则，效率优先、兼顾公平的原则，自愿参与、最佳效益的原则，互惠互利、共同发展的原则和依托城市、服务企业的原则。

区域合作原则的作用，主要是用来推动和约束区域经济活动两个方面。从推动区域经济活动来看，通过区域之间的合作，在资源上实现互补，在产品上实现互通有无，在基础设施上实现畅通。从其约束作用来看，关键是对区域经济发展目标的约束。以投资为例，国家、地方政府、企业（含外资）之间的投资份额中，企业的比重越来越大。因此，从布局目标来看，政府对国家经济增长和区域平衡发展的追求与企业对最大利润的追求目标之间存在冲突，制约着产业结构的合理化。约束地方经济发展中的冲动，防止区域经济发展的过热或过冷是其重要任务。

3. 区域合作的范围类型

区域合作是不同区域间的经济联系，其内容和范围涉及经济联系的各个方面。区域合作是不同区域生产要素优化配置的过程，它的内容和范围主要是生产要素的合作，具体包括资本合作、物资合作、信息和技术合作、人才合作等。一般而言，区域合作的内容和范围会随着社会地域分工的客观要求演变。

在区域合作发展的早期，区域合作的内容主要是围绕较低层次生产要素的低水平合作，如物资交换、商品贸易、人才交换等。随着经济的逐步发展和区域合作的进一步深入，区域合作向纵深化发展，区域合作的范围更加广泛，层次更加深入，区域合作更多表现为资本、技术、人力资本、信息等高级生产要素的合作。不仅如此，各区域在合作中的紧密度更高，彼此间的优势互补达到最大化，实现了共赢的效果。

区域合作的表现形式是多种多样的，从不同的视角看，有不同的区域合作类型。根据地理位置来划分，区域合作分为地域接壤型和地域隔离型；根据合作的领域来划分，可以分为生产型合作、贸易型合作、消费型合作和分配型合作；根据合作生产的产品类型来划分，可以分为要素合作型和商品合作型；根据参与区域合作的主体类型来划分，可以分为政府合作型和厂商合作型；根据参与合作区域的发展水平来划分，可以分为水平合作型和垂直合作型；根据区域经济活动的内容来划分，可以分为生产研发型、劳动承包型、贸易流通型和货币金融型；根据区域合作的参与对象来看，可以分为双边合作型和多边合作型；等等。当前，我国区域合作步入了规范化的发展轨道，区域合作的内容进一步拓展，区域合作的形式也更加丰富多彩，区域合作迎来了又一高潮。与前两个阶段不同，加强优势互补，增强集聚效应，提高区域经济发展水平，是当前阶段的主要任务。因此，当前的区域合作更多地体现了规划的指导思想，中央层级的、区域层级的和省域层级的政府或组织加强了对区域合作的规划，旨在进一步规范区域合作，推动区域经济的发展和区域经济一体化的形成。

（三）区域合作的阶段

按照弗里德曼提出的空间一体化演化规律，在前工业化阶段，由于每个城市坐落于一个小面积地区的中央，腹地范围小，相互不衔接，没有区域冲突，也不存在区域合作。到了中心—外围阶段，单一强中心与边缘区的矛盾开始出现。但由于依附关系和强弱悬殊，区域冲突并不激烈。到了工业化成熟阶段，不仅存在唯一的全国中心，还有实力强的边缘次级中心，各中心及其吸引范围之间争夺资源，于是竞争加剧。但同时区域合作开始显示出重要性，特别是全国性中心与次中心的合作进展较快。最后进入空间经济一体化阶段，这一阶段形成功能相互依存的城市体系，最终演变为组织良好的经济区。经济区之间的合作成为空间一体化的主流。

国内区域合作一般分为四个阶段：一是以商品贸易合作为主的阶段，这个阶段的主要任务是消除商品流通的壁垒，实现商品的自由贸易；二是生产要素自由流动阶段，这个阶段的重要任务是各类生产要素在区域间无限制地流动，从而实现资源的优化配置；三是区域政策趋同化阶段，各区域在政策、法规、标准等各方面实现趋同，消除区域合作的障碍，促进区域合作向深度和广度发展；四是区域经济一体化阶段，在实现商品贸易、生产要素的自由流动，基础设施的共建共事，区域政策的统一之后，实现区域经济的一体化。

总之，解决区域合作各方的发展与协调的矛盾，是落实区域合作原则的重要任务。从国家国民经济发展的大目标出发，兼顾区域经济发展和地方企业的利益，就需要制定一系列完整的目标体系，分层次来完成各类目标的任务。

二、当前我国区域合作的机制、形式与政策

从改革开放 40 多年的发展历程来看，我国的区域合作形成了行政区的区域合作、经济板块的区域合作、城市群的区域合作、国家重大战略区的合作等多种形式，奠定了我国区域经济发展的基本格局。

（一）区域合作的机制

区域合作机制是指在区域分工的前提下，各区域为了充分发挥各自的比较优势、实现区域合作的目标、增进本区域福利而进行的相互之间的作用关系及其功能，也是保证区域合作顺利进行的制度性安排。

区域合作机制的建立是区域合作规范化有序运行的重要保障，国际上一般有两种方式：一种是具有制度性的协调组织机制（如欧盟的区域协调组织机制），是凌驾于地方政府之上的具有某种政治权威的组织，授权与中央政府而对区域经济发展进行协调；另一种是非制度性的协调组织机制，是区域内各地方政府通过倡导方式成立的松散性的协调协商组织。

区域合作中的分工很重要，但要注意合理的区域分工与建立紧密的区域产业链之间的关系。比较优势是区域经济合作的前提，能否将比较优势转化为实际的合作动力，是区域经济合作是否有效的标准。实现区域比较优势向合作优势的转变需要引导机制，成熟的市场机制可以起到引导作用，但是从有效促进区域合作的角度出发，通过政府间的努力促进区域经济合作是必要的。推进区域合作，就必须从战略高度进行产业合作，促进延长产业链条，增强产业体系的整体竞争力，实现产业的可持续发展。要特别注意产业结构的趋同问题，基于比较优势和比较利益的原则，合理利用各方的资源与环境，形成合理的分工和产业链条。

在我国区域合作的实践过程中，不同区域在中央的宏观区域政策的协调下，通过制定一定的动力机制来调节、控制和管理区域间的相互经济关系，具体的机制构成有：

1. 建立区域合作组织的机制

区域合作是跨行政区的区域经济行为，建立区域合作组织是机制建设的第一步。由于区域合作的各方是由国内跨区域、跨部门、跨领域的实体型的机构构成的，这种组织就具有自愿形成的性质与特点。当然区域之间的合作必须有实体型机构来担任合作的核心，通过各方商定的合作目标和任务是区域合作的具体要求。当前区域创新的一个重要任务就是要对区域合作组织做出明确的安排，使之有一定的对区域经济活动的协调能力。当前，构建具有广泛适应性的区域合作组

织势在必行，调动区域经济各方面的积极性，形成一系列权利和义务的约束，促进合作各方的区域经济发展。

2. 制定区域合作章程的机制

区域合作章程是按照区域合作组织的权利与义务的要求，将权利与义务相结合而形成的契约型的协议。区域合作章程是由区域合作各方共同制定并一致认可的，是规范区域合作关系和规定区域合作目标、手段、方法、途径、内容的一整套制度性规范的协议总和。区域合作章程对区域合作各方具有普遍的约束力和保障力，是一种契约和协议，是联结区域不同主体的利益关系的最重要的纽带和桥梁。因此，区域合作章程的制定过程就是区域合作各方博弈与了解的过程。

3. 设立区域合作项目的机制

由合作各方共同设立的区域合作项目，要求各区域主体按照市场经济规律的要求，专业化分工的原则规划一批重大项目，由参与合作的区域共同协作承担。这类重大项目，一般以基础设施建设和生态保护为主，也会涉及重大科研开发项目、重大创新工程项目，以及新兴产业的国家投资项目等。区域合作项目的安排要从一开始就考虑各区域的共建与共事，并希望通过这些项目的建设，培植一批区域合作区的跨区域的企业，这有利于从根本上打破地方经济的狭隘限制。

4. 开展区域合作指标考核的机制

推动区域合作，需要开展区域合作相关指标的考核。要改变现有的政绩评价指标体系，把政绩评价指标的行为导向引向有利于区域合作的方向。在现有的行政管理体制下，政绩评价指标实际上是参与合作的区域政府施政重点的指示器。在这种情况下，改变或调整现有的政绩评价指标，将区域合作成效作为政府政绩评价指标之一，或者加大其评价的权重，都会有利于引导区域合作走向深入。同时，把参与区域合作的好坏作为鼓励各级政府实证的激励机制，将有效地推动区域合作的深入。

（二）区域合作的形式

改革开放以来，伴随改革的浪潮，我国对区域合作的形式也进行了多种探索。

1. 对口支援是我国区域合作的初级形式

对口支援主要是发达地区对不发达地区、沿海地区对内陆地区、城市对农村在经济、技术、物资、人力等各方面的支援，是一种单向的区域合作形式。对口支援的目的在于通过区域合作，改变落后地区、内陆地区和农村的不发达现状，促进区域间的协调发展。对口支援是当前我国区域合作的重要形式，对于密切区域间的经济社会联系，推动落后地区的发展具有十分重要的意义。目前，对口支援对于促进我国区域经济的协调发展仍然起着重要的作用。

2. 城市协调会是20世纪90年代朝气蓬勃、活力十足的区域合作形式

随着我国城市化进程的不断深入，以城市间合作为主的区域合作发展迅速，成为推动区域合作、促进区域经济发展的重要力量。当前，我国比较成熟的、具有较大影响力的协调会主要有：长江三角洲城市经济协调会、长江沿岸中心城市协调会、六省区市七方经济协调会、南京区域经济协调会、海峡两岸经贸协调会和商务协调会等。协调会按照平等协商、互惠互利的原则，在经济、社会、文化、交通、环境等各个方面展开深入的合作，推动了各城市经济的发展，促进了区域经济一体化。

3. 市长联席会是城市经济合作的一种特殊类型

由地理位置靠近的各个城市组合而成，目的是共同发展区域经济，促进城市经济的发展。曾经的市长联席会主要有：环渤海区域市长联席会、杭州都市圈市长联席会、武汉经济协作区市长联席会、南京都市圈市长联席会、中原经济区市长联席会、西南经济区市长联席会、闽浙赣皖福州经济协作区市长联席会、闽东北书记和市长联席会、沈阳经济区市长联席会、厦泉漳龙城市联盟市长联席会、浙东经济合作区市长联席会、关中"一线两带"建设市长联席会、广州佛山市长联席会等。市长联席会在各城市协作的基础上，通过优势互补和加强联系，促进了各城市的经济发展以及城市群和区域经济一体化的发展，也是今后区域合作发展的重要形式。

4. 同城化是区域合作新的趋势

进入新时代，同城化迅速发展。当前比较具有代表性的有：一是京津同城化。京津两个直辖市之间的同城化，是以京津城铁为纽带展开的。二是广佛同城化。基础设施的共建共享是广佛同城化的基础，佛山发达的制造业与广州形成互补。三是西咸同城化。西咸新区的设立巩固了这种关系。四是郑汴同城化。以新区建设为纽带，两市相向发展，扩大了发展空间。

5. 企业合作成为区域合作的主体形式

注重企业这一市场主体在区域合作中作用的发挥。政府的谈判力量显然大于单个企业，政府所提供的公共服务是推进区域合作的必要条件。政府倡导发挥地区比较优势采取的相关制度和规则是区域合作所需要的制度保障。但是，这并不意味着企业这一市场经济的重要行为主体在区域合作的实践中处于听之任之的境地。充分调动企业区域合作的积极性，寻找跨地域的产业横向或者纵向合作，将

是区域合作的持久动力所在。

总之，区域合作机制的实行，可以理顺区域内部各种经济关系，增进区域内部与区域之间的交流，促进相互投资与贸易，实现商品、服务、资本、人员的自由流动，形成相互协调、互利共赢、区域经济一体化水平较高的区域格局。区域合作机制就是要激发区域合作的动力，对各区域的合作行为进行必要的约束，对有利于区域合作发展的行为加以鼓励，对不利于区域合作的投机行为加以必要的惩罚，使区域合作可以健康可持续地发展。

（三）区域合作的政策

保证区域合作的顺利进行，需要制定相应的区域合作政策。区域合作政策是中央政府发布的、用来规范区域合作关系的权威性的指令，是各类区域合作章程、区域规划的制定都必须遵循的。它的使命是引导区域合作向纵深发展，实现区域合作关系的规范化、有序化、制度化。

区域合作政策能够解决区域合作中的问题有：

1. 资源共用问题

在我国的合作地区中，西部地区资源丰富，但开发利用水平差；东部地区资源相对短缺，但开发能力强。在东西部的区域合作中，围绕各地能源、原材料开发开展工作，符合所有区域利益。从各自的比较优势出发，有针对性地把解决能源、原材料、资源问题作为协作联合的重点，把各时期供求矛盾最突出、对经济发展和人民生活影响最大的资源，作为开发联合和协作的中心内容。

2. 利益共享问题

在区域合作中，仅靠合作中的规则是不能维持长期合作局面的。因此，必须要有与之相适应的新型的区域合作的利益分享以及补偿机制。这就要求各合作方都应本着互惠互利的原则商议利益补偿问题。对不同的合作领域和不同的合作项目，合作方要适宜地采取不同的补偿和激励措施。可以采取合作优势一方给予劣势一方必要补偿的方式，让区域内所有的地区都共享合作的收益，否则，一旦合作关系被破坏，彼此的利益都会受到损害。

3. 行为约束问题

为了防止区域合作中地方政府行为中的地方保护主义，保障区域合作关系的健康发展，需要贯彻区域政策，建立起区域合作的行为约束机制。行为约束主要通过法律约束和组织约束来实现。法律约束是指通过建立健全法律法规，运用法律手段对区域内单元政府的行为进行规范限制。如果没有适当的法律规范，那么区域政府合作无疑会陷入一种不确定状态，合作行为的成本和风险就会大幅度增长，从而抑制了正常的合作行为。除此之外，这个机制的构成要件还有：区域合作章程中明确的行为约束条款，包括区域合作各方在合作关系中应遵守的规则、在违反区域合作条款后应承担的责任、对违反区域合作规则所造成的经济和其他方面损失应做的经济赔偿规定；建立一种区域合作冲突的协调组织，负责区域合作中的矛盾和冲突的裁定。

我国的区域经济发展战略经历了从均衡发展到非均衡发展，再到协调发展的转变。相应地，从空间特征看，我国的经济发展重心从沿海向内陆转移，再从内陆转向沿海，转变为区域协调发展新格局。若干重大国家战略的实施和区域合作的加深，促进了区域协调发展。

三、加强区域合作，促进形成区域发展新格局

当前，我国已经启动社会主义现代化建设的新征程，区域经济也进入了区域发展的新时代。在区域发展的结构调整、科技创新、提高质量的经济发展环境下，充分发挥区域合作的效能，将会有效促进区域发展新格局的形成。

（一）形成区域发展新格局的条件

1. 建立健全区域经济协调发展的互动机制

一是健全区域互动机制。区域间相互促进、优势互补的互动机制，包括区域经济发展的市场机制的建立，这就需要打破行政区划的界限，使生产要素在区域间能够自由流动。二是健全区域协同机制。鼓励和支持各地区开展多种形式的区域经济协作，包括技术人才合作，形成区域协同发展、共同进步的格局。三是健全互助机制。更多地发挥发达地区带动落后地区发展的作用，采取如对口支援、社会捐助等方式与落后地区实现。四是健全扶持机制。按照公共服务均等化的原则，加大国家对欠发达的革命老区、民族地区、边疆地区、老工业基地、资源枯竭型地区和环境衰退型地区的发展扶植。

2. 最大限度发挥城市对区域发展的带动作用

城市是区域经济发展的核心。对于城市本身来说，提高各类城市的综合承载能力，按照循序渐进、节约土地、集约发展、合理布局的原则，推进我国城市化的进程。以特大城市和大城市为龙头，通过发展规划，形成要素集聚能力强、人口分布合理的各层次的城市群和都市圈。以城市群和都市圈带动区域经济发展，要做好区域规划，实现改善人居环境、保持地方特色、提高城市管理水平的目标。在区域发展相对成熟的粤港澳大湾区、长江三角洲和京津冀地区，要继续发挥城市对区域经济发展的带动作用，加强城市群和都市圈内城市的分工协作和优

势互补，增强城市群的整体竞争力。

3. 根本改善区域经济关系

区域关系的内容十分广泛，区域经济关系的改善包括：一是构建合理的区域商品贸易关系。构建区际价格、供求、竞争的关联机制。二是打破资源、市场利益的地方保护。以发挥优势、共同发展、提高效率为宗旨，在贸易、资金、物资、交通、人才、信息等领域进行广泛的区域合作。三是加大支持产业发展合作的力度。产业的发展与各地区的发展息息相关，对中西部欠发达地区更加重要。要促进中西部地区资源产业的转换战略和东部地区的产业转移战略有机结合，形成新的良性的区域经济关系。

（二）加强区域合作面临的机遇与形势

1. 区域发展的新阶段

我国已进入加快推进社会主义现代化的重要时期，也处于区域发展的关键时期，必须准确研判和深刻认识区域发展的新形势，牢牢把握区域发展蕴含的重大机遇，妥善应对区域发展面临的风险和挑战。

要促进区域又好又快发展，必须深刻认识并牢牢把握区域经济发展面临的机遇。"十四五"时期，我国区域发展面临全球经济复苏、我国经济体制改革、开放型经济战略、城镇化推进到战略机遇期，以及区域协调发展日益受到重视五大机遇。

2. 经济体制改革全面推进

2013 年 11 月，党的十八届三中全会通过《中共中央关于全面深化改革若干重大问题的决定》，把经济体制改革作为深化改革的重点。在经济运行处于合理区间的情况下，户籍制度、农民财产权利、生态保护管理制度等领域的改革进程明显加快，通过改革激发市场活力、释放增长动力、改善经济发展环境，有助于破除经济发展的体制机制障碍，推进区域经济发展。

3. 开放型经济体系全新构建

"十四五"时期是建设开放型经济新体制全面深化改革的重要时期。扩大内陆沿边开放，抓住全球产业重新布局的机遇，推动贸易、投资、技术创新协调发展，加快同周边国家和区域基础设施互联互通建设，形成全方位的开放新格局。无论是坚持双边、多边、区域次区域开放合作，加快实施自由贸易区战略，还是打造横贯东中西、联结南北方的区域经济走廊，都是"十四五"时期区域经济发展的重大背景。

4. 城市化战略持续推进

城市化是我国走向现代化的必由之路，持续推进城市化是保持经济平稳发展的强大引擎，是加快产业结构转型升级的重要抓手，是推动区域协调发展的有力支撑，是实现高质量发展的重要途径和促进社会全面进步的必然要求。2014 年发布的《国家新型城镇化规划（2014—2020 年）》提出，到 2020 年我国常住人口城镇化率达到 60%，户籍人口城镇化率达到 45%。刚刚结束的第七次人口普查数据表明，我国的城市化率已经达到 63.89%，有 9 亿多人生活在城市，已经超额完成了城市化的规划任务。改革开放 40 多年来，我国城市的基本公共服务均等化推进迅速，农业转移人口市民化基本具备了条件；交通运输网络不断完善、节能环保等新技术的突破以及信息化的快速推进，为优化城乡空间布局提供了有力支撑，这一切都为"十四五"时期构建区域发展新格局奠定了基础。

（三）推进区域合作加快区域发展新格局的形成

在我国区域发展当中，开展区域合作，推进区域经济一体化是实现区域协调发展的核心内容。区域合作与区域竞争不应被看作是非此即彼的矛盾的两个方面，而应该是相互促进的两个机制，通过区域之间的"竞合"，推进区域经济的良性发展。

1. 通过区域合作与区域竞争实现区域空间结构的优化

对于一个国家或地区而言，持续的经济增长会推动空间经济一体化。在区域经济持续增长的过程中，空间子系统会重组，其边界会发生变化。这一过程往往按一定规则进行，区域合作与区域竞争是这种规则下的两个重要机制。

从我国区域经济发展的地区关系中我们不难发现：第一，当区域之间关系以产品贸易为主时，区域合作比较弱势，由产品贸易引发的区域冲突十分激烈。主要原因是各区域之间贸易的产品量大，大家都希望把自己的产品卖给对方；同时市场相对狭小，大家都想把市场留给本地的企业，不想购买对方的产品。20 世纪 90 年代著名的四川与云南的烟酒贸易冲突、北京与天津的汽车贸易冲突等，都是很有代表性的案例。第二，当区域之间关系从产品贸易领域为主转向生产要素领域的合作为主之后，各地区对区域合作的要求迫切起来，冲突就开始被竞争所取代，合作成为主流。发展较快地区或是发达地区因为自身经济结构不断提升的需要，迫切需要寻求更多的合作地区，开拓经济增长和发展的空间，而发展较慢的地区为了进一步推进工业化、城市化，也具备较强的合作意愿。第三，当一国经济步入后工业化阶段时，该国的经济发展水平已经较高，人民的生活水平也得到极大的提高，地区之间的经济发展差距逐步缩小。此时的地区间市场一体化程度也在不断提高，商品和要素的地区间流动畅通，区域关系进入一种良性的"竞合"关系，各种区域合作形式更加稳固，甚至更加完善。地区间的区域合作努力将促成由贸易一体化向要素一体化和政策一体化的转变，使区域经济一体化得以实现。

2. 推进中央主导的区域合作进一步深化

从目前区域合作的基本态势来看，中央主导推进的大区域的合作仍然是最主要的合作形式，也是当前我国区域经济发展的客观要求。中国区域空间格局正面临重大变化，资源环境瓶颈制约日益加剧。随着工业化、城镇化进程的加速推进，经济发展与资源环境之间的矛盾日益突出，我国的区域可持续发展面临一系列严峻挑战。在资源环境瓶颈制约日益加剧的背景下，主要依靠土地等资源粗放消耗推动区域快速发展的模式不可持续。而要解决这些大区域、跨区域的问题，就需要有大区域的区域合作作为依托。当前的几个大的重大国家战略——京津冀协同发展、长江经济带发展、粤港澳大湾区建设、长三角一体化发展以及黄河流域生态保护和高质量发展，都承担着解决这些跨区域问题的任务。要通过大区域和跨区域的合作，形成节约资源、保护环境、优化产业结构、更新生产方式和生活方式的现代化的区域空间格局。

3. 推进区域合作步入规范化与制度化的发展轨道

建立健全区域合作制度，将区域合作推进到规范化与制度化的发展轨道。从适应实现现代化的区域经济发展的要求出发，积极推进制度创新是启动中国经济朝现代化发展的必然要求。如果区域合作的制度体系不完备，与区域利益和区域经济行为相关的经济规则不完善，就会导致区域经济的低效运转，不能有效解决区域冲突，也就不能保障区域合作与发展的实现。因此，区域合作良性运转，必须建立一个规范的制度基础。随着合作制度的不断完善和健全，区域合作将逐步进入规范化和制度化发展轨道。

参考文献

[1] 王维平.改进和完善我国区域经济合作机制的思考 [J]. 甘肃社会科学，2004（1）：61-64.

[2] 肖春梅，孙久文，叶振宇.中国区域经济发展战略的演变 [J]. 学习与实践，2010（7）：2+5-11.

[3] 孙久文.我国区域合作与竞争的关系及其未来变化趋势 [J]. 区域经济评论，2013（2）：35-38.

[4] 孙久文.新时期中国区域发展与区域合作 [J]. 开放导报，2017（2）：7-12.

第二节　深入推进区域协调发展　加快构建新发展格局*

2020 年 5 月，习近平总书记首次提出"逐步形成以国内大循环为主体、国内国际双循环相互促进的新发展格局"。构建新发展格局是以习近平同志为核心的党中央根据我国新发展阶段所面临的新历史任务和新发展环境部署的重大发展战略。2021 年 12 月 17 日，中央全面深化改革委员会第二十三次会议提出"构建新发展格局，迫切需要加快建设高效规范、公平竞争、充分开放的全国统一大市场"，强化国内统一大市场建设，深入推进区域协调发展战略，促进各地区找准自己在国内大循环和国内国际双循环中的位置和比较优势，为构建新发展格局夯实根基。

一、新发展格局中区域协调发展的地位和作用

从国内来看，中国经济迈向高质量发展阶段以后，借鉴美国、日本等发达经济体的发展规律，发展模式逐步转变为以内需为主是大国发展模式的共同特点。从贸易依存度来看，我国的贸易依存度最高时超过 60%，从 2008 年后开始下降，近年来一直保持在 35% 上下的水平。经济增长的动力也从出口拉动转为内需拉动，消费已成为 GDP 增长的第一驱动力，2020 年占据 55% 左右的贡献比率。与此同时，全球经济气象波诡云谲，单边主义、极端民族主义、反全球化、恐怖主义等不良思潮卷土重来，严重威胁中国经济参与国际循环的动力和成效。因此，在更严格的安全要求下以高质量的开放水平投身于全球贸易分工和全球治理体系建设，是我国参与国际大循环新的任务。

构建新发展格局有三个重点：第一，国内大循环是主体。我国良性的经济循环，需要有保障经济发展的韧性与稳定性，并增强自身的生存力、竞争力、发展力、持续力。实施政策的瞄准对象和强化韧性的切入要点是生产、分配、流通、消费四大环节。社会再生产的四大环节，一方面构成新发展格局下的循环本体，另一方面与中国经济韧性的发展走向休戚相关。

第二，随着国内发展阶段、环境、条件和国外形势不断变化，构建新发展格

---

* 本文原载于《改革纵横》2022 年第 3 期。

局成为实现高质量发展的题中之义，既要紧扣习近平总书记提出的实现更高质量、更有效率、更加公平、更可持续、更为安全的发展，也要结合创新、协调、绿色、开放、共享的新发展理念。

第三，国内大循环的主体地位并不意味着闭门造车、闭关锁国。恰恰相反，以国内循环为根基对于对外开放提出了更高水平的要求。国内国际双循环相互促进，利用国际先进的要素和经验，助力国内大循环的高效畅通，是构建新发展格局的核心要务。

当前我国社会主要矛盾已经转化为人民日益增长的美好生活需要和不平衡不充分的发展之间的矛盾。构建新发展格局要实现的目标，就是形成一条高质量发展的、解决当前我国社会发展主要矛盾的道路。从我国经济社会发展的现实出发，在构建新发展格局中需要克服的诸多矛盾当中，区域发展不平衡是一个巨大的障碍。从发展水平来看，我国东部沿海的一些省市已经迈进发达经济区域行列，人均 GDP 超过 2 万美元的城市已经比比皆是；而中西部还有很多欠发达地区，还存在相当一部分低收入人口。从科技创新来看，我国东部沿海地区已经在高新技术和尖端设计领域取得一定突破，奋力融入全球高端产业链和价值链；而部分中西部地区科技发展相对滞后，融入全球高端市场的程度亟待提升。因此，在构建新发展格局的诸多要务当中，处理好区域协调发展问题是最重要的环节之一。

区域协调发展理论是新时代中国经济理论的重要组成部分。区域协调发展对于构建新发展格局的主要作用：一是以创新驱动区域发展，通过在东部发达地区建设国家级创新示范区等重大创新平台，实现先发区域带动后发区域，推动打造创新型国家；二是以平衡性协调性消融区域发展中的矛盾，优化区域产业链布局，引导产业链关键环节留在国内，鼓励东部发达地区落后产能有序梯度转移；三是以绿色发展贯穿区域发展始终，立足资源环境承载能力，对重点开发地区、生态脆弱地区、能源资源富集地区等制定差异化政策，使每一个地区都能够找到本身在新发展格局中的位置。

二、区域协调发展的理论深化

党的十九大报告确立了区域协调发展战略作为区域发展统领性战略的地位，党的十九届六中全会提出促进区域经济的平衡性协调性发展。

区域协调发展的理论深化主要体现在以下几个方面：

第一，进一步强调区域协调发展的目的是缩小区域差距。区域协调发展的最终目的是缩小区域差距，实现区域间均衡发展，具体体现为基本公共服务均等化、基础设施通达程度比较均衡、人民基本生活保障水平大体相当。改革开放之后，我国区域政策的重点是通过支持有条件地区率先发展，带动和支撑全国经济发展。随着区域协调发展战略思想的提出和付诸实践，区域政策的重点转向发挥各个地区的比较优势，强调促进区域联动和一体化发展，实现资源要素在更大范围优化配置，从而促进产业结构优化升级和发展方式转变，增强国民经济发展的后劲和整体竞争力。促进区域协调发展，需要跳出四大板块的限制，强调从全局出发谋划区域发展格局，借助网络化运输通道，在全国层面构建多中心、网络化的区域发展格局，促进生产要素在更大的空间层面上顺畅流动，形成国家重大生产力布局与生产要素分布相协调的局面，为全国经济持续优化发展提供持久动力。

第二，分类指导区域发展才能提高区域政策的精准性。我国国土面积辽阔、地区差异较大，要推动区域发展总体战略实施，必须因地制宜、分类指导、区别对待。近年来，国家在实施以四大板块为主体的区域发展总体战略的基础上，一方面，通过制定实施一系列重大区域规划，进一步细化区域政策单元，极大增强了区域政策的针对性；另一方面，因地制宜，依据各区域的特点提出差异化的发展对策和思路，有效增强区域政策的精准性。但与现实需要相比，区域政策的精准化探索仍有较大空间。促进区域协调发展，就是要在已有工作的基础上，适应形势环境的变化，落实新时代区域协调发展战略，在发展空间上，注重将点、线、面统筹考虑，宏观、中观、微观统筹结合，注重提高战略的全局性和精准性；在工作思路上，进一步突出问题导向，从而加快破解制约区域发展的突出困难和瓶颈。区域协调发展战略实施以来，在一些重大区域问题上，国家选择条件较为成熟的地区先行先试，积累了丰富的经验，在区域协调发展的长效机制方面也进行了一系列探索，并取得了积极进展，为推动完善区域协调发展体制机制改革创新发挥了积极的试验和示范作用。

第三，推动区域经济形成全方位开放新格局。改革开放以来，我国国际合作与"走出去"步伐不断加快，在对外开放领域大放异彩，进出口成为拉动国民经济增长的重要动力。从区域分布看，我国对外开放目前仍主要集中在东部沿海地区，沿边与内陆开放水平相对不高，对外开放与对内合作缺乏统筹衔接，这在很大程度上影响了对外开放水平的提升和空间拓展。新时期，扩大沿边和内陆开放已成为我国继沿海开放后的重大战略，但沿边地区基础比较薄弱、支撑能力不足，内陆地区"不沿边、不靠海"的区位条件，造成其扩大开放的相对劣势。

党的十九大报告和"十四五"规划都提出促进内陆地区、沿边、沿海地区互动联合，统筹推进对外开放与国内合作，从而使我国更加主动地融入经济全球化和区域一体化进程中，更好地参与国际竞争与合作。

第四，推动生态文明构建高效安全国土开发保护格局。加快生态文明制度建设，建立空间规划体系，划定生产、生活、生态空间开发管制界限，落实用途管制。坚定不移地实施主体功能区制度，建立国土空间开发保护制度，严格按照主体功能区定位推动发展。党的十九大报告明确提出要加快生态文明体制改革，建设美丽中国。实施区域协调发展战略，要把生态文明的理念贯穿于全过程，着力优化生产力布局，促进陆海统筹发展，推动形成人口、产业与区域资源环境承载能力相适应的发展模式；推动实施主体功能区战略，探索建立区际转移支付、生态补偿等长效机制，加强重点生态功能区保护，构建高效安全国土开发保护格局，缓解我国当前面临的资源环境承载压力，保障工业化城镇化建设需要，实现可持续发展。

三、区域协调发展的实践创新

我国在推动区域协调发展过程中的实践创新举措，主要是空间模式上的创新。

第一，多支点布局支撑区域经济发展。我国的多支点布局表现出由大的板块演进到城市群的逐渐精细化布局。从"九五"计划期末，为缩小区域经济差距，促进区域协调发展，并构建高效、协调、可持续的国土空间开发格局，我国先后出台了一系列政策措施促进中西部地区的发展，提高中西部地区对外开放水平，增强东部地区对中西部地区发展的支持，形成了四大板块战略。四大板块之间存在较大的差距，东西差距和南北差距并存，且各大板块各自又存在不同的发展问题：西部地区面临贫困落后问题，东北地区面临萧条衰退问题，中部地区面临发展停滞问题。四大板块空间格局仍然是我国区域发展政策制定和实施的主要依据之一。不断演化发展的多支点空间布局模式作为重塑我国经济地理的重要动力，不断平衡与协调我国区域经济发展格局，拓展我国经济发展的空间腹地，为我国宏观经济增长探索新的空间动力。迄今为止，全国已经形成 19 个城市群，成为支撑我国区域经济的主要支柱。

第二，带状经济区成为区域经济发展的重要空间形式。我国带状经济区的建设以及发展战略的实施，在空间上主要依托于交通干线，在内容上由相对发达的区域与欠发达的区域结合，利用交通轴线在要素跨区域转移上的便利性，优化沿线生产力布局与生产要素配置，促进整体经济发展，缩小区域间发展差距。目前我国正在实施的相关发展战略或倡议包含：利用地区间经济联系紧密而推动实施的京津冀协同发展、长三角一体化建设和粤港澳大湾区建设；依托内河航运和交通轴线建设的长江经济带，依托主要河流生态建设与高质量发展而建的黄河流域生态保护与高质量发展带。

经济带的建设是党中央对我国区域经济发展战略提出的新思路，促进了区域之间的交流和联系，推动了区域间协调机制、高层次的合作磋商机制的建立，并在一定程度上缓解了因各地各自为政而导致的资源耗费与效率低下问题。这种在巨大的空间上推动构建的新发展格局为区域协调发展新机制的探索提供了更多可能，推动我国区域协调发展向更高层次迈进。

第三，网络化发展为中国区域协调发展提供强大动力。网络化发展是我国推进区域协调发展实践中的又一巨大成就，完善的交通基础设施建设连接了各大、中、小城市，城市间的产业经济、文化等各方面的联系增多，时空距离的缩短不仅加快了中西部地区的发展脚步，也推动东部地区的转型升级。同时，交通的发展还能够缩小城乡差距，一些代表性研究也表明交通基础设施的网络属性推动了区域经济一体化进程，强化了区域中心城市向周边城市的经济扩散效应，促进了周边城市的经济增长。

我国区域经济的网络化发展得益于交通基础设施的建设。1978~2018年中国交通固定资产投资年均增速为18.17%，这一比例远高于同时期GDP年均增速的9.5%。大量的交通基础设施投资推动了我国高速公路和铁路运营里程的突破性增长。截至2019年底，全国高速公路里程14.96万千米，铁路营业里程13.9万千米，其中高铁营业里程达到3.5万千米，三者均位居世界第一。高强度的交通基础设施建设有效地降低了地区间往来的时空壁垒，增强了经济发展活力。

第四，特殊类型地区仍是区域协调发展中的重要短板。党的十九大报告对促进区域协调发展作出重要部署，提出要加大对革命老区、民族地区、边疆地区等特殊地区的支持力度。这些新的部署，是党中央立足我国国情、应对时代课题的战略安排，也是进一步推进区域协调发展的行动指南。这些特殊类型地区由于自然条件不利和经济基础薄弱，在新发展阶段应继续着力加强老少边贫地区交通、水利、能源、信息和物流等基础设施建设。其中，沿边地区作为对外开放尤其是内陆开放的直接窗口，也是构建国际国内双循环新发展格局的重要枢纽，需要从国家区域发展战略的高度，在国家相关部门的支持配合下，紧紧把握"一带一路"的政策红利，加快发展沿边开放经济和对外贸易。

第五，构建更加科学的区域政策体系。区域政策为我国经济腾飞和区域经济空间优化作出了历史性贡献。进入新发展阶段之后，密集的区域政策文件的出台推动了区域经济协调发展的深化和细化。区域发展总体战略、主体功能区战略的密切配合和一系列新区、改革试验区以及区域规划的合理匹配将极大促进我国区域协调发展格局和体制机制改革进程。下一步需要重点关注的是：区域政策出台之后的贯彻落实问题，区域协调机制的建立和区域政策体系的完善问题，一系列区域政策和区域规划出台带来的区域政策的"泛化"问题，区域政策的倾斜性与普惠化的关系问题，等等。总之，构建新发展格局在区域经济层面，需要构建更加科学的区域政策体系，以服务于区域协调发展战略的高效实施。

第六章　新时代东北振兴的
产业政策研究[*]

一、引言

东北地区曾是全国经济最为活跃的地区之一，拥有最广阔、最肥沃的平原土地，是我国最重要的商品粮供应基地之一；拥有种类最丰富、储量最高的矿产资源，是我国最重要的制造业基地之一。良好的自然禀赋、在清末及民国时期萌芽的工业基础为东北地区提供了产业现代化的优越条件。中华人民共和国最初的工业化建设是从东北地区开始的，通过统一调配资源、选择主导产业、创办企业，建立起了系统、完整的工业体系，涵盖资源采集、精炼、加工各个部门，包含设计、研发、生产全产业链，为东北地区带来了几十年的繁荣发展期，孕育了新中国最初的重工业基地。不仅如此，在东北的工业体系成型后，其输出的人员、技术、设备对其他地区的工业化发展产生了深远影响。时至今日，东北地区仍是我国大型设备制造、重化工等重工业最集中的地区之一，拥有健全的石油、煤炭、钢铁冶炼加工、汽车及其零部件制造等产业体系。改革开放后，在市场化改革、资源枯竭等内外部环境变化的背景下，计划经济时代建立起来的体系庞大的国有经济，适应不了新的环境，东北发展陷入滞缓，加之缺少应对产业衰退的有效经验，使东北一些结构单一地区面临巨大的转型压力。为扭转这种局面，2003年国家启动了包括东北在内的老工业基地振兴战略。为了更有针对性地促进企业发展，东北地区的产业政策开始转向更细致、具体的层面。在国家总体规划下，各省、市相应编制了自身的发展规划，并制定了配套的产业政策，更加关注企业的发展环境、技术条件、人才队伍，产业的关联环节、结构，行业的发展方向，内

---

* 本文原载于《经济纵横》2019年第9期。

部关联、集聚效应等方面。在投资的驱动下，东北地区一度重新进入经济发展的快车道。在宏观层面上，整体经济发展保持稳定增长，但在微观层面，东北地区持续发展的内生动力问题仍然没有得到根本解决。随着投资的驱动力逐渐下降，东北地区经济下行压力增大，产业发展出现新的问题。在总结前一阶段东北地区发展经验教训的基础上，东北地区开始布局新一轮的产业政策。新一轮的产业政策首先肯定了第一阶段产业政策的效果，把产业转型升级作为新一阶段发展的重中之重，要求进一步减轻国有企业负担，激发私营经济活力，改善整体营商环境，推动产业向中高端发展，促进企业与高新技术的结合，通过扩大开放、增强重点行业和企业的国际竞争力，重点推进资源枯竭地区的产业转型发展。可见，产业政策贯穿了东北地区发展的始终。要解决东北地区深层次的问题和矛盾，实现东北全面、全方位振兴，需要系统梳理东北地区历年的产业政策，总结其中的经验教训，并根据东北地区发展的新情况，提出更有针对性的政策建议。而这对于新时代的东北振兴具有非常重要的现实意义。

二、东北地区产业政策的历史演变

产业政策的定义在不同的文献中有着不同表述。产业政策最初由日本学术界提出，强调了产业政策在制定时就存在的目的性，通过对产业或企业的生产经营活动施加影响，以达到产业保护、扶持或调解的目的。[1] 综合来看，产业政策是政府通过调节产业结构、调整布局而干预经济发展的重要工具之一，它通过对特定产业进行倾斜或限制，改变市场机制作用形成的产业发展方向，进而实现某种经济和社会目标。我国大面积铺开产业政策是在 20 世纪 80 年代后，产业政策通过对资源的统一调配和使用，催生了经济繁荣。第七个五年计划中第一次明晰了产业政策的概念，并规划了产业结构调整的方向、要求及发展重点。在工业化初期，我国选择主导产业考虑的主要要素之一，就是通过长产业链尽可能带动更多的工业部门发展。如在 1994 年制定了《汽车工业产业政策》，将汽车产业确立为当时重点培育的主导产业；同年，国务院颁布的《90 年代国家产业政策纲要》强调基础设施领域和基础工业的建设，为我国 21 世纪初的跨越发展提供了坚实基础。随着东北、东部、西部、中部地区出现不同的发展问题，国家制定了不同的区域发展战略规划，产业政策的具体内容也相应地根据地区的情况和发展战略开始分化，产业政策对微观经济的干预更强，选择性产业政策所占比重更大。东北地区产业政策的萌芽更早，并在发展过程中间接地"试点"了国家的产业政策。在始于晚清甲午战争后的奉天（今沈阳）现代化进程中，就可以看到早期产业政策的身影，其中勘探资源、开埠通商、引进外国技术和设备、创办合资企业、引进外资企业等都被视为产业政策的重要内容。[2] 直到 20 世纪 50 年代，系统的产业政策全面在东北地区推行，并与东北地区一同经历了起伏波折。具体来看，东北地区产业政策演变主要经历了四个阶段：

第一阶段：20 世纪 50 年代到 80 年代。这一阶段的产业政策又可分为前后两个时期。前期是从"三大改造"到社会主义制度基本在东北确立。在这一时期，东北的产业政策着眼于企业劳资关系的调整和保护工商业的正常发展。如吉林省1948 年颁布的《关于保护私营工商业的决定》等文件，都提及针对受损工商业在贷款、税收减免等方面的特殊政策。后期的产业政策更加侧重于工业产业建设和集中，主要是汇集资源以完成关键项目建设、促进工业尤其是重工业的发展。同时，第一阶段也是东北地区经济发展最快的阶段。1955 年，撤销热河省并将其分别并入内蒙古自治区、辽宁省和河北省，此后东北地区就不再有省级的区划调整。1955~1978 年，东北三省的经济一直保持着高速增长，无论是经济规模还是增长速度、总量和人均值在全国都位于前列，仅次于北京、上海、天津三大直辖市。1958 年，黑吉辽三省的人均 GDP 增长率都超过了 20%，分别为 30.4%、20.3%和 31.9%。但东北地区经济抗风险能力差、韧性不足的问题也隐约暴露了出来。1961 年前后的重大自然灾害对东北经济造成巨大冲击，1961 年东北三省人均 GDP 跌幅都超过 25%，辽宁省人均 GDP 跌幅达 52.2%，为辽宁省 1955 年以来人均 GDP 的最大跌幅。随着自然灾害的冲击减缓，东北地区逐渐恢复经济的高速增长状态，并在波动中延续到 20 世纪 80 年代。

第二阶段：20 世纪 80 年代到 2003 年。这一阶段东北地区的发展重点在于经济区的开发和基础设施建设，为工业企业的发展提供良好的基础，也提出了产业的选择范围和发展方向。由于上一阶段产业政策的副作用开始逐渐显现，所以这一阶段的产业政策倾向于"打补丁"，同时学习东北沿海地区的开放经验。产业政策的内容包括：针对工业企业或产业发展技术升级、加强开放等方面的具体指导，如炼钢厂从平炉到转炉的改造；企业的区位选择和布局，如《发挥吉林省甜菜制糖工业优势的意见》（1984）；加强企业微观制度建设，注重企业制度创新，更好发挥人力、资本的力量；加强重点项目建设，筹集资源并提供技术和金融支持，为工业企业的发展提供基础，如《关于开展 1990 年国家重点建设项目后评价工作的通知》（1990）、《90 年代国家产业政策纲要》（1994）、《水利产业政策》（1997）；发挥产业优势和弥补产业劣势的指导思想与战略方针，如《东北经济区经济社会发展战略纲要》（1985）。值得一提的是，在这一阶段，关于在经济发展的同时保护环境、提高资源利用效率、避免东北地区陷入衰退等已在各类政策文件中出现，但从实践结果看，对经济增长的过度追求使东北地区错失了最早的转型机会。同时，这一阶段产业政策下建立起来的产业弊端也开始显现。一方面，国有企业生产效率低下，管理体制僵化，难以适应市场环境的变化；另一方面，随着经济的发展，国有企业承担的社会责任成为越来越重的负担，城市、企业和政府三者相互拖累。虽然这一阶段东北地区经济的宏观表现并不差，整体仍然保持中高速的稳定增长，但同时期的其他地区特别是沿海地区的经济增速和规模已经追平甚至超过了东北地区，使东北地区在相较之下不再具有发展优势，人才、技术等关键资源开始外流，经济发展进入瓶颈。

第三阶段：2003～2012年。在这一阶段"东北现象"已经出现。2003年10月，中央有针对性地提出了"振兴东北地区等老工业基地"战略。2004年1月，国务院振兴东北地区等老工业基地领导小组成立。2004年起，东北各省份分别出台了振兴老工业基地规划纲要和振兴东北地区等老工业基地工作要点等指导性文件，如《辽宁老工业基地振兴规划》（2005）、《黑龙江省人民政府关于印发哈大齐工业走廊产业布局总体规划的通知》（2005）。这些政策文件的主要着眼点在于整个区域的规划和产业发展环境的建设，可以归入宏观产业政策，设立的目的在于为不再具有竞争优势的东北地区产业重新培育竞争优势。相比于前一阶段强调资源调配和基础建设的产业政策，这一阶段的产业政策更加注重优势产业或主导产业的发展，如长春市重点发展汽车及零部件、轨道客车、农业机械、玉米深加工、光电子和光电子信息、现代中药、皮革加工、鹿产品加工、软件开发等，并提出了相关的基础建设和政策优惠措施，如《吉林省人民政府关于进一步推进特色工业园区建设的意见》（2009）；也有对具体产业发展的促进政策，如《黑龙江省农业委员会林业厅关于进一步加强蚕场保护管理和使用的通知》（2007）。在大量产业政策的促进下，这一阶段是东北地区经济增长较快的十年，产业政策更多地延伸到微观层面，在宏观层面的整体安排下建立起明确的微观政策体系。同时，"振兴东北等老工业基地"战略所配套的产业政策带来了大量投资。从2003年开始，辽宁省的固定资产投资增长率就超过了全国的平均水平，吉林省和黑龙江省的固定资产投资增长率也分别于2005年和2006年超过了全国的平均水平。2003～2012年，东北三省绝大部分时间的固定资产投资率都在30%以上，部分年度逼近50%。同样的投资情况也反映在企业层面，东北地区的企业尤其是工业企业在这十年间实现了产出的快速扩张，企业产量大幅增加，企业数量迅速增长，推动了东北地区经济的快速发展，经济增速恢复到东北建设初期的水平，创造了东北地区发展的"辉煌十年"。

第四阶段：2012年至今。在这一阶段，中国经济进入新常态"新东北现象"出现，东北地区经济下行压力较大，国家开启了新一轮东北振兴战略。这一阶段的产业政策明确瞄准了企业尤其是工业企业的结构调整、促进创新创业、强调民生改善、强化供给侧结构性改革，以此创造经济发展的内生动力和长效机制。国务院印发的《关于近期支持东北振兴若干重大政策举措的意见》（2014）提出激活市场、深化改革、推动创新和国企改革试点等11个方面、35条政策措施。《中共中央　国务院关于全面振兴东北地区等老工业基地的若干意见》（2015）明确了东北地区的战略定位、发展目标、发展理念等内容，提出到2020年东北产业迈向中高端、2030年实现全面振兴，各省根据特色，做出相应的安排，例如，黑龙江更加强调绿色农业和粮食安全，吉林省以一汽、吉林石化等大型国企为抓手促进与新经济融合发展，辽宁省立足本省的装备制造业和工矿企业加强产业升级、发展高端制造业。各省也通过规范办事流程、简化审批手续打造更好的企业营商环境，如《吉林省规范涉及企业行政执法行为若干规定》（2014）、《辽宁省人民政府关于调整工业产品生产许可证目录和简化审批程序的通知》（2018）。在地方层面，《哈长城市群发展规划》（2016）等城市群规划，明确了各个城市的战略定位和产业发展方向；《辽宁省人民政府关于印发中国（沈阳）跨境电子商务综合试验区实施方案的通知》（2018）以划定试验区的形式，完成了传统制造业与"互联网+"结合的尝试。同时，针对"新东北现象"，新一轮东北振兴战略应运而生，瞄准的是萧条区域治理的核心问题。然而，从新一轮东北振兴战略的总体安排看，东北振兴是一个长期性的系统性工程，更多的产业政策还在酝酿之中，但是随着早期布局实施的产业政策开始发挥效果，东北整体的经济已经开始出现好转。如吉林省2016年的GDP增速时隔两年再次超过全国平均水平；2016年9月，辽宁省工业品出厂价格指数上涨0.9%，结束了接近4年的负增长。但是，制约东北地区长久发展的因素仍未得到根本性解决，东北地区的人口尤其是高素质人才仍然呈现外流状态，城市化质量与经济发达地区差距较为明显，仍然存在部分僵尸企业和落后产能。因此，新时代东北地区仍然需要产业政策的支持。

总之，东北地区的产业政策经历了在政策安排方面逐渐聚焦于产业发展的个性问题，在政策作用客体方面逐渐扩散到影响产业发展的各个方面，在政策目的方面逐渐弱化对市场的直接影响的过程。从共性问题转向个性问题可以对症下药，更加适应市场环境的变化，提高产业政策实施的效率；从单一地关注产业到调整影响产业发展各方因素，可以改善经济运行的整体环境，使更多的产业受益，提高产业政策的外部效率；从直接影响市场到间接影响市场，可在解决市场失灵问题的同时，降低资源配置效率的损失，提高产业政策作用的精确度。东北地区产业政策的演变表明，虽然东北地区的经济发展经历了起伏波折，但其产业政策体系在制定和实施的过程中，不断吸取政策实践的经验和教训，逐步走向丰富和完善。

三、东北地区产业政策需要解决的核心问题

东北地区的发展与政策保持着高度的相关性。在产业政策密集生效的时期，经济发展状况较好；随着政策效果的衰减，对经济的促进作用下降，地区发展会陷入困境，也就产生了所谓的"东北现象"和"新东北现象"。事实上，东北地区所表现出来的问题并不能单纯地归因于产业政策的失效，而是产业政策在制定时存在的缺陷、在执行时产生的偏差及东北自身问题共同作用的结果。在此基础上，可以梳理出东北地区发展面临的核心问题，进一步探寻东北地区产业政策在制定和执行过程中缺少了哪些关键环节，为新时代东北地区的产业政策制定提供借鉴。

（一）资源枯竭导致的资源型工业企业迅速衰退

东北地区矿产资源储量庞大、种类丰富。得益于此，东北地区较早地产生了现代工业的萌芽。早期的产业政策也是在其基础上形成了资源开采、精炼、加工的完整产业体系，但整个工业体系的产业链不长、中间产品占比较高，各个企业的生产规模都很大，但形成的最终产品却相对较少。[3] 同时，资源的富集使资源利用效率被忽视，因为资源禀赋的优势足以抵消边际报酬的递减，所以在资源使用过程中，量的投入始终大于质的提高。虽然在东北地区发展初期的产业政策中，明确提出了警惕资源枯竭之后的衰退，但很明显，受到官员考核机制、地方财税体制等体制机制的制约，可持续发展观并没有建立起来。随着连续多年的粗放式发展，东北地区一些资源型城市迅速进入枯竭期，且资源枯竭后爆发的问题更加明显。2008 年国家第一批确定了 12 个资源枯竭型城市，随后在 2009 年和 2011 年分别确定了 32 个和 25 个资源枯竭型城市。而东北三省及蒙东五盟市在三批资源枯竭型城市中分别有 6 个、11 个和 4 个，分别约占其中的 1/2、1/3、1/6，约占总数的 1/3（见表 6-1）。由于资源的快速枯竭，大部分资源型城市没有做好产业转型发展的准备，一方面，面临支柱产业迅速衰落、新兴产业势小力微的窘境，经济乏力，无以为继；另一方面，粗放型的资源开采带来大量的社会

问题，使地方财政背上沉重的负担，例如塌陷区由于过度采掘带来矿难频发，导致其不可避免地陷入衰落。以阜新、盘锦、辽源和白山四个第一批资源枯竭城市的经济发展情况为例，四个城市的经济增长率在 2007~2009 年形成了一个明显的分水岭，之后几年 GDP 增速逐年下降，最高跌幅超过 15%。资源枯竭首先导致采掘业产值的大幅下降，对整个产业体系形成冲击，加之没有较长的产业链、密集的产业网络分担这种冲击，使资源枯竭对其关联的产业造成非常大的消极影响，并导致整个东北地区的工业经济效益进一步恶化。

表 6-1　东北地区部分资源枯竭城市

所在地区	第一批	第二批		第三批
内蒙古自治区	阿尔山市			
辽宁省	盘锦市	抚顺市	弓长岭区	
	阜新市	北票市	杨家杖子	
		南票区		
吉林省	辽源市	九台市	敦化市	汪清县
	白山市	舒兰市		二道江区
黑龙江省	伊春市	五大连池市		鹤岗市
	大兴安岭地区	七台河市		双鸭山市

资料来源：国家发展和改革委员会网站。

（二）企业规模庞大且转型升级困难

由于工业企业对基础设施条件有比较高的要求，同时需要大量的前期投资，所以东北地区发展初期形成的完善的工业体系也得益于产业政策的安排。东北地区的企业尤其是工业企业是以国有企业为主，即使经过了大规模的市场化改制，国有经济尤其是涉及国民经济命脉的产业，其所占比重依然很大。以辽宁省的规模以上工业企业为例，《辽宁统计年鉴 2018》显示，2015 年辽宁省 12304 家规模以上工业企业中，有国有控股企业 606 家，虽约占全部企业的 5%，但容纳的就业人口占全部规模以上工业企业就业人口的 1/3，且约占全部规模以上工业企业资产的 48.3%。然而，这些国有控股企业的经营状况并不理想，全年国有控股规模以上工业企业的净利润为-96.13 亿元。庞大的资产规模、大量的就业人口使东北地区的企业转型举步维艰，因为在转型升级过程中不仅涉及企业发展的经济问题，更涉及失业人口安置、地方政府财政收入等多方面问题，转型阻力巨大。

同时，由于东北地区能源产业和原材料工业的比重较高、产业规模庞大，且关联产业较多，但加工深度和技术含量不足，所以对抗外部风险的能力偏弱。在外部冲击发生初期，这些主要产业容易迅速衰退，无力支撑产业的转型升级。然而，随着工业化和信息化的不断深化，尤其是工业4.0对工业企业与信息技术等高科技技术的结合提出了更高要求，迫使企业在长期发展和短期存续间进行抉择。对于东北地区绝大部分企业，外有政府的不断输血和企业转型升级的各方面压力，内有尚未被消耗殆尽的工业基础优势，因此，即便面临处于产业链条和价值链条中低端、产品附加值低、市场竞争力弱等窘境，大部分企业还是倾向于优先满足企业的短期存续需要，具体表现为东北地区企业的创新能力不足、市场适应力差、技术附加值低。以高新技术产业为例，东北地区的高新技术产业不论是在质量上还是数量上，都与东部发达地区有着巨大差距，同相对落后的西部地区也有明显差距。2012~2016年，除东北地区以外，东、中、西部地区的高新技术产业企业数目都在增加；但从利润总额看，东北地区在企业数目下降的情况下保持着企业利润增加的趋势，说明在微观层面，企业的经营状况得到改善。2016年，我国东部、中部、西部和东北地区高新技术产业企业利润总额占全国的比例分别为69.7%、14.4%、12%、3.9%。相比于2012年4.84%的占比，东北地区高新技术产业企业利润总额占全国总额的比例下降幅度较大；综合各年数据看，2012~2016年，东北地区的占比幅度持续下降。2012~2016年，东北地区高新技术产业新产品销售收入也与利润总和的变化趋势一致，2016年仅占全国总额的1.5%。

（三）国有企业社会负担重

东北企业的社会负担不同于微观经济学中企业社会责任的概念，是在长时间的计划经济作用下，企业、城市和地方政府关系扭曲所形成的一种现象。如企业开办学校和医疗机构，负担下岗职工生活费等费用，甚至部分企业还需负担厂区附近居民的供水、供电、供气等。简言之，职工为企业工作，企业则需要提供职工生活的必需服务。此外，国有企业还需参与地方建设和发展，如缓解地方就业压力，参与地方福利和公益项目建设等。[4] 在东北地区发展初期，企业承担社会责任和城市职能是不得已而为之。一方面，在经济发展较为落后阶段，城市发展质量低，所能提供的公共服务和社会保障覆盖面小、层次低且不够健全；而企业自身发展良好，同时享有优惠政策，有余力补足这部分职能。另一方面，在东北工业发展初期，油田、矿藏远离城市，需要建设配套的生产基地和后勤保障体系，并逐渐发展为城市。无论是哪种路径，最终都会让企业附带各式各样的社会职能，最终形成所谓的"企业办社会"。根据国资委调研估算，黑龙江省仅龙煤集团一家为企业兴办的学习和医疗机构、退休人员管理、消防市政及员工住宅的供水、供电、供气、物业等项目的支出就曾达到 3 亿元。这种"企业办社会"既给企业增加了负担，又不利于城市职能的完善，最终陷入"企业经营状况恶化—政府补贴企业—挤占城市建设资金—城市难以承接企业职能—企业负担加重，经营状况恶化"的恶性循环中。事实上，剥离企业的社会职能在 20 世纪 90 年代的产业政策已经有所体现，但各个企业承担的社会职能不同、程度不同，与企业割离后的预算费用难以确定。与其他地区相比，东北地区的城市和地方政府提供社会服务的能力仍然不足，承接具有一定难度；长时间的"企业办社会"导致企业和职工都把企业的社会职能作为职工福利。最终，国企的优质资产被剥离成为单独的经济单元，但原有的社会职能依然保留在企业内部。换句话说，企业社会职能剥离进展缓慢，无论是在东北经济的高速增长期还是下行期，企业的社会负担都没有明显减轻。

（四）民营经济不活跃

东北地区原有的工业体系是其天然的资源优势、自身的工业基础和国家的产业政策共同作用形成的，工业企业进入门槛高，单凭市场力量完成融资困难，所以主要企业中影响力较大的大型国有企业居多，加上其吸纳了大量投资，造成显著的挤出效应，导致民间投资被大量挤出，民间资本市场不活跃且发展相对滞后，成为经济发展的短板。这一点在计划经济时期国有企业"大而全"的发展模式下相对并不突出。但在市场化改革后，国有企业面对竞争压力，不得不抛弃部分职能和部门，而受制于有限的民营经济，被切割掉的部门无法从民营经济中获得有效补充，导致产业链条出现缺失，经济运行效率下降，不同产业无法通过上下游产业建立联系并形成产业网络。与其他新兴工业区相比，东北地区最突出的特点之一就是规模庞大的国有经济和相对弱小的民营经济。从 2015 年不同性质企业的就业人口比重为例看，辽宁省、吉林省和黑龙江省国有企业就业人口占总就业人口的比例分别为 23.4%、21.4% 和 39%，而江苏省、浙江省和广东省的该项数值仅为 8.3%、8.59% 和 8.6%。而民营经济性质企业的就业人口占总人口的比重，辽宁省、吉林省和黑龙江省分别为 48.3%、56.6% 和 36.95%，江苏省、浙江省和广东省分别为 56%、58% 和 56.7%。综合来看，东北地区民营经济总量小、产业层次偏低、整体竞争力弱；在微观企业层面缺少龙头企业，且企业规模普遍偏小。但需要指出的是，东北地区民营经济的发展模式不同于新兴工业区。在部分沿海地区，民营经济可以作为工业产业和带动经济发展的主体，但东北地区有着独特的区情，其国有企业特别是在重点行业的国企垄断、央企垄断情况在短时间内难以改善，某些领域也难以在短时间内完全放开、允许民营资本进入，因此，东北地区民营经济的发展仍需注重与现有主导产业的关联，联通产业上下环节，构建完整的产业体系网络。

四、东北地区产业政策的缺陷

"东北振兴"战略提出后出台的一系列产业政策，从宏观经济效果看直接带来了东北经济的"辉煌十年"，但也不可否认对产业政策的过度依赖间接导致东北经济下行，并与发达地区差距不断拉大。从已有的研究和政策评价看，结论也莫衷一是。如魏后凯（2007）肯定了东北振兴战略及其相关产业政策的积极作用。[5] 慕晓飞和雷磊（2011）得出东北地区空间不均衡的结论，认为产业政策的实施有助于改善东北地区的空间格局。[6] 董香书和肖翔（2017）的实证研究表明，东北振兴战略显著提高了东北地区企业中间品投入的比重，使企业产出增加但利润下降。[7] 邓仲良和张可云（2017）认为，产业政策中的竞争性奖励可以激发成熟产业的活力，避免过早进入衰退期。[8] 江飞涛和李晓萍（2010）认为，产业政策带有太多计划经济的色彩，政府干预太强，市场作用很小。[9] 王娟和郑浩源（2017）通过对东北地区宏观数据的度量认为，从2003～2008年的政策效果最为显著，这也解释了这一阶段东北地区经济的高速增长；相对来说，2009～2013年的政策效果逐渐弱化。[10] 可以肯定的是，东北振兴期间的产业政策确实在东北经济下滑时为其注入了活力，而后一阶段问题爆发的原因，更多在于政策效果的衰减及当时的产业政策不够完善、缺乏灵活性，未形成系统的支持体系。结合"东北现象"的成因及东北振兴期间产业政策的重点，可展现东北振兴期间的产业政策依照什么样的路径推动了东北地区经济的腾飞，又有哪些方面需要调整和完善。

（一）对培育内生增长动力关注不足

东北地区集中发展以化工和制造业为主的第二产业的产业发展模式，导致企业对投资有着很强的依赖性，无论是新兴产业建设、原有产业的转型升级，还是现有主导产业扩大规模，都需要大规模的投资作为支撑，而产业政策带来的投资可对大范围内的企业产生积极影响。[11] 因此，2003年东北振兴战略实施以来，固定资产投资一直是东北地区政策支持的重要手段之一，初期的固定资产增速也显著高于全国平均水平，大量资本跟随各种产业政策涌入，极大地扩充了东北地区的固定资产投资规模，无论是规模水平还是增速均位于全国前列，2000年后形成的区域差距快速缩小。但是，随着经济下行压力逐渐增大，在外部环境和内部条件共同作用下，东北地区经济持续低迷，投资吸引力下降。东北地区固定资产增速随着产业政策的密集发布快速提高，之后逐渐放缓，最终出现了快速下降。造成这种现象的主要原因是产业政策没有在东北地区经济恢复高速增长的时期完成地区发展内生动力的培育目标。在"东北振兴"的十年间，东北地区工业企业的产出明显扩张，与之相伴的是大规模中间产品的生产，投资的驱动力在各个企业尤其是制造业企业之间被稀释，真正能够转化为企业升级转型动力的寥寥无几。此外，这一时期的产业政策过多关注"扶持"而非"发展"，对金融业、信息传输、软件和信息技术服务业、租赁和商业零售业等这些能在长期促进企业发展的行业投资比例明显低于全国平均水平。东北地区固定资产投资中分配给高新技术企业的部分也偏低，在全国高新技术企业固定资产投资保持高速增长的时期，东北地区反而呈现负增长。

（二）政策影响深度不够

破解"资源诅咒"、化解资源枯竭对地区发展的冲击是东北地区产业政策的一个关键目标，但已有的产业政策更多倾向于在问题所导致的结果上做文章，很少真正触及产生问题的根源，即产业政策的影响深度不够。对于东北地区，资源枯竭对产业发展的冲击只是种种内在原因表现出来的结果，产生问题的根源还是在于经济发展模式、地区发展观念没有适时改变。东北地区资源丰裕，企业缺少人力资本积累的动力，即在短期积累人力资本的收益成本比远低于自然资源直接投入的收益成本比，导致东北地区虽有良好的高等教育资源，却没能充分发挥其优势，大量具有较高知识水平和技能素质的劳动力流出，知识创新缺乏机会。直到新一轮的东北振兴"人"这一生产要素的重要性才得到正视，从政府到企业开始着力解决人口尤其是高素质人才流出的问题。现行的资源所有、开发制度将资源的所有权、行政管理权和经济上的运营权分立，但却没有建立三者之间的制衡机制。资源的所有权在经济上没有体现，导致资源的过度消耗、利用效率低，企业只重开采而缺少对资源的保护。同时，没有统一的资源经营收益分配渠道，各级经济主体都会争取参与其中，造成地区资源权属纠纷。这些问题都是产权制度不清晰、市场规则不健全的反映，并影响了整体的营商环境。同样地，这些问题也是前期的产业政策所忽视的部分。

（三）政策作用客体单一

由于东北地区拥有大量规模庞大的工业企业，这些企业对区域发展影响深远，所以东北的产业政策更倾向于选择企业作为政策客体，而忽略了很多其他的关键客体，例如，城市建设尤其是通过城市公共服务和社会保障建设间接推动企业发展，导致政策作用客体单一、覆盖范围较小。得益于率先起步的工业化进程，东北地区的城市建设也领先于全国绝大部分地区，东北地区尤其是辽宁省至今仍是全国城市化率最高的地区之一。但对于东北地区的城市群，城市化率高但城市质量偏低。2014 年，辽宁省城镇化率达到 67.05%，在全国各省份排名第二，沈阳市城镇化率更是高达 80.55%。但从更长的时间维度上可以发现，东北地区的城市公共服务和城市设施不仅与北上广深等城市的差距逐渐扩大，而且已被杭州、郑州等新兴城市赶超。在过去的产业政策中，城市建设尤其是城市公共服务和城市设施建设一直被忽视。在东北经济增长的"黄金十年"中，固定资产投资大幅增加，但东北地区的城市建设投入却没有呈现相同的增长趋势，其城市基础设施如人均公路里程、人均公路面积、城市照明等数量的增长均低于全国平均水平。同时，东北地区的城市质量也未能跟上全国城市发展的步伐，如绿化覆盖率、公共文化、体育设施数量等指标的增幅也落后于全国的平均水平。城市发展质量提升陷入瓶颈，一方面，使区域对人才尤其是高端人才的吸引力持续降低，不利于扭转人才"失血"的局面；另一方面，城市发展质量不高，公共服务和社会保障供给不足，难以肩负承接企业割离的社会服务的任务，无法从根本上解决"东北现象"。

五、新时代东北振兴的产业政策建议

随着国家的各项事业发展进入"新时代"，单纯产出的增加已经完全不能适应新的经济形势的要求，或者说单纯量的增长而没有质的提升的发展路径在当前去产能、供给侧结构性改革的背景下难以维系。东北地区工业企业的发展面临严峻挑战：国内外的制造业竞争日趋激烈，德国的"工业 4.0"战略、美国的"再工业化"战略无不强调发展制造业的重要性。制造业在经济发展体系中的再度崛起与新一轮东北振兴的时机高度契合，是近几年来东北地区工业企业尤其是装备制造业复兴的最好机会。应积极推动制造业与信息技术、互联网技术的融合，充分激发对市场反应较为敏感的中小企业的活力，发挥国有企业原有的人才、技术、资本积累优势，把握市场需求的变化，重新培育核心竞争力，重塑市场竞争中的优势。

（一）建立产业政策长效机制和微观支撑

从短期看，产业政策对工业企业产出的促进作用是肯定的。因此，首先要肯定产业政策的作用和价值，而且在短期需要加大产业政策的支持力度，给予更多的政策红利，同时注重舆论的宣传和引导，扭转老工业基地的落后形象。但从长期看，产业政策作用效果的衰减和作用的局限性是客观存在的，所以需要建立产业政策的长效机制，构建系统、递进、柔性的产业政策体系。[12] 例如，进一步出台和明确科技创新型企业进驻东北地区的优惠政策，同时给予本地科技创新型企业更多的鼓励和支持，引导小微企业与现有国有企业联合发展，通过小微企业的灵活性逐渐带动大型企业的技术升级。加强企业与科研院校的合作，建立产学研结合的联合人才培养体系，同时加大人力资本投入力度，从更多维度考量人才需求。建立综合的科技研发人才的培养和引进体系，促进企业转型升级。在产业政策的具体实施过程中，要注重通过地区营商环境的构建和改善，最大化政策驱动效应。东北地区的产业政策伴随了东北经济的起伏，对其进行梳理总结可以发现，东北经济的起伏在已有政策文件中是有所预料并有所准备的，但受限于许多配套性的政策支撑制度未能有效构建成完整的体系，导致大量的产业政策执行不到位，反而使一些政策优惠演变为无效补贴甚至滋生寻租空间。因此，在产业政策制定和执行过程中，必须注意构建各类配套政策体系。如对科技创新企业入驻的鼓励和优惠措施、对营商环境改善的具体措施、对引进先进技术设备的补贴措施等，加大人力资本投入和科技创新力度，改变现有简单的政策优惠措施，通过政策优惠诱导企业向高效率、高收益发展模式转型。

（二）运用政策工具提升制造业的科技水平

通过对已有政策文件、研究文献的梳理可以发现，产业政策极大地推动了东北地区大型装备制造业的发展。这是东北地区最为典型的优势，同时其转型升级问题也相当严峻。东北地区的产业基础扎实，装备制造业主要依赖大型国有企业。这些大型企业具有很强的大规模标准化生产能力，但面临转型问题时则显得十分"笨重"。因此，应充分利用国有企业和民营经济各自的优势，发挥大型企业标志性技术、标志性产品的优势，发挥小企业灵活、柔性生产的优势，将大型企业作为产业发展的主干，小企业作为分支向市场延伸，适应市场需求的变化，组成紧密的产业网络，共同提升市场竞争力。东北地区产业底蕴丰厚、优势资源明显，只是在地区发展中没有发挥出应有作用。例如，对于绝大多数东北地区企业，人才和科学技术仍是主要瓶颈。东北地区拥有良好的教育资源基础，尤其是工学基础，其著名的大学基本都是以理工科见长，如哈尔滨工业大学、东北大学、大连理工大学、吉林大学等，同时还有一大批优秀高校和职业技术学院，教育体系完善。但受发展环境的限制，优秀毕业生往往受到其他地区工作条件和发展平台的吸引，导致大量人才外流，地区的教育资源向经济发展推动力的转化率较低。再如，作为东北地区汽车整车制造的核心企业，一汽集团在发动机、变速箱等零部件方面拥有技术优势，但受制于其产品及新兴信息化、智能化技术的研发短板，其市场地位与自身实力并不相符。因此，在制定产业政策时，不仅要找到企业、产业的优势，还要补齐不足、消除隐患，不断提升制造业的科技水平和地区人才储备。

（三）促进产业发展方式转变和结构优化

东北地区的产业政策为当地企业带来巨额的固定资产投资，虽然可在短时间内实现企业和行业的规模经济，但没有从根本上解决企业长期发展的动力问题。随着产业政策作用效果减弱，或者外部经济环境发生改变，企业将缺少长期发展动力。因此，首先，对于新兴主导产业，需要设计长远规划，建立完善的配套产业政策，同时通过高新技术的引入和应用，与传统制造业相融合，实现转型升级，并在此基础上推动生产服务业的发展。其次，建立企业技术进步支持长效机制。产业政策可以通过直接扶持或者技术、人力的支持实现企业的技术升级，但外生力量的作用没有办法保证企业技术的持续更新，因此，产业政策的方向应更多转向为企业的科技进步提供更加良好的条件。例如，为创新活动提供补助和税收减免，重视人才的储备和培养，设立专门的政策和专项基金，加强本地区与外地区的交流沟通等。

（四）提升东北地区城市质量，完善产业发展载体

城市是产业发展的重要载体，与全国平均水平相比，东北地区的城市质量已不再具有优势，需要实现跨越式发展。例如，通过产业政策鼓励信息技术的应用，以物联网为载体，对城市的自然、经济、社会系统进行智能化改造，重组传统的工业和服务业，提升城市的承载力和发展效率；转变营造营商环境类产业政策的切入点，明确以城市的功能服务和民生提升为导向，从交通、医疗、卫生等城市居民的基本需求入手，引入更多企业，建立竞争制度。同时，注重多元化的宣传和推广手段，扩大智能城市的普及范围；发挥东北地区的教育资源优势，夯实技术基础，优化技术创新和开发环境，推动与高校、科研院所的产学研合作，注重人才队伍建设，将城市的功能发展与城市培育的高新技术产业相融合，并形成产业集群。在提升城市硬件基础的同时，还要注重城市软实力的提高。城市文化会逐渐扩散蔓延，不仅会影响邻近郊区，还会与城市关系密切的企业互相影响。企业文化、城市文化和地区的风俗习惯相互交流、影响、融合，会形成特有的城市文化，而良好的城市文化会引领区域未来极长时间的发展方向，最终形成一个城市的城市名片。城市名片是一座城市文化的集中体现，也是文化建设最为便捷的手段。打造城市名片，需要更多促进文化产业发展的产业政策，加强文化

服务体系建设。构建全面系统的文化产业，在补充硬件设施的同时，保证与城市规划、环境、文化习俗相契合。文化产业政策要以文化的传承和积累为核心，避免过分重视盈利的短视行为，从文化传承路径着手，建设具有内涵的、体验式的文化产业或产品，建设环节完整、核心突出的文化产业链。

参考文献

［1］下河边淳，曾家茂.现代日本经济事典［M］.北京：中国社会科学院出版社，1982：182.

［2］喻大华.晚清东北政策的调整与奉天现代化的启动［J］.明清论丛，2017（1）：174-185.

［3］［7］董香书，肖翔.“振兴东北老工业基地”有利于产值还是利润？——来自中国工业企业数据的证据［J］.管理世界，2017（7）：24-34+187-188.

［4］林毅夫，付才辉.基于新结构经济学视角的吉林振兴发展研究——《吉林报告》分析思路、工具方法与政策方案［J］.社会科学辑刊，2017（6）：5-20.

［5］魏后凯.东北经济的新困境及重振战略思路［J］.社会科学辑刊，2017（1）：2+26-32.

［6］慕晓飞，雷磊.东北经济重心演变及区域发展均衡性研究［J］.经济地理，2011（3）：366-370.

［8］邓仲良，张可云.产业政策有效性分析框架与中国实践［J］.中国流通经济，2017（10）：89-99.

［9］江飞涛，李晓萍.直接干预市场与限制竞争：中国产业政策的取向与根本缺陷［J］.中国工业经济，2010（9）：26-36.

［10］王娟，郑浩原.东北振兴政策与东北经济增长——基于PSM-DID方法的经验分析［J］.东北财经大学学报，2017（5）：84-91.

［11］Matthew Freedman. Persistence in Industrial Policy Impacts：Evidence from Depression-era Mississippi［J］.Jurnal of Urban Economics，2017（102）：34-51.

［12］Ham J C，Sweson C，Imrohoroglu A，Song H. Government Programs Can Improve Local Labor Markets：Evidence from State Enterprise Zones，Federal Empowerment Zones and Federal Enterprise Community［J］.Public Economics，2011（95）：77-97.

第七章　探寻新时代西部大开发 2.0的新方位*

　　西部地区是中国区域经济格局当中的后发地区，这一区域经济发展一直具有特殊的意义。改革开放之后，西部地区与同一时期的东部沿海地区发展的差距不断拉大，区域协调发展面临新的挑战。1999年底，中央提出进行西部大开发，优化宏观格局迎来新的机遇。2020年5月，《中共中央　国务院关于新时代推进西部大开发形成新格局的指导意见》发布，为"十四五"时期的西部大开发指明了新的方向，具有重要现实意义和深远历史意义。

第一节　20年西部大开发历程回顾

　　1999年西部大开发战略的提出。是改革开放以来贯彻"两个大局"战略的重要举措，对中国区域协调发展战略具有关键性的影响，可以从以下几方面回顾：

　　西部大开发的空间基础。中国东南地区地狭人稠、西北地广人稀是中国自古以来的现实情况。1935年，中国地理学家胡焕庸教授提出"瑷珲—腾冲线"，即后世所称的"黑河—腾冲线""胡焕庸线"，理清了中国人口地理的重要分界，成为中国区域空间格局划分的重要依据。"胡焕庸线"主要描述了中国人口密度在不同地区的分布，其中全国96%的人口分布在线之东南，线之西北的人口数量只占4%。

---

* 本文原载于《人民论坛》2020年第26期。

1999 年，我国启动西部大开发战略，"西部"的地理范围大体就是依据"胡焕庸线"以西广大地区为基础所形成的地域。从行政区域看，包括了当时的西南地区的 5 个省区市和西北地区 5 个省区，以及广西和内蒙古两个自治区。西部大开发政策覆盖面积约为 685 万平方千米，占全国国土面积的 71.4%。2002 年底，该区域人口为 3.67 亿人，占全国的 28.8%。2003 年，国内生产总值 22660 亿元，占全国的 17.1%。西部地区自然资源丰富，市场潜力大，战略位置重要。但由于历史、自然、社会等原因，西部地区经济发展相对落后，人均 GDP 仅相当于全国平均水平的 2/3，还不到东部地区平均水平的 40%，因此迫切需要加快改革开放和现代化建设的步伐。

　　西部大开发战略模式与背景条件。英国经济学家罗森斯坦·罗丹提出，落后地区的开发需要有一个强大的外部力量对其经济发展产生足够大的推动作用，需要投入大量的外部资本，推动落后地区各行业的发展。鉴于地区经济发展过程中的产业整体性和相互影响的特点，也就是鉴于存在外部经济的不可分性特点，需要在各个领域产生强大的推动力。在这种外部性特征下，很容易看出社会基础设施建设的重要性。社会基础设施应优先于其他生产性的投资，率先达到一定的规模，形成有利于经济发展的外部性，同时带动相关产业的发展。多部门的同时投资能够引发不同产业部门之间的相互需求，带动互补产业发展，形成全面合力开发。根据上述理论我们可以发现，西部大开发采用基础设施先行、特色产业跟进的战略模式，是充分考虑了我国西部地区经济社会发展特点所提出的全面振兴的战略。当时我国西部地区社会经济水平落后、交通等基础设施水平较低，面积广大而且人口众多，不是孤立地开发几座矿山、兴办几家企业就能带动得起来的。西部大开发的目标是社会经济发展水平的总体上升、人民生活水平的提高、生态环境的改善和边疆国土的安全与稳定。因此，全面振兴战略是要西部的政治、经济、教育、文化、科技、经济社会环境和生活生产方式都向沿海地区相似的目标推进，实现现代化。

　　我国的西部地区有很强的地域性特点，并从资源分布、人文特色、生态环境等多方面表现出来。鉴于西部地区面积广大、发展条件差异大，西部大开发应该有重点地选择一些资源富集或交通沿线或有较大带动力的城市进行重点布局。这些地区的特点是往往已经具备了一定的产业基础，历史积淀比较多，有条件保证投资效果，同时，在国内外投资方面也有一定的优势。

　　西部大开发的成效。2001~2010 年，西部大开发的重点是调整产业结构，做好基础设施、生态环境、科技教育等基建工作，做好老少边穷地区的工作，建立和完善社会主义市场经济体制，挖掘培育特色产业，打造重点地区性增长点，改善投资环境，控制住生态环境的恶化，着力培育经济良性循环能力，大力招商引资，着力建设一批标志性工程，确保西部大开发有个良好的开局。

2011~2020 年，在前期基础设施、制度建设和结构调整的基础上，西部地区进入加速发展阶段，这一阶段的主要任务是巩固提高已有基础，发展壮大特色产业，培育现代化产业体系，推进经济和市场发展的全面升级，提升区域布局水平，形成多个带动力强且层次结构合理的增长极，实现经济增长的提升。

根据国家发展改革委发布的相关信息，1999~2019 年，西部 12 省（区、市）的 GDP 从 1.5 万亿元增加到 20.5 万亿元，占全国比重达到 20.7%，提高了约 3.6 个百分点。年均增长 10.9%，高于全国平均水平。基础设施中的交通运输网络拓展加密，空间可达性提升。截至 2019 年底，西部地区铁路营业里程 5.6 万千米，其中高铁 9630 千米，高铁已连接西部大部分省会城市和 70% 以上的大城市。现代产业体系基本形成，建成了一批国家重要的能源基地、资源深加工基地、装备制造业基地和战略性新兴产业基地。人民生活水平持续提高，2019 年西部城镇和农村居民人均可支配收入分别达到 3.5 万元和 1.3 万元，是 1999 年的 6.5 倍和 7.8 倍。这些成就的取得，为新时代的西部大开发积累了坚实的物质基础。

第二节　新时代继续做好西部大开发的 8 个重要新方位

2020 年 5 月，《中共中央　国务院关于新时代推进西部大开发形成新格局的指导意见》（以下简称《指导意见》）发布，强化举措推进西部大开发形成新格局，是党中央、国务院从全局出发，顺应中国特色社会主义进入新时代、区域协调发展进入新阶段的新要求，统筹国内国际两个大局作出的重大决策部署。党的十九大后，实现区域协调发展已经成为国家经济发展中的重要议题，新时代继续做好西部大开发是我国贯彻新发展理念、建设现代化经济体系的重要一步。

从发展条件看，经过 20 年的发展，西部地区整体上已经得到巨大的提升，具备了较为雄厚的物质基础，但西部地区发展不平衡不充分问题依然突出，巩固脱贫攻坚任务依然艰巨，与东部地区发展差距依然较大，维护民族团结、社会稳定、国家安全任务依然繁重，仍然是全面建成小康社会、实现社会主义现代化的短板和薄弱环节。从国内外经济形势看，进一步开发西部能够带动内需，推动我国经济增长。因此，新时代推进西部大开发形成新格局，就要在区域经济发展上形成新的方位。

1. 交通基础设施建设的新方位

交通基础设施不完善是很多地区经济落后、发展缓慢从而抑制了生产性工业企业建立的原因。西部地区交通基础设施的建设程度，决定了经济腾飞的可能与否，也决定了经济发展的最大体量。经过 20 年的发展，西部的交通基础设施已经发生了质的飞跃。例如，西部地区的人均公路里程已经超过了东部地区和中部地区。《指导意见》强调要加强横贯东西、纵贯南北的运输通道建设，拓展区域开发轴线，提出了川藏铁路、沿江高铁、渝昆高铁、西（宁）成（都）铁路等重大工程项目。

由此我们可以看出，新一轮西部大开发，交通设施建设不是在空白地上画图，而是在现有基础上提升。新时期交通基础设施建设的新方位：一是通道建设，包括西部内陆与东部沿海地区的通道，保证国家东部与西部，特别是与新疆地区的联系畅通；同时也包括南北联系的通道，把西部的南北国土串联起来。二是枢纽建设，西部地区的客货流枢纽尚未全部建设起来，以中心城市为核心的综合运输枢纽的建设，对西部大开发的意义是十分重大的。三是注重效果，提高单位土地面积上的交通线路的里程，要求从公益性或准公益性项目的建设出发，规划交通线的建设；提高西部地区交通运行效率，让管理水平跨上一个新的台阶。

2. 产业体系发展的新方位

综观《指导意见》对推动形成西部地区的现代化产业体系的部署，我们可以发现，发挥比较优势、产业集群化发展、培育新动能、促进信息技术应用是几个主题词。

广大的西部地区，无论是过去还是现在，其最大的优势都是资源丰富，而资源优势也是培育新动能的目标所在。西部大开发中的经济发展。不可能离开发展资源产业。需要解决的关键问题是如何将资源优势转化为产业优势，怎样通过资源加工提高产品的价值量。重新审视资源型产业。我们看到全球有众多通过发展资源产业而成功进行了区域开发的例子，如加拿大、澳大利亚等国的资源产业产值至今仍然在国民经济中占据很大的比重。所以，我国西部大开发当然也可以发展资源产业，开发资源做东部和中部制造业的资源基地。所谓"开发资源是殖民地经济"的论调是站不住脚的，问题在于如何发展而不是能不能发展。川南、陕北、东疆的天然气，呼包鄂榆、宁夏、新疆、贵州的煤炭，攀西的钒钛磁铁矿，川西、滇西、黄河上游的水力资源，塔里木、陕北、青海的石油，等等，都具有成为主导产业的资源优势。开发优势资源，让西部地区的经济跨上一个新台阶。

产业集群化发展是东部地区和中部地区改革开放以来的成果经验所在。西部地区的产业集群化，需要走出自己的路子来。浙江自发式的产业集群化发展模式、广东专业镇式的产业集群化发展模式、河南政府规划产业集聚区的发展模式，哪一种方式在西部更有基础、更适合西部区域经济发展的实际，尚缺少明确的判断。但是，产业集群化发展无疑是新时期西部产业发展的必由之路。因为在西部这样广大的地域，产业发展只有按照带状的分布、点状的聚集才能最充分利用空间资源，也才能取得最好的效果。

3. 旅游业发展的新方位

西部地区旅游资源丰富，高山大川、森林草原、大江大河大峡谷、名胜古迹、风土民情等对中外旅游者有巨大的吸引力，发展旅游业具有相当大的潜力，旅游业也有能力成为其优势产业。西部大开发以来，西部地区的旅游业发展很快，对经济发展的作用也很突出。旅游业本身包括观光、休闲、度假，还可以拓展出会议、健康、养老、文化产业，组织体育、教育、科技等活动。

深化旅游资源开发、信息共享、行业监管、公共服务、旅游安全、标准化服务等，是旅游业发展的方向。提升旅游服务水平是目前西部地区的当务之急。当前，西部地区的观光线路大体上已经形成，下一步的重点是向旅游专业化的方向发展，可以规划若干个度假城、会议城、文化城、体育城、科学城等，提升旅游的档次，提高游客的舒适度，也提高旅游的经济效益。特别需要提出的是，西部大多数旅游区都需要走出仅仅依靠门票收费的阶段，向旅游产品的广度进军。实现这个目标靠的是服务，不是其他。

4. 制造业发展新方位

西部地区中的一些省、市、区有很好的制造业基础，具备一些规模较大的骨干企业，在西安、重庆、成都、兰州、昆明和乌鲁木齐等地，已经形成了制造业的产业中心。

依托现有制造业的发展基础，这些地区可以引进发展部分高新技术产业，通过高新技术产业与其他产业的融合、带动和配套等，提升区域制造业科技水平，继而提升区域整体制造业的产品质量、技术水平、设备水平、运营水平和企业管理水平，形成地区自我发展的可持续力量。积极鼓励创办个体、私营、股份制等企业，增强对创新创业的支持力度。

在某些西部地区的制造业当中，军工技术和产业有一定的基础，生产体系较完善，产品竞争力较强，完全可以发展为地区的主导产业。在这方面要考虑加大"军转民"和"军民融合"，同时加强科技攻关力度，增强产品竞争力。案例方面，可以借鉴美国用军工产业带动西部开发的经验。

5. 对外开放与沿边经济的新方位

《指导意见》提出：推动西部地区对外开放由商品和要素流动型逐步向规则制度型转变。同时，提出落实好外商投资准入前国民待遇加负面清单管理制度，有序开放制造业，逐步放宽服务业准入，提高采矿业开放水平。我们知道，西部地区具备优越的对外贸易条件，通过发展对外贸易带动边疆经济的大发展，是西部开发的重要手段。对外贸易的发展会促进基础设施的建设并提高其使用效益，增大产品需求，扩大对外开放程度，促进西部区域经济融入国际经济。其中，西南地区可重点加大与东南亚地区的贸易往来，将云南作为西南对外贸易窗口；西北地区直接面对中亚国家，可沿欧亚大陆桥到达西亚与欧洲，对外贸易的地理范围更加广阔，在这一区域，应将新疆建设成为面向西面各国的对外贸易基地。

沿边地区的口岸贸易是西部地区对外开放的重要组成部分。西部沿边地区包括内蒙古、新疆、西藏、云南和广西五个省级行政区，边境线很长。选择一些区位优势明显、工商业基础较好、有战略发展意义的口岸作为改革重点，支持其在开发开放方面先行先试，推动口岸管理向"负面清单"管理转变，是推进对外开放的先行地区。我们要特别关注高度受地理距离约束的公路和铁路口岸。沿边省区（含东北三省）公路口岸的数量占全国的84.5%，而铁路口岸数量也占全国的60%。从另一个角度看，公路口岸和铁路口岸与境外边疆城市往往有直接往来，在口岸国界线两侧可以进行高强度的经济社会交往，相对空运口岸和水运口岸具有较大的发展潜力。我国2016年的进出口商品中通过公路进出口总值占所有运输方式的17.2%，仅次于水路和航空运输方式。同时沿边空运口岸数量也迅速增长，到2016年达到32.9%。考虑沿边地区地理环境的因素，铁路口岸也是应该重点关注的。

6. 乡村振兴的新方位

2020年是我国全面建成小康社会目标实现之年，是全面打赢脱贫攻坚战收官之年。我国的扶贫开发将进入到新的阶段。巩固脱贫成果，推进乡村振兴，对下一阶段的西部大开发来说，是必须完成的硬任务。由于西部的深山区、石山区、荒漠区、高寒山区、黄土高原区、地方病高发区以及水库库区等十分集中，乡村振兴的难度很大。

2020年后乡村振兴的重点仍然是西部地区，尤其是集中在"三区三州"地区。需要注重培育内生动力。包括加强对于欠发达地区交通、能源、水利、通信和物流等基础设施建设，重视通过农村公路的建设来改善区域生产与生活条件，开通乡镇和农村客运线，有效保证农民在城乡之间顺畅流动。加强水资源的地区调配和节水设施的建设，规划和建设全局性的跨流域调水工程，从根本上解决这些地区的用水问题。依托当地的优势资源，推动清洁能源开发建设。加大力度实现城乡宽带全域覆盖，完善农村快递揽收配送网点建设，加强欠发达地区物流的硬件和软件的投入力度，实现"工业品下乡"和"农产品进城"的双向流通。注重精神帮扶，增加欠发达地区的人力资本。充分利用当地要素资源禀赋优势，拓展延长相关产业链。创新产业振兴模式。注重提升少数民族地区等特殊区域的内生发展动力。

7. 生态环境建设的新方位

从西部大开发启动，中央就十分重视西部地区环境保护。到2010年的第二个十年的西部大开发规划，更是把环境问题上升到了首要的问题。在党的十八大、十九大之后，中央把生态文明建设上升到国家新发展理念，"绿水青山就是金山银山"的思想更是对西部的环境保护提出了更高要求。截至2019年底，西部地区累计实施退耕还林还草1.37亿亩，森林覆盖率进一步提高。草原、湿地等重要生态系统得到有效保护和恢复，生态环境持续改善。2019年全国的森林覆盖率为23%，西部地区的森林覆盖率也在原来的基础上有很大提升。

面对即将到来的"十四五"时期，西部地区生态环境建设的新方位是什么？《指导意见》指出，要结合西部地区发展实际，打好污染防治标志性重大战役，实施环境保护重大工程，构建生态环境分区管控体系。笔者认为，从西部地区来讲，重大工程应当包括长江上游地区、黄河上游地区、京津风沙源地区等，这些地区都是生态脆弱区，一旦发生问题，就将影响到整个东部地区的生态环境。建立分区管控体系，是巩固生态建设成果的需要，有利于生态重点区域建立完善的生态补偿机制。

8. 空间结构的新方位

新时代，中央提出西部大开发突出强调其"新格局"。笔者认为，"新格局"的关键是空间结构的新变化与新形态。我们知道，伴随着对西部地区产业发展认识的不断深化，产业选择的空间已经大大拓展。西部资源产业的深加工化，成功的案例主要是在煤炭产业和石油化工产业，比如，煤化工产业的发展成为西北大部分地区的产业选择的窗口。然而，也有一些产业部门并不适合原料生产之后的就地深加工，如部分有色金属产业部门就存在这样的情况。而现代加工制造业的进入，是产业领域拓展的重要方向。手机、笔记本电脑、汽车制造、摩托车制造、军工生产等，使西部产业发展摆脱资源束缚成为可能。我们也发现，产业空间布局的变化与城市空间布局的变化相适应。成渝、关中、呼包鄂、北部湾四个城市群已经成为支撑西部发展的主要支点，生产要素的聚集也变得不可逆转。空间布局的完善还有两个亮点没有点亮：一是兰（州）西（宁）城市群，二是天山北坡城市群。作为"十四五"规划期间的重要战略任务，点亮这两个城市群，使之成为西部大开发的第五和第六支点，未来的空间优化就一气呵成了。

参考文献

［1］邓翔，李双强，袁满.西部大开发二十年政策效果评估——基于面板数据政策效应评估法［J］.西南民族大学学报（人文社会科学版），2020（1）：107-114.

［2］任保平，张倩.西部大开发 20 年西部地区经济发展的成就、经验与转型［J］.陕西师范大学学报（哲学社会科学版），2019（5）：46-62.

第八章 中部地区高质量发展的成效、特征及对策建议[*]

自中部崛起战略实施以来，中部六省的经济社会发展取得显著成效，但中部地区发展不平衡不充分问题依然突出，仍然制约着中部地区的高质量发展。在"十四五"区域高质量发展的背景下，为推动中部地区高质量发展，中共中央、国务院发布了《关于新时代推动中部地区高质量发展的意见》，提出在新的发展阶段下，有效实施中部地区高质量发展战略可以加快中部地区崛起之势，促进要素在区域间合理流动，助力全国高质量发展。本章以中部崛起战略实施以来中部地区发展为背景，探讨新发展格局下中部地区高质量发展的对策思路。

一、中部地区发展成效评价

（一）经济实力显著增强

实行中部崛起战略的重要目的在于促进中部地区繁荣发展，解决区域发展不平衡问题，缩小地区间的经济差距。中部崛起战略实施以来，中部地区凭借区位、政策、资源等优势，经济社会稳健发展，人民福利待遇水平明显提高，与东部地区的经济差距不断缩小。一个明显的变化体现在人均经济指标上：从经济水平来看，近年来中部地区与东部地区人均 GDP 差距逐渐缩小，中部地区城镇居民人均可支配收入在 2012~2019 年增加了近 75%；从经济增速来看，2017~2019年，中部地区人均地区生产总值年均增速高于其他三大区域，城乡居民收入的增速高于东部地区。

中部地区地处中国内陆腹地，承东启西、连南接北，是我国重要的粮食生产基地、能源原材料基地、现代装备制造及高技术产业基地和综合交通运输枢纽，

＊ 本文原载于《治理现代化研究》2022 年第 2 期。

在产业梯度转移中承担着重要的桥梁作用，在全国产业布局中具有重要的战略地位。在中部崛起战略实施过程中，承接国际、国内产业转移也是中西部地区实现产业结构升级的重要路径。得益于国家良好的政策支撑，以皖江城市带承接产业转移示范区．晋陕豫黄河金三角承接产业转移示范区为代表的国家级承接产业转移示范区相继建立，湘江新区、赣江新区相继获批，为承接产业转移提供有力的税收、土地政策支持。在一系列优惠政策和体制创新的作用下，大量东部沿海地区企业向中部地区转移，促进中部地区的技术进步，有效改善了区域的营商环境，增加的就业岗位吸纳了中部地区的部分劳动力，承接东部产业转移成效明显。

（二）产业结构逐步优化

产业结构调整是加快区域经济发展速度的核心驱动力，也是理解区域经济增长方式的重要基础，既体现了过往区域经济发展路径发生了何种变化，又为未来区域经济进一步发展奠定了基础。因此有必要对中部地区产业结构变迁进行分析，从而更好地理解中部地区经济增长方式。中部崛起战略实施以来，三大产业均取得了一定的发展，一定程度上促进了中部地区产业结构向合理化、高级化转型。

长期以来，中部地区产业结构偏重，第二产业占比高于全国平均水平。在中部崛起战略的实施过程中，中部地区产业结构逐步优化、带动了中部产业快速发展，提高了地区间的资源配置效率。2013 年，中部地区第一产业占比为 11.8%，第二产业占比为 52.1%，第三产业占比为 36.1%。产业结构以第二产业为主，占比相对较高；2020 年，中部地区产业结构为 904∶40.62∶50.34，中部六省产业格局实现了从"二三一"向"三二一"的转变。经过中部崛起战略多年的推进，中部地区制造业发展势头良好，成为我国重要的现代制造业基地之一。中部地区制造业的快速发展离不开国家政策的大力支持，制造业呈现化学工业、食品工业、机械制造等多点支撑的行业格局，拥有相对雄厚的制造基础、基本完备的产业体系和相对齐全的行业门类，产业规模优势与体系优势明显。同时，先进制造业从东部向中部地区持续转移，促进了中部地区产业结构进一步优化，推动了中部地区产业向高质量方向发展。在产业转移的过程中，区域集中现象较为突出，中部地区核心城市成为承接东部产业转移的集中地。近年来，传统制造业，如化纤、纺织、钢铁、多元化工等逐渐向中部六省更有效率和具有成本优势的地区集聚。在高质量发展的背景下，以半导体、通信设备、电子元件等为代表的新兴制造业不同程度地从北京、上海广东等一线城市向中西部地区的核心城市转移。此外，逐步完善的交通网络也将有力支撑中西部地区高质量发展。"十四五"期间，空铁联运等运输方式会进一步减少中西部地区的空间劣势，中高端制造业将会在中部区域的核心城市加速崛起。

（三）科技创新发展较快

科技创新是引领区域经济发展的重要动力。一个地区的创新能力，不仅依赖于地区自身的创新要素，还依赖于创新要素在区域内、区域间实现了何种配置。近年来，随着中部崛起战略的推进，中部地区创新能力显著增强。2012～2019年，中部地区专利授权数提升超180%，发明专利授权数增长214%，规模以上工业企业 R&D 经费支出从1150亿元增至2823亿元，增速明显。

为了理解中部地区科技创新能力的变化，需要把握地理和制度两个最为重要的影响区域创新能力的因素。首先是地理因素。创新要素在地理上的空间分布与所在区域的科技创新水平密切相关，这是因为创新活动在地域上具有较强的空间相关性。[1] 其次是制度因素。创新要素的空间分布会因制度发生改变，制度因素通过影响创新主体的行为决策进而影响创新要素的配置。

在中部崛起战略的实践过程中，始终强调完善自主创新体制机制，创新体制机制则会直接影响区域技术合作和协同创新的能力。对此，一方面，政府对科技创新人才、科技创新研发给予了政策优惠，加大对重大科技专项的支持力度，加强创新型人才引进力度，提升地区自身关键领域的自主创新能力；另一方面，相关政策推动经济要素向国家自主创新示范区、国家创新型城市集聚，通过推进建立产业技术创新联盟，加强科技基础：条件平台建设，促进科技资源开放共享，以提高企业政府、知识生产机构（大学、研究机构）等主体在重大科技创新方面开展的整合，提升区域创新能力和科技服务能力。[2] 在一系列政府创新政策的支持下，近年来，创新要素向武汉市、合肥市、长沙市、郑州市等中心城市集聚，与此同时，武汉光谷、合肥创新中心、郑洛新自创区、长株潭自创区发挥了明显的辐射带动作用，高校人才优势显著，行业间技术关联度高，有助于产业之间形成知识溢出效应，中部地区整体的科技创新能力显著提高，科创产业融合发展体系基本建立。

（四）城镇化进程快速推进

城镇化是推动区域经济现代化建设的重要力量，对城乡关系转型、新型城镇化建设意义重大。城镇化的本质是农村人口转移到城市、从农民变成市民的过程。新型城镇化之"新"则在于强调人口、资源、环境协调发展，城乡关系协调发展，从关注城镇建设到关注城镇的文化、公共服务功能，同步推进农业现代化，使农村和城市在城镇化进程中同时获得更好的发展。[3]

中部地区作为人口较为集中的区域，是新发展阶段扩大内需的关键发力点。长期以来，由于区域工业化水平较低，中部地区城镇化水平相对较低，部分地区的城镇化水平低于全国平均水平，这也是国家实施中部崛起战略的重要背景之一。然而，在中部崛起战略实施过程中，中部地区城镇化速度明显低于东部地区甚至低于部分西部地区，城镇化整体推进缓慢，城乡关系相对分割，经济发展迟缓。这种宏观经济格局上的"中部塌陷"现象，主要原因仍在于中部地区城镇化发展水平相对滞后。[4] 2012 年，随着大力实施中部崛起战略，在国家规划层面提出实施中心城市带动战略，培育壮大武汉城市圈、中原城市群、长株潭城市群皖江城市带、环鄱阳湖城市群和太原城市群等六大城市群，发挥城市群的辐射带动作用，以更好地发挥中部地区广阔的市场潜力。

近年来，作为新一轮工业化、城镇化、信息化和农业现代化的重点区域，中部地区城镇化进程快速推进，2019 年中部地区城镇化率从 2012 年的 47.19%提高至 56.80%。中原城市群、长江中游城市群、太原城市群等中部城市群相互补充，协调区域经济发展；郑州、武汉、长沙、南昌、太原、合肥、洛阳、南阳、襄阳、湘潭等中心城市和大中城市集聚作用日益凸显，周边小城市和小城镇功能不断提升。在新型城镇化的过程中，一方面，凭借劳动力丰富的人口优势，中部地区内部中心城市、重点城市群的辐射带动作用增强，中原城市群与长江中游城市群轴心地位日益巩固，以武汉、长沙、南昌、太原、郑州、合肥为代表的中心城镇成为推动新型城市化的主要动力，有效促进了人口、产业和创新的集聚，提高资源利用效率；另一方面，凭借承东启西、连南接北的区位优势，长三角辐射带动作用凸显，跨区域城镇互动增强。

（五）生态环境日益改善

生态环境与经济增长之间的关系，一直有"先发展后治理"的说法，但是其实两者之间是相辅相成的关系，良好的生态环境才能更好地助力经济发展。目前，中部地区资源型城市占比高，在《全国资源型城市可持续发展规划（2013—2020 年）》中，中部六省资源型城市占六省总城市数量的比例接近 1/2。而资源型地区容易遭到"资源诅咒"，使中部地区经济增长与生态环境水平高度相关，所在地区的生态环境质量直接关系到中部经济能否实现可持续地、高质量地发展，人与自然的关系是否和谐共生。值得注意的是，中部地区是我国重要的粮食生产基地，当前中部地区以 10.7%的国土面积承接了全国 30.1%的粮食产量，协调好区域内的生态环境，才能有效保障我国粮食安全，保证中国经济发展韧性。[5] 此外，黄河流经中部六省中的河南、山西两省，生态环境脆弱性突出，开发与保护矛盾突出，现阶段加强防洪安全、污染治理、水沙调控、旱作物农业等黄河流域重点领域和特殊领域的治理尤为重要。

对此，2012 年，在《中共中央　国务院关于大力实施促进中部地区崛起战略的若干意见》中，在规划层面推进资源节约型和环境友好型社会建设试点，开始探索经济与生态环境协调发展的新模式。2016 年，在《促进中部地区崛起规划（2016~2025 年）》中，则进一步提出了将中部地区打造为全国生态文明建设示范区的发展目标。2021 年 10 月 8 日，中共中央、国务院印发《黄河流域生态保护和高质量发展规划纲要》，提出协同推进大治理，着力加强生态保护治理，促进全流域高质量发展。当前中部地区加强了沿黄地区的生态建设和环境保护，中部地区生态环境得到日益改善。以河南省为例，围绕黄河流域生态保护与高质量发展的重要战略，根据中游"治山"、下游"治滩"、受水区"织网"的思路，对山水林田湖草沙系统保护修复和黄河干支流生态廊道造林进行统筹安排，从农业面源污染、工业污染、城乡生活污染、矿区生态环境等方面开展循序渐进的"3+1"综合治理工作，率先实现黄河生态廊道郑汴洛段全景贯通。

二、中部地区高质量发展的新特征

中部地区经过中部崛起战略实施以来的发展，特别是"双循环"战略实施以来的变化，形成了以下四个区域经济发展的新特征：

（一）经济增长从不平衡向相对平衡演化

在近十多年的区域政策实施过程中，中部地区经济发展正在从不平衡逐渐向相对平衡演化，这离不开国家和中部六省政府在平衡地区发展上做出的共同努力。中部地区作为"中部崛起""黄河流域生态保护和高质量发展""一带一路"建设等多个区域发展战略的重叠地，经济总量占全国的比重逐步提高。在区域总体空间上，中部崛起促进了新的战略支点的形成，包括长江中游地区和中原地区，增强了区域全局发展的协同性、联动性和整体性。[6] 但是近些年倾向于经济资源（如建设用地指标和转移支付）向中西部流动的政策，也引起了学者们对经济资源整体配置效率的担忧。以用地指标为例，近年来大量建设用地指标被配置到中西部地区，地方政府加速推进新城建设，尽管这有助于提高短期的经济增长绩效和税收，但是也促使地方政府债务累积，不利于经济的长期健康发展。[7] 在新的发展阶段下，中国经济发展逐渐由关注经济的"数量"转向关注经济的"质量"，也对中部地区经济平衡发展提出了更高的要求。从近年来中部崛起战略相关文件便能发现相关的线索：从要求中部崛起转向要求中部高质量发展，对中部地区经济发展质量的重视程度不断提高，强调深化落实"创新、协调、绿色、开放、共享"的发展理念。因此，在高质量发展的背景下，中部地区经济发展除了需要保证区域间经济水平差距进一步缩小外，还要更关注提升中部地区经济高质量发展水平。引领地区经济向高效率、公平和绿色可持续发展，缩小区域间高质量发展水平的差距。[8]

（二）产业结构从不协调向相对协调变迁

在近些年加速产业结构转型升级的政策指导下，中部地区产业结构正从不协调向相对协调转变，产业结构向合理化、高级化转型，制造业快速发展。在《中共中央　国务院关于新时代推动中部地区高质量发展的意见》中，也明确将"构建以先进制造业为支撑的现代产业体系"列为推动中部地区高质量发展的重要内容。但是，在较长时间内中部地区仍以承接劳动密集型、资本密集型产业为主，导致低端生产要素不断集聚[9]，中部地区制造业创新能力与东部地区相比有待增强，当前阶段产业转移取得的升级效果有待提高，距离高质量发展的要求仍有较大的差距。此外，还需要关注当地产业的转型升级是否与当地人口实现了很好的匹配。从产业转移和劳动力流向方向来看，尽管产业呈现从发达地区向中部地区逐渐转移的趋势，但是现阶段大量的劳动力仍然倾向于从欠发达地区外流至发达地区，企业内迁后"招工难"现象屡见不鲜，一定程度上阻碍了产业结构的优化升级。[10] 在高质量发展的背景下，为了促进中部区域繁荣、缩小区域差距，需要更加重视提高先进制造业的现代化水平，加速推动产业结构转型升级。在承接制造业转移方面，重点在产业基础高级化和产业链现代化上持续发力，统筹规划引导中部地区产业集群发展，充分发挥中部地区的区位优势，促进产业和劳动力更好地匹配。

（三）创新活动从分散向集聚转变

近年来，中部地区创新要素由分散向集聚转变，提升了中部地区的整体创新能力。但是，相较于东部发达地区，中部地区的创新差距仍较明显，创新资源仍处于向核心区域集中的阶段。对于远离这些中心城市的中部城市而言，中心城市的辐射作用并不明显，创新能力有待增强，区域技术创新和协同创新的能力有待进一步深化。从体制机制来看，中部地区当前创新体系整体能力还不够强，仍有一些阻碍创新要素在不同创新主体间自由流动的制度性因素。

党的十九大指出，创新是引领发展的第一动力。随着投资红利和人口红利的逐渐消失，中部地区原有的资源要素驱动型经济增长模式难以持续，以创新驱动发展成为中部地区经济高质量发展的必然选择，特别是应深化科技供给侧结构性改革，提升我国重点区域和关键领域的技术创新能力。其中需要特别关注区域技术创新和协同创新，充分挖掘潜力，强化科创合作，探索跨区域创新合作机制，促进创新要素在区域内、区域间更好地流动。

（四）城乡关系从分割向融合转型

在新型城镇化的进程中，中部地区城镇化水平明显提高，城乡关系从分割向融合转型。

随着城镇化水平的提高，在农村，部分农村人口转移到城市，农业生产出现规模化和现代化，留在农村的人口的收入水平也得到了一定的提高；在城市，大中城市和小城镇的分工日渐明确，城市消费市场扩大，武汉、长沙、郑州、合肥四个城市进入"万亿俱乐部"。同时，借助承接东部沿海地区的产业转移，就业岗位有一定增加，中部劳动力出现回流态势，引领城市经济向高质量发展。但是，当前中部地区城市群辐射作用相对有限，内部经济联系并不紧密，直接导致了城市群中人口大幅度向外流失，大部分城市的人口增长较为缓慢，地方经济发展缺少动力，当前中部地区区域整体城镇化率仍有待提高。在促进中部地区新一轮城镇化的背景下，一方面，需要进一步提高城市群、都市圈、中心城市的辐射带动作用，促进人口城镇化，提升城市生活品质，实现人的城镇化和市民化。通过提供更加完善的市政基础设施和公共服务设施，增加区域吸引力，吸引外来人才，促进劳动力与就业岗位的匹配，满足人民对美好生活的需要。[11] 另一方面，鼓励有条件的小城镇和村庄探索就地改造模式，引导中西部地区农业转移人口在县域内就近城镇化。

（五）生态环境从失衡向协调修复改善

近年来，尤其是自黄河流域生态保护与高质量发展这一重要战略实施以来，中部地区生态修复取得一定的成效，中部地区尤其是黄河流域周边的生态环境从相对失衡逐渐向人与自然协调发展改善。但是，黄河生态脆弱问题未根本扭转，新时代黄河流域全面深刻转型发展的任务仍然艰巨。绿水青山就是金山银山。在高质量发展的背景下，需要加强黄河流域水土保持和生态修复的治理力度，构筑生态安全屏障。除了科学协调人与自然的关系外，黄河流域生态保护和高质量发展规划也对相关城市和城市群的高质量发展提出了更高的要求。例如，中部地区的中原城市群和太原城市群被列为人口—产业—城镇的重点集聚区，郑州市和洛阳市是"郑（州）洛（阳）西（安）高质量发展合作带"的核心城市，以经济高质量发展反哺黄河流域生态保护和环境治理。

三、加快推进中部地区高质量发展的对策建议

进入"十四五"时期，中部地区与全国一样，承担着"双循环"背景下构建经济发展新格局的任务。笔者在此提出以下几点对策建议：

（一）全面深化重点领域改革，形成区域协调发展长效机制

中部崛起战略实施以来，在一些重大区域问题上，国家选择条件较为成熟的长江中游地区和中原经济区进行区域规划，已经积累了丰富的经验，在区域协调发展的长效机制、综合改革配套方面，都取得了积极进展。促进中部地区的高质量发展，要进一步通过促进长江中游城市群、中原城市群、太原城市群等的发展，推动打破地区封锁，促进资源要素在跨行政区范围内配置和流动。对于一些跨省区的重大项目和重点领域，要在国家的支持下，举中部之力共同进行建设。

（二）主动融入国内大循环为主体、国内国际双循环相互促进的新发展格局

中部地区地理位置适中，承东启西、接南连北，是国内综合交通网络枢纽地带，也是大规模的潜在内需市场。"十四五"期间，要立足中部崛起战略把握好扩大内需的战略基准点，融入更大范围、更深层次的发展格局中。一方面，利用独特的区位优势，打通国内大循环的中心节点。生产层面，要推动区域产业链、供应链和创新链合理布局与持续优化，提升现代化水平，促进产业在国内有序转移，以先进制造业、消费类产业和现代农业盘活全局经济；分配层面，要不断优化营商环境，增加城乡居民收入，开启共同富裕的伟大实践；流通层面，要充分发挥区域交通网络的功能，加强基础设施系统化和智能化建设，联通不同尺度的空间战略；消费层面，要提升中部地区城镇化水平，扩大国内消费市场，筑牢消费的基础性作用。另一方面，要主动参与国际大循环，国内国际双循环并进，提高国内国外市场对接水平，加大开放力度，构筑全方位、宽领域、多层次的开放型经济体系。

（三）加快建设国家中心城市和区域性中心城市

中心城市是城市群建设的核心。城市群的形成是以中心城市为支点，中心城市的发展又以城市群和都市圈为依托。目前我国的中心城市大体上可以分为国家级中心城市、区域性中心城市和地区性中心城市三个层级。逐渐演化发展的多支点空间布局模式作为重塑我国经济地理的重要动力，不断平衡与协调我国区域经济发展格局，拓展我国经济发展的空间腹地，为我国宏观经济增长探索新的空间动力。中部地区的武汉市和郑州市是九个国家级中心城市中的两个，伴随多中心城市格局的顶层设计逐渐清晰，在更为精细的空间尺度上的多支点布局，成为空

间结构优化的重要任务，所以建设区域性中心城市就成为当务之急。洛阳市、南阳市、襄阳市、衡阳市、大同市等城市，都可以作为备选的城市。

（四）加快建设国家先进制造业基地

加快建设国家先进制造业基地是中部地区当前的首要任务。为促进制造业效率提升和技术进步，推动制造业高质量发展，充分发挥中部地区在区位、区域联动、人口等方面的优势，要做好以下几点：一是加快制造业向数字化、智能化、绿色化方向转型升级。产业转移并不是在原有基础上简单重复进行，而是要加强制造业相关领域的技术创新，尤其是促进工业互联网领域的技术创新，推动中国工业互联网研究院中部地区分院、国家工业大数据中心中部地区分中心等战略性项目在区域内投入应用。要紧抓数字经济的发展机遇，以数字技术为依托，加快建设制造业开放创新合作平台，促进区域内科技创新和技术合作。要引导区域内制造产业链、创新链、价值链在不同主体间有效对接，带动区域内制造业质量的整体提升。二是促进先进制造业与现代服务业之间的深度融合。要围绕制造业集群打造制造业高效服务体系，建设区域整体服务体系，搭建集研发设计、知识产权、商贸物流为一体的综合服务平台，形成产业共生、资源共享的良性发展格局。要依托区域中心城市，如郑州、武汉、长沙等城市，把科技服务作为未来的重要产业和发展方向。三是健全配套保障措施。要优化创新环境，鼓励技术创新，提供鼓励科技成果转化和高新技术新产品的优惠政策，促使企业的研发投入有效转化为促进技术进步的科技成果。要吸引龙头企业，发挥行业龙头企业对上下游产业的带动作用，围绕创新创业孵化，努力培育隐形冠军企业和独角兽企业。要注重创新人才培养，努力提升中部地区高校的学术水平和创新地位，保障创新人才供给。

（五）重视跨区域合作，加强紧邻区域辐射带动作用

由于中部地区地缘辽阔、情况复杂，维护中部六省的整体利益难度较大。当前我国区域间的联系越发紧密，行政区域的分割可能会导致不同省份之间的恶劣竞争，只有加快完善公平竞争的市场环境、打破制度性障碍，才能营造统一开放的市场，促进劳动力、土地、资金、技术、信息等要素在区域间自由流动，助力中部地区各省份高质量发展。因此，中部六省要根据自身的发展思路，寻求全方位、多层次的区域经济联系与合作，甚至是一体化发展，这是区域经济理论在实践中的具体体现。例如，山西省与京津冀城市群加强区域合作，安徽省全域融入长三角经济区实施一体化进程，湖南省和江西省成为对接粤港澳大湾区经贸合作的重要地区。在经济发展过程中，中部六省应充分发挥区位优势、交通优势等，

和其他紧邻区域的重大战略加强跨区域合作，借助紧邻区域的辐射带动作用，深化要素市场改革，促进本地经济高质量发展。

参考文献

［1］白俊红，蒋伏心.协同创新、空间关联与区域创新绩效［J］.经济研究，2015，50（7）：174-187.

［2］陈劲，阳银娟.协同创新的理论基础与内涵［J］.科学学研究，2012，30（2）：161-164.

［3］中国金融40人论坛课题组，周诚君.加快推进新型城镇化：对若干重大体制改革问题的认识与政策建议［J］.中国社会科学，2013（7）：59-76+205-206.

［4］孙红玲.中心城市发育、城市群形成与中部崛起——基于长沙都市圈与湖南崛起的研究［J］.中国工业经济，2012（11）：31-43.

［5］金凤君.黄河流域生态保护与高质量发展的协调推进策略［J］.改革，2019（11）：33-39.

［6］孙久文，李恒森.我国区域经济演进轨迹及其总体趋势［J］.改革，2017（7）：18-29.

［7］彭冲，陆铭.从新城看治理：增长目标短期化下的建城热潮及后果［J］.管理世界，2019，35（8）：44-57+190-191.

［8］孙久文，张皓.新发展格局下中国区域差距演变与协调发展研究［J］.经济学家，2021（7）：63-72.

［9］刘友金，吕政.梯度陷阱、升级阻滞与承接产业转移模式创新［J］.经济学动态，2012（11）：21-27.

［10］樊士德，沈坤荣，朱克明.中国制造业劳动力转移刚性与产业区际转移——基于核心—边缘模型拓展的数值模拟和经验研究［J］.中国工业经济，2015（11）：94-108.

［11］孙久文，苏玺鉴.新时代区域高质量发展的理论创新和实践探索［J］.经济纵横，2020（2）：2+6-14.

第九章　中国沿海地区高质量发展的路径[*]

一、引言

改革开放以来，中国经济发展取得了举世瞩目的成就，跻身世界第二大经济体。但是近年来，中国经济运行的内外形势不断变化，内部面临下行压力，外部环境复杂严峻，依靠要素与投资驱动的传统模式的弊病日益暴露，可持续发展潜力不足。党的十八大以来，国家相继推出多项改革措施，助力发展动能转换，为国民经济平稳运行保驾护航。党的十九大报告首次提出高质量发展的概念，指明中国正处于转变发展方式、优化经济结构、转换增长动力的攻关期，将构建现代化经济体系作为战略目标。

（一）高质量发展的研究进展

作为学界很早就在使用的概念，高质量发展于2017年正式上升至国家战略层面，被赋予了理论研究与政策指引的双重科学价值。在现阶段，高质量发展是指通过增强社会经济综合竞争力、注重生态环境可持续性以满足人民日益增长的美好生活需要的永续发展模式[1-3]。早期研究对发展质量并不重视，学者们多将视线集中于经济增长。然而，随着以GDP为导向的传统模式的问题不断显现，部分学者的关注焦点发生转变，开始对发展质量进行测度。受新古典增长理论的影响，一些文献采用全要素生产率，研究高质量发展的时空演化规律[4-6]。但是，单一指标无法揭示质量的多维特征，因此构造指标评价体系成为当前最为主流的方法。众多学者从经济增长、产业实力、创新能力、对外开放、绿色发展等方面入手，选取若干指标，力求全方位展现高质量发展的基本

---

* 本文原载于《地理学报》2021年第2期。

态势[7-9]。

国内学者在测度国家、省份、城市发展质量的同时，响应中央重大战略诉求，围绕高质量发展的实现路径展开了丰富探讨。简新华等[7]立足整体，全方位揭示了国民经济高质量发展的总体特征，将创新、协调、绿色、开放、共享五大理念作为保障中国经济质与量良性互动的引航标。更多的学者倾向于将研究对象具化为省份与城市，提出具有针对性的实现路径。刘建国等[4]在测度中国各省（区/市）全要素生产率的同时，发现高资本投入依然是中国经济增长的第一动力，技术效率与投资效率尚存在较大的优化空间，指出调整产业结构、引导生产力梯度转移、扩大对外开放是高质量发展的必然举措，与钞小静等[8]、魏敏等[9]的研究相呼应。刘浩等[5]进一步细化了研究的空间尺度，系统分析了中国县级及以上城市的全要素生产率，强调完善城际经济合作网络、扶持科技创新型产业、积蓄人力资本、加大环境规制力度的现实必要性。受此启发，李汝资等[6]将视线聚焦于绿色全要素生产率，认为忽视生态环境保护的短视行为不利于发展质量的持续改进，将密切区域联动、明确主体功能、严格环境治理作为推动人地和谐的主要途径。

高质量发展是一项系统性工程，离不开各类路径的协同配合。鉴于此，陆大道[10]立足全局，将经济增长、社会发展和生态环境保护定位为高质量发展的三维目标，明确了建成经济强国与和谐社会的主攻点。高培勇等[11]将这一问题升华至理论层，形成了集社会主要矛盾、资源配置方式、产业体系、增长阶段于一体的框架，为打造高质量经济体指明方向。

（二）高质量发展的基本逻辑

高质量发展并非空谈，其背后有着深刻的现实逻辑，是新时代中国特色社会主义建设的使命所在。一方面，社会主要矛盾转变是高质量发展的逻辑原点。改革开放以来，中国经济经历了高速增长，在市场经济工具理性的支配下，利润、收入成为经济活动参与者的追求，社会价值观存在明显的物质主义倾向[3]。在中国摘下生产力落后的帽子后，高速增长过程中蓄积的不平衡、不充分问题愈发明显，社会主要矛盾已转化为"人民日益增长的美好生活需要和不平衡不充分的发展之间的矛盾"，表明单纯的"物质文化需要"已经无法满足人民诉求，人民对美好生活的向往已延伸至产业兴旺、科技创新、对外开放、生态环境等多个领域，成为中国高质量发展的根本发力点[12]。

另一方面，国民经济步入"三期叠加"的新常态是高质量发展的逻辑主线。当前，中国正处在增速下行、结构调整、政策消化的转型阵痛期，传统增长模式下产业实力不足、科技成果转化困难、对外开放不确定性加剧、资源环境约束趋紧等现实病症突出，这就要求通过优化资源配置方式、重组产业体系、维系可持续增长等途径，完成中国经济的本真复兴[3]。在此背景下，高质量发展被推向时代最前沿，为中国经济新常态下国民经济持续健康发展提出了一系列战略目标，具体包括[11,13]：①经济运行在中高速增长的合理区间，居民收入接近中等发达经济体水平；②实体经济壮大，产业实力稳步加强，以技术革新为引擎促进全要素生产率持续优化；③创新型国家建设稳步推进，创新企业核心竞争力突出，创新活动的正外部性逐步释放；④全方位、宽领域、多层次的对外开放向纵深迈进；⑤循环生产模式、绿色生活方式普及，生态文明制度走向健全。上述战略目标涉及经济增长、产业实力、创新能力、对外开放、绿色发展多方面内容，充分彰显了人民日益增长的美好生活需要的多维特征，是高质量发展需要关注的重点领域。

高质量发展的逻辑原点与逻辑主线并不孤立，而是相互作用、相互渗透：社会主要矛盾转变将诱发资源配置方式优化，继而引致产业体系重组与增长阶段进阶，最终驱动社会主要矛盾向更高阶转化。为构建"社会主要矛盾—资源配置方式—产业体系—增长阶段—社会主要矛盾"的逻辑闭环，就必须融合工具理性与人类价值目标，不断满足人民日益增长的美好生活需要，最大限度改善经济状态的基本质量面。

（三）沿海地区高质量发展的科学问题属性

中国背倚亚欧大陆、面朝太平洋，拥有960余万平方千米的广袤国土，造就了迥异的自然环境与社会经济条件，为高质量发展提供了多种可供遵循的路径选择，有效避免了因高度依赖单一发展路径所可能面临的系统性风险，进而形成对整个国家高质量发展的坚实支撑[14]。也就是说，中国高质量发展离不开各地区的共同繁荣，与新时代区域协调发展战略相互补充，共同服务于社会主义现代化强国构建。作为一个海陆兼备的大国，中国拥有长达约1.8万千米的漫长海岸线，沿海地区①面积多达130余万平方千米，为国家的建设与改革事业做出了不可磨灭的贡献。早在1956年，毛泽东在《论十大关系》中已详细论述了沿海与内陆的关系，提出要通过沿海工业基地建设带动内陆工业发展。1978年改革开放之初，中国政府为尽快改变落后局面，开创性实施沿海发展战略。在国家的大

---

① 沿海地区包括辽宁、河北、北京、天津、山东、江苏、上海、浙江、福建、台湾、广东、香港、澳门、海南、广西。由于香港、澳门、台湾部分数据缺失、统计口径不一致，暂不纳入研究范围。

力支持下，沿海地区依托约占全国15%的国土面积，形成了独有的竞争优势，成为国民经济的战略重心。党的十九大以来，高质量发展赋予了沿海地区崭新的历史任务：只有明确沿海地区高质量发展的现状、特征、突出问题、总体思路、实现路径，才能确保沿海地区率先完成高质量发展的转型目标，以便更好地支援内陆，最终促进整个国家的高质量发展，勾勒出一幅壮阔的新时代"两步走"蓝图。综上，剖析沿海地区高质量发展的路径，可以有效揭示区域高质量发展的客观规律，具备科学问题的根本属性。

二、沿海地区高质量发展的现状与特征

在高质量发展的时代背景下，更好地发挥沿海地区的引领作用是一项历史性课题，对重构沿海与内陆的发展格局具有不可替代的作用。自改革开放以来，随着国家战略重心重新由内陆转向沿海，沿海地区蓄积了内陆地区不可比拟的竞争优势，能够率先满足中国经济新常态下人民日益增长的美好生活需要，融通了高质量发展的逻辑原点与逻辑主线。

（一）沿海地区高质量发展的物质基础：经济增长的压舱石

高质量发展在产业实力、创新能力、对外开放、绿色发展等方面提出了新的更高要求，但这并不意味着经济增长在高质量发展时代失去了存在的意义。沿海地区作为改革开放的发源地，已成为国民经济中高速增长的中坚力量。

沿海地区作为经济增长的先导区域，经济总量大，GDP 已由 1978 年的1819.44 亿元攀升至 2018 年的 526663.70 亿元，同内陆地区的 GDP 之比由 1978年的 1.10∶1 变化为 2018 年的 1.36∶1（见图 9-1）。沿海地区经济总量扩张离不开经济中高速增长。在宏观经济增速趋缓的大背景下，沿海地区 GDP 增速保持在 7% 以上，超过全国平均水平，依然保持了强劲的增长态势，为高质量发展打下了坚实的物质基础。

2010 年中国 CDP 超过了日本，成为仅次于美国的世界第二大经济体。然而，中国人均 GDP 的世界排名常年徘徊在 80 位左右，个体从中获得的红利有限，成为制约发展质量提高的障碍。1978 年改革开放之初，中国人均 GDP 只有 382.17元，仅为世界平均水平的 1/10。为此，中央政府将沿海地区作为突破口，探索出一条让沿海地区先富起来，"先富带动后富，最终达到共同富裕"的发展路径，沿海地区人均 GDP 已由 1978 年的 462.60 元逐年增长至 2018 年的 83550.99元，远高于内陆地区的 292.51 元、50646.55 元，已步入中高收入或高收入阶段，同中等发达经济体相当（见图 9-1）。

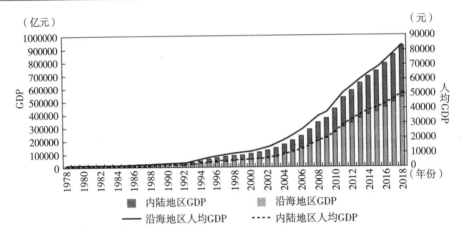

图 9-1　1978~2018 年中国沿海地区与内陆地区 GDP 与人均 GDP

（二）沿海地区高质量发展的产业引擎：国家制造业中心

经济发达国家和地区的经验表明，壮大高端制造业是提高全要素生产率、助力高质量发展的不二法门。从国际上看，全球制造业中心在 20 世纪 50~70 年代经历了"欧美—日本—亚洲四小龙和中国东部沿海地区"的空间转移。综观上述转移趋势，以美国波士顿地区、加利福尼亚地区、欧洲伦敦—巴黎—法兰克福三角地区、日本"三湾一海"为代表的世界制造业中心，均无一例外地布局在沿海地区。从国内来看，自 1978 年改革开放起，沿海地区就成为制造业发展的战略重心，在承接国际制造业转移的同时，内陆制造业也纷纷向沿海集中，沿海地区国家制造业中心的地位得以确立。

进入 21 世纪，由于劳动力成本上涨，持续提升全要素生产率面临瓶颈，沿海地区的传统制造业部门呈现出两种不同的发展路径：①适时引导纺织、服装等劳动密集型制造业沿着"南下""西进"与"北上"的轨迹向劳动力成本更低的内陆地区转移[15]；②以技术革新为先导，大力推进钢铁、石化、有色金属等资本密集型制造业就地转型，而非一味地转出，通过自动化生产削弱劳动力成本约束。在革新传统制造业的同时，发展高端制造业已成为沿海地区夯实制造业中心地位的法宝，对优化全要素生产率、完成由"中国制造"向"中国智造"的高质量转变具有重要意义。为此，沿海地区依靠强大的科技创新实力，努力培育技术密集型高端制造业，为加速高质量发展奠定产业基石。统计发现，沿海地区高端制造业销售产值已由 2012 年的 226820.20 亿元攀升至 2016 年的 297535.97 亿元，年均增长率高达 7.02%，平均为内陆地区的 2.40 倍，充分说明沿海地区制造业在技术更迭的浪潮中彰显出旺盛的生命力（见图9-2）。

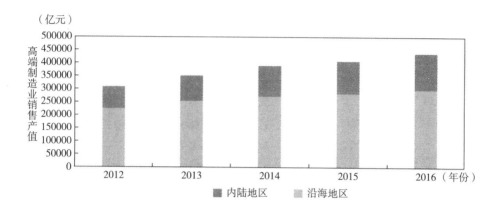

（亿元）

图9-2　2012~2016年中国沿海地区与内陆地区高端制造业销售产值

注：高端制造业界定方法参考高丽娜等[16]；2011年国民经济行业分类标准发生变化，加之2017~2018年数据缺失，故分析2012~2016年高端制造业的销售产值。

（三）沿海地区高质量发展的活力源泉：打造创新型国家的前沿地带

创新驱动是发挥科学技术第一生产力作用的必由之路。2006年出台的《国家中长期科学和技术发展规划纲要（2006—2020年）》强调"要把提高自主创新能力摆在全部科技工作的突出位置"，提出到2020年建成创新型国家的战略愿景。中国科学院2018年发布的《中国区域创新能力评价报告》显示，沿海地区创新能力居于全国前列，已经步入创新指引高质量发展的新时代。为持续降低知识、技术、信息等优质要素在各创新主体间的流动成本，国家以沿海地区为龙头，加快创新高地建设，最大限度推动创新资源共享[17]。1988年在科技部"火炬计划"的牵头带动下，以高新技术产业化为使命的创新试验区项目正式上马。截至2018年底，沿海地区已获批设立21个国家级自主创新示范区、81个国家级高新区、73个国家级大学科技园，分别占到全国的52.38%、48.21%、62.93%，科技创新的规模效应与外溢效应得到最大程度的释放。走向完善的创新平台是引导创新要素在沿海地区高度集聚的有力支撑，2018年沿海地区研究与试验发展（R&D）经费总额、R&D人员总数已分别占到全国的70.60%、67.52%。

凭借充足的创新要素投入、完备的创新活动平台，沿海地区取得了丰硕的创新成果。沿海地区专利申请数、授权数分别从1987年的1.29万件、0.39万件提高至2018年的290.85万件、168.62万件，平均为内陆地区的2.64倍、2.91倍，处于绝对优势地位，创新企业的核心竞争力显著增强，成为高质量发展最坚实的智力支持[18]（见图9-3）。

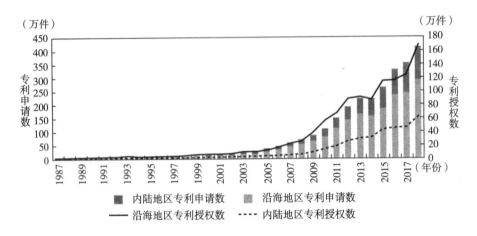

图9-3　1987~2018年中国沿海地区与内陆地区专利申请数与专利授权数

注：限于数据可得性，未分析1978~1986年的专利申请数与专利授权数。

（四）沿海地区高质量发展的外部契机：开放型经济建设的排头兵

高质量发展同对外开放层次密不可分。随着经济全球化向纵深推进，中国同世界各国的经济联系日益加深，构建开放型经济成为势不可当的时代潮流。

与内陆相比，沿海地区不仅具备海陆联运的区位优势，还面向广阔的国际市场，发展开放型经济的条件得天独厚。1980年中央开始在深圳、珠海、汕头、厦门4地试办经济特区，将其作为撬动中国对外开放大门的支点。为拓展对外开放的广度，国家于1984年设立了包括大连、天津、青岛、宁波、北海等在内的14座沿海开放城市，环渤海、长三角、闽东南、珠三角四大沿海经济开放区趋于形成，以加工贸易为典型特征的外向型经济获得飞速发展。1990年中央政府将浦东的开发与开放确立为国家战略，处于海岸线中点的上海成为对外开放的后起之秀。伴随沿海开放战略的贯彻落实，沿海经济开放区逐渐连接成片，形成一条以上海为中心，以京津、广深为南北两翼的高质量沿海经济开放地带。为响应高质量发展的时代诉求，沿海地区先行先试，率先开展自由贸易区政策实践，在综合保税区内建成了一批进出口商品交易中心，在加大技术密集型产品跨国贸易力度的同时，坚持"引进来"与"走出去"相结合，使沿海地区开放型经济迈入新层次。

作为国民收入核算的要素之一，进出口贸易总额能够客观衡量经济体对外开放的程度。统计表明，沿海地区进出口贸易总额从 1985 年的 638.20 亿美元升至 2018 年的 39548.06 亿美元，年均增长率高达 13.32%，占全国进出口贸易总额的比重始终维持在 85% 以上（见图 9-4）。

（亿美元）

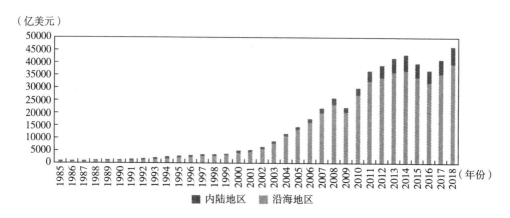

图 9-4　1985~2018 年中国沿海地区与内陆地区进出口贸易总额

注：限于数据可得性，未分析 1978~1984 年的进出口贸易总额。

沿海地区在发展进出口贸易的同时，"引进来"与"走出去"并重，顺利完成了由外向型经济向开放型经济的高质量转型。在"引进来"方面，作为外商投资的微观细胞，2018 年沿海地区拥有 49.94 万家外商投资企业，创造了全国 82.51% 的外商投资总额。在"走出去"方面，近年来沿海地区同其他国家深入开展经济技术合作，在 2018 年实现 395.81 亿美元的对外承包工程营业额，占全国总量的 63.30%，正成长为新时代塑造全方位、宽领域、多层次对外开放格局的主心骨。

（五）沿海地区高质量发展的生态屏障：绿色发展的示范窗口

绿色高效是人与自然共生的不二法门。党的十九大报告强调，人地关系和谐是经济社会与生态环境两大系统高质量发展的可靠保障，其关键在于遵循以循环生产、绿色生活为核心的发展道路。

1978 年改革开放初期，我国为尽快摆脱一穷二白的局面，沿海地区成为了国民经济增长的主力军。历经 20 多年的发展，到 20 世纪 90 年代末，沿海地区虽然在经济增长、产业实力、创新能力、对外开放等领域取得了突出成就，但随着沿海地区社会公众对优质生态环境的支付意愿稳步提升，以高污染、高消耗、低效益为典型特征的"黑猫模式"愈发难以为继,趋紧的资源环境约束成为高质量发展的潜在威胁[19]。进入21世纪,为解决经济高速增长进程中出现的资源枯竭、生态破坏、环境污染等问题,沿海地区在稳步增进社会经济效益的同时,恪守"绿水青山就是金山银山"的理念,响应国家主体功能区建设的号召,统筹循环生产模式、绿色生活方式,维系生态系统的良性运转,成为绿色发展的示范窗口。

在循环生产模式、绿色生活方式的驱动下,沿海地区"三废"得到有效控制:①单位产出废水排放量由2000年的38.56t/万元下降至2017年的7.80t/万元;②单位产出SO$_2$排放量从2005年的87.29t/亿元减少到2017年的6.18t/亿元,单位产出烟粉尘排放量由2000年的148.42t/亿元下降至2017年的6.63t/亿元;③单位产出固体废弃物产生量从2000年的5797.26t/亿元减少到2017年的2513.41t/亿元。进一步对比可知,沿海地区各类污染物的排放量与产生量均明显低于内陆地区,扮演了绿色高质量发展先行者的角色(见表9-1)。

表9-1 2000~2017年中国沿海地区与内陆地区单位产出污染物排放量(产生量)

类型	指标	地区	2000年	2005年	2010年	2015年	2016年	2017年
废水	单位产出废水排放量(t/万元)	沿海地区	38.56	24.95	13.96	9.76	8.79	7.80
		内陆地区	48.77	28.53	14.36	10.75	9.56	8.89
废气	单位产出SO$_2$排放量(t/亿元)	沿海地区	缺数据	87.29	33.16	16.43	9.34	6.18
		内陆地区	缺数据	193.04	74.74	38.51	20.71	16.02
废渣	单位产出烟粉尘排放量(t/亿元)	沿海地区	148.42	59.29	17.46	14.29	9.82	6.63
		内陆地区	325.58	178.38	46.55	30.89	17.24	13.19
	单位产出固体废弃物产生量(t/亿元)	沿海地区	5797.26	4779.47	3972.08	2984.29	2564.73	2513.41
		内陆地区	12195.35	9899.05	7777.19	6644.47	5878.95	5834.07

注:限于数据可得性,未分析1978~1999年及2018年的单位产出污染物排放量(产生量)。固体废弃物排放量数据缺失严重,故考察固体废弃物产生量,表9-3同。

三、沿海地区高质量发展的突出问题

持续的经济增长、强劲的产业实力、雄厚的创新能力、立体化的对外开放、集约化的绿色发展共同构成了沿海地区高质量发展的突出特征。然而,沿海地区在高质量发展进程中也存在突出问题,具体反映在经济增长、产业实力、创新能

力、对外开放、绿色发展五方面。沿海地区面积广大，沿海北部、中部、南部地区①的自然条件与社会经济基础各异，面临的问题既有共性，也有个性。下文将立足高质量发展的逻辑原点与逻辑主线，兼顾一般性与特殊性，详细分析2012年迈入新时代以来沿海地区整体以及沿海北部、中部、南部地区在高质量发展进程中存在哪些突出问题，重点探究背后的原因，确保沿海地区高质量发展的思路设计与路径构想不失针对性，最大限度满足新常态下人民日益增长的美好生活需要。

（一）经济增长

进入高质量发展的新时代，保持经济中高速增长成为国家宏观经济平稳运行的主要目标之一。自2012年起，沿海北部、中部、南部地区的GDP的贡献率均保持在10%以上，且增速始终高于全国平均水平，共同为经济持续运行于合理区间提供了可靠保障。然而，沿海地区经济增长却存在明显的分流现象：沿海北部、中部、南部地区的GDP分别由2012年的13.22万亿元、10.89万亿元、9.27万亿元提升至2018年的18.69万亿元、18.15万亿元、15.83万亿元，年均增长率依次达到5.94%、8.88%、9.33%（见图9-5），经济增长的失调问题突出。虽然沿海北部地区凭借更广大的地域占据了总量上的绝对优势地位，但沿海中部、南部地区的经济增长势头更为强劲，与沿海北部地区GDP的差距呈缩小态势。进入21世纪，尤其是党的十八大以来，伴随进入动能转换的高质量发展时期，沿海北部、中部、南部地区充分把握京津冀协同发展、长三角一体化、粤港澳大湾区建设的政策窗口期，加快培育京津雄、沪宁杭、粤港澳三大核心增长极，促使沿海北部、中部、南部地区的GDP出现了不同程度的增长[20]。与GDP的情况不同，沿海中部地区的人均GDP明显高于北部与南部地区，相对差距由2012年的1.30倍、1.48倍增加至2018年的1.54倍、1.50倍，且存在进一步扩大的态势（见图9-5）。进一步细化空间尺度来看，沿海北部地区的黑龙岗、鲁西，沿海中部地区的苏北、浙西，沿海南部地区的粤北、桂北、闽西相对落后，成为沿海地区经济增长的"洼地"，拉低了所在地区的人均GDP。

（二）产业实力

伴随中国由高速增长阶段逐渐转向高质量发展阶段，结构性矛盾日益凸显，提升全要素生产率遭遇挑战。为此，近年来的政府工作报告围绕现代化经济体

---

① 沿海北部地区包括辽宁、河北、北京、天津、山东，沿海中部地区包括江苏、上海、浙江，沿海南部地区包括福建、广东、海南、广西。由于香港、澳门、台湾数据缺失、统计口径不一致，暂不纳入研究范围。

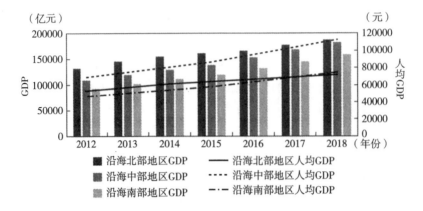

图 9-5　2012~2018 年中国沿海北部、中部、南部地区 GDP 与人均 GDP

系，提出加快制造强国建设、发展现代服务业等方略，以更强大的产业实力服务于高质量发展。

　　沿海地区产业实力的增强依赖于各产业门类的高质量升级。总体上讲，沿海地区将构建现代化经济体系作为主攻方向，但产业高级化程度同发达经济体仍存在明显差距，成为优化全要素生产率的潜在威胁。分区域而言，沿海北部、南部地区产业实力的提升空间更大：从三次产业增加值占比的绝对数值来看，沿海北部、南部地区 2018 年的第一产业增加值占比高于沿海中部地区 2012 年的第一产业增加值占比（见图 9-6）。然而，沿海三地区的产业高级化程度均大致相当于欧美发达国家 20 世纪 90 年代的水平，强化产业实力时不我待。

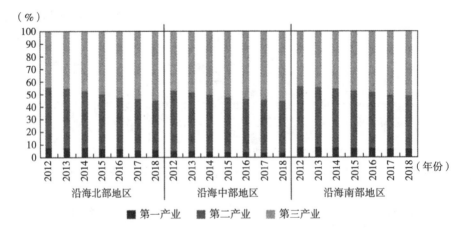

图 9-6　2012~2018 年中国沿海北部、中部、南部地区三次产业增加值占比

在高质量发展的时代背景下，沿海地区在壮大现代服务业的同时，响应国家构筑制造强国的号召，引导劳动密集型制造业有序梯度转移、促进资本密集型制造业就地改造、扶持高端制造业并行，为增进全要素生产率保驾护航。按照这一思路，国家统筹产业梯度转移与产业转型升级，在沿海北部地区建成了以京津唐为轴心的国家新型工业化产业示范园，在沿海中部地区打造了以苏锡常、杭绍甬为核心的先进装备产业集群，在沿海南部地区形成了以粤港澳大湾区为龙头的智能制造应用示范区，在广大内陆地区培育了一批承接产业转移示范区，沿海地区日渐成为优化全要素生产率的先导[21]。进一步比较发现，长三角高端制造业中心横跨江浙沪三省市，而京津唐、粤港澳高端制造业中心仅局限于特定空间范围内，中心以外的其他区域传统制造业所占份额依然偏高，削弱了沿海北部、南部地区的制造业综合竞争力，提高全要素生产率受到制约，同发达经济体间的差距更为明显。统计表明，沿海北部、中部、南部地区高端制造业销售产值分别从2012年的73179.35亿元、95391.74亿元、58249.11亿元增加至2016年的88860.75亿元、122026.36亿元、86648.86亿元，相比于沿海中部地区，沿海北部、南部地区要完成制造业高质量转型还有更长的路要走。

随着社会劳动分工日益专业化，产业跨界融合成为必然趋势，制造业呈现出明显的服务化倾向，以现代服务业为抓手助力高端制造业可持续发展，已成为高质量发展的必由之路[22]。在未来相当长的一段时间内，高端制造业和现代服务业将成为缩小沿海地区同发达经济体产业实力差距的车之双轮，对于沿海地区全要素生产率的整体改进具有战略意义。

（三）创新能力

作为五大发展理念之一，创新是经济体更高质量、更具效率、更加公平发展的不竭动力。但是，相比于沿海中部地区，沿海北部、南部地区的创新能力偏弱：从专利申请数来看，沿海北部、中部、南部地区的专利申请数依次由2012年的32.63万件、80.47万件、28.77万件增加至2018年的69.13万件、120.61万件、101.11万件，沿海中部地区专利申请绝对数最高，但沿海南部地区专利申请数上升速度最快，在2016年成功反超沿海北部地区；从专利授权数来看，专利授权数由多到少依次为沿海中部、南部、北部地区，同专利申请数的时空变化轨迹大体一致（见图9-7）。通过对专利申请数与授权数的比较发现，沿海北部、南部地区创新能力相对较弱，是沿海地区进军创新型国家前沿地带征程中必须克服的短板。

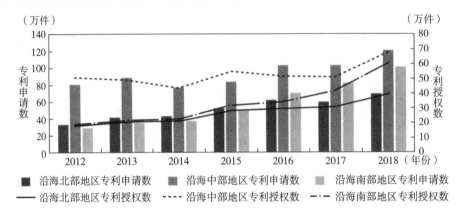

图 9-7　2012~2018 年中国沿海北部、中部、南部地区专利申请数与专利授权数

沿海北部、南部地区创新能力不够强劲主要源于创新要素投入、创新平台建设两方面因素[14]。作为专利研发活动的资金来源，企业创新资本投入是造成地区间创新能力差异的直接原因。统计表明，沿海中部地区 2012~2018 年规模以上工业企业 R&D 经费支出总额平均为沿海北部、南部地区的 1.20 倍、1.40 倍，同期 R&D 人员总数也达到沿海北部、南部地区的 1.49 倍、1.38 倍。沿海中部地区创新要素丰裕程度最高，为培育创新企业核心竞争力提供了坚实的物质保障，与专利申请数与授权数的情况相吻合。创新活动的顺利开展还离不开创新示范区的协同配合。2018 年沿海中部地区拥有 4 个国家级自主创新示范区、28 个国家级高新区、34 个国家级大学科技园，仅江苏三类创新试验区的数量就分别达到 1个、18 个、15 个，更能促进创新成果的高质量转化。虽然沿海北部、南部地区同样拥有创新示范区，但却主要集中于京津雄、粤港澳一带，并未形成全域联动的网络化空间格局，创新要素的集聚外部性远不如沿海中部地区。

（四）对外开放

深化对外开放是高质量推进国内国际双循环的有效途径。2012 年以来，在全球经济缓慢复苏的后金融危机时代，沿海北部、中部、南部地区进出口贸易总额均呈现上升—下降—上升的变化轨迹。然而，沿海三地区进出口贸易总额的扩张并不明显，高质量对外开放道阻且长。更具体地，沿海中部地区进出口贸易总额在绝对数量上具备一定的优势，沿海北部、南部地区相对滞后：沿海南部地区2014~2016 年进出口贸易总额出现了两连降，到 2018 年才基本恢复至 2014 年的水平；与沿海南部地区类似，沿海北部地区 2015 年以来的进出口贸易总额显著下滑，到 2018 年仍低于 2014 年的规模（见图 9-8）。

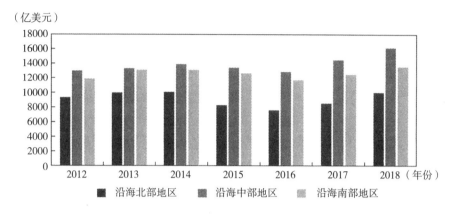

（亿美元）

图 9-8　2012~2018 年中国沿海北部、中部、南部地区进出口贸易总额

　　为化解进出口贸易中蓄积的系统性风险、稳步推动高质量对外开放，沿海自由贸易区试点正式拉开帷幕。沿海中部地区充分发挥"一带一路"交汇点的交通区位优势，于 2013 年 9 月在上海获批设立了中国首个自由贸易区，通过进出口产品结构高级化增进了外贸竞争优势[23]，使得进出口贸易总额自 2017 年起出现了明显回弹，显著高于沿海北部、南部地区。2015 年，沿海北部、中部、南部的其他省（区/市）纷纷效仿，广东、天津、福建、辽宁、浙江、海南、山东、江苏、广西、河北、北京分 5 批次获批设立自由贸易区。总体上看，沿海中部地区自由贸易区建设起步早、试点范围广阔，高附加值产品的跨国贸易力度更大，因而进出口贸易总额高于沿海北部、南部地区。

　　作为扩大对外开放的特殊功能区，自由贸易区在以优惠政策助力高质量进出口贸易往来的同时，将加速投资自由化进程纳入制度框架[24]。2013 年，中央率先在上海自由贸易区进行负面清单政策实践，在保护国内产业的同时，降低了外资准入门槛，使沿海中部地区外商投资总额一直领先于沿海北部、南部地区（见表 9-2）。为进一步发挥外资对高质量发展的驱动作用，国务院于 2015 年印发了《自由贸易试验区外商投资准入特别管理措施（负面清单）》，条款数由 2013 年的 190 项下调至 2015 年的 122 项。受此驱动，拥有 2 个自由贸易试点省份的沿海南部地区外商投资总额也随之迅速上扬，同沿海中部地区的差距持续缩小。沿海北部地区虽然拥有天津自由贸易区，但试点范围有限，外商投资引入不足。为适应沿海自由贸易区试点范围的扩大，我国自 2018 年起在全国实行统一化的负面清单规则，条款数也简化至 40 项。得益于此，依托于福建、广东与海南自由贸易区的沿海南部地区外商投资总额呈井喷式增长,到 2018 年已和沿海中部地区基本持平。相比之下,沿海北部地区自由贸易区试点推进偏慢,外商投资总额增长相对迟滞,需作为沿海地区加快高质量对外开放征程中的关注焦点(见表 9-2)。在积极引进外商投资的同时,沿海地区通过广泛开展到境外投资、对外承包工程等政策实践,将"引进来"与"走出去"纳入统一的制度框架,协同带动高质量发展。统计发现,2012~2018 年沿海北部、中部、南部地区的对外投资总额均呈增长态势。然而,受保护主义、单边主义的影响,沿海北部、中部、南部地区对外承包工程营业额自 2016 年起出现了较大波动,开放型经济高质量发展面临挑战(见表 9-2)。

表 9-2   2012~2018 年中国沿海北部、中部、南部地区"引进来"与"走出去"

类别	指标	地区	2012 年	2013 年	2014 年	2015 年	2016 年	2017 年	2018 年
"引进来"	外商投资总额(亿美元)	沿海北部	6609	7187	8050	10619	11999	14571	16697
		沿海中部	12566	13647	15115	17352	19340	21375	23867
		沿海南部	6826	7280	8006	9147	11276	21552	23577
"走出去"	对外投资总额(亿美元)	沿海北部	310.03	436.27	712.11	940.91	1436.46	1605.26	—
		沿海中部	303.32	399.95	564.68	1033.41	1516.83	2507.16	—
		沿海南部	161.65	205.43	249.35	340.45	496.35	627.09	—
	对外承包工程营业额(亿美元)	沿海北部	188.25	217.07	233.10	245.20	240.77	252.10	256.35
		沿海中部	169.92	197.48	205.32	224.03	224.40	266.01	232.53
		沿海南部	174.56	243.48	140.05	217.44	199.62	199.17	193.75

(五)绿色发展

作为国民经济高质量发展的主攻方向,绿色发展是保障人与自然和谐共进的重要途径。为形成生产空间高效集约、生活空间宜居舒适、生态空间山清水秀的美丽中国,社会经济高度发达的沿海地区已成长为生态文明体制改革的急先锋。

自 2012 年起,沿海地区单位产出的生产生活"三废"排放量与产生量均呈减少态势,成功实现经济活动生态化。但是,沿海北部地区绿色发展情况欠佳:沿海北部地区单位产出废气主要污染物排放量、单位产出固体废弃物产生量最多,其中 SO_2 排放量依次为沿海中部、南部地区的 2.12 倍、1.96 倍,烟粉尘排放量分别是沿海中部、南部地区的 2.95 倍、2.45 倍,固体废弃物产生量依次为沿海中部、南部地区的 4.45 倍、3.33 倍（见表 9-3）。综上，沿海北部地区生态环境问题最为突出，是整个沿海地区绿色发展道路上的突出障碍，最具代表性的要数 2015 年前后京津冀地区严重的雾霾天气。

表 9-3 2012~2017 年中国沿海北部、中部、南部地区单位产出污染物排放量（产生量）

类型	指标	地区	2012 年	2013 年	2014 年	2015 年	2016 年	2017 年
废水	单位产出废水排放量（t/万元）	沿海北部	9.43	8.74	8.59	8.54	7.73	6.88
		沿海中部	11.37	10.36	9.63	9.26	8.30	7.38
		沿海南部	14.87	13.56	12.83	11.97	10.70	9.40
废气	单位产出 SO_2 排放量（t/亿元）	沿海北部	33.79	29.36	26.29	23.97	15.28	10.23
		沿海中部	16.95	14.67	12.94	11.18	5.97	3.68
		沿海南部	18.44	15.96	14.28	12.32	5.76	4.16
	单位产出烟粉尘排放量（t/亿元）	沿海北部	21.24	19.48	27.98	23.65	17.43	11.30
		沿海中部	7.20	7.55	9.98	8.00	4.80	3.51
		沿海南部	9.68	9.03	11.20	8.93	6.08	4.56
废渣	单位产出固体废弃物产生量（t/亿元）	沿海北部	7119.26	6260.41	5988.97	5580.32	4863.69	4882.59
		沿海中部	1550.40	1442.24	1349.95	1234.74	1151.12	1076.73
		沿海南部	2378.01	2210.20	1715.88	1505.81	1312.32	1293.70

注：限于数据可得性，未分析 2018 年的单位产出污染物排放量（产生量）。

沿海地区向绿色发展模式的高质量进阶离不开循环生产模式、绿色生活方式的指导。为协调资源环境承载力与社会经济发展，沿海中部地区响应打造主体功能区的国家号召，持续深化江浙沪三省市合作，调动社会公众力量，积极构建长三角绿色一体化发展示范区，形成了统一的区域生态环境与污染源监控平台。沿海中部地区在严格执行生态红线管控制度的基础上，于 2018 年完成了环保准入标准的全行业覆盖，力推循环生产模式，从源头上有效遏制了污染。沿海南部地区也随之效仿，将粤港澳作为轴心，通过生产、生活污染物的跨省域协同治理，积极开拓珠江—西江—闽江生态经济带，成为绿色集约发展的战略高地。相比于沿海中部、南部地区，沿海北部地区的京津冀与辽宁、山东间缺乏紧密协作，环渤海省市并未实现联防联控，污染型企业从环境规制严格的京津迁出寻求污染避难所的现象依然存在，加之社会公众对绿色发展的参与度不高，波特假说效应未能充分释放，因此单位产出污染物减排依然面临较大压力。

四、新时代沿海地区高质量发展的思路与路径

根据高质量发展的逻辑原点与逻辑主线，在把握沿海地区高质量发展现状、特征、突出问题的同时，为充分发挥沿海地区的引领作用，应借助京津冀协同发展、长三角一体化、粤港澳大湾区建设的东风，不失针对性地从产业实力、创新能力、对外开放、绿色发展四大领域入手，在保证沿海地区经济中高速增长的同时助力高质量发展，增强新常态下人民的满足感、获得感。

（一）沿海地区高质量发展的总体思路

沿海地区面积广阔，内部差异明显，难以在短时间内成为一条完整的高质量经济带。鉴于此，沿海北部地区应以京津冀协同发展为带动，加快构建环渤海经济带，提高黑龙岗、鲁西经济发展质量；沿海中部地区需以长三角一体化为导向，改变苏北、浙西相对落后的现状，使江浙沪成为锻造充满活力的长江经济带的龙头；沿海南部地区当以粤港澳大湾区建设为契机，辐射带动泛珠三角高质量发展，缩小同闽西、粤北、桂北间的差距。遵循上述思路，我们将打造出全世界规模最大、高质量发展程度最高的沿海经济带。

要通过沿海地区高质量发展带动国民经济高质量发展，需遵循以下四点思路：①以结构优化与空间重组为引领，实施沿海地区高质量发展的产业升级战略；②以产研融合与园区营造为驱动，推行沿海地区高质量发展的自主创新战略；③以贸易相通与制度创新为抓手，设计沿海地区高质量发展的对外开放战略；④以可持续发展能力培育为核心，形成沿海地区高质量发展的生态文明战略。

（二）沿海地区高质量发展的实现路径

根据上述总体思路，新时代沿海地区高质量发展的实现路径包括以下四个方面：

1. 提升产业核心竞争力

提升产业核心竞争力是国民经济完成由高速增长向高质量发展过渡的重要一环。站在高质量发展的历史转折点，为提升产业核心竞争力、缩小与发达经济体的差距，沿海地区应做好以下两项工作：

第一，以高端制造业与现代服务业为双轮，共同驱动高质量发展。一方面，沿海北部、中部、南部地区分布有京津唐、长三角、粤港澳三大制造业基地，是夯实沿海地区国家制造业中心地位的主要抓手。三大制造业基地都应积极运用先进技术，不断创新管理模式，大力发展以集成电路、第五代移动通信、飞机发动

机、新能源汽车为代表的高端制造业，并将其定位为优化全要素生产率的支柱产业。对尚处于制造业高质量转型关键时点的沿海北部、南部地区而言，在持续增加人力资本、知识技术等优质生产要素投入的同时，还需要连同沿海中部地区构筑高端制造业发展的互补机制，克服制造业全要素生产率不高的突出问题，进而巩固沿海地区国家制造业中心的地位。另一方面，随着新一轮科学技术革命浪潮的兴起，沿海地区服务业增加值占比已超过制造业，成为高质量发展的拉力。鉴于此，沿海北部、中部、南部地区都要坚持生产性服务业与生活性服务业并重，重点扶持以金融、现代物流、信息网络为代表的生产性服务业，以文化旅游、商业贸易、居家养老为代表的生活性服务业，塑造完备高效的现代服务业体系。沿海地区还要充分发挥信息技术高地的区位优势，引导高端制造业与现代服务业跨界融合，协同增进区域全要素生产率，发挥对高质量发展的正外部性。此外，根据党的十九大报告的精神，沿海地区还应将陆上产业同海洋产业相对接，以陆海统筹战略指导高质量发展。

第二，有序引导制造业梯度转移，重塑生产力空间布局。作为助推生产力重组的有效途径，制造业梯度转移能通过化解要素与产业的空间错配消除优化全要素生产率面临的障碍，从而释放各地区的竞争优势，共同朝着高质量发展的方向进军。在区域产业实力不平衡的现实情况下，各地区适合发展的主导产业不尽相同，成为制造业跨区域梯度转移的现实基础。就京津唐、长三角、粤港澳三大沿海综合性国家制造业中心来说，新型钢铁、精细化工、电子信息等技术密集型产业已成为高质量发展时代的战略重心，以纺织、服装为代表的劳动密集型产业的优势不再，应当通过产业转移示范区建设，积极引导沿海北部、中部、南部地区达到环境质量标准的相关产业分别沿着"南下""西进""北上"的路径向内陆地区迁移，谨防制造业向海外过度流失，助力高质量发展。在沿海三地区中，沿海北部、南部地区传统制造业的比重高于沿海中部地区，是顺利推进制造业梯度转移的决胜点，需要针对性更强、优惠力度更大的规划性文件作为保障，谨防出现木桶效应，持续改善全要素生产率。

2. 激发创新活力

在高质量发展的时代背景下，创新是新旧动能转换的不竭动力。为进一步强化创新对高质量发展的带动作用，补齐沿海北部、南部地区的创新能力短板，需要发挥创新要素与创新平台对激发创新活力的支撑作用。

其一，从微观层面来看，充分尊重企业的创新主体地位，加快产学研一体化进程。2018年中国企业创新能力排行榜显示，近90%的百强创新企业汇聚于沿海地区，是激发沿海地区创新活力的微观主体。为此，要积极构建以企业为主体的创新机制，通过税收减免、加速折旧、盈亏相抵、延期纳税、信贷支持等优惠性措施，为创新企业提供丰富的资金、人才要素支撑，催化创新成果在生产实践中的转化应用，使创新企业永葆核心竞争力。在沿海三地区中，沿海中部地区创新企业的集中度要高于沿海北部、南部地区，正外部性更强。要真正补齐沿海北部、南部地区的创新能力短板，就应将丰裕的资金、优质的人才配置到当地的骨干企业中去，让更多企业迸发出跻身百强创新企业的潜能，形成沿海三地区创新企业"你追我赶"的良性竞合状态。创新不能仅依靠企业自身，还需要同高校及科研院所建立联动机制，以国家级大学科技园为空间载体，通过产学研一体化带动高质量发展[25]。不同于百强创新企业的空间分布，沿海北部、中部、南部地区高校与科研院所数量大体相当，是产学研一体化坚实的组织基础，为激发区域创新活力提供契机。一方面，企业应为高校与科研院所的人才培养提供创新创业基地，不仅能让创新型人才更具实操能力，也能为自身储备丰富的潜在人力资本，从而更加顺利地开展创新实践；另一方面，高校与科研院所应当密切同业界的交流，更精准地把握企业创新诉求，开发契合市场需要的专利产品，引导专利成果向业界转移。

其二，从宏观层面来看，改善创新综合试验区的空间布局，实现"普遍沸腾"。作为知识、人才、技术等创新资源和要素的集聚地，创新综合试验区是区域创新网络的基本空间单元，对高质量发展至关重要。为此，新时代背景下沿海地区要积极借鉴北京中关村科学城、上海张江高新区"一区多园"管理模式、广州国际科技创新中心"四区合一"运营模式的成功经验，提升国家级自主创新示范区、国家级高新区的层次，通过深化创新综合试验区的政策实践有效解决沿海北部、南部地区创新能力偏弱的突出问题[17]。更具体地，分区域而言，沿海北部地区应坚持世界眼光、国际标准、中国特色，创建数字智能雄安新区；沿海中部地区在整合上海张江、苏南、杭州、温甬自主创新示范区的同时，需增进同苏北、浙西的创新关联，铸成长三角创新共同体；沿海南部地区应将有效专利数突破百万件的粤港澳大湾区作为龙头，激发珠江—西江—闽江经济带的创新潜能，尽快步入高质量发展的健康轨道。在不远的将来，沿海地区将成为中国的黄金创新地带，有效带动内陆地区的高端化创新，以"普遍沸腾"不断向创新型国家迈进。

3. 发展高水平开放型经济

在经济全球化遭遇逆流的背景下，为降低沿海地区高质量发展所面临的不确定性，应从高水平对外开放中挖掘经济增长的潜力，以更强的经济韧性化解可能发生的系统性风险。

第一，调整进出口贸易结构，移步至国际分工价值链中高端。作为对外开放的第一线，沿海地区在1978年改革开放之初充分发挥劳动力成本优势，重点发展以中低端产品为主的加工贸易，成为世界工厂，这一时期进出口贸易主要通过总量扩张带动经济社会发展。21世纪以来，在劳动力供给减少、土地价格上涨等多重约束下，传统加工贸易的优势不再凸显。在高质量发展的全新历史时期，受保护主义、单边主义的冲击，沿海北部、中部、南部地区进出口贸易波动明显。为在经济全球化逆流中化危为机，沿海地区在发挥要素禀赋优势的同时，都应继续将积极有为的自主创新作为第一要务，调动域内华为、华虹、奇虎、大疆等百强创新企业的积极性，并借助"一带一路"建设的东风，加速移动互联网、新能源汽车、大型飞机、超级计算机等高附加值产品进驻国际市场的步伐，刺激进出口贸易总额的持续增长，努力移步至"微笑曲线"两端，开拓高质量发展的新格局。遵循上述思路，沿海北部、南部地区进出口贸易相对滞后的局面将得到有效改观，将与沿海中部地区齐头并进，勇立经济全球化的时代潮头。

第二，加快自由贸易区建设，保障开放型经济行稳致远。为助力"引进来"与"走出去"高质量发展，沿海地区应逐步扩大自由贸易区的试点范围，沿海北部的秦皇岛与烟台、沿海中部的宁波与温州、沿海南部的湛江与北海等开放城市可作为具体选址。在增设自由贸易区试点的同时，沿海地区还需革新自由贸易区的微观制度设计，完成由外向型经济向开放型经济的高质量转型。为此，一方面，创新沿海自由贸易区管理模式，大力推行以"单一窗口""一线放开、二线管住"为核心的监管服务改革，通过现代信息技术简化检验检疫、审批通关流程，为进出口贸易与对外经济技术合作提供最大限度的便利，促进前沿创新成果的跨国共享[26]；另一方面，沿海自由贸易区要建立外商投资负面清单的动态调整机制，集中力量突破"准入不准营"的瓶颈，为外商资本顺利进入提供有效渠道。在沿海三个地区中，沿海中部地区最先获得自由贸易区试点权，是沿海北部、南部地区自由贸易区制度供给创新的可靠范本。通过理性借鉴沿海中部地区的有益经验，沿海地区对外开放将迈上新层次。

4. 深化生态文明建设

为建成资源节约型、环境友好型社会，就必须以高质量发展助推生态文明建设。沿海地区需将"绿水青山就是金山银山"的理念落实到生产生活实践中，在集约利用资源要素的同时，减少对生态环境的破坏，这尤为关键。

其一，注重循环生产，从供给侧高质量推进生态文明建设。一方面，对于钢铁、化工、建材、冶金等资本密集型产业部门而言，可通过就地绿色技术改造，释放环境规制的波特假说效应，继而更好地构建沿海优化开发区、重点开发区，巩固沿海地区绿色发展示范窗口的地位。目前，沿海北部、中部、南部地区的天津临港工业园区、上海化学工业园区、福建泉港石化工业园区等多家产业园区依靠节能减排技术的持续革新，被划定为国家级循环经济试点单位，探索形成了集"回收—再利用—设计—生产"于一体的闭环。通过推广循环生产模式，不仅能成功实现对资源要素的高效利用，还将有效降低上下游生产环节的污染物排放量与产生量，是新时代调和沿海地区经济效益、社会效益与生态效益的高质量蓝本。特别是对于废气、废渣排放量与产生量最高的沿海北部地区而言，大力推行循环生产的新型模式是根治生态环境问题的重中之重，事关沿海地区能否担当绿色发展示范窗口的时代使命。另一方面，对于纺织、服装等劳动密集型产业门类来说，跨区域梯度转移是关键。在此过程中，需同国家主体功能区战略相对接，遵守《产业转移指导目录 2018 年》等政策性文件的相关规定，合理圈定各省（区/市）转入与转出产业的主要门类，坚决避免高污染、高耗能行业由沿海向内陆的限制开发区、禁止开发区转移，防止内陆地区沦为污染避难所。

其二，倡导绿色生活，提高社会公众对生态环境治理的参与度。随着沿海地区居民物质生活的极大丰富，对优质生态环境的支付意愿也不断增强。为此，要发挥社区团体、公共媒介在宣传绿色生活方式中的重要作用，培养民众的环保责任意识与绿色消费习惯，倒逼社会生产模式高质量转型升级。沿海北部地区生态环境质量总体低于沿海中部、南部地区，但三个地区社会公众对生态环境的支付意愿却大体相当。为此，沿海北部地区应努力学习沿海中部、南部地区的经验，通过创新生态环境治理体系确保社会公众切身参与到环保标准制定、环保制度设计、环境监督评估的过程中去，坚决避免污染物超标准排放，与沿海中部、南部地区一道，形成践行绿色发展理念的合力[27]。进一步地，为广泛筹措资金与技术，在坚持沿海地区政府部门主体作用的同时，可尝试性通过 BOT、PPP 等方式，将环保项目的经营权移交至民间组织、专家、学者，高质量共建绿色环渤海湾、绿色长三角、绿色泛珠三角，提升沿海优化开发区、重点开发区的整体层次，筑牢生态文明的建设成果。

五、结论与讨论

沿海地区高质量发展是一项长期的系统工程。新时代背景下，只有认清沿海地区高质量发展的现状与特征，聚焦沿海地区在高质量发展进程中的突出问题，明确沿海地区高质量发展的总体思路，才能形成科学的路径构想，使沿海地区高质量发展行稳致远。具体路径包括：①沿海地区在以高端制造业与现代服务业为双轮驱动高质量发展的同时，还需有序引导制造业梯度转移，重塑生产力空间布局；②沿海地区要充分尊重企业的创新主体地位，加快产学研一体化进程，积极改善创新综合试验区布局，实现"普遍沸腾"；③沿海地区亟待深入调整进出口贸易结构、完善自由贸易区建设，从而保障开放型经济平稳推进；④沿海地区应坚持循环生产与绿色生活并重，从供给侧发力巩固生态文明成果，提高社会公众对生态环境治理的参与度。

学界要达成关于高质量发展基本逻辑及其科学问题属性的共识尚需一段时间。众多学者或通过全要素生产率反映高质量发展的时空变异特征，或借助指标体系全方位展现区域高质量发展的基本态势。然而，通过全要素生产率刻画高质量发展水平虽然简单直观，但却掩盖了背后深刻的现实原因；构建指标体系不可避免会受到主观因素的影响，现有文献关于高质量发展具体指标的选取也不尽相同，很难确定哪一套体系更合适，并不存在绝对完美的指标体系。面向百年未有之大变局，社会经济综合实力最为强劲的沿海地区肩负着继往开来的光荣使命，对实现中华民族伟大复兴的中国梦具有承前启后的牵引力。通过本章的研究，沿海地区高质量发展的路径构想将更加清晰，为"十四五"时期中央与地方性规划的编制提供了价值参考。更为重要的是，沿海地区高质量发展战略重心的地位将得到有效巩固，最终带动内陆地区与整个国家的高质量发展，生动绘制了新时代"两步走"的战略蓝图。在未来相当长的一段时间内，高质量发展都是中国特色社会主义建设的焦点，如何将质性研究与定量分析恰当结合，共同服务于国家重大方针政策的研判，将成为亟待关注的热点问题。

参考文献

［1］樊杰，王亚飞，梁博.中国区域发展格局演变过程与调控［J］.地理学报，2019，74（12）：2437-2454.

［2］樊杰，王亚飞，王怡轩.基于地理单元的区域高质量发展研究：兼论黄河流域同长江流域发展的条件差异及重点［J］.经济地理，2020，40（1）：1-11.

［3］金碚.关于"高质量发展"的经济学研究［J］.中国工业经济，2018（4）：5-18.

［4］刘建国，李国平，张军涛，等.中国经济效率和全要素生产率的空间分异及其影响［J］.地理学报，2012，67（8）：1069-1084.

［5］刘浩，马琳，李国平.中国城市全要素生产率的演化格局及其影响因素［J］.地理研

究，2020，39（4）：880-891.

　　[6] 李汝资，刘耀彬，王文刚，等.长江经济带城市绿色全要素生产率时空分异及区域问题识别 [J]. 地理科学，2018，38（9）：1475-1482.

　　[7] 简新华，聂长飞.中国高质量发展的测度：1978—2018 [J]. 经济学家，2020（6）：49-58.

　　[8] 钞小静，任保平.中国经济增长质量的时序变化与地区差异分析 [J]. 经济研究，2011，46（4）：26-40.

　　[9] 魏敏，李书吴.新时代中国经济高质量发展水平的测度研究 [J]. 数量经济技术经济研究，2018，35（11）：3-20.

　　[10] 陆大道.中速增长：中国经济的可持续发展 [J]. 地理科学，2015，35（10）：1207-1219.

　　[11] 高培勇，杜创，刘霞辉，等.高质量发展背景下的现代化经济体系建设：一个逻辑框架 [J]. 经济研究，2019，54（4）：4-17.

　　[12] 高培勇.理解，把握和推动经济高质量发展 [J]. 经济学动态，2019（8）：3-9.

　　[13] 张军扩，侯永志，刘培林，等.高质量发展的目标要求和战略路径 [J]. 管理世界，2019，35（7）：1-7.

　　[14] 魏后凯，年猛，李功."十四五"时期中国区域发展战略与政策 [J]. 中国工业经济，2020（5）：5-22.

　　[15] 贺曲夫，刘友金.我国东中西部地区间产业转移的特征与趋势：基于2000—2010年统计数据的实证分析 [J]. 经济地理，2012，32（12）：85-90.

　　[16] 高丽娜，卫平.中国高端制造业空间结构变动的实证研究：2003—2009 [J]. 工业技术经济，2012，31（1）：84-91.

　　[17] 汪海.沿海创新增长极引领中国经济转型升级 [J]. 现代经济探讨，2015（4）：49-53.

　　[18] 侯纯光，程钰，任建兰，等.中国创新能力时空格局演变及其影响因素 [J]. 地理科学进展，2016，35（10）：1206-1217.

　　[19] 马丽.基于产业环境耦合类型的沿海地区产业绿色转型路径研究 [J]. 地理研究，2018，37（8）：1587-1598.

　　[20] 李兰冰，刘秉镰."十四五"时期中国区域经济发展的重大问题展望 [J]. 管理世界，2020，36（5）：36-51.

　　[21] 毛琦梁，董锁成，王菲，等.中国省区间制造业空间格局演变 [J]. 地理学报，2013，68（4）：435-448.

　　[22] 张迁，王俊杰.我国制造业"四链"协同升级的一个现实途径：服务化转型 [J]. 经济社会体制比较，2018（5）：60-69.

　　[23] 孟广文，王艳红，杜明明，等.上海自由经济区发展历程与启示 [J]. 经济地理，

2018，38（5）：1-10.

[24] 陈林，肖倩冰，邹经韬.中国自由贸易试验区建设的政策红利［J］.经济学家，2019（12）：46-57.

[25] 仲伟俊，梅姝娥，谢园园.产学研合作技术创新模式分析［J］.中国软科学，2009（8）：174-181.

[26] 王晓玲.国际经验视角下的中国特色自由贸易港建设路径研究［J］.经济学家，2019（3）：60-70.

[27] 宋妍，张明.公众认知与环境治理：中国实现绿色发展的路径探析［J］.中国人口·资源与环境，2018，28（8）：161-168.

第三篇

区域重大战略研究

第十章　京津冀协同发展

第一节　"十四五"背景下京津冀协同发展与雄安新区建设*

"十四五"时期将开启全面建设社会主义现代化国家新征程，加快推动京津冀协同发展作为区域重大战略重点，在"十四五"时期将迈上更高台阶。《中华人民共和国国民经济和社会发展第十四个五年规划和 2035 年远景目标纲要》（以下简称《"十四五"规划纲要》）明确指出，要加快推动京津冀协同发展。疏解北京非首都功能是实现京津冀协同发展的关键，高质量高标准建设雄安新区和北京城市副中心，则是"十四五"时期的工作重点。自 2014 年以来，京津冀协同发展不断取得新进展、新突破，《京津冀协同发展规划纲要》确定的到 2020 年的目标任务全面顺利完成，取得了明显的阶段成果和宝贵经验。在"十四五"时期，京津冀协同发展开始从启动向中期阶段转变，将面临新形势、新任务，而作为北京非首都功能疏解集中承载地的雄安新区，也进入了新阶段。因此，研究"十四五"时期京津冀协同发展的新形势、新特征以及雄安新区建设如何进一步推进等问题具有重要的理论意义和现实意义。

一、"十四五"时期京津冀协同发展的新形势

2014 年 2 月 26 日习近平总书记考察北京，对京津冀协同发展做出战略部署，

---

* 本文原载于《金融理论探索》2022 年第 2 期。

标志着京津冀协同发展上升为重大国家战略，截止到 2022 年已经整整八年的时间。八年来，京津冀协同发展取得了令人瞩目的成就。

（一）京津冀协同发展的政策与战略体系基本完善

1. 京津冀协同发展战略对区域经济促进效果明显

京津冀协同发展国家战略的实施，对区域内的经济增长能力起到了较大的支撑作用。2014~2020 年，京津冀地区生产总值由 66478.91 亿元提高至 86393.17 万亿元；京津冀三地居民人均可支配收入分别从 44488.6 元、28832.3 元和 16647.4 元提高至 69433.5 元、43854.1 元和 27135.9 元①。京津冀协同发展对北京市和河北省两地的经济平稳增长支撑作用比较突出，京冀两地的 GDP 增速保持在 6% 和 7% 区间平稳增长。2021 年，北京市和河北省 GDP 均突破 4 万亿元，其中，北京市达到 40269.6 亿元，比 2020 年增长 8.5%；河北省为 40391.3 亿元，比上年增长 6.5%。整体来看，2021 年京津冀 GDP 增长均在 6.5% 及以上，北京市和天津市实际增长分别高于预期 2.5% 和 0.1%，河北省增速符合预期②。

2. 京津冀协同发展的重大政策、重大项目和重大工程的安排等已先后出台或完成

从《京津冀协同发展规划纲要》《"十三五"时期京津冀国民经济和社会发展规划》《"十四五"规划纲要》对加快推动京津冀协同发展的要求，到三省市分别制定落实各自功能定位的规划方案，以及土地、水利、医疗卫生等 12 个专项规划的编制完成，京津冀协同发展的重大政策、重大项目和重大工程安排等已先后出台或完成，形成了比较完善的战略与规划体系。

3. 京津冀世界级城市群建设推向深入

通过疏解非首都功能，京津冀"一体两翼"的空间格局开始形成。2019 年 1 月，北京市级机关向北京城市副中心搬迁的第一批单位挂牌办公，北京城市副中心已经开始进入发挥作用的新阶段；首都功能核心区控制性详细规划出台实施，推进首都功能不断优化提升。雄安新区基础设施建设基本完成，进入承接北京非首都功能疏解和开发建设同步推进的新阶段。雄安新区已完成规划编制，启动了大规模的征迁安置工作，开始承接北京非首都功能疏解和进行大规模的开发建设。2019~2021 年底，已实施重点项目 177 个，完工 60 个，累

---

① 资料来源：根据历年《中国统计年鉴》数据整理。
② 北京、河北 2021 年 GDP 突破 4 万亿元，今年京津冀协同将有这些新进展［EB/OL］.（2022-01-29）. http://finance.sina.com.cn/roll/2022-01-29-doc-ikyakumy3340263.shtml.

计完成投资 3546 亿元①。

（二）京津冀协同发展的一体化趋势基本形成

1. 实现了推动产业对接、交通一体和生态共治的先发目标

《京津冀协同发展规划纲要》提出，要推动产业对接、交通一体和生态共治，作为协同发展的率先突破领域。经过几年的努力，三个领域的协同发展取得了优异的成绩。一是产业对接方面，以非首都功能疏解推动的北京产业转移，正在相关领域和产业部门有序推进。二是省域交通方面，打通了三地高速公路"断头路"，进入到郊区铁路建设的新阶段。三是生态方面，近年来，京津冀三地在协作机制、统一立法、统一标准、联合执法等多方面展开合作，三地生态环境协同治理取得显著成效。2020 年，京津冀三地 PM2.5 浓度均低于 50 微克/立方米，与 2013 年相比，降幅均达到或超过 50%，空气质量得到明显改善②。可以说，京津冀区域一体化发展水平已经得到明显提升。

2. 基本实现"轨道上的京津冀"的建设目标

京津冀实现区域内快速铁路覆盖所有地级及以上城市，区域相邻城市间基本实现铁路 1.5 小时通达，基本实现"轨道上的京津冀"的建设目标。2021 年底发布的《京津冀交通一体化发展白皮书（2014—2020 年）》（以下简称《白皮书》）从交通网络互联互通、运输服务一体高效、协同发展机制日趋完善、深化战略重点工作等方面，全面梳理了京津冀交通一体化的发展成果。《白皮书》显示，"四横、四纵、一环"的京津冀网络化综合运输通道格局基本形成。在三省市共同努力下，"轨道上的京津冀"初步形成，以北京市、天津市为核心枢纽，贯通河北省各地市的全国性高速铁路网已基本建成，相邻城市间基本实现"1.5 小时交通圈"。

（三）京津冀空间布局不断优化

京津冀将形成以"一核、双城、三轴、四区、多节点"为骨架的产业空间布局。北京将沿"四轴"向东北（唐山、秦皇岛）、西北（张家口）、东南（廊坊、天津）和西南（保定、石家庄）向外辐射疏解，并形成四大区域，即中部核心功能区、东部滨海发展区、南部功能拓展区和西北部生态涵养区。分三步走推进多层次空间结构的形成：2017 年，实现"中心—外围"向"双城驱动"转

---

① 张涛，高博，李继伟. 10 万建设者寒冬坚守，为让"未来之城"拔节生长［EB/OL］. （2022-01-25）. http：//www.news.cn/mrdx/2022-01/25/c_1310439929.htm.

② 京津冀协同发展生态环境保护取得显著成效［EB/OL］. （2020-12-09）. https：//weiho.com/ttarticle/p/show? id=2309404580184971149502.

变；2020 年，实现"双城驱动"向"三轴四区"转变；2030 年，形成"多节点网络"的高级空间形态[1]。

控制北京人口是非首都功能疏解的重要内容。北京市第七次全国人口普查主要数据显示，北京市常住人口增速放缓，人口分布由单中心集聚向多中心城市发展新格局转变，控制人口过快增长取得了阶段性的效果。2020 年，全市常住人口为 2189.3 万人，与 2010 年第六次全国人口普查相比，十年间北京市人口总量增加了 228.1 万人，增长 11.6%，年均增长 1.1%，低于上一个十年 3.8%的年均增长率，增长有所放缓。其中，2017~2019 年北京市常住人口规模出现三连降，分别为 2170.7 万人、2154.2 万人和 2153.6 万人，比上年分别减少 2.2 万人、16.5 万人和 0.6 万人。从北京市 16 个区的情况看，常住人口正在从中心城区向"外"流动。北京中心城区常住人口为 1098.8 万人，占 50.2%，十年间减少了72.8 万人，占全市常住人口的比重下降了 9.5%①。

二、京津冀协同发展新阶段的新特征

进入"十四五"时期，伴随国际国内形势的新变化，中央提出促进"双循环"，构建新格局的新战略部署，京津冀协同发展也进入新的发展阶段。

（一）有序疏解非首都功能进入集中疏解的新阶段

北京市城市定位为政治中心、文化中心、国际交往中心、科技创新中心，非首都功能是指那些相对低端、低效益、低附加值、低辐射的经济部门以及区位由非市场因素决定的公共部门，即非紧密型行政辅助服务功能。北京非首都功能疏解的重点包括一般性产业特别是高消耗产业，区域性物流基地、区域性专业市场等部分第三产业，部分教育、医疗、培训机构等社会公共服务功能，部分行政性、事业性服务机构和企业总部。

2014~2019 年，北京非首都功能疏解的内容主要以一般制造业、物流专业市场等市场主体为主，疏解去向主要以浙江、上海、安徽、江苏为主的长三角地区和以广东省主要城市为主的珠三角地区，天津和河北承接占比低。2015~2017年，北京对外投资额中，天津占 5.0%，河北仅占 4.5%，并且河北承接的非首都功能大多以劳动密集型和资金密集型制造业为主，技术密集型制造业和服务业比重较低。

新一轮的疏解内涵、内容有所不同，部分教育、医疗、培训机构等社会公共

---

① 陶凤，王晨婷. 北京人口变化：这五个点值得关注 [N]. 北京商报，2021-05-20（2）.

服务功能，部分行政性、事业性服务机构和企业总部是疏解重点。从这些部门本身的特点来看，集中疏解、比较好的配套设施、优良的管理效率、良好的生活环境，是这些机构疏解的可能要求。因此，这类部门和机构的疏解，需要集中疏解，而不是分散疏解。

（二）北京确立高端国际消费城市的新定位

国际消费中心城市建设是北京融入新发展格局的重要方面，已被纳入北京"十四五"规划的重点任务。北京国际消费城市建设启动之后，高端消费产业向北京聚集的趋势可能会更加强烈。

北京市将结合城市更新打造新首钢、天宁一号等文体新地标；构建王府井、隆福寺、故宫文化金三角；支持博物馆、图书馆、剧院、实体书店发展；通过北京国际电影节、国际时装周、国际设计周等文化节会，打造品牌活动首选地；通过国家大剧院、北京人民艺术剧院等资源，推出更多文艺精品；2021 年，将购物中心、专业专卖店等纳入试点范围。目前，王府井百货大楼、长安商场等 8 家试点企业基本完成升级改造。

与国际消费城市建设相关联，就是北京自贸区的建设开始启动。北京自贸区的实施范围 119.68 平方千米，涵盖科技创新、国际商务服务、高端产业三个片区，其中国际商务服务片区 48.34 平方千米，包括北京 CBD4.96 平方千米、金盏国际合作服务区 2.96 平方千米，城市副中心运河商务区和张家湾设计小镇周边可利用产业空间 10.87 平方千米，首都国际机场周边可利用产业空间 28.5 平方千米。这些地区将是北京高端消费产业的聚集之地。

（三）北京金融中心地位进一步巩固

北京国际金融中心定位是：金融管理控制中心、金融业支付结算中心、金融信息中心、金融行业标准制定中心、金融批发业务中心、资金调度中心及金融中介服务中心。

北京金融中心地位进一步巩固。北京作为国家金融管理中心，是金融监管部门、重要金融基础设施、主要金融机构总部的承载地。2021 年，北京市法人金融机构数量 900 余家，金融资产总量超过 180 万亿元，占全国一半以上；金融业实现增加值 7603.7 亿元，同比增长 4.5%，占地区生产总值的 18.9%，继续保持首都经济的第一大产业地位[①]。

---

① 杨月涵.2021 年北京金融业实现增加值 7603.7 亿元，占地区生产总值比重接近国际金融中心城市［EB/OL］.（2022-02-10）.https：//www.bbtnews.com.cn/2022/0210/428636.shtml.

北京已经成为中外资金融机构落地展业的首选地，首家外商独资保险资管公司、首家外资控股证券公司等一批标志性重磅级机构在京落地，2021 年全年共落地中外资金融机构 45 家①。亚洲基础设施投资银行、丝路基金、亚洲金融合作协会等一批国际金融合作组织均在北京设立。

另外，中国石化、中国石油、中国海油、中国移动、中国联通、中国华能等这些国有大型企业所带动的庞大的资金流，同样是北京成为金融中心的有力支撑。

北京证券交易所的设立使北京的金融中心地位进一步巩固。2021 年 9 月 3 日，北京证券交易所注册成立，11 月 15 日正式开市。北京证券交易所坚持服务创新型中小企业的市场定位，构建适合中小企业特点的差异化制度安排，打造服务创新型中小企业主阵地；坚持与沪深交易所、区域性股权市场错位发展与互联互通；坚持与新三板现有创新层、基础层统筹协调与制度联动[2]。北京证券交易所在区位上重点服务京津冀，乃至整个北方地区，它的设立使北京的金融中心地位进一步巩固。

（四）北京城市副中心建设形成新的增长极

北京城市副中心的建设是调整北京空间格局、治理大城市病、拓展发展新空间的需要，也是推动京津冀协同发展、探索人口经济密集地区优化开发模式的需要。规划范围为原通州新城规划建设区，总面积约 155 平方千米。外围控制区即通州全区约 906 平方千米，进而辐射带动廊坊北三县地区协同发展。

2016 年 5 月 27 日中央政治局会议提出，北京城市副中心要着力打造国际一流和谐宜居之都示范区、新型城镇化示范区、京津冀区域协同发展示范区。行政、居住、消费的功能十分明确。在北京城市副中心规划的面积 155 平方千米范围内，除了已经开工的行政办公区工程外，其他区域和项目目前都在进一步完善规划，文化和旅游设施、商业中心、学校等都在有条不紊地推进建设。2022～2027 年北京城市副中心基本成型的五年，是加快控规实施，推动副中心框架基本成型、主导功能基本稳固、现代产业体系加快构建、区域协同突破发展、城市品质加快提升的重要五年。

三、新时代京津冀协同发展中的雄安新区建设

京津冀协同发展的核心是北京非首都功能疏解，京津冀协同要处理的关系，

———————

① 去年落地 45 家！北京成为中外资金融机构落地展业首选地［EB/OL］.（2022-02-10）. https：//fimamce. sina. com. cn/jjxw/2022-02-10/doc-ikyakumy5189555. shtml？cref＝cj.

最重要的是北京与河北的关系。雄安新区面对"十四五"时期的新特点，要抓住机遇，迎接挑战。

（一）雄安新区建设的成效

2017 年 4 月，中共中央、国务院正式决定设立河北雄安新区。作为千年大计、国家大事，在世界眼光、国际标准、中国特色、高点定位的理念指导下，《河北雄安新区规划纲要》《河北雄安新区总体规划（2018—2035 年）》分别在 2018 年 4 月和 12 月得到正式批复。规划围绕城乡融合发展、营造优美自然环境、构建综合交通网络、高起点布局高端产业等方面展开了系统性论述，同《京津冀协同发展规划纲要》提出的"一核、双城、三轴、四区、多节点"空间格局形成呼应。

在对外交通方面，雄安新区对外高速公路骨干路网全面形成。2021 年 5 月 29 日，雄安新区京雄高速公路河北段、荣乌高速新线、京德高速公路一期工程同期建成通车。至此，连同既有的京港澳、大广、荣乌、津石 4 条高速共同构成的"四纵三横"雄安新区对外高速公路骨干路网全面形成[①]。

根据规划，雄安新区城市道路系统将与固安至雄安新区至保定城际、北京至雄安新区至石家庄城际、京九高铁、京安高速公路及周边机场、干线公路网衔接，形成京津冀核心区域 1 小时交通圈和区域内部通勤交通网。

雄安新区启动区道路系统由主干路、次干路和支路三级组成。"三横四纵"布局的城市主干路网络总长约 45 千米，城市次干路网络总长约 87 千米，支路交通总长约 148 千米。按照"先地下、后地上"的原则，启动区建设了"干线—支线"两级综合管廊系统，总长度约 50 千米，未来将有效保障雄安新区基础设施运行。启动区"三横四纵"骨干路网主体工程完工，2022 年基础设施将基本建成，城区雏形初步显现。

雄安新区发展进入了一个新的阶段。容东片区率先启动新区居民住房和基础设施建设，它位于雄安新区容城县东北部，规划面积 12.7 平方千米，截至 2021 年 12 月底，首批 1 万余户、3 万余人已顺利回迁安置。雄安站枢纽片区位于雄安新区东北区域，规划面积 4.9 平方千米，是交通特色鲜明、功能协同的创新发展示范区。一批高端高新企业陆续入驻雄安新区，域内生态环境持续改善，为先行承接北京非首都功能疏解、探索创新城市开发建设模式创造了有利条件。

---

① 曹智，张伟亚，苑立立. 雄安新区"四纵三横"对外高速公路通道全部建成［EB/OL］.（2021-05-29）. http：//hebei. hebnews. cn/2021-05/29/content_8529519. htm.

（二）雄安新区建设中的矛盾

1. 需要解决定位高与基础薄弱的问题

雄安三县现有基础设施建设较为薄弱，未来发展潜力大，由于雄安新区是要打造北京非首都功能疏解集中承载地，并且突出建设现代新型城区，雄安新区的规划势必站在较高起点，并通过高规格的建设承接北京重点企业，成为京津冀新的发展极。

前期建设主要是解决发展的基础问题，这无疑是正确的选择，但是雄安新区现有的基础很薄弱。目前，深圳的 GDP 是 1979 年的一万多倍，单位平方千米贡献 GDP9.765 亿元，浦东新区的 GDP 是 1990 年的 145 倍，单位平方千米贡献 7.22 亿元。2016 年底，雄县、容城、安新三县 GDP 合计仅为 200.5 亿元，仅相当于同期上海浦东新区的 2.6%、深圳市的 1.2%。相比较而言，雄安新区在三大新区中基础是最薄弱的，但是它的定位又是最高的。所以前期建设主要是解决发展的基础问题。一是强化与北京中心城区的联动发展。要抓住北京非首都功能疏解的"牛鼻子"，充分发挥雄安新区在京津冀协同发展中"一体两翼"的发展职能，强化与中心城区的快速交通联系，积极承接北京城市核心区的部分中央企业的办公职能和其他重要职能，坚持协同发展、绿色发展。二是加强与保定城区、石家庄市和河北省其他地区的经济联系。其中雄安新区与保定城区具有天然的联系，未来要通过聚焦生态、交通、产业、公共服务等重点领域，进一步加强这种联系，从而实现区域发展的协同突破[3]。

2. 解决"千年大计"与建设时序的问题

目前要解决建设时序的矛盾问题。2017 年 2 月 23 日，习近平总书记到河北雄安新区考察时指出，建设雄安新区是一项历史性工程，一定要保持历史耐心，有"功成不必在我"的精神境界。2018 年 2 月 22 日，习近平总书记主持召开中共中央政治局常委会会议。会议强调，建设雄安新区是千年大计、国家大事，要保持历史耐心，稳扎稳打，一茬接着一茬干，努力建设高水平的社会主义现代化城市。

截止到 2022 年，启动雄安新区建设已经五年，按照规划的建设时序，基础设施建设基本完成，城市建设逐步展开，进入到边建设、边产出财富、生产 GDP 的阶段。除了继续加快新区的各项建设项目外，日常精细化的城市管理也必须提上日程，新的任务需要有新的思路和手段。

3. 公共服务的引入与城市人口聚集的协同问题

《河北雄安新区规划纲要》指出，引入京津优质教育、医疗卫生、文化体育等资源，建设优质共享的公共服务设施，发展金融服务、科创服务、商务服务、智慧物流、现代供应链、数字规划、数字创意、智慧教育、智慧医疗等高端现代服务业，促进制造业和服务业深度融合。这里需要注意公共服务引入与城市人口聚集的协同问题，公共服务的引入一定要根据雄安新区人口的增长情况，综合计划与建设相关的设施，和人口聚集形成相匹配的形式。基本目标是伴随人口的聚集，提升公共服务的能力，引导区域公共服务资源的协调发展。

（三）雄安新区城市与产业发展的思路

1. 力争在人口竞争中胜出

雄安新区的城市发展，首先存在人口的竞争问题。①吸引京津冀内部的人口。要根据社会经济发展需要，明确雄安新区的城市和产业发展方向，制定城市建设、产业引进和聚集政策，从而克服京津的人口向心力，将京津冀内部的人口吸引到雄安新区。特别要重视保定市人口向雄安新区迁移的动向，做好人口迁移的保障工作。②面向全国，聚天下英才而用之。截至 2021 年 1 月底，雄安新区户籍人口数有 129 万余人。假设未来雄安新区人口目标是 2035 年达到 300 万人，2050 年达到 500 万人，而从北京疏解的人口，估计不可能超过未来城市人口的1/10，解决雄安新区的人口来源问题，仅靠央企的总部搬迁是远远不够的，所以，面向全国，聚天下英才，才是未来的出路。应尽快出台各种宽松的吸引人才的政策，创造大量的创业机会和就业机会，吸引全国的人口和人才向雄安新区聚集。③建设大量的高新技术产业孵化器，这样做十分符合雄安新区长远发展的定位，能够使雄安新区成为小型创新企业的温床。

2. 在产业发展中雄起

《河北雄安新区规划纲要》强调，要高起点布局高端高新产业，加快改造传统产业，建设实体经济、科技创新、现代金融、人力资源协同发展的现代产业体系。明确了新一代信息技术产业、现代生命科学和生物技术产业、新材料产业、高端现代服务业、绿色生态农业等产业发展重点，要打造全球创新高地，搭建国际一流的科技创新平台，构建国际一流的创新服务体系。

雄安新区的产业发展应当坚持"三步走"的方针：第一步，不拘泥于原始创新，选择城市发展中容易建设的产业先上马；第二步，吸引高新技术企业集聚，建设集技术研发和转移交易、成果孵化转化、产城融合于一体的创新产业引领区；第三步，逐步向原始创新的高新技术产业聚集的现代化城市迈进。

3. 推进城市管理与文化建设先行

伴随雄安新区建设的推进，一个崭新的城市即将涌现。如何管理好一个崭新的城市，对城市建设者也是一个考验。设立雄安市，无疑是大势所趋，关键是雄安新区未来的城市级别也需要提出预案。

要处理好城市建设者、城市运营者、城市管理者之间的关系。需要提前安排、培养一批人才，延揽一批来雄安新区工作的年青一代，根植于这块土地。雄安新区城市管理重头戏是房产的管理。事业、企业单位的用房按照承租的方式，有多年的经验；商业用房仍然可以采用出售的方式；尤其是居住用房的管理，可能需要有细致的管理体制。过去多年一直秉持的住房"高端有市场，中端有供给，低端有保障"的原则，应继续使用。

文化建设是雄安新区城市建设规划的基本内核。从历史上看，雄县、容城、安新主县都具有上千年的建制历史，一直是京畿要地。作为国家级新区，雄安新区的城市建设要采燕赵文化之长，扬首都气势之壮，弘扬历史，开创未来。文化先行是雄安新区建设和运营的一个重头戏，应当在政策、人财物等各方面优先建设。

4. 保证公共服务充分供给

第一，优质共享的公共服务供给是雄安新区集聚高层次人才和高端产业的关键所在。雄安新区要根据城市发展战略定位，加大公共财政投入力度，从而实现城市公共服务与京津水平相当，同步发展。

第二，虽然雄安新区基础薄弱，起步晚，追平北京等一线城市任重而道远，但是在产业引入进来之前，公共服务设施要先到位，朝着"幼有所育、学有所教、劳有所得、病有所医、老有所养、住有所居、弱有所扶"的愿景迈进。

第三，公共服务供给需要按照规划，分步骤进行建设，根据未来当地的人口与经济情况决定相应的服务业总体规模，根据人口聚集的速度决定服务业设施的建设速度，这样才能实现真正的协调发展。此外，适度超前的原则应当坚持。

5. 广开解决建设资金来源的渠道

当务之急是解决资金来源问题。

第一，探索雄安新区投融资体制改革，建立长期稳定的技融资机制。要形成多元化、市场化融资渠道，包括专项债、资产证券化、PPP 等，探讨开放性金融的问题。

第二，进一步实行多元化的融资方式。一是积极抓住地方政府专项债券的政策机遇，推动雄安专项债券的发行；二是尝试使用产业基金，让金融业与城市建设中的产业发展深度结合；三是充分关注境内外各类成本低、期限活的融资政策与工具。

第三，对于雄安新区交通、水利、能源、公共服务等重大项目，需要由中央联合河北省政府牵头，并鼓励金融机构等企业参与，设立雄安新区专项项目资金，服务于新区重大项目建设需要。

第四，完善绿色金融支持体系。雄安新区的定位决定了其应该大力发展绿色金融，因此，应开发多元化的绿色金融产品，打造绿色金融功能区，建立绿色项目储备，加强绿色金融人才培育，完善绿色金融的有效支撑体系。

参考文献

［1］孙铮，孙久文."十四五"期间京津冀协同发展的重点任务初探［J］.河北经贸大学学报，2020，41（6）：57-65.

［2］杨毅.坚持错位发展突出特色建设北京证券交易所［N］.金融时报，2021-09-03（001）.

［3］本刊编辑部.雄安新区高质量发展学术研讨会综述［J］.金融理论探索，2021（5）：81-84.

第二节 新时期京津冀协同发展的现状、难点与路径*

进入"十四五"时期以来，京津冀协同发展步入一个崭新的阶段。面对百年未有之大变局，国民经济宏观形势发生了重大转变，构建新发展格局、实现经济发展的"双循环"，成为中国中长期经济发展的基本战略。在新发展格局中，京津冀协同发展作为国家层面的区域重大战略，肩负着不可替代的战略使命。按照《京津冀协同发展规划纲要》"三步走"的安排①，在中期任务目标基本实现之后，协同发展朝向 2030 年远期目标迈进。京津冀协同发展已从过去"谋思路、打基础、寻突破"的探索过程，演变至"滚石上山、爬坡过坎、攻坚克难"的关键阶段。本节拟在总结经验、剖析问题的基础上，探讨未来时期京津冀协同发展的难点与路径。

一、京津冀协同发展的战略成效

从 2014 年 2 月中共中央总书记习近平首次提出京津冀协同，到 2015 年 4 月

---

* 本文原载于《河北学刊》2022 年第 3 期。

① 中国政府网.京津冀协同发展领导小组办公室负责人就京津冀协同发展有关问题答记者问［EB/OL］.http：//www.gov.cn/zhengce/2015-08/23/content.2918246.htm.

《京津冀协同发展规划纲要》正式通过并上升为国家重大战略，京津冀三地已初步形成了协同发展、互利共赢的新局面：一是制度体系搭建基本完成；二是经济社会综合发展水平不断提升；三是北京非首都功能疏解展现成效；四是交通、产业和生态三大重点领域取得突破。

（一）制度体系框架基本搭建完成

在党的十八大以来的国家重大区域平台建设中，京津冀是率先探索出一组自上而下结合的制度体系的地区。首先，《京津冀协同发展规划纲要》审议通过，确定了顶层设计的总体方向，京津冀将形成以"一核、双城、三轴、四区、多节点"为骨架的产业空间布局。其次，基于上述精神，中央有关部门发布了《"十三五"时期京津冀国民经济和社会发展规划》作为指引，在《国民经济和社会发展第十四个五年规划和2035年远景目标纲要》中再次强调京津冀协同发展的重要性，推动三地分别制定了本省市的详细规划。最后，在产业协同、创新发展、生态环保等关键领域初步搭建起一套专项创新体制机制。例如《关于推进京津冀产业协同发展战略合作框架协议》《京津冀区域环境保护率先突破合作框架协议》《京津冀三地文化领域协同发展战略框架协议》《北京加强全国科技创新中心建设总体方案》等机制性文件，把协同发展作为重要的历史性机遇期，提出实现优化区域发展格局、转换区域发展动力、拓展区域发展空间和改善区域发展环境的目标。

（二）经济社会综合发展取得显著成就

从经济总量和社会发展来看，京津冀协同发展以来三地都取得了长足的进步。2000年，京津冀地区生产总值达到86393.2亿元，比上年增长2.1%。其中，北京为36102.6亿元，同比增长1.2%；天津为14083.7亿元，同比增长1.5%；河北为36206.9亿元，同比增长3.9%，且总量比重超过北京排在第一位（占比41.91%）。

（1）区域内人民生活持续改善。由图10-1可知，北京、天津和河北2020年居民可支配收入分别为69434元、43854元和27136元，绝对水平是2013年数值的1.7倍、1.66倍和1.79倍。以变异系数表征内部结构，变异系数从0.468下降至0.455，表明人民生活水平的区域内部差距呈收敛态势。

（2）基本公共服务迈向均等化。京津冀地区基本公共服务一体化目标集中在公共教育、医疗卫生、劳动就业、社会保险和公共文化体育等方面，均取得了显著成就。首先，重点关注教育，特别是基础教育领域。推动京津优质中小学、幼儿园与河北学校开展跨省域合作办学，发挥北京基础教育带动作用，累计与津

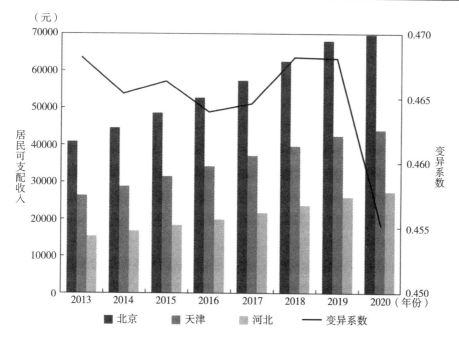

图 10-1　2013~2020 年京津冀居民人均可支配收入水平值及变异系数

冀开展教育帮扶项目 60 余项，签署基础教育合作协议 13 项，建成 5 个职业教育平台，成立 10 个跨区域特色职教集团（联盟），组建京津冀协同创新联盟等 12 个创新发展联盟。其次，在医疗方面，北京与河北唐山、张家口等地区医疗卫生合作项目有效运转，北京 17 家医院与河北 20 家医院建立合作关系，33 项临床检验结果在区域内 296 家医疗机构实现互认，20 项医学影像检查资料在 155 家医疗机构试行共享。再次，在就业与社会保障资源方面，三地人力资源服务地方标准基本实现统一，社会保险转移接续深入推进，跨省异地就医住院医疗费用直接结算有序实施，区域内异地就医便利化程度进一步提高。最后，成立了京津冀图书馆联盟等五个协同发展平台，在公共文化服务、群众文化活动、演出艺术发展等领域实现资源互通共享。

（3）人口比重和城市规模进一步优化。京津冀人口占全国总人口的比重略有下降，从 2013 年的 7.92% 降至 2020 年的 7.82%。从城镇化率看，北京和天津的城镇化率在 80% 的高位水平上略有增长，2020 年分别达到 87.55% 和 84.7%（见图 10-2）。河北城市建设与全国水平的差距进一步缩小，城镇化率在七年内增长了 12%，2020 年达到 60%。

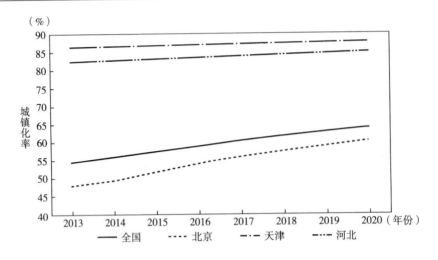

图 10-2 2013~2020 年京津冀城镇化率

（三）北京非首都功能疏解实现重大进展

通过牵住疏解北京非首都功能这一"牛鼻子"，不断调整空间结构，改善空间环境，同步推进对内科学疏解和对外有效承接，努力缓解北京"大城市病"等突出问题，成效十分显著。特别是 2021 年在中共中央的领导下制定并实施了北京非首都功能疏解的新方案，加快构建疏解激励约束政策体系，使北京非首都功能疏解取得突破性进展。

（1）对内科学疏解。坚持推进北京市内一般制造业企业、区域性专业市场和物流中心的转移疏解及综合环境提升。根据 2014~2020 年北京市政府工作报告，一方面，常住人口实现了 2020 年控制在 2300 万人以内的目标，不符合首都职能定位的产业布局基本完成疏解；持续优化提升全国科技创新功能，输出津冀的技术合同成交额累计超千亿元。另一方面，注重加强超大城市治理，不断提升城市和谐宜居水平，在环保绿化、便民工程、老旧整改等方面重点发力（见表 10-1）。新一轮非首都功能疏解逐步展开，截至 2021 年底，已有 7 家央企总部迁出北京，一批具有标志性和影响力的疏解项目的启动，形成良好的示范效应。

表 10-1 北京非首都功能疏解和人居环境提升成果（2014~2020 年）

年份	2014	2015	2016	2017	2018	2019	2020
常住人口（万人）	2171	2188	2195	2194	2192	2190	2189

续表

年份	2014	2015	2016	2017	2018	2019	2020
关停退出一般制造业和污染企业（家）	392	1006	335	1992	656	399	基本完成
疏解提升市场和物流中心（个）	36	228	117	594	204	66	
输至津冀的技术合同成交额（亿元）	—	共计近470			227.4	282.8	—
"留白增绿"工程（千公顷）	0.60	4.85	0.48	1.60	1.68	1.67	0.86
背街小巷环境整治（条）	—	—	—	—	1141	1255	3500
便民商业网点提升（个）	—	—	1700	—	1529	1190	6000+
棚户区改造（万户）	—	3.50	3.90	2.36	3.43	1.63	—

作为优化北京市内部空间分工形态的重要途径，通州城市副中心的规划面积达155平方千米。首批市级机关在2019年1月迁入。2021年11月国务院印发了《关于支持城市副中心高质量发展的意见》，副中心与廊坊北三县地区开始探索协同开展统一规划、统一标准、统一政策和统一管控。

（2）对外有效承接。2017年4月，中共中央、国务院正式决定设立河北雄安新区。在世界眼光、国际标准、中国特色、高点定位的理念指导下，《河北雄安新区规划纲要》《河北雄安新区总体规划（2018—2035年）》分别在2018年4月和12月得到正式批复。雄安新区建设不仅对欠发达的河北而言是重大机遇，也是中国开辟城市发展独特道路的有益实践。

雄安新区有两大任务：首先，作为疏解北京非首都功能的集中承载地。解决"出得去"和"接得来"的有效衔接；其次，走出一条内涵集约发展的新路子，探索一种人口经济密集地区优化开发的模式，促进区域协调发展，形成新增长极。目前，雄安新区已全面进入大规模建设阶段，各项基础性工程、公共服务设施、生活居住配套等项目全面启动，一批高端高新企业陆续入驻，域内生态环境持续改善，为先行承接北京非首都功能疏解、探索创新城市开发建设模式创造了有利条件。容东片区位于雄安新区容城县东北部，规划面积12.7平方千米，率先启动新区居民住房和基础设施建设，雄安站枢纽片区位于雄安新区东北区域，规划面积4.9平方千米，是交通特色鲜明、功能协同的创新发展示范区。

（四）三大重点领域率先获得突破

抓紧实施带动性、互补性、融合性强的重大项目，在产业、交通和生态环保这三大符合目标导向、现实急需、具备条件的重点领域率先取得重大突破。

（1）加速产业转移和分工。京津冀产业梯度转移和协同发展的核心是北京与河北的产业对接。其一，从转出设计来看，一系列制度安排保障了产业转移的有序进行。例如，《京津冀产业转移指南》规划打造了 46 个专业化产业转移承接平台《北京市新增产业的禁止和限制目录》历经四版修正，进一步突出分区域的差异化管理《京津冀协同发展产业转移对接企业税收收入分享办法》等文件较好地解决了三地政府利益分配问题。其二，作为主要对接方，河北做了很多工作，促进了本地产业格局优化。例如，曹妃甸示范区截至 2021 年 10 月，累计签约项目达 235 个，北京一级市属企业和央属企业超过 40 家，总投资超过 2800 亿元；在张北云计算产业基地的两个数据中心投入运营；截至 2019 年 10 月，在沧州渤海新区生物医药园，北京签约项目 95 个，总投资 270 亿元，天津签约项目 19 个，总投资 61 亿元；石家庄（正定）中关村集成电路产业基地开工建设。

（2）织密交通综合网络。2021 年 12 月发布的《京津冀交通一体化发展白皮书（2014—2020 年）》全面总结了京津冀交通一体化发展的成就。[①] 截至 2021 年底，京津冀干线铁路和城际铁路主骨架基本建立，多层级轨道交通网络初具规模，公路交通网络日益完善通畅，机场群、港口群建设成果达到国际先进水平，"四横、四纵、一环"的京津冀网络化综合运输通道格局基本形成。

轨道交通方面"轨道上的京津冀"初步形成并不断发挥作用。2015 年，天津至石家庄之间的高铁开通之后，形成了以北京、天津、石家庄为核心节点的高铁枢纽网络，2020 年以来，京张高铁、京哈高铁北京至承德段通车，三个节点城市与其相邻城市之间高铁线路的全线开通，基本形成了以"北京—天津—石家庄"为核心的 1 小时通勤圈。

公路交通网方面，随着津石高速、京昆高速、京石高速等高速公路的建成通车，跨省高速公路主干线路基本打通，基本完成国家高速公路网建设任务，"单中心放射状"的路网结构得到有效改善。截至 2020 年底，京津冀高速公路总里程达 10307 千米，比 2014 年增长 29.2%。

港口群方面，天津港初步建成国际一流枢纽港口，津冀港口协同分工和合作不断深化。在 2020 年津冀港口群货物吞吐量中，河北港口占 70.5%，天津港占 29.5%；在津冀港口群集装箱吞吐量中，河北港口占 19.6%，天津港占 80.4%。

航空枢纽方面"双核两翼多节点"的京津冀机场群布局完成。北京大兴机

---

① 人民网. 京津冀交通一体化发展白皮书（2014—2020 年）［EB/OL］. （2021-12-27）. http：/ he. people. cn/n2/2021/1227/c192235-35069280. html.

场投入使用，天津滨海国际机场三期扩建工程加快推进，三地多个空港型综保区、跨境电商综合实验区、自由贸易试验区等空港经济区落地。

（3）协同治理生态环境。京津冀在环境污染治理和生态协同共治方面收效显著。近年来，三地在协作机制、统一立法、统一标准、联合执法等多方面展开合作，以压减燃煤能源、调整产业结构、治理机动车排放为重点切入口，生态环境保护取得新突破。2020年5月，京津冀同步施行《机动车和非道路移动机械排放污染防治条例》，这是三地针对大气污染防治、在生态环境地方立法上的首次协同。

2021年，北京全年空气质量优良天数为288天，优良率达到78.9%，PM2.5年均浓度为33微克/立方米，为2013年有监测记录以来的历史最低值，实现八连降，PM2.5年均浓度首次同步达到国家二级标准；天津空气优良天数达到264天，优良天数占72.3%，首次超过七成；河北全年优良天数为269天，全省PM2.5平均浓度、优良天数比率均创历史最好水平，石家庄、邢台、邯郸成功退出全国重点城市空气质量综合指数后十名。

总之，这些重点领域协同发展的新突破，为"十四五"时期京津冀协同发展提供了良好开局。

二、新时期京津冀协同发展的重点矛盾

随着实践深化和时间推移，京津冀协同在体制机制、产业发展、空间布局和增长动力上的深度约束逐步显露。分析其核心根源，在于三地发展阶段不同，资源禀赋差异悬殊，因而在政策推进和价值分配上往往存在较大冲突，而且这些问题发酵时间长、涉及主体广、关系利益多，成为下一阶段京津冀协同发展的难点，需三地合力解决。

（一）体制机制壁垒急需破除

区域间政府协同和治理水平存在较大差异，关乎地方发展利益和综合环境保护的生态补偿机制仍不够完善。

（1）行政管理体制的深层差异。虽然在更高一级行政力量的协调下，京津冀三地诸多行政壁垒已打通，但长期形成的管理机制、政策风格的深度差异仍然存在，完全破除盯着自家"一亩三分地"的本位主义还需要有更为彻底的管理体系深化改革。在分税制激励和地方增长锦标赛的驱动下，在较短任期内晋升压力的约束下，地方政府往往更为关注本地事务，注重投资生产，而缺乏足够动力去全力推动跨行政区域的体制优化和长效改进。目前已有一些有益改革尝试弱化这一矛盾，例如，在冀西北生态涵养区不再以经济增速为领导干部的核心考核指标。但未来需要从更多方面来弱化行政区划对经济发展的制约，破除体制机制壁垒。

（2）地方开展事权的能力制约。从三地的经济资源来看，北京最强，天津其次，河北最弱，掌控资源的能力决定了地方政府的政策执行和治理能力。图 10-3 展示了 2013~2020 年京津冀经济发展水平差距。

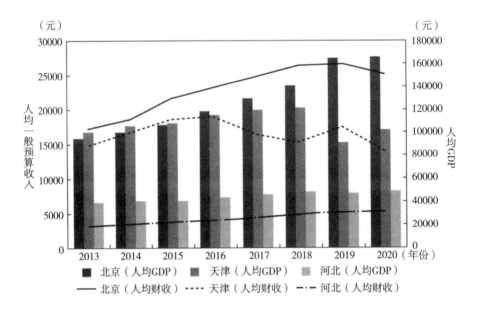

图 10-3　京津冀人均 GDP 和人均一般财政预算收入（2013~2020 年）

从人均 GDP 看，2020 年，北京是天津的 1.6 倍，是河北的 3.4 倍。经过"挤水分"后，天津经济稍有回温，但增长态势趋于疲软；而京冀绝对差距由于相对增速的拉开更加扩大，2013~2020 年，北京人均 GDP 的年复合增长率（CAGR）为 7.2%，这一数字在河北仅为 2.8%。从财政收入来看，类似地，三地实力差距悬殊。2020 年，北京的水平是天津的 1.8 倍，是河北的 2.7 倍；当年，河北接受中央财政转移支付总额为 4107 亿元，在 36 个省市①中排名第 7，但人均指标仅为 0.54 万元，排名第 23。

（3）生态补偿内容亟待完善。关于京津冀生态补偿机制的设计，已议论了

---

① 不包含港澳台的 31 个省级行政单元及青岛、大连、深圳、厦门和宁波 5 个计划单列市。

很多年，然而进展不快，仍存在主体责任尚不清晰、生态补偿标准模糊、补偿形式较为单一、生态补偿公众参与不足等关键问题。在"十一五"期间，北京与河北张家口地区就水资源的有偿使用，形成过"稻改旱"的补偿协议，成为生态环境补偿的一个典范，但这种办法鲜有后续的样板出现，其可复制性和可推广性仍待探究。

"十四五"时期推进生态补偿，应当是国家对华北北部生态地区进行补偿，包括中央政府的财政转移支付与地区之间的生态补偿。由于行政区域限制，地区对地区的直接补偿支付比较困难，探讨设立生态补偿政府基金、社会和企业基金，或许是可供选择的模式之一。

（二）产业发展的竞争优势出现弱化

与其他城市群横向对比，京津冀区域内产业对经济的带动能力相对薄弱，需要反思未来产业结构的路径选择；城市群内部的极化效应占据主导，基于比较优势的高效产业协同分工格局尚未成型。

（1）产业结构中第二产业比重下降过快。近年来，有学者开始反思中国"过度去工业化"的现象[1]，制造业比重降低和生产率增速下跌同步显现[2]。然而，面对2020年突如其来的新冠肺炎疫情，中国恰恰是依靠迅速整合调动完备、多元、灵活的工业体系，有效削减了经济停摆和物资短缺的压力，展现出强大的经济韧性和恢复活力。因此，保持第二产业比重基本稳定和中国制造业传统优势，仍具有重大的现实战略意义。

从区域视角来看，相比中国其他城市群，京津冀最突出的特点是产业结构的服务化。表10-2显示2014～2019年，粤港澳大湾区和长三角城市群的第二产业比重下降了6个百分点，全国水平下降不到4个百分点，而京津冀地区在五年期间下降了12.34个百分点，是其他两大都市群的2倍多。与此相呼应的是，作为传统核心增长极，京津冀地区GDP占全国GDP的比重罕见地从10.32%下降至8.56%，跌落1.76个百分点，而粤港澳和长三角分别提升0.37%、0.77%，此升彼降，京津冀与长三角和大湾区的发展差距在不断拉大。2020年，京津冀第二产业比重进一步下跌至占GDP的27.92%，第三产业比重提升至67.22%。

---

① 魏后凯，王颂吉. 中国"过度去工业化"现象剖析与理论反思 [J]. 中国工业经济，2019（1）：5-22.

② 叶振宇. 中国制造业比重下降趋势探究与应对策略 [J]. 中国软科学，2021（5）：12-25.

表 10-2　京津冀、粤港澳和长三角三大城市群 GDP 比重与产业结构

	京津冀	粤港澳①	长三角	全国
占全国 GDP 比重（%）				
2014 年	10.32	10.52	23.23	—
2019 年	8.56	10.89	24	—
变化增量	-1.76	0.37	0.77	—
第二产业比重（%）				
2014 年	41.05	46.34	46.28	43.03
2019 年	28.71	40.44	40.66	39.06
变化增量	-12.34	-5.90	-5.62	-3.97

京津冀第二产业比重快速、大幅下降，应当引起警惕。从积极因素看，主要归因于非核心功能的疏解与服务业提速较快；但若从反面切入，作为实体经济和社会运行的强劲支柱，第二产业的过多流失很有可能会动摇经济社会发展基础。

（2）区域分工中高效协同态势有待进一步观察。一般判断，北京已经走过了后工业化发展阶段，天津处在后工业化的阶段，河北还位于工业化时期。发展阶段不同的区域，在产业衔接、产业链配套等方面都会出现断裂或者缝隙，这种弥合并非在短时间就可以做到。当前问题是北京强极化而弱辐射；天津衰退效应强烈，滨海新区的主要引擎需要重启；河北传统高耗的产业结构矛盾依旧，创新能力和优质要素长期不足。

空间效率和空间平衡一直是影响京津冀区域发展新格局形成的主要原因，地区间高度的异质性既是挑战也是机遇。克服地区之间的发展落差、释放京津与河北之间的梯度势能，是优化产业空间格局的主要思路。

（三）空间布局的深刻矛盾依旧存在

北京长久积累的"大城市病"需要持续医治，而城市之间尚未完善的空间体系待优化。

（1）城市内部长期顽疾。主要是北京市内依旧尚未摆脱老旧城区整改难、交通堵塞严重和空气污染严重等"大城市病"，职住不平衡、产城不融合等矛盾依旧突出。城市内部分区职能更新、老旧棚户改造换新、道路交通拥堵疏导、房屋供需矛盾拆解，这些工作层层交错，需进行长期而有效的精细、精准治理。

---

① 受数据获取和统计口径制约，粤港澳大湾区数据皆不包含香港和澳门。

通州副中心的建设是北京城市更新的一个重要途径。在形成一个主中心和一个副中心的城市运转模式后，再配套"微中心"的建设，包括特色小镇、花园型总部、卫星城、产城融合型园区，等等，以期能构建一套首都优良的空间布局体系。

（2）城市体系存在断层。北京、天津作为京津冀城市群的双城，市辖区平均人口均超过 1000 万，人均 GDP、经济密度等发展指标远高于区域内其他城市，龙头地位突出，但与其他城市的双向交互较少；作为河北的中心城市，石家庄与唐山、沧州等地的沟通并不多，同样缺乏与保定、邯郸、廊坊等节点城市的密切联系。总之，少数的核心城市辐射力有限，多数的非核心城市经济联系紧密度又较低。

城市体系成长进程缓慢，中顶层结构演变滞后，特别是存在特大城市和 I 型大城市的断层。按照住建部城市等级划分，2014～2020 年，京津冀大、中、小城市的比例由 6∶5∶22 提升为 7∶6∶19。其中，天津从特大城市晋升至超大城市，石家庄从 II 型大城市晋升至 I 型大城市（见表 10-3）。不过，相比粤港澳和长三角，京津冀首位级城市的整体数量仍不够多，相关缺位为由 I 型大城市转变为特大城市，城市群内层层连绵、级级互通的多元体系尚待形成。

表 10-3　京津冀城市等级划分

城市划分	二级分类	城区人口（万人）	2014 年	2020 年
超大城市		>1000	北京	北京、天津
特大城市		500～1000	天津	—
大城市	I 型大城市	300～500	—	石家庄
	II 型大城市	100～300	石家庄、唐山、邯郸、保定	唐山、邯郸、保定、秦皇岛
中等城市		50～100	秦皇岛、邢台、张家口、承德、沧州	邢台、张家口、承德、沧州、衡水、廊坊
小城市	I 型小城市	20～50	衡水、廊坊、任丘、定州、涿州、武安、迁安、遵化	任丘、定州、涿州、武安、迁安、遵化、三河
	II 型小城市	<20	辛集、晋州、新乐、南宫、沙河、安国、高碑店、泊头、黄骅、河间、霸州、三河、冀州、深州	辛集、晋州、新乐、南宫、沙河、安国、高碑店、泊头、黄骅、河间、霸州、深州

（四）创新驱动的增长动力有待提升

京津冀区域的企业创新整体实力与合力不足，发展依赖性强，增长弱项突出。

（1）企业科技创新整体后劲相对不足。相比粤港澳和长三角，京津冀在企业创新资源投入和企业活跃度方面明显乏力（见图10-4）。

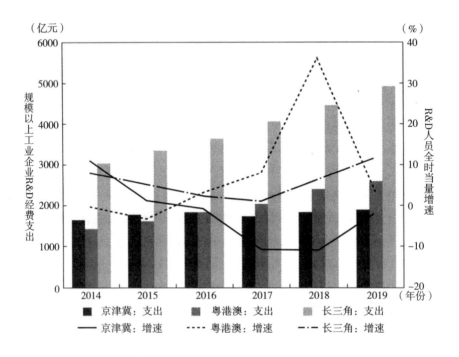

图10-4 2014~2019 年三大城市群规模以上企业 R&D 支出和人员全时当量增速

一方面，从规模以上工业企业研发经费来看，京津冀与其他两大城市群的差距从 2017 年开始逐渐拉大。即便考虑到京津冀独占国家大部分科研经费，长三角和粤港澳更多是靠企业本身投入，背后的长期阻力更应关注——相比苏南地区在上海带动下形成的庞大现代制造业，以及珠三角深圳、佛山等民营企业的高涨积极性，京津冀发展动力严重单一，中关村政策活力不足，科技创新缺少企业支撑。另一方面，京津冀人才储备和人才引进处于停滞状态。令人担忧的是，相比长三角和粤港澳近年来火热的"抢人大战"，京津冀对人才的吸引力逐渐走低，规模以上工业企业 R&D 人员全时当量连续四年负增长，2018 年增速更是最低跌至-10.84%，这必然会影响到建设全国科技创新中心的战略任务。

（2）发展方式主要短板暴露明显。增长方式的约束主要反映在创新驱动和要素驱动的区别，京津冀实现创新增长方式的驱动还是靠北京。从 2019 年 R&D 经费投入强度来看（见图 10-5），北京从正面提升了创新驱动的动力形成，拉动区域高新技术产业发展；天津则处在转型过程中，结果还需观察。河北是当前主要短板，与江苏、浙江、广东甚至是全国水平相比，相关创新研发投入都严重不足；对外力的依赖比较大，输入型的高新技术产业虽然初成规模，但迄今为止还不能完全代替传统产业的地位。

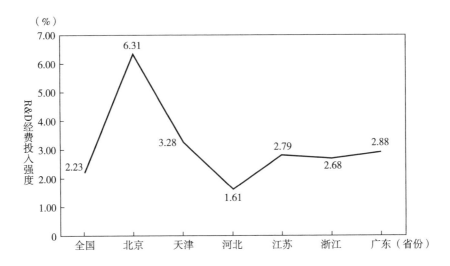

图 10-5　2019 年京津冀与其他代表性省份 R&D 经费投入强度

三、新时期京津冀协同发展的突破路径与政策建议

中央提出京津冀协同发展的新任务是：加快推动疏解北京非首都功能标志性项目落地；高标准高质量建设雄安新区；推进一批交通基础设施等重大工程项目；加快建设北京国际科技创新中心；支持天津加快建设北方国际航运枢纽。根据中央提出的这些任务，本节提出相关的政策建议如下：

（一）加强顶层设计，推动制度体系完善落实

坚持"一盘棋"的统领思想，京津冀接下来的一体化深度改革，更需完善的制度领航，其中包括"中央—地方"和"政府—市场"两个维度。

第一，处理好央地关系。一是在认识思路上，要加强三地形成统一的发展理念和目标动力，只有明确了未来共同的奋斗方针，才能真正地心往一处想、劲往

一处使。在这一过程中，中央要强调明晰三地职能分工和定位，实现激励相容、目标一致；地方要聚焦制定可落地的政策目标。二是在组织领导上，要加强对区域协调发展工作的领导，充分发挥中央与地方区域性协调机制作用，强化地方主体责任；要加大力度为京津冀协同发展输送更多的顶层设计方略、底层规划方案和专业人才支持。三是在资源支持上，要提高优惠政策、财政资金等资源的精细性和针对性，推动顶层资源向市场机制难以深度触及或高效配置的、目前协同矛盾突出的和单靠地方行政力量无法解决的问题领域集中倾斜，如跨区域公共服务资源的投入、生态补偿机制的设计等。

第二，处理好政府—市场关系。以指令性方案和行政命令为主要工具的疏导及协同方式，须与市场配置资源和发挥企业、事业单位积极性相结合，共同推进京津冀协同发展特别是非首都功能疏解。应始终坚持市场在资源配置中的决定性作用，转变政府治理风格和职能，推动政策制定落地始终遵循各地比较优势和未来发展趋势。政府事权范畴，应努力锁定在破除要素、产品流通壁垒，维护统一开放竞争有序的市场环境，加强生态治理和污染防治，完善跨区域环保联防联治和利益补偿，推动公共服务等水平空间均等，促进区域一体、协同布局的优化实施等方面。

（二）实施都市圈战略，深度优化空间布局

都市圈一方面承载着城市群资源集聚和生产布局的主体空间，另一方面也是构建新发展格局的战略选择。从国内外先进城市群发展经验来看，某个城市群内部都是由若干个都市圈所构成的。

（1）京津冀都市圈的现实定位。经过多年发展，京津冀四大分区①已经发展成为北京、天津和石家庄三个都市圈，每一个都市圈都应当根据经济社会形势的动态变化适时形成目标定位：北京都市圈应注重持续疏解非首都功能，巩固和发挥北京创新中心的作用，加快生态环境、交通、产业与周边地区的协同发展；天津都市圈应整合沿海重工业发展带，重振增长动力，解决滨海新区的持续发展问题；石家庄都市圈要把"服务首都""靠京津辐射"与"加快内部优化发展及发展方式转换"结合起来考量，发挥高新技术产业对传统产业的改造升级作用。

（2）加快京津冀都市圈发展规划。以三大都市圈为基本单元，加快构建高标准市场体系。一是加强都市圈轨道交通、公路网、信息网、物流网建设，促进基础设施一体化，为要素流动提供硬基础；二是加大在基本公共服务、社会保

---

① 分别是中部核心功能区、东部滨海发展区、南部功能拓展区和西北部生态涵养区。

障、社会治理领域的投入力度，促进公共服务一体化，为要素尤其是人的流动提供软保障；三是推进在户籍、土地、金融、科技等关键领域的配套改革，促进市场一体化，为要素流动营造良好环境，使人员、物资、信息和资金的流动更加便捷。

（3）加快培育区域发展新增长极。发挥三大都市圈中北京、天津、石家庄的中心城市服务京津冀、面向全国和全世界的综合功能，在现有三个大的中心城市基础上，培育新的增长极，如保定、唐山、邯郸和张家口；面向"一带一路"的北方通道，设计和发展若干节点城市，与北京、天津、石家庄等中心城市形成集群。

（三）关注产业可持续发展，突破结构深度约束

非首都功能疏解是为了实现今后更好的发展，而不是简单等同于"搬走企业，排出人口"，故须坚持"存量优化，增量疏解"的科学思路，在将不适宜的产业"搬出去"的同时，将符合规律的产业"引进来"并"做强做大"。

（1）加强创新驱动，充分发挥首都科技和金融优势。①发挥北京的科技优势。北京在科技基础、高等院校等方面都具有国际一流的优势，应积极推动科技服务、国际商务、文化旅游等领域的相关服务标准、技术规范和商业模式"走出去"。②利用北京的金融优势。北京聚集了大规模金融业总部，拥有亚洲基础设施投资银行、金砖国家开发银行和丝路基金等主权型机构，具备多层次金融服务保障体系。此外，2021年设立的北京证券交易所将更好助力科创企业腾飞。

（2）延长产业链分工，做大做强优势特色产业。坚持产业分工与城市建设并行。考虑到城市结构断层，京津冀应充分利用雄安新区建设和区域中心城市、节点城市培育的良好机遇，明确城市发展定位，积极引导不同层级产业在河北集聚与发展，优化区域产业链布局。强化先进制造业的核心地位，巩固壮大实体经济。目前，京津冀三地普遍瞄准先进制造业发展，但尚未形成强大合力。因此，应进一步明确京津冀产业分工和协同发展的方向，通过协同创新释放发展潜能，强化传统优势产业的改造升级和战略性新兴产业的发展，加快壮大高端装备、新能源汽车、航空航天、生物医药等高端制造产业。

（四）抓住数字经济崭新契机，推进公共服务的新发展

京津冀的基本公共服务综合差距已经越来越小，但公共服务的高质量和丰富性在各地间还存在较大的差异，主要表现在河北相比北京和天津的落差。

（1）挖掘北京国际消费中心城市的优势。高端服务业一直是北京的产业优势，伴随加快北京国际消费中心城市建设战略的实施，北京庞大的消费潜力将进

一步释放。发挥北京国际消费中心城市的优势需要强调其带动和辐射的作用,以北京为中心,形成连接天津、石家庄、保定、沧州、唐山、邯郸、张家口等地的消费网络,用现代消费平台助推京津冀高端消费城市链条的创建。

(2)推进公共服务供给方式的创新。推进三地公共服务共建共享,一方面,公共品的供给一般具备一定的空间限制范围,与地方政府的财政实力、人民生活水平、当地社会发展阶段等因素高度相关,跨行政区域需要打破许多关卡;另一方面,服务业生产的许多产品具有不可贸易性,因而难以或根本无法实现跨区域运输,其天然地存在向市场规模更大、产业形态更丰富、居住人口更丰富等特定空间集聚的倾向。推进公共服务供给方式的创新,重点还是要放在教育、医疗、社保、养老等关系民生的重点领域,以推进在京津冀三地的均等化为长期目标。

(3)发挥数字经济的独特优势。以数字经济为代表的新经济业态,具备推动优质要素资源突破时空壁垒传输、促进优质公共服务产品深度下渗、协调区域间要素数量和质量分布水平等不可比拟的优势。根据中国信息通信研究院《中国城市数字经济发展报告(2021年)》,北京数字经济竞争力全国第一,在数字创新要素与数字融合应用方面遥遥领先;天津数字经济综合指数排名第九,属于数字经济发展的第二梯队,是数字经济发展的开拓性城市;河北所有城市属于数字经济的潜力提升型,处于数字经济发展的初级阶段。目前,京津冀三地已颁布《北京市关于加快建设全球数字经济标杆城市的实施方案》《天津市加快数字化发展三年行动方案(2021—2023年)》《河北省数字经济发展规划(2020—2025年)》等文件,部分配套资源已落地,旨在推动系统性产业变革,以技术手段赋能区域高质量协同发展。同时,国家发展改革委提出要在京津冀建设全国一体化算力网络国家枢纽节点,定位于进一步统筹好城市内部和周边区域的数据中心布局,实现大规模算力部署与土地、水、电等资源的协调可持续,优化数据中心供给结构,扩展算力增长空间,以服务京津冀重大区域发展战略实施的需要。

第十一章　新时代长三角区域经济健康发展的路径研究*

改革开放四十多年来，我国经济发展取得了巨大成就，已全面建成小康社会，人均 GDP 突破一万美元大关，我国进入了一个新的发展阶段。在新时代，百年未有之大变局的加速演进，国际力量对比深刻调整，国内外新冠肺炎疫情持续和全球突发性事件等不稳定因素增多，我国经济发展面临需求减弱、供给冲击、预期降低的三重压力。如何抵抗外部冲击、增强经济韧性、更好地实现双循环，对经济发展提出更高要求。长三角作为我国社会主义经济示范区，研究长三角区域经济健康发展对我国更具有现实意义。

2021 年长三角城市群 GDP 达 27.61 万亿元，以不到 4% 的国土面积，创造的国民生产总值占全国的 24.14%，三省一市的 GDP 增速都达到 8% 以上，整体增速在全国范围内居于领先地位，是全国最具活力、一体化程度最高的城市群。研究长三角区域经济健康发展路径及问题，并提出针对性建议，对新时代下我国经济长期稳定发展具有重要的现实意义。

一、健康发展的时代内涵

（一）健康发展的定义

国家及地方政府的各项工作会议中经常提及经济健康发展，相关研究多聚焦在高质量发展，即在增强经济综合竞争力的同时，保证经济的绿色可持续性。[1]有学者根据新时代人民日益增长的美好生活需要和不平衡不充分的发展之间的根本矛盾，基于人民幸福感构建高质量发展指标体系。[2]也有学者认为经济发展在兼顾发展效率和高质量供给需求的同时还应兼顾经济运行的稳定性。[3]"十三

---

* 本文原载于《江淮论坛》2022 年第 3 期。

五"规划以来更多聚焦于从五大新发展理念角度研究经济高质量发展。[4]

经济健康发展在兼顾效率的同时，还有一个重要因素即经济运行的稳定性。魏婕和任保平（2012）从经济增长效率、经济增长结构、经济增长稳定性、福利变化与成果分配、生态环境代价、国民经济素质等方面测度了中国经济增长质量指数，为高质量发展相关研究提供了重要参考。[5] 2020年以来新冠肺炎疫情给全球经济带来意外冲击，我国经济下行压力增加。如何增强经济韧性，应对重大公共事件冲击成为当下研究重点。经济韧性是衡量经济主体面对复杂外部环境和抵抗危机并从危机中恢复的能力。孙久文和孙翔宇（2017）认为提高经济韧性使区域在面对复杂国外市场环境冲击时能够平稳运行及时调节，为区域经济高质量发展提供稳定的动力。[6] 本章在高质量发展研究的基础之上，提出经济健康发展要同时兼顾经济安全稳定性，增加经济体抗冲击能力，确保经济的长期稳定发展。

（二）经济健康发展的五大目标

结合以上分析，本章提出区域健康发展五大目标：

（1）产业结构优化。产业结构优化是指第一、第二、第三产业互相协调发展，通过互相配合实现各部门之间的生产要素合理配置，推动产业结构从低层次结构向高层次结构演变，推动国民经济高质量稳定发展。到产业层面，提高第二、第三产业在国民经济中的占比，产业多样化布局，发展高科技制造业和高质量现代化服务业。通过增加研发投入，激发创新活力。提高各产业技术水平，淘汰落后产能，逐步形成以高科技农业为基础，高新产业为支柱，基础制造业为支撑，现代化服务业全面发展的产业格局，实现经济的高效可持续发展。

（2）提高全球价值链地位，优化进出口结构。利用国内统一大市场优势，利用国内价值链，通过对国内外人才、技术等高端生产要素的吸引，推动国内价值链地位提升，从而提高全球价值链地位。出口方面鼓励高新技术产品和自主品牌产品出口，重视进口对于推动产品升级和平衡国际收支平衡的重要作用。

（3）发展"双碳"经济，降低单位能耗和污染排放。结合我国"碳中和"和"碳达峰"的双碳战略目标，推动绿色低碳技术进步，淘汰高耗能传统制造业。减少对传统化石能源的依赖，加快发展可再生新能源如光伏、核电和水电等的使用，在能源结构和产业结构方面实现系统性变革，提升国家能源安全水平。

（4）推动数字经济发展，提高数字经济地位。强调数据作为关键要素的重要性，注重数字经济与实体经济的高度融合，实现要素配置优化，助推制造业优化升级。硬件上完善数字基础设施建设，建设智能化综合性数字平台，加快5G

网络建设，推动 5G 商用，加快大数据和云平台建设，为制造业数字化创造条件。制度上健全数字经济治理体系，注重数据安全。数据的泄露不仅对企业造成严重损失，同时也将威胁到公共安全乃至国家安全，完善相关法律法规，提高我国数字经济治理能力和确保数字安全性。

（5）增强区域经济韧性，提高经济运行的质量和稳定性。制度方面，利用中国特色社会主义基本经济制度的优势，发挥市场在资源配置中的决定性作用的同时，发挥政府的监管者角色。政策方面实施稳健的财政政策和货币政策，营造良好的营商环境，持续推动国企改革，鼓励民营企业发展，做好出口和吸引国外资本投资避险。政府做好投资相关配套设施，补贴民营企业投资研发活动，促进技术创新，发展具有国际竞争力的制造业和现代服务业。在面对重大事件冲击时，稳定供应链体系，聚焦重点产业，做好制造业与服务业融合、实体经济与数字经济融合。[7]

二、长三角区域经济发展现状及特征

（一）经济增长

经济进入发展新常态，保证经济稳定增长是国家宏观经济平稳运行的一个重要目标。2011 年起，长三角区域经济增速始终高于全国平均水平，GDP 占比从23.76%增长到 24.14%。具体到各省市差异明显，上海、江苏、浙江和安徽的GDP 分别从 2011 年的 1.92 万亿元、4.91 万亿元、3.23 万亿元、1.53 万亿元增长到 2020 年的 3.87 万亿元、10.27 万亿元、6.46 万亿元、3.87 万亿元，年均增长率依次达到 8.11%、8.54%、8%和 10.85%。江苏在 GDP 总量上居于领先地位，增速也领先上海和浙江，安徽的经济增长势头领先其他三省市，且与江浙沪的差距不断缩小，有望在未来赶超上海。与 GDP 情况稍有不同，上海人均 GDP显著高于江苏和浙江，相对差距分别从 2011 年的 1.39 倍、1.47 倍到 2020 年的1.28 倍、1.55 倍。安徽人均 GDP 显著低于江浙，但增速较高，与江浙两省差距不断缩小，从 2011 年的 2.27 倍、2.14 倍缩小到 2020 年的 1.91 倍、1.59 倍。总体来看，安徽作为内陆省份与江浙沪沿海省市相比，无论 GDP 还是人均 GDP 都存在较大差距，但可以看见 2011～2020 年安徽经济发展态势很好，与江浙沪的差距有减少趋势。从细分区域看，皖北、浙西、苏北等地区发展相对较落后，是长三角区域经济发展后进地区。

（二）产业结构

2011～2021 年，长三角地区产业结构总体表现为第一产业占比小幅下降，第二产业占比下降明显，第三产业占比显著上升。具体三省一市的产业结构变化存在较大差异。上海以服务业为主的第三产业占据绝对主导地位，占比逐年升高，从2011年的58.01%上升到2021年的73.27%，同时第二产业占比逐年缩小，从41.3%减少到26.49%。2020年之前，江浙两省第二产业占比逐年下降，从2019年开始下降速度减慢，2021年两省第二产业占比均略有上升。2011～2020年，两省第三产业占比逐年上升，从2017年开始江苏第三产业占比超过50%，并保持上升趋势，直到2021年首次下降，但仍超过50%；2016年以来，浙江第三产业占比超50%，一直处于上升态势，并于2021年出现下降。相比沿海三省市，安徽第一产业占比最高，总体呈现出下降趋势，但在2020年出现上升势头，近年来一直保持在8%左右。2011年安徽第二产业仍占据绝对主导地位，占比达54.31%，到2020年占比下降到40.52%，虽然在2021年有上升势头，但产业结构总体脱实向虚趋势明显。从整体来看三省一市从2020年以来，第二产业占比呈现上升的势头，第三产业占比开始下降，新冠肺炎疫情对于交通运输、餐饮、住宿、旅游等行业冲击很大，并在短期内难以恢复，这导致了第三产业占比十年来首次下降。

2010～2020年，三省一市主要年份的制造业主导产业一直在变动。上海工业主导产业是计算机、通信和其他电子设备制造业，同时大力发展汽车制造业，引进了特斯拉等一批先进车企，大力发展新能源汽车等高端制造业，有选择地发展化工原料和化学制品等传统制造业。从2010年开始，计算机、通信和其他电子设备制造业一直是江苏制造业细分行业中排名第一的行业，且产值远高于上海同行业。因为环保等因素，江苏逐渐有意识淘汰化学原料及化学制品制造业，其占比逐年降低，在主导行业排名中从2010年的第二位下降到2020年的第四位。浙江的制造业逐渐从轻工业为主向重工业过渡，2010年纺织业在制造业中占比很大，在工业细分行业中总产值排名第一。后来逐步发展电气机械和器材制造业以及计算机、通信和其他电子设备制造业等高新产业。相比之下，安徽制造业规模较小，且以煤炭等非金属矿物制品业为主，近年来大力发展电气机械和器材制造业，是全国重要的家电制造基地，但是总产值相较沿海三省市依然很小。总体上三省一市的制造业呈现出产业高级化特征，从传统制造业向高新技术制造业方向转变。

（三）对外贸易

经济的健康发展离不开对外开放，随着我国全面深化改革，我国与世界经济联系越来越紧密。2020年长三角三省一市外贸进出口额1.71万亿美元，占全国比重超 1/3。江浙沪对外贸易依存度均高于全国平均水平，上海作为国际贸易中心，2011 年外贸依存度达到 147.22%，之后下行趋势明显，2020 年降至 89.83%，江苏和浙江对外贸易依存度也一直缓慢下降，江苏下降速度较快，从 2014 年起外贸依存度始终低于浙江。从进出口总额来看，十年来上海对外贸易额总体保持稳定，增长幅度不大，江苏进出口总额波动较大，但是总体保持上升态势，安徽和浙江增长较明显。

从进出口结构来看，上海进口规模增加明显，2018 年开始每年举办进博会更是显著促进了进口贸易。相比之下，上海市出口数据一直比较稳定，在 2000 亿美元左右波动，出口依存度一直在降低，贸易逆差持续增加，2020 年贸易逆差达 1077.44 亿美元。江浙两省出口贡献较大，2011~2020 年江苏出口增长了 27%，浙江增长了 67.83%，但两省出口依存度都有缓慢下降的趋势。两省外贸顺差比较明显，2020 年江苏和浙江贸易顺差分别为 1494.22 亿美元和 2376.77 亿美元。安徽进出口贸易增速很快但额度仍很少，出口贸易依存度未超过 10%，2020 年出口 455.79 亿美元，进口 331.25 亿美元。

（四）绿色经济

长三角是我国重要的工业基地，同时也是我国单位国土面积能源消耗和污染物排放强度最高的地区之一，在新时代要用绿色发展新动能替代传统模式。2011~2020 年，三省一市的单位产出能耗一直保持下降的趋势，其中上海和安徽下降幅度较大，上海从 2011 年的 0.55 吨标准煤/万元下降到 2020 年的 0.29 吨标准煤/万元，降幅达 47.27%。安徽单位产值能耗从 2011 年的 0.69 吨标准煤/万元下降到 2020 年的 0.38 吨标准煤/万元，降幅 44.93%。结合上文分析，上海处于"三二一"的产业结构，第三产业占绝对主导地位，并且占比持续上升，第三产业的特性对能源消耗显著低于第二产业，所以单位产出能耗下降较明显。安徽第二产业产占比下降较快，有脱实向虚趋势，且工业行业由传统的非金属矿物制品相关产业转变为电气机械和器材制造业等高新技术产业，产业结构升级导致单位产出能耗下降。江苏和浙江随着制造业升级和第三产业占比提升，单位产出能耗也呈现不断下降的趋势。

与单位产出能耗下降相对应的是，从 2011 年开始长三角地区三省一市单位产出污染物产生和排放量都呈现减少态势，减排效果明显。分省市分析，安徽绿色发展情况欠佳，单位产出废气排放量和单位产出固体废物产生量最多，2020 年单位产出排放量是上海的 20.07 倍，江苏的 2.55 倍，浙江的 3.51 倍，高达 34.60 吨/亿元。单位产出烟（粉）尘排放量分别是上海、江苏、浙江的 12.44

倍、2.15 倍和 2.53 倍，达 25.96 吨/亿元，固体废物产生量分别是上海、江苏、浙江的 7.2 倍、3 倍和 4.5 倍，达到了 0.75 吨/万元。这主要因为安徽第二产业为主导产业，而第二产业中又以非金属矿物制品业和有色金属冶炼及压延加工业等高污染行业为主。

（五）数字经济

根据中国信息通信研究院 2021 年发布的数据，2020 年我国数字经济规模达 39.2 万亿元，占 GDP 的比重为 38.6%，增速达 9.7%。其中长三角数字经济总量达 10.83 万亿元，相比 2019 年增长 2.23 万亿元，占长三角 GDP 的比重为 44.26%，相比 2019 年，增加了 3.26 个百分点。长三角数字经济发展水平在全国居于首位，为经济发展提供了强大动力。

为具体衡量长三角三省一市的数字经济发展水平，本章借鉴赵涛等（2020）的方法，采用互联网普及率、互联网相关产出、互联网相关从业人员数、移动互联网用户数和数字金融发展五方面指标，使用主成分分析法测度三省一市 2011~2020 年数字经济发展指数。[8] 其中数字金融发展采用中国数字普惠金融指数，该指数由北京大学数字金融研究中心和蚂蚁金服集团共同编制。[9] 从表 11-1 可以看出，长三角三省一市数字经济发展水平一直保持上升的态势，其中上海数字经济发展水平遥遥领先于其他省份，并与第二名浙江的差距不断加大，2011 年上海数字经济发展指数是浙江的 1.15 倍，2020 年时增长为 1.38 倍。江苏和安徽数字经济发展指数分别位于第三和第四名，数字经济水平增长迅猛，与浙江差距不断缩小，2011 年浙江数字经济发展指数分别是江苏和安徽的 1.63 倍和 2.83 倍，2020 年时减少为 1.32 倍和 1.81 倍。

表 11-1　2011~2020 年长三角三省一市数字经济发展指数

年份 省市	2011	2012	2013	2014	2015	2016	2017	2018	2019	2020
上海	390.71	427.79	468.43	559.15	515.06	543.78	554.81	573.56	593.70	598.09
江苏	208.49	237.44	266.04	263.21	265.79	278.42	298.07	317.99	324.40	344.01
浙江	338.71	367.12	395.55	389.89	394.36	409.23	411.63	419.96	426.29	444.17
安徽	119.41	144.27	172.61	160.47	177.86	198.64	205.55	228.83	239.53	255.21

资料来源：历年《中国统计年鉴》。

长三角数字经济发展迅猛离不开政策支持，为鼓励数字经济发展，长三角省级层面数字经济政策密集出台。2019 年上海发布《上海加快发展数字经济推动实体经济高质量发展的实施意见》，2021 年 7 月通过《推进上海经济数字化转型，赋能高质量发展行动方案（2021—2023 年）》，计划到 2023 年将上海打造成数字经济与实体经济融合发展示范区、经济数字化转型建设示范区。浙江 2018 年发布《浙江省数字经济五年倍增计划》，2021 年通过《浙江省数字经济发展"十四五"规划》。江苏先后出台《智慧江苏建设三年行动计划（2018—2020 年）》《省政府办公厅关于深入推进数字经济发展的意见》和《江苏省"十四五"数字经济发展规划》。安徽也出台《安徽省"十三五"软件和大数据产业发展规划》和《支持数字经济发展若干政策》等政策性文件。这些政策密集出台有效地促进了长三角区域数字经济健康发展。

三、长三角区域经济发展突出问题

上文从经济增长、产业结构、对外贸易、绿色经济、数字经济五个方面分析了长三角三省一市经济发展现状。然而，长三角在经济健康发展的进程中也存在许多问题，具体反映在创新活力、进出口结构、产业结构和区域经济韧性四个方面。下文将立足经济健康发展的要点，详细分析长三角区域经济发展存在的问题，重点探究背后的原因，确保长三角区域经济健康发展。

（一）创新活力

技术进步是经济增长的根本动力，是经济高质量发展的必要条件，同时创新也可以通过优化资源配置效率、推动产业结构升级来增强城市经济韧性。[10] 长三角三省一市中，相对于江浙两省，上海和安徽创新能力偏弱。在创新投入方面，安徽研发投入增长明显，从 2011 年的 162.83 亿元增长到 2020 年的 639.42 亿元，增长了 2.93 倍。江苏和浙江分别从 2011 年的 899.89 亿元、479.91 亿元增长到 2020 年的 2381.69 亿元和 1395.9 亿元，增长了 1.64 倍和 1.91 倍。上海增长最慢，从 2011 年的 343.76 亿元增长到 2020 年的 635.01 亿元，仅增长 0.85 倍，远落后于江浙皖三省。2020 年浙江研发投入资金是上海的 2.2 倍，江苏是上海的 3.75 倍。2011 年安徽研发投入仅有上海的 47.37%，2020 年时已经赶超上海。

创新产出方面，无论是专利申请数量还是专利授权数量，江苏和浙江仍然领先上海和安徽，江苏、浙江、上海和安徽的专利申请数由 2011 年的 34.84 万件、17.71 万件、8.02 万件、4.86 万件增长到 2020 年的 71.92 万件、50.71 万件、21.03 万件、20.23 万件。其中 2013~2018 年安徽专利申请数超过上海，专利授权数变化与专利申请数大体一致。通过对三省一市的专利申请数和授权数进行分析，可以看出安徽创新能力进步明显，上海增长缓慢且逐渐落后于江浙皖三省。

结合创新投入和创新产出来看，上海创新动力不足的主要原因是研发经费投入和研发人员两部分因素，2020 年上海 R&D 经费投入强度仅有 1.64%，而同期江苏为 2.32%，浙江为 2.16%，安徽仍有 1.65%。研发投入的巨大差距使上海研发创新后劲不足，是上海打造创新之城的阻碍。2020 年江苏、浙江、上海和安徽研发人员数分别为 65.63 万人、54.03 万人、23.88 万人、18.52 万人。可以看到江苏、浙江两省创新要素集聚最多，为技术创新提供了强大的资金和人才支持。创新活动的主体是企业，高新企业数量反映一个地区的创新实力，截至 2020 年，江苏、浙江、上海和安徽分别拥有 3.26 万家、2.22 万家、1.7 万家、0.86 万家高新企业，上海也是明显少于江浙两省，这些都反映了上海的创新能力将在未来落后于其他三省。

（二）进出口结构

出口是拉动经济增长的三驾马车之一，是经济发展的重要推动力。2020 年长三角出口产品主要为机电产品和劳动密集型产品。上海出口机电产品 1369.05 亿美元，比上年增加 1%，占出口总额的 69.11%。江苏出口机电产品 2658.38 亿美元，增长 2.4%，占出口总额的 67.11%，同一时期，江苏出口劳动密集型产品 684.65 亿美元，增长 1.1%。同年浙江出口商品中前三名为机电产品、纺织纱线、织物及制品，其中机电产品占首要地位，出口额达 1645.73 亿美元，比上年增长 14.9%，占出口总额的 45.32%，纺织纱线、织物及制品位于其次，出口 460.14 亿美元，占出口总额的 12.67%，高新产品出口了 293.54 亿美元，占出口总额的 8.08%。安徽出口机电产品 270.29 亿美元，占出口总额的 59%，高新技术产品出口 128.39 亿美元，占出口总额的 28.17%。

进口商品中，长三角地区主要进口半导体相关制品、半导体制造设备以及其他高新技术产品。2020 年上海进口半导体相关制品达 430.74 亿美元，相比上年增长 13.2%。江苏进口商品主要是集成电路，进口 594.81 亿美元，增长 18.8%，半导体制造设备进口 43.54 亿美元，增长 13.8%。同期农产品进口 162.35 亿美元，增长 12.3%。浙江进口机电产品 211 亿美元，高新技术产品 132.51 亿美元。安徽进口机电产品 128.71 亿美元，占进口总额的 38.86%，高新技术产品 108.88 亿美元，占进口总额的 32.87%，进口集成电路 35.68 亿美元，占进口总额的 10.77%。高端设备和关键零部件严重依赖进口，面临"卡脖子"问题日益严峻。企业过度依赖进口高技术产品，容易产生路径依赖，从而失去自主研发创新的动力，这些问题急需解决。

（三）产业结构

长三角地区产业结构趋同化比较突出，地区间低水平同质化竞争较为激烈。2020 年，长三角三省一市制造业门类前五为通用设备制造业、电气机械和器材制造业、专用设备制造业、汽车制造业、金属制品业。从区位集聚度来看，以前五行业为代表的制造业体现出区域产业同质化程度高的特点。对于"十四五"期间战略性新兴产业规划，三省一市的计划几乎都是新能源、新一代通信技术、新材料、数字经济、人工智能等产业。

此外，2011~2020 年，三省一市第二产业占比下降过快，第三产业陆续成为主导产业，有脱实向虚的倾向，其中尤以安徽最为严重。从国际发展规律来看，国际上进入高等收入之后，制造业比重才开始下降，相比之下长三角制造业比重下降过早、过快。随着人口红利消失，劳动力成本上升，以及长三角地区环保压力等，制造业企业成本日益上升，产业转移不可避免。

（四）经济韧性

面对重大公共事件冲击，经济韧性越大，经济波动就越小；反之，经济波动就越大。新冠肺炎疫情的管控对于上海和安徽的影响比较明显，两省市的经济韧性下降明显。经济韧性的测算有很多指标，是当下研究的重点和难点。就业率是反映城市经济状况的关键指标，因此本章参考苏任刚和赵湘莲（2020）的方法，采用就业增长率指标测算三省一市的经济韧性。[11] 计算公式为 $ER = \dfrac{e_t - e_{t-1}}{e_{t-1}} -$

$\dfrac{E_t - E_{t-1}}{E_{t-1}} \Big/ \dfrac{E_t - E_{t-1}}{E_{t-1}}$，其中 $\dfrac{e_t - e_{t-1}}{e_{t-1}}$ 表示省市从业人员变化率，$\dfrac{E_t - E_{t-1}}{E_{t-1}}$ 表示全国从业人员变化率。韧性大于 0 位表示韧性强，韧性小于 0 表示韧性弱，测度结果见图 11-1。

可以看出，2011~2020 年浙江经济韧性一直处于上升的态势，即使 2020 年新冠肺炎疫情也没有太多影响，说明浙江的经济稳定性好，有较强的抗冲击能力。2020 年之前上海、江苏和安徽经济韧性也都大于 0，说明三省市经济韧性良好，其中上海和安徽波动较大，特别是新冠肺炎疫情对三地经济产生很大的冲击，三省市经济韧性都出现不同程度的下降，其中安徽和上海经济韧性下降较多，反映两省市经济抗冲击能力较差，与两地服务业占比较高有很大关系，疫情防控对服务业冲击较大。

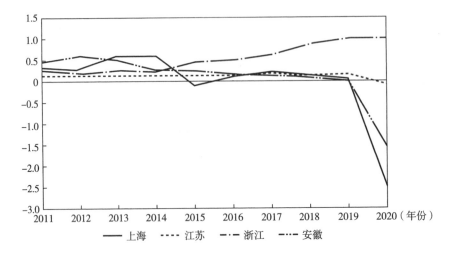

图 11-1　2011~2020 年长三角三省一市经济韧性水平

四、长三角健康发展的思路与发展路径

长三角区域经济健康发展是新常态时期一个重要工程。结合经济健康发展的五大目标，把握长三角区域经济健康发展现状和突出问题的同时，从提高产业能力、激发创新活力、促进绿色发展、打造高水平对外开放四个方面着手，提出科学的发展路径，保证长三角区域经济健康发展。具体路径如下：

（一）提高产业核心竞争力

提升产业核心竞争力是经济健康发展的重要基础，主要从以下三个方面进行：产业结构多样化、制造业与服务业融合发展、数字经济与实体经济融合发展。

产业结构多样化，塑造产业集群。在生产专业化分工不断细化的背景下，合理布局三大产业及其细分行业的产业布局，做好产业多样化布局，包括相关多样化和无关多样化[12]，既可以促进经济增长，也能增强经济韧性。[13] 上海以电子设备制造业、汽车制造业和现代金融业为支柱，重点发展新一代信息技术、新能源汽车、金融、航运等智能性现代服务业和生产性服务业，如会计、审计、战略研究产业，可以服务长三角、全国乃至全球；苏州紧邻上海，以电子信息、装备制造和纺织相关产业为主，重点发展汽车及零部件、集成电路等配套产业；南京作为老牌工业基地，以电子、石化、汽车、钢铁为支柱，大力发展智能装备、生物医药、新材料、软件和信息服务等产业；家用电器和装备制造业是合肥的优势产业，并着重打造人工智能、智能家电、新一代信息技术等产业；杭州民营经济发达，信息软件、文化创意、旅游金融等产业实力雄厚，并着力发展电子商务、云计算与大数据、视频安防等数字经济。其他城市支柱产业多集中于电子信息、汽车、石油化工。长三角城市群基于传统产业，继续发展已经具有一定基础，且与原有产业存在横向关联的产业，结合周边配套产业，延长产业链，逐步形成多个产业集群齐头并进发展。[14] 此外，结合国家战略性新兴产业，发展新一代信息技术（5G、6G）、新材料、生物医药、集成电路、人工智能、新能源、数字经济等产业。针对长三角产业同质化与区域分工定位方面，未来在一体化进程中，可以由政府间协同探索能够实现产业兼并收购与市场出清的机制，使经过竞争之后被市场验证实力不济的企业能够被淘汰出局，实现市场的均衡和产业的优化。

生产性服务业与先进制造业协同发展。制造业企业通过制造业服务化方式，从原来注重生产到注重提供服务转变，从而达到提升企业竞争优势、促进生产性服务业发展的目的，同时实现国内价值链重构，进而提升全球价值链。党的十九届五中全会提出，要加快发展研发设计、现代物流、法律服务等服务业，推动现代服务业与先进制造业深度融合。利用好三省一市各自的比较优势，既考虑产业间的协同分工，也要考虑产业内产品间的协同分工。上海已经进入后工业化时代，第三产业占比七成以上，主要是生产和生活性服务业，第二产业主要是高新技术制造业。上海的高水平生产性服务业与其他三省具有很强的互补性，可以通过产业转移带动其他省份发展。江苏制造业实力雄厚，以计算机、通信和其他电子设备制造业、电气机械及器材制造业和化工行业为主，浙江以数字经济、纺织业、通用设备制造业为主，安徽主要是家电制造业。三省主动对接上海国际经济、金融、贸易、航运、科技创新的五个中心功能，积极利用工业互联网等新一代信息技术发展新制造新服务，不断拓展上下游产业链。利用上海的高水平生产性服务业中商务服务、科技服务等业态破解制造业上游关键核心技术和下静需求场景，显著延长制造业从研发设计至营销推广等产业链长度，生产性服务业与传统产业协同，通过商务服务和科技服务推动传统工艺改进，提升各环节分工效率。

推动数字经济和实体经济融合发展。长三角地区抢抓数字经济变革时间窗口，已经成为全国数字经济发展新高地，数字经济与实体经济相融合要兼顾产业数字化和数字产业化两个方面。数字产业化指以数据为关键要素、数字技术为手段，具体包括电子信息制造业、软件和信息技术服务业等，是数字经济的基础。在数字产业化方面，未来长三角地区要以电子器件、信息通信、集成电路等为代表的新一代信息技术产业上继续前进，也要在 5G、人工智能、大数据、云计算等新兴数字产业领域加大发展力度。分省市来看，上海作为芯片企业的主要孵化地，依托中芯国际等龙头企业，布局半导体产业。浙江打造电子元器件及材料、应用电子以及软件与信息服务业等优势产业。南京依托软件与信息服务、电子信息制造等数字经济核心产业，着力发展新型显示、信息通信设备、物联网等行业。无锡聚力推动以物联网为龙头的新一代信息技术产业发展，建成全国首个高标准全光网城市。安徽以合肥为核心，聚焦以人工智能为代表的数字产业，发展智能家电制造业。产业数字化是利用数字技术对产业本身进行升级改造，长三角各省市可以利用区域数字信息水平，对制造业和服务业等行业进行升级改造。在需求端，充分利用移动互联网营销，对消费者偏好信息进行分析，有效获取消费信息促进数字消费。在供给端，促进信息技术、智能技术与装备制造技术深度融合，打造智能生产体系，解决各部门之间信息障碍，促进企业由大规模生产向大规模定制转变，实现有目的生产。

（二）强化创新引擎

创新是经济发展的动力源泉，长三角三省一市存在创新发展不协调、创新强度不足等现实问题，结合产业结构同质化问题，各省市应协调联动，打造以企业为创新主体的世界级创新基地。

打造企业创新主体地位，共建创新基地。全球城市经济已由投资驱动转向技术驱动，科技创新成为城市经济社会发展的核心动力。2020 年 7 月 21 日习近平总书记在企业家座谈会上讲道："希望大家勇于创新，做创新发展的探索者、组织者、引领者，勇于推动生产组织创新、技术创新、市场创新，重视技术研发和人力资本投入，有效调动员工创造力，努力把企业打造成为强大的创新主体。""十四五"期间应突出发挥企业创新主体作用，增强企业自主创新能力。2020 年，长三角高新技术企业占全国 28%，是重要的创新基地。以高新技术企业为主体，依托"双一流"高校及科研院所，完善科技创业苗圃、孵化器和加速器等创业服务链，鼓励和支持民间力量参与科技创业孵化器的建设和运营，共建国家级科技成果孵化基地，争取在"卡脖子"的核心技术领域取得突破。

三省一市协调联动发展。长三角三省一市要加强跨行政区域互动，提升一体化水平，形成以上海为龙头，江浙皖三省各领所长的发展新格局。上海围绕国际经济、金融、贸易、航运、科技创新五个中心建设，提升自身服务功能，以上海为中心，打造南向沪杭甬产业带，西向沪宁合产业带。江苏发挥自身制造业发达、科教资源丰富等优势，依托苏锡通产业园区，推进长江沿线产业带创新发展，打造具有世界影响力的科创中心和高端制造业基地。浙江利用自身数字经济优势、民营经济发达和轻纺工业发达，与上海、江苏形成互补，打造全国数字经济高地和纺织行业标杆。安徽依托内陆腹地优势，建设合芜蚌国家级高新区，与江浙沪三省市形成产业互补，承接三省市产业转移，发展与之配套的汽车零部件制造业、化工产业以及自身特色的家电行业和信息技术行业。通过跨区域协调联动，促进要素流动，注重发挥上海、苏州、无锡、杭州、南京、合肥等城市的科研资源优势，强化上海、皖南、皖北、苏南、苏北、浙南、浙北之间的地区联系和创新关联，发挥创新联动性。[14]

（三）发展"双碳"经济

2022年1月24日，习近平总书记在中共中央政治局第三十六次集体学习时强调，实现碳达峰、碳中和，是贯彻新发展理念、构建新发展格局、推动高质量发展的内在要求，是党中央统筹国内国际两个大局做出的重大战略决策。2060年实现双碳目标为我国经济发展带来了新的机遇，推进新一轮科技革命和能源革命、产业变革，开辟我国"双碳"经济新模式。

优化能源结构，从供需两侧推进绿色发展。长三角地区是我国重要制造业基地，能源消耗巨大，其中仍以煤炭、石油等不可再生的化石能源为主。要实现绿色发展，第一，推进传统高能耗行业升级转型，提升能源利用技术、提高能源利用效率，建立节能降耗市场化运行机制。[15] 如上海的化学原料和化学制品制造业、黑色金属冶炼及压延加工业，江浙两省的化学和钢铁相关行业，安徽的煤炭等非金属矿物等产业。同时有针对性地制定绿色标准体系，推进相关企业进行低碳技术改造，减少能源消耗。第二，增加新能源使用比例，从供给侧，长三角是我国重要的风机和光伏产业基地，利用自身制造业优势，促进技术进步降低可再生能源成本，有序发展风电、核电和太阳能。结合市场需求，有序多元布局新能源配套储能产业，确保绿电有调节入网。从需求侧，建立碳排放权交易和新能源交易市场，建立和推广碳账户机制与碳市场管理相结合，有效解决企业绿色能源消费和节能减排的量化，通过市场手段，引导低碳生产生活方式，释放新能源供需双方的发展潜力。

布局新能源产业。第一，加大新能源装备制造和研发。能源装备是装备制造业的核心部分，长三角是全国高端设备制造业基础基地，可以通过依托相关领域重点企业，打造全国先进能源装备制造业集群，为新能源发展保驾护航。核电方面，依托上海电气、上海核工院等重点企业和科研院所，打造全国核电产业基地，风力发电设备方面，形成主要以远景能源、运达风电、上海电气等为代表的风电制造基地。光伏发电方面，江苏集中了全国一半以上的重点光伏制造企业，形成从硅料提取、电池生产到系统应用的一整套完备产业链，利用产业链优势，打造集制造和服务一体化的智能企业。在能源装备制造业形成以上海和江苏为主导，浙江和安徽从事细分领域零部件的局面，促进新能源装备制造业发展。第二，大力发展新能源汽车产业。汽车制造业是三省一市的重要支柱产业，全球汽车的未来发展方向是新能源化，长三角地区是国内重要的新能源汽车生产基地，三省一市通过出台相关政策鼓励新能源汽车发展。上海发布《上海市加快新能源汽车产业发展实施计划（2021—2025 年）》，计划到 2025 年新能源汽车产值突破 3500 亿元。江苏发布《关于促进新能源汽车产业高质量发展的意见》，计划到 2025 年新能源汽车产量超过 100 万辆，并形成一批具有自主知识产权的世界知名品牌。浙江通过《浙江省新能源汽车产业发展"十四五"规划》，计划到 2025 年汽车产量达到 60 万辆。安徽发布《安徽省十四五汽车产业高质量发展规划（征求意见稿）》。依托上海汽车、特斯拉汽车和安徽蔚来汽车等新能源汽车制造企业，和苏州、宁波、南通、无锡、南京等汽车零部件企业，以雁阵模式，在长三角形成大规模产业集群，助推新能源汽车发展。

（四）扩大高水平对外开放

2022 年政府工作报告指出要扩大高水平对外开放，保证外贸外资平稳发展，建设开放型世界经济。在当前新冠肺炎疫情和外贸环境双重压力下，要注重提升我国产业链现代化水平、优化进出口结构；共建"一带一路"，深化多边经贸合作。不断扩大高水平对外开放，对于保持宏观经济稳定、促进经济发展有重要意义。

提升产业链现代化水平，优化进出口结构。长三角地区是我国重要的制造业基地，产业链跨区域延伸，塑造我国在全球价值链竞争中新的优势，要多举措并行，提升产业链水平，促进进出口结构优化。一是打造产业领军企业，围绕领军企业建设零部件供应企业集群，依托龙头企业带动产业集群发展。鼓励优秀企业延伸产业链，开拓国内国际新市场，提升竞争力，利用当下产业链重构机会，提升我国产业在全球价值链中的地位。二是利用长三角一体化优势，推进跨省市合作创新发展，促进创新要素跨区域集聚，提升总体创新能力。三是促进加工贸易转型升级，对于低层次加工贸易行业，限制银行贷款，鼓励市场出清。引导加工贸易企业增加研发支出，逐步向自主品牌发展，支持安徽承接从江浙沪转移的加工贸易。四是积极扩大进口。利用上海每年举办的中国国际进口博览会机会，鼓励进口重要原材料、先进的技术设备和零部件，引进技术消化吸收，重视进口对于推动产业升级和国际收支平衡的重要性。

共建"一带一路",打造开放区域经济。在双循环发展格局下,长三角地区承担推动共建"一带一路"高质量发展的历史使命。2020年,上海、江苏、浙江和安徽与"一带一路"沿线国家贸易额分别达到了802.06亿美元、1571.07亿美元、1513.77亿美元、190.25亿美元。共建"一带一路"高质量发展要发挥长三角在新能源、数字经济和高端制造领域的优势,鼓励各行业龙头企业走出去,基于国内产业链在沿线国家整个市场资源,提升企业在全球产业链地位,打造新时代产业链主导者。

充分发挥上海的国际金融中心作用,吸引全球资本,为"一带一路"建设提供强劲资本支持。通过人才引进政策以及利用自身高等教育资源,推动与沿线国家学历、资格认证,在重点领域进行合作,吸引人才团队、打造人才高地,共建创新包容的开放型区域经济。

参考文献

[1] 金碚.关于"高质量发展"的经济学研究 [J].中国工业经济,2018 (4):5-18.

[2] 万广华,吕嘉滢.中国高质量发展:基于人民幸福感的指标体系构建及测度 [J].江苏社会科学,2021 (1):52-61.

[3] 马茹,罗晖,主宏伟,主铁成.中国区域经济高质量发展评价指标体系及测度研究 [J].中国软科学,2019 (7):60-67.

[4] 孙久文,蒋治.中国沿海地区高质量发展的路径 [J].地理学报,2021 (2):277-294.

[5] 魏捷,任保平.中国各地区经济增长质量指数的测度及其排序 [J].经济学动态,2012 (4):27-33.

[6] 孙久文,孙翔宇.区域经济韧性研究进展和在中国应用的探索 [J].经济地理,2017 (10):1-9.

[7] 胡艳,陈雨琪,李彦.数字经济对长三角地区城市经济韧性的影响研究 [J].华东师范大学学报(哲学社会科学版),2022 (1):143-154,175-176.

[8] 赵涛,张智,梁上坤.数字经济、创业活跃度与商质量发展——来自中国城市的经验证据 [J].管理世界,2020 (10):65-76.

[9] 郭峰,王靖一,王芳,等.测度中国数字普惠金融发展:指数编制与空间特征 [J].经济学(季刊),2020 (4):1401-1418.

[10] 程广斌,靳瑶,创新能力提升是否能够增强城市经济韧性? [J].现代经济探讨,2022 (2):1-11,32.

[11] 苏任刚,赵湘莲.制造业发展、创业活力与城市经济韧性 [J].财经科学,2020

(9)：79-92.

[12] 孙晓华，柴玲玲.相关多样化、无关多样化与地区经济发展——基于中国 282 个地级市面板数据的实证研究 [J]. 中国工业经济，2012 (6)：5-17.

[13] 胡树光.区域经济韧性：支持产业结构多样性的新思想 [J]. 区域经济评论，2019 (1)：143-149.

[14] 孙久文.新时代长三角高质量一体化发展的战略构想 [J]. 人民论坛，2021 (11)：60-63.

[15] 中国人民大学区域与城市经济研究所课题组.长三角地区能源消费与经济增长的实证分析——基于协整分析和状态空间模型的估计 [J]. 江淮论坛，2010 (4)：21-25, 133.

第十二章 长江经济带发展的
时空演变与发展*

一、引言

长江经济带战略是在国际国内形势发生复杂变化的时期提出的、关系到中国经济稳定前行的国家战略。在当前中美贸易摩擦形势下，更显示出其作为中国经济"压舱石"的作用。从历史角度讲，早在20世纪90年代长江经济带就被确定为国家经济发展的主要轴线，并且与沿海发展战略形成"江海一体"的空间战略。所以，从长江经济带发展的战略构想提出到上升为国家战略，经历了近30年的时间。① 当前，长江经济带战略与"一带一路"建设、京津冀协同发展和粤港澳大湾区建设共同构成了新时代区域协调发展战略的基本内容。在习近平总书记提出的"共抓大保护，不搞大开发"的原则指引下，长江经济带正在进入新的战略机遇期。

随着长江经济带上升为国家战略，近年来我国学术界对于长江经济带的研究呈井喷状态，这些研究涉及区域发展、要素资源、产业发展、空间格局、绿色发展和战略构想等多个主题，其中，长江经济带发展的时空演变在相关的区域经

＊ 本文原载于《政治经济学评论》2019年第1期。本文为国家社会科学基金项目"新时代我国区域协调发展战略的理论深化与实践创新研究"（18VSJ022）的研究成果。

① 邓全伦. 长江经济带上弦，中国经济新支撑带走进规划［EB/OL］.（2013-10-24）. http：//finance. people com. cn/n/2013/1024/c1004-23307847. html.

济、产业体系、空间格局等研究中受到相当的重视。[①]

从历史与时间的角度去研究经济发展，是马克思主义经济学经常使用的方法。随着计量工具和数学方法的兴起，马克思主义经济学的研究方法也在与时俱进，尤其是在研究中国经济发展问题方面，展现出更加强大的生命力。关于长江经济带发展差异的研究，需要从计量的角度去研究经济发展的时空演变，探讨经济发展受社会环境、历史突发事件等影响的程度，并注重时间因素对经济社会系统发展的重要作用。长江经济带作为一个典型的地理空间，是演化经济地理学研究的重要对象。随着数据集的发展和相关方法的加强，马克思主义经济学结合演化经济学、经济地理学，对经济发展现实的解释更加有力。

本章选取空间 GDP 的演变和对区域经济存在重要支撑作用的城市体系、产业体系，以及对经济未来发展至关重要的对外开放和创新五个方面，从历史与时间发展的角度对长江经济带经济发展的时空演变及存在问题进行分析，并提出相关建议。

二、长江经济带经济实力的空间变化

（一）经济总量和增长速度的空间变化

1978 年以来，长江经济带发展成就令人瞩目，在全国的经济地位较高，地区生产总值占全国的 40%~45%，总体呈上升趋势。其中，GDP 总量 1978 年为 151670 亿元，到 2017 年达到了 37.38 万亿元，是 1978 年的 24646 倍。从长江经济带 GDP 总量占全国 GDP 总量的比重变化看，呈先波动下降后上升态势。如图 12-1 所示，1978 年为 43.87%，最高值出现在 1979 年，为 44.95%，之后波动下降，在 2008 年下降到 39.86%。2008 年以来，长江经济带经济总量占全国的比重又呈稳步上升态势，到 2017 年上升到 43.70%。转折点出现在 1982 年、1990 年和 2008 年。这三个时间点与我国的改革开放、长江经济带被确定为国家经济发展的主要轴线和沿海发展战略形成"江海一体"战略，以及金融危机爆发等事件一致或稍有滞后。

① 王维、陈云、王晓、文春生：《长江经济带区域发展差异时空格局研究》，《长江流域资源与环境》2017 年第 10 期；吴传清、董旭：《长江经济带全要素生产率的区域差异分析》，《学习与实践》2014 年第 4 期；孔凡斌、李华旭：《基于主成分分析的长江经济带沿江地区产业竞争力评价》，《企业经济》2017 年第 2 期；吴常艳、黄贤金、陈博文、李建豹、徐静：《长江经济带经济联系空间格局及其经济一体化趋势》，《经济地理》2017 年第 7 期；李华旭、孔凡斌、陈胜东：《长江经济带沿江地区绿色发展水平评价及其影响因素分析——基于沿江 11 省（市）2010—2014 年的相关统计数据》，《湖北社会科学》2017 年第 8 期；吴传清：《建设长江经济带的国家意志和战略重点》，《区域经济评论》2014 年第 4 期。

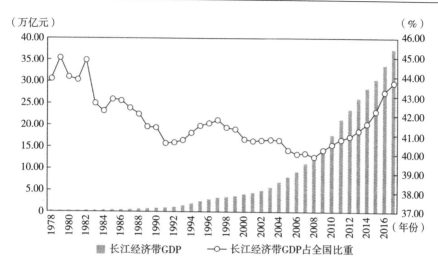

图 12-1 1978~2017 年长江经济带 GDP 及其比重变化情况

资料来源：EPS 数据库，全国 GDP 为除港澳台之外的 31 个省、市、自治区地区生产总值的合计数。

从长江经济带 GDP 增速来看，1978~2017 年，年均增长速度为 15.167%，略低于全国 15.179% 的年均增速。除 1983 年全国 15% 的增长率，长江经济带同比增长 10%，从而两者同比增长率相差 5 个百分点以外，其余年份两者同比增长率之差的绝对值均在 3 个百分点以内。

需要注意的是，曲线的最低点在 2008 年，这一年正好是国际金融危机爆发的年份，表明长江经济带比全国其他地区更深地融入到了国际经济体系中，也提示我们在当下中美贸易摩擦当中，长江经济带受到的影响也会最大，准备好应对措施是当务之急。

根据其地理位置和经济发展水平，可将长江经济带划分为东部地区、中部地区、西部地区三大地区：上海、浙江、江苏为东部地区；安徽、江西、湖北、湖南为中部地区；重庆、四川、贵州和云南为西部地区。长江经济带东、中、西部地区的 GDP 总量比重如图 12-2 所示。

从 GDP 占比来看，1978 年长江经济带东、中、西部 GDP 占比分别为 42.58%、32.90% 和 24.53%，到 2017 年东部 GDP 占比上升为 44.89%，中、西部所占比重则分别下降为 31.96% 和 23.15%。总体而言，东部地区的 GDP 占比提高了，而中部和西部下降了，且东部地区 GDP 占比始终最大。从发展过程来看，东部地区的 GDP 比重先表现为停滞，1990 年后缓慢波动上升，到 2006 年达到最高点 51.54%，同期中西部地区的 GDP 占比分别降至最低的 28.15% 和 20.31%。

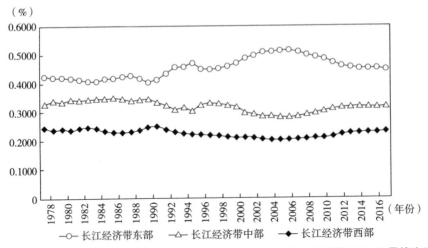

图 12-2　1978~2017 年长江经济带东、中、西部 GDP 占长江经济带 GDP 总量的比重
资料来源：根据中国经济与社会发展统计数据库数据计算。

　　速度变化决定了比重的升降。从发展速度方面看，长江经济带东、中、西部的增长速度虽存在差异，但变化趋势表现出明显的相似性，1979 年长江经济带东、中、西部 GDP 的同比增速分别为 15.01%、19.84% 和 12.60%，2017 年则分别为 9.81%、11.51% 和 12.06%。从阶段性差异上看，1991~2003 年，除 1994年、1996 年和 1997 年外，东部地区 GDP 增速均高于中、西部地区；1987~1991年和 2011~2017 年两个时段，长江经济带西部地区经济增速快于中部地区。受国家区域协调政策的影响，2007~2014 年，长江经济带中、西部地区 GDP 增速超过了东部地区。这种增长格局与国家的西部大开发战略和中部崛起战略的实施效果直接相关，特别是国家在长江经济带的中部和西部地区设立了一批承接产业转移示范区，大规模承接东部长三角地区的产业转移，成效显著。

　　（二）发展水平的地带性差异

　　1978~2017 年，长江经济带东、中、西部人均 GDP 都呈增加趋势，尤其是2004 年之后，人均 GDP 突飞猛进（见图 12-3）。

　　与全国水平相比，1978 年，长江经济带人均 GDP 仅为 346 元，比全国平均值低 39 元；2010 年起长江经济带人均 GDP 超过全国平均水平，至 2013 年达到44958 元，超出全国平均水平 1106 元；到 2017 年，长江经济带人均 GDP 为62823 元，超过全国平均水平 3163 元。这个时期，长江经济带人均 GDP 与全国的差值由负变为正，且差值不断扩大，充分体现出长江经济带人民生活水平不断提升的良好态势（见图 12-4）。

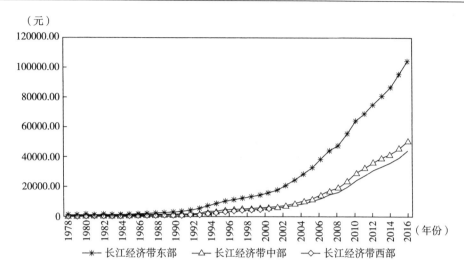

图 12-3　1978~2017 年长江经济带东、中、西部人均 GDP 变化情况

资料来源：中国经济与社会发展统计数据库。

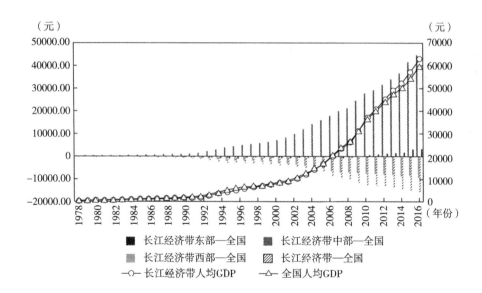

图 12-4　1978~2017 年长江经济带和全国人均 GDP 变化及其差值

资料来源：长江经济带数据来自 EPS 数据库，全国人均 GDP 来自历年的《中国统计年鉴》和 2017 年国民经济和社会发展统计公报。

但是，长江经济带发展水平的地带性差异十分明显：长江经济带东部地区人均 GDP 在 1978 年就比全国水平高 219 元，至 2017 年已经高于全国平均水平

44535 元；而长江经济带中部和西部地区人均 GDP 低于全国人均水平的差距呈逐年扩大态势——分别从 1978 年的 102 元和 145 元扩大到 2017 年的 9129 元和 15833 元。

对比长江经济带东、中、西部人均 GDP 的绝对差距变化，1978~1992 年，东部与中部、东部与西部、中部与西部的人均 GDP 的绝对差值都较小，且变化平缓，1978 年分别为 320.85 元、364.17 元和 43.32 元；而到 2017 年分别达到 53664.35 元、60388.22 元和 6723.87 元，变化十分剧烈。

从长江经济带 11 个省、市方面来看，各省、市 GDP 和人均 GDP 的标准差逐年增大，根据标准差的增速，基本可以划分为 1978~1990 年、1991~2001 年、2002~2017 年三个阶段。第一个阶段标准差增速较慢，各地区经济水平较低，GDP 总量除江苏省外其余省市均在千亿级别以下；第二个阶段标准差增大，各省市发展离散程度增强，在这一阶段各省市 GDP 均在千亿以上、万亿元以下；第三阶段，标准差快速扩大，各省市经济实力离散程度加强，这一阶段，在 2015 年贵州省 GDP 超过万亿元之后，长江经济带各省份 GDP 均达到万亿元级别。

这种发展水平的巨大差异，是我们制定长江经济带发展战略规划所必须要充分重视的，也是制定战略规划的现实基础。这种发展差距也提示我们，《长江经济带发展战略规划纲要》是总体的战略安排，但还需要有分区域的发展规划来做具体的支撑和行动的指导，只有这样才能真正体现习近平新时代中国特色社会主义思想对长江经济带发展的战略导引作用。

三、长江经济带的城市体系演化

长江经济带是我国城市经济最发达的区域。到 2017 年底，全国有 14 个城市的地区生产总值超过 1 万亿元，其中 9 个在长江经济带，占 64%。① 长江经济带的城市发展是中国城市经济发展的代表。

（一）城市体系及变化

城市是区域经济发展的重要主体，是地区经济发展在经济实力、经济结构、发展活力等方面的重要体现。根据增长极理论，城市经济作为增长极，是带动地区经济增长的动力；其基本过程是地区经济增长极形成之后，通过集聚作用促进经济要素向增长的节点集中，促使增长极长大，在增长极发展到一定程度后，通

---

① 9 个城市分别是上海、杭州、苏州、南京、无锡、武汉、长沙、重庆、成都。其他 5 个城市分别是北京、天津、青岛、广州、深圳。

过涓滴效应辐射周围地区的发展。

在我国经济地理版图中，不同等级的城市有不同的聚集和扩散效应，对地区经济的影响也不同。根据中经网数据库的数据，长江经济带108个地级市和上海市、重庆市共计110个城市的市辖区GDP占长江经济带GDP的50%以上。这些市辖区GDP的时空演变分析可以反映出长江经济带的基本面貌和城市体系的时空变化情况（见图12-5）。

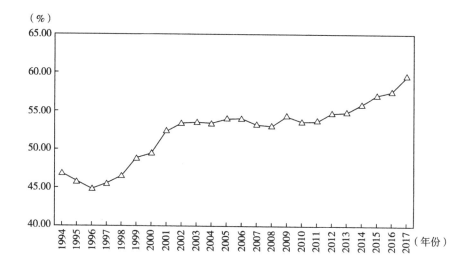

图12-5　1994~2017年110个市辖区GDP占长江经济带GDP的比重

资料来源：中经网数据库。

总体上看，长江经济带城市聚集效应较大，市辖区经济的比重基本呈增长态势，而且2013年以来集聚速度变快。一定程度上可以说，长江经济带城乡发展的不平衡程度进一步加深了。

根据各市2017年市辖区GDP情况，我们将这110个城市分为四个等级：市辖区GDP在1万亿元以上的上海市、重庆市、南京市、成都市、杭州市和武汉市为一级带动城市，市辖区GDP在3000亿到1万亿元的苏州市、长沙市、宁波市、常州市、无锡市、合肥市、昆明市、南昌市、徐州市为二线城市，市辖区GDP在1000亿到3000亿元的贵阳市、淮安市、温州市、盐城市、襄阳市、泰州市、扬州市、镇江市、芜湖市、宜昌市、常德市、南通市、台州市、连云港市、岳阳市、株洲市、湘潭市、遵义市、绵阳市、湖州市、十堰市、嘉兴市、舟山市、宿迁市、马鞍山市为三级城市，其余为四级城市。① 东部江苏省的所有城市都进入该城市体系的前三级，西部地区城市主要分布在三、四级。长江经济带各城市之间的经济实力差距较大，2017 年，6 个一线城市市辖区 GDP 占所统计市辖区 GDP 的 40.03%，而 70 个四级城市市辖区 GDP 之和仅占 15.90%（见图 12-6）。

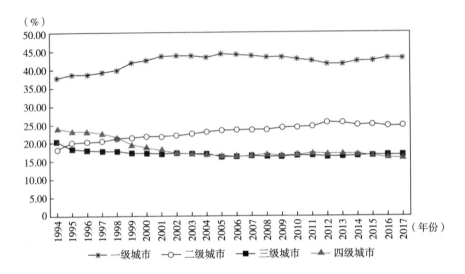

图 12-6　1994~2017 年长江经济带不同等级城市市辖区 GDP 占比变化情况

资料来源：中经网数据库。

从不同等级城市市辖区 GDP 所占比重的变化情况看，一线城市在所有城市中的比重在 2005 年达到峰值后缓慢下降，但 2013 年以后又呈现上升态势。二线城市在长江经济带中的经济实力在 2012 年以前稳步提升，但 2013 年以后又有微弱的下降态势。三、四级城市辖区的 GDP 比重在 2002 年以前是下降的，之后处于较稳定的状态。

在一线城市中又以上海市占比为最高，呈一枝独秀状态。2001 年，上海市辖区 GDP 占比达到最高点，为 21.17%，之后呈下降态势，2017 年下降到 13.99%。而重庆市辖区 GDP 自 2008 年起在所统计城市中占比逐年增大，且自 2009 年起就成为第二名，2017 年更是达到 8.49%，在长江经济带中的地位越来越重要。其他四个一线城市的市辖区 GDP 占比在经历了较小的波动之后，基本上收敛于长江经济带 GDP 总量的 5%（见图 12-7）。

---

① 对行政区划有变动的城市，本章根据 GDP 增长率作了平滑处理。

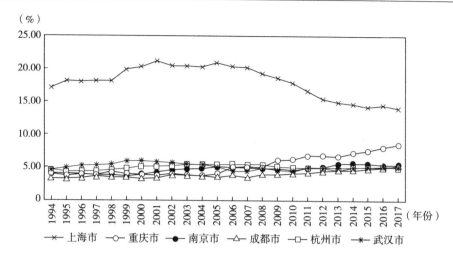

图 12-7　1994~2017 年长江经济带一线城市市辖区 GDP 占比变化情况

资料来源：中经网数据库。

从单个城市看，市辖区 GDP 最大值（上海市）和最小值呈波动下降态势，1995 年最高，为 731.05 倍，在 2017 年达到最低值，为 261.48 倍，显示长江经济带单个城市经济实力极值之间的绝对差距在缩小。一般来讲，城市规模与城市对周边区域发展的带动能力成正比。长江经济带东部地区（长三角）经济发展水平高，在城市经济上主要有三个特点：一是上海、杭州、南京等城市的经济带动能力强，科技等要素对周边地区的辐射大；二是城市周边的县域经济十分发达，昆山、江阴、张家港、常熟等都是全国排前几位的县域；三是网络化的城市体系已经基本形成，从上海到苏州到南京形成了一个城市连绵区，从上海到杭州到宁波形成了一个城市连绵区，在那里，城市的边界已经模糊，一个比肩美国新英格兰地区城市群和日本太平洋沿岸地区城市带的长三角城市群已经出现。

（二）城市化发展与城镇建设

整体上看，长江经济带城市化率迅速提高，2017 年达到 58.59%，超过全国 58.52% 的平均水平（见图 12-8）。长江经济带东部地区的城市化率较高，且各省、市城市化率均超过 65%，其中上海最高，2017 年为 87.6%。西部地区城市化率最低，2017 年刚刚超过 50%，其中重庆的城市化率 2017 年达到了 64.08%，四川在 2017 年刚突破 50%，为 50.79%。

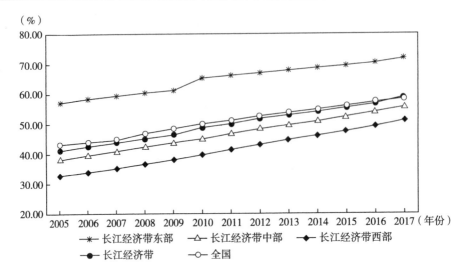

图 12-8　2005~2017 年长江经济带东、中、西部城市化率变化情况

资料来源：历年《中国统计年鉴》。

　　长江经济带城市化程度有较大差异，而根据这些差异，应该制定不同的城乡协调发展策略。由于长江经济带东部地区的城市化程度已经较高，应该向着城乡一体化方向发展；而中部和西部地区在城市化方面有较大的提升空间，从空间战略上看，中部地区的发展有一定的基础，应当基于武汉—长沙、长沙—南昌、南昌—合肥、合肥—武汉建设若干条发展轴带，巩固点轴发展模式；西部地区面积广大，经济发展和城市发展程度都比较低，可围绕重庆、成都、昆明、贵阳建设大的增长极，同时规划建设若干区域性增长节点，形成增长极带动区域发展的模式。

　　因此，在长江经济带发展过程中，对于不同地区的城市化建设需要有不同的思路和方向，但是各地区的城市化建设都必须遵循"共抓大保护，不搞大开发"的基本原则，实现在环境优先的基础上的发展，真正把长江经济带建设成为"黄金经济带"。

四、长江经济带产业结构的演变

　　长江经济带的未来发展离不开产业结构的优化。在当前的国际经济环境下，国家如何做好自己的发展，应对挑战，是一个重要的课题。长江经济带应担起"中国脊梁"的作用，所以，其加快改革同时优化结构是当务之急。

（一）三次产业结构：整体上处在工业化后期阶段

随着经济的不断发展，长江经济带的产业结构层次在不断提升，结构趋向合理。从三次产业增加值结构看，第一产业在 GDP 中的占比在 1982 年以后呈不断下降趋势，从 1982 年的 36.38%下降到 2017 年的 7.53%；第二产业比较稳定，比重始终保持在 40%~50%；第三产业占比具有明显的上升态势，在 1979~2002年上升较快，由 1979 年的 17.80%上升到 2002 年的 41.24%，之后在 2012 年到2017 年又有一个较快的提升，由 42.75%上升到 49.94%，并在 2015 年首次超过第二产业成为第一大产业（见图 12-9）。

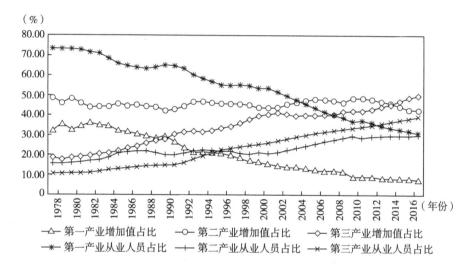

图 12-9　1978~2017 年长江经济带三次产业产值和从业人员占比变化情况

资料来源：中国经济与社会发展统计数据库。

具体到各省市，1978 年，除上海、江苏、浙江、湖北、重庆五省市外，其余 6 省第一产业占比最高。至 2017 年，除安徽省、江西省第二产业占比最高以外，其余省市均是第三产业占比最大。同时，除上海、四川第三产业比重分别高于第二产业 38 个和 11 个百分点以外，其余省市第二、第三产业的比重差绝对值均在 10%。但是，四川省和上海市的服务业的细分产业结构是不同的，上海市的金融、咨询等生产性服务业占比远高于四川省。

从三次产业的从业人员结构看，1978~2017 年，第一产业从业人员比重由73.28%波动下降至 30.90%；第二产业从业人员占比波动上升，由 15.87%上升到 29.88%，增长近一倍；第三产业从业人员比重持续上升，由 10.85%上升至

39.22%，且在 1996 年就已经超过第二产业从业人员（见表 12-1）。

表 12-1　长江经济带与全国三次产业结构对比　　　　　单位:%

		1978 年比例		2017 年比例	
		增加值	从业人员	增加值	从业人员
长江经济带	第一产业	32.54	73.28	7.53	30.90
	第二产业	48.73	15.87	42.52	29.88
	第三产业	18.73	10.85	49.94	39.22
全国	第一产业	27.69	70.5	7.92	26.39
	第二产业	47.71	17.3	40.46	29.03
	第三产业	24.60	12.2	51.63	44.58
长江经济带—全国	第一产业	4.86	2.78	-0.38	4.51
	第二产业	1.02	-1.43	2.07	0.86
	第三产业	-5.88	-1.35	-1.69	-5.37

资料来源：中国经济与社会发展统计数据库。

　　根据配第—克拉克定理，随着社会经济的发展，第一产业的收入和劳动力比重下降，第二产业和第三产业比重上升；劳动力在三次产业之间的分配由第一产业向第二产业再向第三产业转移。长江经济带三次产业增加值和劳动力的发展情况符合这一规律。但库兹涅茨法则指出，服务部门劳动力比重上升，但在收入中的比重不一定能够同比上升。显然，长江经济带三次产业发展情况再次证明了这些规律。同时，根据配第—克拉克定理，在第二产业从业人员达到 40%左右的时候会稳定下来，第三产业从业人数则将继续增加。根据该定理判断，长江经济带第二产业从业人数占比还有 10 个百分点左右的增长空间，第三产业从业人员占比继续增加的空间还很大。

　　从长江经济带与全国情况进行比较来看，2017 年全国第一、第二、第三产业从业人数所占比重之比为 26.39：29.03：44.58；三次产业增加值所占比重之比为 7.92：40.46：51.63。长江经济带第三产业不论是增加值比重还是从业人数比重均低于全国平均水平，第二产业则高于全国平均水平。另外，长江经济带第一产业的从业人数比例高于全国平均水平而增加值比重低于全国平均水平，说明长江经济带农业的效率有待进一步提升；第二产业和第三产业增加值与从业人数比例之比大于全国水平，显示长江经济带有望在全国的二、三产业发展中发挥一定的先行示范等重要作用。

从上述分析来判断，长江经济带总体上处于工业化的后期阶段，作为物质生产部门的实体经济占据十分重要的地位，任何"脱实向虚"的产业政策都不适合这个区域。

（二）工业行业结构：多方面存在地带性差异

工业是国民经济的支柱，1978~2017 年，长江经济带规模以上工业企业营业收入占全国的比重基本保持在 40% 以上，且自 2013 年以来有上升趋势。东部地区规模以上工业企业营业收入占一半以上，在 2005 年达到 70% 的峰值后呈下降态势，到 2017 年下降至 51.03%，但仍然比 GDP 所占比重高，说明长江经济带东部地区工业对本地经济的贡献较大（见图 12-10）。

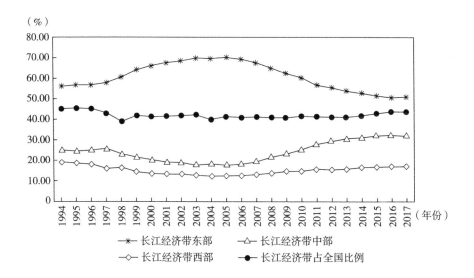

图 12-10　1994~2017 年长江经济带东、中、西部规模以上工业企业营业收入占比变化情况

资料来源：中经网数据库。

根据《中国工业统计年鉴》的结构，考虑可比性，选取 24 个可比的行业进行比较：煤炭采选业、石油和天然气开采业、黑色金属矿采选业、有色金属矿采选业、农副食品加工业、食品制造业、饮料制造业、烟草加工业、纺织业、造纸及纸制品业、石油加工及炼焦业、化学原料及化学制品制造业、医药制造业、化学纤维制造业、非金属矿物制品业、黑色金属冶炼及压延加工业、有色金属冶炼及压延加工业、金属制品业工业、通用设备制造业、专用设备制造业、交通运输设备制造业、电气机械及器材制造业、电子及通信设备制造业、仪器仪表及文化办公机械制造业。

对 24 个行业 2001~2016 年的地区分布情况进行分析（见表 12-2），可以看出，长江经济带工业呈现明显的向中西部地区转移的态势。其中，向中部地区转移更多。在 24 个工业行业中，中部地区 19 个行业规模以上企业的销售总产值占长江经济带的比重正向变动，其中有 14 个行业变动超过 10 个百分点，增加比例最大的行业为食品制造业、农副食品加工业、有色金属冶炼及压延加工业；西部地区该指标增加比例大于 10 个百分点的有 6 个行业，变动最大的行业为石油和天然气开采业、煤炭采选业、黑色金属矿采选业，均为资源型产业。

表 12-2　2001~2016 年长江经济带东、中、西部各行业比重变动情况

地区	行业规模以上企业销售总值占经济带比重增加百分比	行业数量
长江经济带东部	烟草加工业（11.21%）、化学纤维制造业（4.65%）、仪器仪表及文化办公机械制造业（0.37%）	3
长江经济带中部	有色金属矿采选业（5.45%）、农副食品加工业（21.6%）、食品制造业（27.94%）、饮料制造业（11.98%）、烟草加工业（3.26%）、纺织业（13.44%）、造纸及纸制品业（12.85%）、化学原料及化学制品制造业（10.45%）、医药制造业（11.42%）、非金属矿物制品业（19.71%）、黑色金属冶炼及压延加工业（2.7%）、有色金属冶炼及压延加工业（20.94%）、金属制品业工业（18.36%）、通用设备制造业（14.23%）、专用设备制造业（18.61%）、交通运输设备制造业（2.57%）、电气机械及器材制造业（15.18%）、电子及通信设备制造业（11.24%）、仪器仪表及文化办公机械制造业（2.48%）	19
长江经济带西部	煤炭采选业（39.14%）、石油和天然气开采业（41.67%）、黑色金属矿采选业（20.82%）、有色金属矿采选业（1.67%）、食品加工业（2.91%）、食品制造业（12.37%）、饮料制造业（14.78%）、纺织业（2.93%）、造纸及纸制品业（4.69%）、石油加工及炼焦业（13.47%）、医药制造业（0.13%）、非金属矿物制品业（7.22%）、金属制品业工业（7.41%）、通用设备制造业（5.81%）、专用设备制造业（4.22%）、交通运输设备制造业（4.5%）、电气机械及器材制造业（1.91%）、电子及通信设备制造业（9.77%）	18

资料来源：历年《中国工业统计年鉴》。

长江经济带的工业分布之所以会出现这种空间变化，主要是中央始终实施的促进产业转移政策效果的显现。在国家级的 7 个"承接产业转移示范区"当中，有 4 个位于长江经济带的中部地区：皖江城市带承接产业转移示范区、湘南承接

产业转移示范区、湖北荆州承接产业转移示范区和江西赣南承接产业转移示范区。近几年来的长江经济带发展战略把产业发展的重点也放到中部地区，加上2004年以来一直实施的中部崛起战略，这几项政策的叠加是中部地区产业变化的主要原因。

（三）工业技术创新：长江经济带发展潜力所在

长江经济带工业产业在我国经济总量中占有较大比重，体量较大，而技术创新是当今现代工业发展的命脉，因此，长江经济带的技术创新情况对全国工业发展具有至关重要的影响。根据熊彼特的创新理论，产品创新是创新的重要一环，我们采用工业新产品的销售收入指标对长江经济带的创新进行分析。可以看出，长江经济带在工业产业新产品入市方面能力较强。图12-11是长江经济带规模以上工业企业新产品销售收入占全国的比重。从新产品销售收入情况看，自2012年起，长江经济带规模以上工业企业新产品的销售收入占全国的比重突破50%，此后这一比例逐年上升，到2017年达到54.12%。

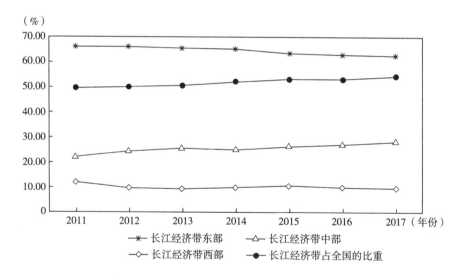

图12-11　2011~2017年长江经济带规模以上工业企业新产品销售收入占全国的比重
资料来源：根据国家统计局数据整理。

其中，从长江经济带东、中、西部地区来看，长江经济带中西部与东部的差距还比较明显。新产品的销售收入东部地区最多，占60%以上的份额；中部地区次之，为20%~30%；西部地区最少，仅有10%左右。从各省、市规模以上工业企业新产品销售收入来看,江苏省和浙江省最多,两者占比合计超过50%。最低的省份是贵州省,仅占11个省、市的5.7%。可以看出,长江经济带各省、市间的市场产品创新情况差距较大。

由于长江经济带的GDP占全国的40%,而创新指标占到53%,说明长江经济带是中国经济创新发展的火车头。在中国经济发展面临转型问题的关键时刻,长江经济带特别是长三角地区应当主动承担起重任,而国家鼓励创新的相关政策也应当向长江经济带倾斜。

五、长江经济带的对外开放

经济外向度(出口总额/GDP)是反映一个国家或地区开放型经济发展规模和水平的重要宏观指标之一。它反映一个国家或地区在国民经济发展过程中,本地区经济要素与外部经济要素相互渗透、融合的能力,是经济发展水平的重要标志。

整体来看,长江经济带的经济外向度随时间推移情况与全国水平类似,同时,其经济外向度在2006年及以前低于全国平均水平,从2007年以后略高于全国平均水平。

分区域来看,长江经济带东、中、西部经济外向度严重不平衡。东部地区的经济外向度远高于全国平均水平,是长江经济带经济外向的主要贡献者,其经营所在地货物出口额度占整个长江经济带的比重在2006年最大,为91.63%,且在2017年依然有79.75%。东部远高于中西部地区,东部地区经济外向度最高在2007年达到64.86%,而中、西部仅分别为12.84%和7.43%,从经营所在地货物出口额来看,东部与中、西部经济外向度比值的最大值出现在2006年,分别为18倍和27倍,长江经济带中西部地区的经济外向度水平较低,与中西部地区的开放型经济发展规模太小、经济外向型发展情况很不平衡有关,也跟当地的区位条件和产业结构中基础工业比重大有很大关系。2011~2014年,中西部经济外向度有增大态势,是产业向中西部地区转移的直接结果,特别是加工贸易企业大量进入承接产业转移示范区,推高了外贸依存度。另外,我国交通基础设施的发达程度提高,长江水道的通畅降低了运费,促进了外贸的发展。

在与国际经济形势的联系方面,2008年以后受全球金融危机影响,长江经济带和全国经济外向度均下降明显,其中长江经济带经济外向度由2007年的36.5%下降到2017年的18.5%(见图12-12)。长江经济带东部地区经济外向度受国际经济形势变化影响明显,将会是受国际贸易摩擦影响最大的地区,但有利

的情况是，2014 年以来东部地区的经济外向度在下降。主要原因有三点：一是
国家政策鼓励扩大内需，电子产品、汽车等最终消费品的国内市场扩大，降低了
对海外市场的依赖；二是产业结构的变化，第三产业比重超过第二产业，第三产
业的服务对象基本上是国内消费者，服务贸易不发达；三是产业转移，大量的加
工贸易行业转到了中部地区。中西部地区受国际经济形势影响呈现一定的滞后
性，2008 年的经济外向度比 2007 年仍然是增大的，在 2009 年才表现出来，而且
之后恢复也较快。

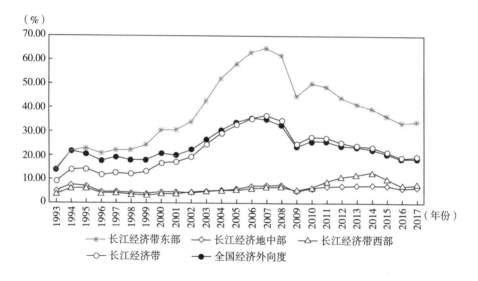

图 12-12　1993~2017 年长江经济带与全国经济外向度的情况

资料来源：EPS 数据库。

六、长江经济带发展的政策建议

从本章对长江经济带发展的时空演变分析可以看出，首先，其经济发展时空
演变受历史事件的影响比较明显。长江经济带东、中、西部地区的各项指标基本
在 1980 年前后、2000 年左右和 2008 年后发生了一些变化。而这几个时间段基本
上是我国改革开放、西部大开发战略实施和金融危机影响产生作用的时间。2013
年以来，长江经济带东中西部规模以上工业企业营业收入、市辖区 GDP 占比等
发生相对明显的变动，是长江经济带发展进入经济新常态从而进入新时代的
标志。

其次，长江经济带的发展具有很强的历史延续性，东中西部的经济发展基本延续了东部领先、中部次之、西部在诸多方面相对落后的局面。目前中西部地区无论是在经济实力、城区经济实力、城市化、产业结构还是创新方面，均呈现较明显的东、中、西部的梯度差异，承认梯度、认识梯度、利用梯度加快发展，是我们面临的任务。

再次，经济扩散效应明显，或者说长江经济带经济活力较强。虽然东强西弱的格局还没有打破，但无论是从经济增长速度、各指标与全国平均水平的比较还是从产业结构的变化来看，长江经济东、中、西部都在积极突破原有成果或发展路径。区域的有重大带动效应的增长极正在形成，将成为改变东中西部区域经济梯度差异格局的重要力量。

最后，长江经济带的发展与保护问题同样十分紧迫和突出。长江经济带的经济体量占全国比重很大。同时，长江经济带流域物产丰富、人口众多，其生态环境对我国经济社会发展和人民生命安全有重要影响。因此，长江经济带的发展必须是绿色的、生态的。在当前"共抓大保护、不搞大开发"的原则下，如何实现经济安全高效发展，是各界都在探讨的问题。尤其是西部地区分布着不少我国禁止开发和限制开发类主体功能区，需要寻找创新的发展路径。

对此，我们提出以下政策建议：

1. 支持东部长三角地区的高质量发展，发挥先锋带头作用

从经济实力、产业基础、人才储备和创新条件等各方面看，长江经济带东部，尤其是长三角地区无疑具有供给侧结构性改革背景下的高质量发展的最优条件。长江经济带东部地区有很好的工业基础，建议选取部分地区作为我国的现代制造体系的试验区。针对现代化制造体系中存在的研发创新、管理水平、运营体系等方面的问题进行探索改革。长江经济带东部地区的第三产业中的生产性服务业方面，应当进一步大力发展服务贸易，扩大对外开放，增强对国际人才的吸引力，做高质量发展的领头兵。应进一步推进金融试验和相关开放，提升我国的金融产业及金融管理水平。

在城市化建设方面，建议长江经济带东部尤其是长三角地区推进全域城市化。这里的全域城市化建设主要是指公共服务和基础设施的全域城市化建设。农村居民生活方式也向基本类似城市居民的生活方式转变，在农业方面主要是向高效农业、设施农业和都市农业转变。

2. 实施因地制宜的政策，促进中西部地区发展

建立国家政策库，增强部分政策的延续性。在原来东部地区的发展过程中享

受的国家的财政、产业、金融、人才、开放等诸多政策，随着时间的推移，这些政策被新的政策所取代。但是，受自身发展水平的限制，中西部地区无法运用这些新的政策。因此，建议国家建立历史政策库，对历史政策进行梳理，符合规定的政策进行留存延续，增强中西部地区发展的推动力。

强化政策的因地制宜性。在工业发展方面，中西部地区在鼓励创新、创业的同时，要注重创新的适应性，避免对深加工、高精尖的过高要求，重点提升管理水平、制造水平以及新技术。新设备、新的生产设计的使用。在环保方面，鉴于环保技术水平和系统设计等问题，国家在确立发展规矩的同时可从汇集资源、设备采购、联防联治等多方面对中西部地区的环保进行支持。

3. 推动中西部地区经济增长极的建设，带动中西部地区发展

首先，要推进中西部基础设施和营商环境建设，提高西部地区产业多样化水平，提升中西部一、二线城市的带动力。以一、二线城市和当前的成渝城市群、长江中游城市群等为抓手，构建一、二、三、四线城市及中小城镇联动发展的城市化体系。中部地区，以武汉为首，应借助经济外向度高的优势，加大对外开放力度，促进区域产业产品的转型升级，提升发展质量。西部地区应进一步强化重庆的产业功能地位，促进成都、贵阳、昆明等城市的经济发展，形成具有较强带动能力的地区增长极。

其次，要创新生态功能区的发展路径。建议在省内或地级市内部发展飞地经济，利用受限少或不受限地区的土地资源条件发展经济，解决沿江地区经济发展用地紧张和现有企业离开长江沿线后靠的发展难题。

最后，要推进城市群的联动发展，构建多样化的城镇体系。应推进城市群的联动发展，带动周边小城市及村镇的发展，为了进一步发挥长江黄金水道的作用，应当加快推进沿江铁路、公路和水路建设，尤其是要加快与长江水路连接的相应道路的建设，促进区域综合交通网络的形成。在合适的区域，特别是部分城市群内部，可以率先实施"同城化"交通体系，推进城乡公路交通建设，打通交通运输联系道路，为地区经济发展打下基础。在中西部地区欠发达的区域，重点提高教育、医疗等公共服务水平，确保区域发展能力得到提升。西部地区自然资源和社会文化特色资源丰富，旅游业在第三产业中所占比重较高，应鼓励打造相关特色小镇或特色村落、社区，发展旅游，带动经济发展。

4. 促进区域合作，实现产业协调发展

区域合作能够推进区域优势互补、促进区域经济发展。在这方面，应鼓励建立多种类型、包含不同组织主体的各类合作平台，尤其注重推进技术创新、创新

创业、园区共建等方面的区域合作，加强不同地区的人员交流，促进地区经济发展。应拓展区域合作思路，区域合作并不局限于邻近地区，可根据不同地区不同产业的发展诉求，寻求跨区域合作。加强长江经济带东部地区或发达城市创新孵化园区与整个区域内产业园区的合作，为孵化企业提供更好的落地园区。随着区域合作的范围不断扩大、内容不断增多，区域合作的矛盾与问题可能也会增加，建议国家成立区域合作协调、仲裁类机构，以长江经济带地区的区域合作协调为试验，推进区域合作的开展。

长江经济带产业协调的目标，应以资源和市场为导向，以国家产业政策为依据，逐步推进长江产业带的充实、延伸和完善，形成具有当地特色的支柱产业，形成若干各具特色、优势互补的经济区域。要大力推进产业结构战略性调整，全面推进外向型经济的发展，并在资源富集地区重点建设能源等基础产业，同时加强农业基础设施建设，巩固沿江农业带，以增强整个沿江经济带发展的后劲。

长江经济带的产业协调可以分三段进行布局：第一段，长江三角洲及沿江经济带下游东段，即江、浙、沪三省市，依靠资金和技术上的优势发展高端制造业和服务业；第二段，长江经济带中游地区，即鄂、湘、皖、赣四省，以武汉为中心，发挥丰富的资源和巨大的航运优势，以大运量的基础工业为发展方向，轻重兼顾，协调发展；第三段，长江经济带上游地区，即川、渝、贵、云，凭借广袤的土地大力发展第一产业，利用丰富的劳动力发展第二产业。同时，针对长江经济带西部地区水产、蔬果等产出丰富的特点，鼓励农业高效发展。

第十三章 "双循环"新发展格局下 粤港澳大湾区高质量发展的战略构想[*]

当今世界正经历百年未有之大变局,我国发展的内部条件和外部环境正在发生深刻复杂的变化。面对国内外的复杂形势,我国提出以高质量发展为主题,加快构建以国内大循环为主体、国内国际双循环相互促进的新发展格局,力争在危机中育先机,于变局中开新局。在新发展格局下,城市群是我国资源要素和经济活动主体集聚的空间载体,也是带动我国经济社会发展的核心增长极。推动城市群高质量发展,不仅关乎"双循环"新发展格局能否顺利构建,也关乎全国高质量发展能否有序推进。

粤港澳大湾区具有庞大的经济规模和强劲的发展动能,2020 年创造了 115309.61 亿元的 GDP[①],其中,珠三角 9 市 GDP 占全国比重达 8.81%。由于大湾区位于水陆空多式联运的交通网络要道,是国内大循环、国内国际双循环的必经区域,因此大湾区高质量发展能够有效推动"双循环"新发展格局的构建。大湾区通过优化整合全球资源、专业化分工协作,形成高端产业集群和优势产业链,建设超大市场释放内需活力。大湾区强劲的内聚力与外延力,可以促进资源要素有效流通,在国内大市场形成供给创造需求、需求牵引供给的动态过程,同时凭借多样化对外开放通道以及贸易投资自由化便利化环境,连接国内和国际两个市场。但也要认识到,随着国内外环境深刻变化、经济转向高质量发展阶段,粤港澳大湾区产业协同、区域一体化、民生保障和开放模式面

* 本文由孙久文和殷赏合著,原载于《广东社会科学》2022 年第 4 期。本文系国家自然科学基金面上项目"中国沿海地区高质量发展的综合评价与政策耦合研究(项目号42071155)"的阶段性成果。

① 此处 GDP 数据包含粤港澳大湾区"9+2"城市。全国 GDP 数据来自《中国统计年鉴 2021》,粤港澳大湾区 GDP 数据来自《广东统计年鉴 2021》。下文涉及众多经济指标,鉴于港澳数据获取难度及统计口径不一段,为保证可比性,若无特别说明,在分析大湾区现状时将珠三角 9 市代表大湾区作为主要研究对象,在质性分析中尽可能考虑港澳的情况。

临巨大的压力。有鉴于此，本章提出了大湾区实现高质量发展的若干战略构想。

第一节 "双循环"新发展格局下的粤港澳大湾区建设

经过理论和实践的双重探索，粤港澳大湾区在夯基垒台中积厚成势，已具备高质量发展的基础和实力。在新发展格局下，大湾区具有超大规模市场优势，能够助推国内大循环从而夯实国家稳定和安全之基，贯通国内国际两个市场进而探索国家富强和发展之路。

（一）提振内需的超大市场

扩大国内需求是构建新发展格局的战略基点。目前，我国内需水平同世界主要经济体相比仍有较大差距，2020年我国最终消费率为54.3%，与英国、德国分别相差29.04%、18.83%，需要继续深挖内需潜力。人口集聚和城镇化建设促进大湾区形成了超大规模的内需市场。大湾区不断吸纳大量人口集聚，2020年珠三角9市常住人口数量占全省常住人口总数的61.97%，大湾区以0.6%的国土面积容纳了6.08%的人口总量。① 人口的集聚通过本地市场效应提高了大湾区市场消费能力和需求能力，2020年大湾区消费品零售总额占全国的7.96%，已成为我国内需大市场的重要构成。伴随着大量人口流入，大湾区以中心城市带动城镇发展的空间格局逐渐发育成熟，2020年大湾区城镇化率已达87.24%，比全国城镇化率高出23.25%。城镇化建设通过农村人口"市民化"，创造了大量非农就业机会和投资需求，有助于从消费和投资双维度提高内需水平。

在供给端，大湾区生产规模庞大，是我国市场活力最强的区域之一。通过统计和对比粤港澳大湾区、长三角地区2020年A股上市公司总部个数②，发现大湾区城市平均拥有公司数量多于长三角地区，市场活力更强。随着高新技术的发展，大湾区产业数字化智能化转型加快，为投资提质增效、培育新型消费增长点创造条件。以广东为例，2020年广东商品销售增速最高的前四位均是消费升级

---

① 面积和人口占全国比重的分析区域是大湾区"9+2"城市。
② 资料来源：国泰安数据库。

类产品，新消费领域不断拓展，逐渐成为提振内需的新力量；同时，大湾区注重投资建设提升现代化水平的新基建，发挥 5G 网络、工业互联网、智能交通等新基建的乘数效应，有效提高供给体系对内需的适配性。

（二）国内大循环的关键枢纽

大湾区通过优化中心—外围地区的专业化分工协作模式，依托于战略性新兴产业和先进制造业集群产生的规模效应和集聚经济，形成湾区内产业分工、合作、转移的动态空间配置模式，促进产业链上下游协同发展，统筹各生产部门形成安全稳定的国内产业链，减少经济发展的外来风险。作为水陆空多式联运的交通网络要道，大湾区是我国现代物流体系、现代商贸体系建设的交通骨干地区，也是国内大循环中轴带连接的必经区域。相比于长三角地区，大湾区交通设施更均衡，物流效率更高。凭借强劲的内聚力与外延力，大湾区可以促进资金、劳动力、技术等要素畅通流动。

大湾区具有激发内循环新动能的优势。基于我国要素禀赋结构深刻变化，劳动力比重逐年下降，资本比重迅速提升，石油、淡水等自然资源要素短缺的现实背景[①]，国内大循环需要新发展动能作为支撑。为此，我国打造大湾区成为国际创新中心，有助于推进大湾区科技研发平台建设和科技创新企业发展。通过分行业比较大湾区和长三角地区 A 股上市公司总部数量，发现大湾区科技创新行业占据绝对优势，大湾区计算机、通信和其他电子设备行业的公司数量占大湾区所有公司数量比重为 24.19%，比长三角地区高 16.24%。同时，专业技术服务业、软件和信息技术服务业等高技术服务业加速发展，比重分别比长三角高 1.40%、1.99%。大湾区在集聚机制下产生的技术和知识外溢能够有效开拓国内新发展通道。而长三角在医药制造业、专用设备制造业、航空制造业优势更加明显，分别比大湾区高 1.59%、0.24%、0.14%。

（三）国内国际双循环的重要门户

大湾区拥有深圳港、广州港、香港港等世界级港口，新白云国际机场、深圳国际机场、香港国际机场等航空枢纽，以及横琴、前海等高水平开放平台，已经成为资源要素在国内国际两个市场畅通流动的重要门户。粤港澳三地同根同源、民俗相近、优势互补，为大湾区联通国内国际市场提供了有利基础。相比于长三角、京津冀地区，大湾区包括港澳这两大内地外商投资主要来源地和对外投资重

---

① 江小涓，孟丽君. 内循环为主、外循环赋能与更高水平双循环——国际经验与中国实践 [J]. 管理世界，2021（1）：86-87.

要"转口港",港澳同胞和海外侨胞为内地引进外资技术、完善内地贸易规则、打造营商环境提供助力。粤港澳三地历史累积的合作基础促进大湾区以高新技术产品为主的外贸新业态加快形成,有助于提升我国在全球产业链价值链中的地位。

随着经济全球化退潮和全球价值链回缩,区域性、地方性贸易比重逐渐提高。在此背景下,我国深入推进"一带一路"建设和中国—东盟自贸区建设,2020 年以来东盟已经超过欧盟成为中国最大的贸易伙伴①。新形势下,大湾区在巩固新贸易伙伴关系中发挥天然区位优势,通过优化引进外资结构,外资着力点逐渐由制造业资金引进向服务业资金引进转变。2019 年,大湾区的外商直接投资集中在租赁和商务服务业、房地产业,分别占大湾区外资的27.60%、17.40%,比进出口规模相近的江苏高 19.20%、3.90%。与江苏的外商直接投资有近一半属于制造业相比,大湾区逐渐形成制造业与服务业投资齐头并进的高质量态势。通过高质量"一带一路"建设、中国—东盟自贸区、RECP 等深入实施,大湾区"走出去"前景广阔,2003~2020 年广东省对外投资水平由 9555 万美元增至 2353187 万美元②,呈现出以投资带动经济发展的良好态势。

第二节　新发展格局下大湾区高质量发展的障碍与挑战

粤港澳大湾区建设是构建"双循环"新发展格局的有利抓手。但大变局之"变"、新格局之"新",也给大湾区高质量发展带来新障碍新挑战。

(一) 产业协同优势不足

经过改革开放 40 多年的发展,大湾区产业结构由工业主导向服务业主导转变,产业升级方向符合库兹涅茨产业结构演化规律。但从产业空间布局来看,大湾区东岸以高科技产业和新兴产业为主,西岸以先进装备制造业为主,城市间产

---

① 王一鸣. 百年大变局、高质量发展与构建新发展格局 [J]. 管理世界,2020 (12):1-5.
② 由于大湾区的对外投资情况尚未公布,考虑到广东省投资可以在一定程度上反映大湾区的对外投资情况,因此这里仅使用了广东省对外投资数据。

业结构存在一定的趋同化现象①。产业结构趋同化使得大湾区生产产品单一化、企业产能过剩、生产资源浪费、承受外部冲击的韧性不足。近年来，国外大宗商品的价格波动对大湾区产业链的稳定和安全造成了较大冲击，使大湾区制造业陷入被动局面，能源约束倒逼大湾区加快应用清洁能源、提高资源利用效率。

（二）科技创新质量欠缺

随着新技术、新产业、新模式的发展，大湾区相比于京津冀、长三角地区，技术密集型制造业规模更大、集聚力更强②。2020年，大湾区先进制造业对工业贡献率达到58.50%。尽管大湾区在人工智能、生物医药、新能源汽车领域的建设取得积极成效，但科研人才不足、缺乏资金支持、缺少融资渠道、协同创新不完善等问题尚未彻底解决。同时也要看到，长期出口导向型经济发展路径导致大湾区"依赖型"经济发展模式仍旧突出。随着美国技术封锁进一步加强，实体名单断供、芯片荒事件频出，大湾区高端产业的自主创新能力不足、核心技术受制于其他国家等问题凸显，尤其是新一代信息技术、高端装备制造等战略性新兴行业核心技术受制于人的局面尚未得到根本改变，这在一定程度上倒逼大湾区必须主动加强自主创新。

（三）区域一体化制度梗阻

大湾区资源要素高效便捷流动的良好局面尚未完全形成。一方面，大湾区拥有"一个国家、两种制度、三个关税区"的特殊环境，粤港澳三地的法律制度、商贸规则、社保体系差异导致大湾区流通环节缺乏制度支撑，制约了大湾区内要素自由流通。如科研资金跨境使用受行政区域限制，科研人员资格和专业技能人才资格互认、人才评价体系存在制度约束；资金流通方面，粤港澳三地资金种类不同、金融配套服务不足、资金流动管理机制不健全，加大了资金跨境流通的难度。另一方面，区域一体化要求城乡融合发展、大中小城市相互联动，然而受到传统城乡二元结构和户籍制度制约，城乡间、城市间劳动力要素流通受阻，劳动力要素难以在地域、部门间实现合理配置。

（四）民生保障尚未健全

在复杂多变的国内国际环境下，大湾区内需结构易遭受到多维冲击。大湾区外向型经济发达，受当前世界经济衰退、国际产业链回缩的冲击，大湾区创造就

① 覃成林，潘丹丹. 粤港澳大湾区产业结构趋同及合意性分析 [J]. 经济与管理评论，2018（3）：15-25.

② 齐嘉. 中国三大城市群产业集聚比较研究——基于高新区高成长企业的证据 [J]. 海南大学学报（人文社会科学版），2018（2）：60-68.

业机会和岗位数量增速放缓，与此同时，第四次产业变革促进人工智能迅猛发展，加快工业机器人对中低端岗位的替代，挤占了大湾区部分就业空间。然而，大湾区仍不断吸纳着人口集聚，2020年珠三角地区常住人口占全省比重61.97%，相比2010年提高了8.12%。这要求大湾区创造更多的就业机会，把保就业和稳增长摆在更加重要的位置。大湾区核心城市房价长期高企使居民购买力透支，疫情冲击抑制餐饮、旅游、家政等生产性服务消费活力难以释放。大湾区城镇化率虽已达到87.24%，但是外来人口比重高。外来人口工作流动性强、社会认同感低，难以享受与原居民均等的基本公共服务，导致这类群体对未来预期和消费边际倾向不足。

（五）收入分配不均衡

大湾区城市间、城乡间收入分配差距较大是导致有效需求未充分释放、制约大湾区高质量发展的另一重要因素。从城市间来看，2020年，香港、澳门人均总收入分别为337205.66元、412249.16元①，而珠三角9市人均可支配收入仅为54809.63元。同时，珠三角9市之间也存在较大的收入差距，如2020年深圳人均可支配收入分别是肇庆、江门的2.30倍、1.93倍。从城乡间来看，由于城乡二元结构长期存在，劳动力要素流通梗阻使得城乡间收入差距依旧较大。2000～2008年，大湾区城乡居民收入差距持续扩大，城乡居民收入比值由2.70上升到3.28（见图13-1），显著高于同时期长江三角洲的上海、浙江、江苏三地的城乡居民收入比值。2008年后大湾区城乡收入差距下降，但究其本质是金融危机对城镇居民的收入冲击较大，从而导致城乡人均收入差距缩小②。落后乡村地区居民得不到完善的收入分配保障，消费活力难以充分释放。2020年，珠三角与江苏、上海、浙江的城乡收入比已基本趋同。

（六）外向型经济韧性不足

大湾区作为国际循环的积极参与者，经济的对外强依赖性使得大湾区更易遭受大国博弈、技术脱钩、金融施压等冲击的影响，外贸经济韧性亟待提升。受世界经济格局深刻变化影响，2019年粤港澳大湾区货物贸易进出口增速下降0.5%，比全国平均水平低3.9%。双向投资也面临新挑战。近年来，随着大湾区

---

① 资料来源：《香港统计年刊》《澳门统计年刊》。香港、澳门统计的是总收入，已按2020年人民币对港元、澳门汇率换算。由于港澳收入数据与内地统计口径有所不同，因此在此仅作大致对比，不具体比较数值。

② 瞿忠琼、陈日胜、冯淑怡. 城市群视角下中国农村居民收入不平等研究［J］. 南京农业大学学报（社会科学版），2018（6）：79-89.

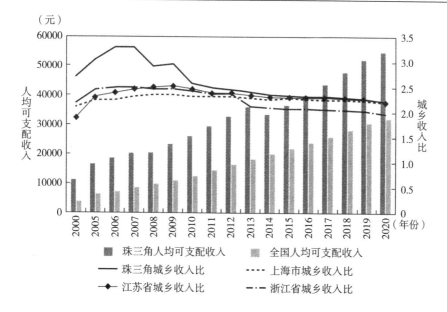

图 13-1 2000~2020 年珠三角及江苏、上海、浙江人均可支配收入和城乡收入比

注：2001~2004 年数据缺失，其余年份的数据来源于 EPS 数据平台。2013 年以前人均收入数据未公布，本文计算人均收入 = （城镇人均×城镇人口+乡村人均×乡村人口）/总常住人口。由于 2013 年前后人均可支配收入因计算方式不同，导致趋势有所变化，但不影响整体分析。

劳动力成本、土地成本上升，大湾区面临外资向东南亚等劳动成本更低地区转移的压力，同时，引进外资难度进一步提升。要解决这个问题，需整合大湾区华人华侨资源、优化营商环境，多措并举吸引绿色高效外资流入。

第三节 粤港澳大湾区高质量发展的战略构想

统筹考虑新发展格局下高质量发展的时代诉求，明确粤港澳大湾区的战略定位，大湾区应抓住新机遇、迎接新挑战，实现由高速发展向高质量发展的转变，强化在国内大循环中的枢纽地位、国内国际双循环中的门户作用。

（一）未来粤港澳大湾区的多维度定位

大湾区未来要在缓解和破除"需求收缩、供给冲击、预期转弱"的三重压力下发挥更大作用，以更大魄力、更高质量助推"双循环"向纵深拓展。在激发市场活力方面，要以多样化、个性化消费为方向，以资源集聚、精细分工为生产方式，实现"世界工厂"到创新策源地的转变，为区域发展提供更强的创新力、更高的附加值与更好的安全保障。在区域一体化方面，以粤港澳大湾区、深圳先行示范区双轮驱动，以横琴粤澳深度合作区、前海深港现代服务业合作区建设探索"一国两制"框架下区域发展新模式。在发展战略方面，把粤港澳大湾区战略与京津冀协同发展、长三角区域一体化发展、长江经济带发展、黄河流域生态保护和高质量发展、成渝地区双城经济圈建设等区域发展战略，以及高质量共建"一带一路"更紧密地对接起来，形成发展战略的深度融合和互动支撑。在区域合作方面，拓宽大湾区对粤东西北、泛珠区域的辐射半径，同时积极开展与国内其他城市群紧密合作，大力开展与"一带一路"沿线国家和地区的合作，开创国内国外多层次活跃的区域合作新局面。

（二）"十四五"时期大湾区高质量发展的战略构想

1. 增强粤港澳大湾区产业综合竞争力

（1）以科技创新增强大湾区产业综合竞争力。未来大湾区在高质量发展过程中，需与长三角、京津冀等城市群之间进行分工协作、优势互补。大湾区应充分发挥民营企业多、市场活力强的优势，打造成为全国科技创新增长极、国际科技创新中心。促进凝聚科学技术的制造业蓬勃发展，持续推进制造业和服务业的智能化、数据化，建设以数字经济、电子信息、生物医药为主的高质量新兴产业集群。一方面，深入推进广深港澳科技创新走廊建设，打造南沙、前海自贸区形成完备的科技创新平台体系，加快大湾区创新创业基地、创新实验平台等项目落地，为港澳青年创新创业提供发展机遇。另一方面，随着智能制造、大数据、5G等创新技术和新兴产业蓬勃发展，大湾区汇集了华为、中兴等高端企业，未来应打造深圳成为国家自主创新示范区和国际化创新城市，以其良好的创新生态为全球科技创新树立标杆，推进高技术企业加强自主研发和创新能力，培育领先世界的尖端技术。

（2）以城市—产业合理分工提升大湾区区域经济综合竞争力。大湾区应注重打造各城市的精准定位，形成高质量产业体系。第一，巩固香港、澳门、广州、深圳四个中心城市的重要地位。巩固香港加强国际金融、航运中心等地位；澳门着力建设世界旅游中心，做优做强文化产业，借助横琴发展推进产业多元化；广州、深圳"双城联动"，建立产城融合高科技产业，打造大湾区高质量发展的动力源。第二，发挥东莞、中山、珠海等湾区重要节点城市各自优势，错位打造主导产业，实现大湾区资源配置的最优化。推进佛山、东莞装备制造业升级;惠州加快发展数码电子、绿色石化等支柱产业;珠海壮大智能家电、航空航天等优势产业;中山布局现代农业、现代纺织、生物医药等支柱产业并打造成为珠江口东西两岸融合发展的重要支撑;江门、肇庆要充分发挥承接制造业外溢优势,做强新能源、绿色创新新材料基地。第三,实现城市间产业从垂直分工逐渐迈向多链融合协作。依托深圳支持高新技术企业的政策优势,借助东莞、中山先进制造业基地,探索产学研深度合作机制,促进大湾区形成"研发—转化—生产"良性循环的创新链、产业链。

2. 强化粤港澳大湾区在国内产业链中的枢纽作用

(1) 加强产业动态配置。《粤港澳大湾区发展规划纲要》要求发挥大湾区的辐射引领作用,统筹与粤东西北的生产力布局,并带动我国中南、西南地区发展。为此,要强化大湾区在国内产业链中的枢纽作用,深化与周边地区的产业合作、对接、转移,借助先进生产力大力实施区域产业合作战略。如大湾区可向江西对接智能制造生产基地,加强深圳与江西高新企业项目合作、优势互补,支持电子信息产业在江西落户;广西具有农林资源丰富、劳动力成本较低、边境合作便利等优势,可对接大湾区食品深加工项目、高端家具生产项目;在粤东西北地区以及江西、贵州等地积极建设大湾区"菜篮子"基地。在我国东南部打造以大湾区为龙头的产业链,逐步向泛珠三角地区延伸,未来有望打造辐射全国的产业链,这不仅能赋能大湾区金融、商贸、电子信息产业高质量发展,还有助于打破落后地区发展瓶颈,缩小区域间收入差距。

(2) 加快要素流通扩散。大湾区是组织泛珠三角、带动大西南地区要素流通的重要增长极,应通过知识溢出、资金支持、人才输送等来维系产业链的运行。以往大湾区吸纳众多外来劳动力就业,处于人才净流入状态,培育了一部分富有创新意识的技术型人才。为避免大湾区对周边地区虹吸效应大于扩散效应,应通过"飞地"建设加大人才输出力度促进知识溢出,降低学习、匹配、共享的空间成本,带动周边地区经济发展。此外,秉承互惠互利原则,打破资本要素向大湾区单向流动的局限,积极探索大湾区与周边地区合作的协调发展机制,促进资本要素的回流和循环。随着信息和交通等基础设施的日益完善,大湾区应实现与长三角、京津冀等城市群跨区域联动、形成合力,共同构成多极支撑、网络关联的空间发展格局,促进资源要素在更广泛的范围内畅通流动,实现在全国范围延链、补链、强链,承担起全国高质量流通体系建设的空间组织功能。

(3) 加大对国际资源的整合力度。20 世纪 90 年代,以大湾区为代表的我国东南沿海地区积极承接国际价值链中劳动密集型产业转移,使得大湾区成为全球经济循环的重要终端产品基地，而此种产业发展模式处于国际价值链中的低端环节，进而也导致了中西部地区亦处于低端要素供应商的位置①。在新一轮产业革命和科技变革的背景下，大湾区应主动顺势而为，以新技术作为驱动，打造数字服务平台、世界金融科技平台，带动国际资源整合，建设数字经济产业集群，为提升我国在全球价值链中的地位提供支撑。应继续发挥香港在国际金融体系中的独特地位，发挥深圳高科技的优势地位，以核心城市带动大湾区加速向全球价值链中高端迈进。

3. 建设粤港澳大湾区成为区域合作示范区

（1）创新大湾区要素流通制度。大湾区作为"一国两制"框架下先行先试的战略基地，在高质量发展理念的带动下，应打破制度藩篱，实现由点至线到面全面发展，打造区域融合发展示范区②。在新发展格局下，深化大湾区合作共赢站上新起点，要完善粤港澳三地合作的制度设计，促进各类要素在大湾区便捷流动和优化配置，打通国内大循环的堵点。要创新大湾区市场经济运行机制，建立不同制度下市场沟通机制，借助横琴、前海合作区的平台优势，加强经济管理、营商环境、市场监管等环节的制度协同。要发挥好政府的作用，以政府规划调整促进市场更好发挥资源配置效应。完善科研成果和技术人才激励制度，建设以南沙自贸区为代表的规则对接合作示范区，要加快港澳人才资格认可政策落地，积极探索大湾区人才畅通流通的合作制度。加大特色金融机构、特色金融平台建设，扩大大湾区人民币跨境使用的广度，有序推进资金跨境流通。

（2）加快促进大湾区基础设施互联互通。随着交通基础设施网络的不断完善，大湾区基本具备构建世界级城市群的硬件基础，未来要继续完善配套硬件设施的高质量制度设计。一是助力大湾区基础设施建设过程中形成一体化的管理模式、技术指标、法律法规，减少三地基础设施建设的制度藩篱，避免互联通道的乏力、失调等问题。二是探索解决车辆跨境问题，建立车辆互认制度，降低运输的物流成本，打通城市间联通通道，为大湾区融合发展夯实基建基础。三是健全大湾区跨境超市、驿站、物流中心等新物流行业法规，明确大湾区流通管理部门权责，在价格制定、交易规则、质量标准等多方面建设完善的评价体系，降低跨境流通企业的税费经济成本，鼓励多类型、差异化的物流公司发展，根据多样化的需求建立差异化的流通体系，促进现代物流体系的品质建设。

---

① 张少军，刘志彪. 全球价值链模式的产业转移——动力、影响与对中国产业升级和区域协调发展的启示 [J]. 中国工业经济，2009（11）：5-15.
② 刘祖云. 内地与港澳融合发展：现代化视角的解读 [J]. 学术研究，2021（8）：52-58.

4. 打造粤港澳大湾区成为发展成果共享试验田

（1）缩小珠三角9市与港澳公共服务差距。大湾区高质量发展不仅要求缩小湾区内经济发展差距，也需要加快社会民生融合、改善民生质量。作为保障民生的关键领域，促进缩小内地与港澳公共服务的差距，在"一国两制"框架下，探索大湾区各地之间养老、医疗、教育等公共服务均等化，缩小公共产品供给差距，促进大湾区实现更加公平、更高质量发展。随着大湾区1小时生活圈基本形成，高速铁路、城际铁路、高速公路等多层次立体交通网络基本建成，为大湾区人民安全便捷出行和延伸生活空间提供了有力的交通支撑，港澳人士与内地往来日益紧密，对跨城公共服务提出了更高的要求。为此，探索支持采取跨境医疗合作、跨境养老合作等新型跨境公共服务举措，鼓励引进港澳专业技能人员、先进医疗技术，为港澳居民来内地生活提供高质量服务保障，建设大湾区成为宜居宜业宜游优质生活圈。

（2）缩小城乡公共服务差距。大力推进大湾区教育、医疗、养老等公共服务向农村延伸，构建完善的公共服务保障机制，通过营造公平包容的社会环境使大湾区建设的政策红利惠及广大人民。为此，一方面，加快新型城镇化建设和工业化进程，增加大湾区城市就业岗位，促进大湾区乡村地区的剩余劳动力有序流动。鼓励大湾区城镇企业进行职业培训，从根本上提高农村劳动力的职业素质，提升乡村转移劳动力的人力资本水平。另一方面，乡村流出劳动力在拓展就业空间的同时，工作流动性强、工作性质不稳定等问题突出，其主要原因是乡村流动人口的市民化面临困境。针对这一情况，其一，应放松户籍制度管制，为大湾区乡村居民城镇就业提供平等的权利和义务；其二，需完善进城人口的基本公共服务体系，保障乡村流动人口的基本医疗、社会保障和子女义务教育；其三，应推动城镇文化体系建设，塑造包容开放的城镇文化，建立城乡文化交流平台，宣传乡村优秀传统文化，从而破除文化隔离、融入障碍等因素，促进乡村流动人口市民化。

5. 提升粤港澳大湾区全球资源配置能力

（1）加强对外开放平台建设。大湾区建设的重要任务之一是面向未来构筑全方位、宽领域、多层次的高质量开放型经济体系，积极参与全球治理，实现全球范围的资源配置。以大湾区作为制度型开放试验区，推进对外开放形式由过去被动参与国际循环的商品和要素流动型开放，主动向强化制度安排的制度型改革开放转变。依托港澳的海外商业网络和海外运营经验优势，推进粤港澳合作平台建设。强化横琴、前海合作区作为大湾区高质量合作、高水平对外开放的桥头堡作用。可依托香港贸易配套法律和制度国际化的优势，借助深圳金融体系逐步完善的东风，在前海合作区建立深港金融合作制度，完善与国际接轨的贸易规则，推进以实体为导向的金融服务，优化跨域融合的资本布局，打造我国在国际金融市场参与资本定价权的独特优势。在此基础上，加快在横琴粤澳合作平台制定吸引国际科技人才的政策，成立多币种金融服务平台，为全球资源配置提供制度保障。

（2）抓住共建"一带一路"重大机遇。大湾区地处通往东亚地区的重要入海口，是我国与东盟开展贸易合作的要道。在高质量共建"一带一路"的背景下，大湾区有望实现更高质量的对外开放。首先，推动大湾区参与"一带一路"沿线国家在金融领域的国际合作，为跨国建设项目提供离岸金融、资本运作、风险评估等完备配套的投融资业务，助力大湾区金融相关领域逐步放开，打造成为"一带一路"高质量投融资中心和全球金融中心。其次，大湾区应充分利用多类型开放平台，打造开放新高地。支持设立货运机场口岸，增开国际客货运航线航班，建设货运机场试点，打造成为"一带一路"物流枢纽。最后，"一带一路"沿线国家处于工业化进程中，大湾区可依托自身的制造业基础，助力沿线国家建立工业体系，优化工业结构，实现与沿线国家合作交流、互利共赢。

总之，基于"双循环"新发展格局的时代背景和新发展阶段的时空特征，大湾区成为国内大循环的动力源和高质量参与国内国际循环的重要门户，要助推我国形成以产业链安全为战略方向、以资源要素畅通流动为目标导向、以科技创新为第一动能、以扩大内需为战略基点的国内经济大循环。同时，要抓住高质量共建"一带一路"和中国—东盟自贸区的发展机遇，充分发挥大湾区在国内国际双循环中的门户作用，提升我国参与国际循环的自主性和独立性。

第十四章　黄河流域城市群生态保护与经济发展耦合的时空格局与机制分析[*]

　　2021 年 10 月，中共中央、国务院印发了《黄河流域生态保护和高质量发展规划纲要》（以下简称《纲要》）将黄河流域生态保护和高质量发展上升为重大国家战略，凸显了黄河流域在国家发展大局和社会主义现代化建设全局中的战略地位。当前，实现黄河流域生态保护与高质量发展，需以正确处理好黄河流域生态和经济间关系为突破口，在生态和经济同向发展甚至协调发展的基础上推进黄河流域打破既有发展路子，发挥好特殊地理经济区和生态文化保护带的作用。

　　从空间格局和历史规律的双重视角看，黄河流域不是类似长江经济带一样的轴线发展模式[1]，流域内经济发展差距较大，生态、水资源问题较为突出，不平衡不充分的发展矛盾更为尖锐。与此同时，沿黄流域各省区受区位禀赋等因素影响，经济联系度、分工协作质量、协调发展水平均有待提高[2]，亟须通过发挥城市群以点带面的重要作用来逐步和稳步实现生态保护与经济发展的协同。《国民经济和社会发展第十四个五年规划和 2035 年远景目标纲要》（以下简称"十四五"规划）曾明确黄河流域共有七个城市群，从东向西分别为山东半岛城市群、中原城市群、山西中部城市群、呼包鄂榆城市群、关中平原城市群、宁夏沿黄城市群和兰州—西宁城市群。《纲要》中所提到的"五极"涵盖了正文所谈及的七大城市群。为了便于更直观地比较城市群之间的差异，本章仍然以七大城市群为比较对象，但在论述山西中部城市群、呼包鄂榆城市群、宁夏沿黄城市群时会以黄河"几"字弯都市圈为整体进行论述以作补充。七大城市群基本涵盖了黄河流域的绝大多数区域，能够在生态保护和经济发展中起辐射带动作用，为黄河流

---

[*] 本文原载于《自然资源学报》2022 年第 7 期，有删改。

域生态保护和高质量发展提供相对微观和有效的发展思路。

然而,现有基于城市群视角进行黄河流域生态和经济比较分析的研究较少,有少数是基于山东半岛城市群或关中平原城市群等发达大型单一城市群的研究[3,4],或关于黄河流域整体生态和经济耦合问题的研究[5,6],但上述成果主要集中在2019年习近平总书记提出黄河流域生态保护与高质量发展后。同时,基于城市群横向比较分析视角的研究仅探讨了高质量发展和土地利用效率的耦合[7],或城镇化与生态环境的耦合[8]。从黄河流域视角相关成果看,前人研究指出生态和经济耦合呈现平稳态势,但仍未实现协同发展状态;存在空间自相关性和正向累进发展与惯性发展的特征;存在未来耦合协调度总体水平提升但增速缓慢的问题[6,9]。同时,还有学者分析黄河流域生态与经济发展耦合水平同长江流域的差异性[1];黄河流域东西部和上中下游间也存在显著的耦合水平差距[10,11];关于黄河流域土地和生态耦合的研究认为耦合协调度波动相对稳定,但存在着区域层面的不平衡[12];另有关于黄河流域生态和城市化耦合的研究得出耦合协调度存在整间依赖和空间溢出,说明地方生态经济耦合水平会受周边地区的影响,即存在着实现全局正向发展的可能[13]。通过梳理相关文献可知,黄河流域整体发展水平较低是不争的事实。由于城市群是促进区域经济发展与改善生态环境的重要实施主体,因此,如何在既有黄河流域全局研究基础上,提供以城市群为分析对象的促进黄河流域生态保护和高质量发展的有益研究是亟待解决的重大问题,更是对现有研究的有益补充。

需要强调的是,围绕黄河流域高质量发展的相关研究尚未形成系统的理论依据和方法论体系[14],多数文章构建的高质量发展指标体系并未脱离总量、结构、增速等经济发展传统指标体系框架。此外,现有文献中使用的黄河流域经济与生态统计指标的完整度仍不足,如果直接套用前人的指标体系,本章构建的高质量发展指标体系可能有所欠缺,亦无法满足把高质量发展内涵纳入最新指标体系设计的要求。高质量发展是创新、协调、绿色、开放、共享五大发展理念的协同作用,其内涵兼顾生态保护。所以本章在拓展既有经济发展指标体系的基础上,结合生态保护指标体系测算生态和经济的耦合协调度,实质上也体现了《纲要》中黄河流域高质量发展的思想和目的。

总之,本章在借鉴已有研究的基础上,重点以城市群为研究对象,构建考虑因素更加全面翔实的指标体系,为较为客观地分析比较黄河流域城市群生态保护和经济发展的耦合协调水平提供依据。本章运用耦合协调度模型分析2007~2019年黄河流域城市群的生态保护与经济发展的时空互动关系,运用空间自相关有效探测七大城市群的生态保护与经济发展的耦合协调度的空间格局特征，运用地理探测器分析黄河流域城市群生态经济耦合发展的具体影响机制，并提出若干有益启示。

第一节　研究方法与数据来源

一、研究区概况

2007 年，建设生态文明被写入党的十七大报告中。以此时间为节点，本章分析 2017~2019 年的黄河流域基本情况。根据数据的可得性和完备性，参照黄河流经九个省区的流域界定，最终以黄河流域七大城市群为研究对象。七大城市群是黄河流域经济发展增长极和人口、生产力布局的主要载体，亦是《纲要》以高质量高标准建设沿黄城市群的具体呈现。

二、数据来源

数据大部分来自 2009~2017 年的研究区内各省（自治区）统计年鉴、《中国区域经济统计年鉴 2008—2020 年》《中国城市统计年鉴 2008—2020 年》和 CNRDS 数据库。极少部分缺失数据来源于所在城市的国民经济与社会发展公报，或用插值法处理。

三、研究方法

1. 指标体系构建

"十四五"规划表明"我国已转向高质量发展阶段"，但高质量发展较难用精准、有限的指标去衡量，现阶段的研究主要集中在黄河流域的生态环境[6,10,11]、城镇化水平[5]、水资源治理[15]、产业发展[9]、经济增长质量[1,6,10,11,14]、土地集约利用效率[12] 等方面。黄河流域生态本底脆弱，水资源刚性约束强是我国特殊的地理经济区，需要充分平衡生态保护和经济发展的关系，其高质量发展是促进生态环境和经济社会全方位的、协调可持续的发展。衡量经济发展的指标选取已经较为成熟，而衡量生态保护的指标选取是关键。

为此，本章根据既有文献，结合"十四五"规划时期经济社会发展主要指标和《纲要》中黄河生态经济带的区域特色，构建了包含生态环境与经济发展两个维度共43个指标的生态—经济复合系统协调发展指标体系（见表14-1）。

表14-1　黄河生态经济带"生态—经济"复合系统评价指标体系

一级指标	二级指标	三级指标	指标代码	单位
生态环境	生态状态	森林覆盖率	X_1	%
		人均耕地面积	X_2	千 hm^2/万人
		人均绿地面积	X_3	hm^2/万人
		年降水量	X_4	毫米
		年平均气温	X_5	℃
	生态压力	万元 GDP 工业废水排放量*	X_6	万吨/万元
		万元 GDP 工业废气排放量*	X_7	亿标立方米
		万元 GDP 工业固体废物产生量*	X_8	万吨/万元
		人均用水量*	X_9	立方米/人
		人均用电量*	X_{10}	度/人
		单位 GDP 能源消耗*	X_{11}	立方米/万元
	生态响应	工业废水排放达标率	X_{12}	%
		工业固体废物综合利用率	X_{13}	%
		生活垃圾无害化处理率	X_{14}	%
		城镇生活污水处理率	X_{15}	%
		空气质量优良率	X_{16}	%
		万人绿色专利数	X_{17}	件/万人
		PM2.5 浓度*	X_{18}	立方米/微克
经济发展	经济规模	地区生产总值增长率	X_{19}	%
		人均地方财政收入	X_{20}	元/人
		人均固定资本投资额	X_{21}	元/人
		人均社会消费品零售总额	X_{22}	元/人
		人均道路面积	X_{23}	立方米/人
		城市建设用地占市区面积比例	X_{24}	%
		进出口占 GDP 比例	X_{25}	%
		外商投资占 GDP 比例	X_{26}	%

续表

一级指标	二级指标	三级指标	指标代码	单位
经济发展	经济结构	第二产业产值占比*	X_{27}	%
		第三产业产值占比	X_{28}	%
		城镇化率	X_{29}	%
		二三产业从业人数占比	X_{30}	%
		城市登记失业率*	X_{31}	%
		工业企业数	X_{32}	个
	经济质量	人均GDP	X_{33}	元
		农民人均纯收入	X_{34}	元
		职工平均工资	X_{35}	元
		高铁站数量	X_{36}	座
		万人在校大学生数	X_{37}	人
		万人专利授权数	X_{38}	件/万人
		万人拥有普通高等学校数	X_{39}	所/万人
		万人拥有医院、卫生院床位数	X_{40}	张/万人
		万人拥有藏书量	X_{41}	本/万人
		互联网普及率	X_{42}	%
		万人拥有公共汽车	X_{43}	辆/万人

注：* 为负向指标。

（1）生态保护评价指标体系构建。在生态保护系统的指标选取时，参考《纲要》、"十四五"规划及现有相关文献，遵循"共同抓好大保护、协同推进大治理"的建设原则，以生态保护的"压力—状态—响应"（PSR）理论为依据[16]，选取18个三级指标用以表示和衡量生态保护的发展情况。《纲要》中指出以三江源、祁连山、秦岭、贺兰山等区域生态保护建设为重点，上中下游治理方案各不相同，因此生态状态指标较为全面地考虑到森林、自然、耕地、水等多种资源来表示环境的发展水平；生态压力指标衡量人类生产生活活动对生态环境所造成的压力，根据《纲要》中统筹水资源分配利用与产业布局、城市建设的要求，考虑产业布局与城市群建设对于生态造成的压迫；参照"十四五"规划提出的完善市场化多元化生态补偿，鼓励各类社会资本参与生态保护修复，结合《纲要》中要求的完善黄河流域生态补偿、水资源节约集约利用等法律法规制度，用生态响应指标表示人类保护生态和防止生态环境进一步恶化所做的弥补措施。总之，通过"压力—状态—响应"的三方结合，能够在考虑黄河流域人与自然交互关系的同时，还考虑到人类经济行为与生态之间的系统作用关系。

（2）经济发展评价指标体系构建。在区域经济系统的指标选取时，以"十四五"时期经济社会发展主要指标为基础，结合当前区域重视经济高质量发展的形势，借鉴现有相关文献，选取 25 个三级指标用以表示和衡量区域经济的发展水平。习近平总书记在主持召开黄河流域生态保护和高质量发展座谈时点明："黄河流域是一个有机整体，要充分考虑上中下游的差异。"上中下游地区的经济发展情况的差异大体可以概括为经济规模、经济结构和经济质量的差异。经济规模指标易于理解，即用以衡量黄河流域经济发展宏观水平。经济结构指标可以反映黄河流域经济结构转型升级程度和优化水平，参照《纲要》对加大市场化改革力度的要求，纳入反映要素市场化改革和产业结构的指标。经济质量指标用以表征区域经济发展质量和对人民生活的影响程度，参考 Thomas 等（2001）定义的经济质量的内涵，涵盖机会分配、可持续发展、风险管理等方面。通过上述指标的选取，能够较为全面地包括黄河生态经济带经济发展的若干关键因素。

2. 测度方法

本章采用的测度方法包括耦合协调度、空间自相关和影响因素分析三类，具体计算公式及指标解释见表 14-2。耦合协调度测度方法首先通过标准化处理消除省份与数据间的量纲差异，使各城市群之间具有可比性，再基于两个子系统的权重得到耦合度，基于耦合度推出耦合协调度，基于子系统的综合评价指数进行相对发展水平的测度；空间自相关分析方法能够有效探测耦合协调度的空间格局特征，包括全局和局部空间自相关；影响因素分析方法用于探测地理事物的空间分异性，揭示其背后的具体影响因素。从方法上看，耦合协调度模型在分析中如若存在细节疏漏，便会导致结果不甚准确，本章在计算过程中参考王淑佳等（2021）的研究，确保尽可能得到准确结论。

表 14-2　研究方法

测试方法	模型	计算公式	模型释义	作用意义
耦合协调度测试	极差标准化	正向指标：$y_{ij} = \dfrac{(X_{ij} - X_{ijmin})}{(X_{ijmax} - X_{ijmin})}$ 负向指标：$y_{ij} = \dfrac{(X_{ijmax} - X_{ij})}{(X_{ijmax} - X_{ijmin})}$	y_{ij} 为标准值；X_{ijmax}、X_{ijmin} 为系统 i 指标 j 的最大、最小值；X_{ij} 为系统 i 指标 j 的值	消除数据量纲导致的差异

续表

测试方法	模型	计算公式	模型释义	作用意义
耦合协调度测试	熵权法	$$p_{ij} = \frac{y_{ij}}{\sum\limits_{i=1}^{n} y_{ij}}$$ $$E_j = -\ln(n)^{-1} \sum\limits_{i=1}^{n} p_{ij}\ln p_{ij}$$ $$w_i = \frac{1-E_i}{n-\sum E_i}$$	w_i 为各指标权重；p_{ij} 为第 i 个城市 j 指标的占比（%）；E_j 为 j 指标的信息熵	客观确定指标权重
	综合发展指数耦合度	$$U_1 = \sum\limits_{i=1}^{m} w_i y_{ij}, \quad U_2 = \sum\limits_{i=1}^{n} w_i y_{ij}$$ $$C = n\left[\frac{u_1 u_2 \cdots u_n}{\prod(u_i + u_j)}\right]^{\frac{1}{n}}$$	U_1、U_2 分别代表各子系统的综合功效；n 和 m 均为地级市的个数（个）C 为耦合度。$0 \leq C \leq 0.3$，低水平耦合；$0.3 < C \leq 0.5$，拮抗状态；$0.5 < C \leq 0.8$，磨合状态；$0.8 < C \leq 1$，高水平耦合	获得子系统的综合效益 耦合度反映多个系统的相互依赖相互制约程度，是构建耦合协调度的基础
	耦合协调度	$$T = aU_1 + bU_2$$ $$D = \sqrt{C \times T}$$	T 表示综合评价指数；a 和 b 为待定系数，和为 1，一般均取 0.5；D 表示耦合协调度。$0 \leq D \leq 0.2$，严重失调；$0.2 < D \leq 0.4$，轻度失调；$0.4 < D \leq 0.6$，一般协调；$0.6 < D \leq 0.8$，良好协调；$0.8 < D \leq 1$，优质协调	耦合协调度测算多个系统耦合关系中良性耦合的程度，反映协调状况的好坏
耦合协调度测试	相对发展模型	$$\beta = \frac{U_2}{U_1}$$	β 为相对发展度；U_1、U_2 为生态保护和经济发展综合发展指数。$0 < \beta \leq 0.9$ 为生态保护滞后于经济发展；$0.9 < \beta \leq 1.1$ 为二者同步发展；$\beta > 1.1$ 为经济发展滞后于生态保护	确定特定时间的耦合协调主体

测试方法	模型	计算公式	模型释义	作用意义
空间自相关分析	空间自相关	$$Moran's\ I =$$ $$\frac{\sum_{i=1}^{n}\sum_{j=1}^{n}W_{ij}(x_i-\bar{x})(x_j-\bar{x})}{s^2\sum_{i=1}^{n}\sum_{j=1}^{n}W_{ij}}$$ $$G(d)=\frac{\sum_{i=1}^{n}\sum_{j=1}^{n}W_{ij}x_ix_j}{\sum_{i=1}^{n}\sum_{j=1}^{n}x_ix_j}$$	$\bar{x}$ 和 s^2 表示变量 x 的均值和标准差；n 为研究单元数（个）；x_i 和 x_j 为空间单元 i 和 j 的属性值；W_{ij} 为空间权重矩阵	探测耦合协调度空间格局特征，包括全局和局部空间自相关
影响因素分析	地理探测器	$$q=1-\frac{\sum_{h=1}^{L}N_h\sigma_h^2}{N\sigma^2}$$	q 为各影响因子对耦合度空间分异的解释程度；N_h 与 N 为层 h 和整个区域样本数量（个）；σ_h 和 σ_2 代表层 h 和全域样本方差	用于探测地理事物空间分异性，揭示其背后驱动因子的方法

第二节　结果分析

一、黄河流域城市群生态保护与经济发展的耦合协调分析

1. 生态保护与经济发展的耦合协调时序分析

根据图 14-1 关于生态保护子系统综合发展指数的测度结果看，黄河流域生态保护水平从整体上具有在波动中上升的趋势，反映黄河流域多个省出台《环境保护"十二五"规划》改善生态环境的成效显著。2016 年以前，上游兰州—西宁城市群的生态发展在全流域中最为缓慢；2016 年以后，"几"字弯都市圈生态发展最为缓慢。经济发展子系统综合发展指数显示，研究期内沿黄城市群经济发展水平均取得较大进展，中下游城市群经济发展水平优于上游城市群。中原城市群联通东西，在郑州等增长极带动下经济发展平均增速最快，关中平原城市群经济增速其次，山东半岛城市群始终处于经济发展平均水平之上，兰州—西宁城市群自 2013 年起经济增速加快并跻身平均水平之上，"几"

字弯都市圈经济发展增速则逐渐放缓，自 2016 年起成为黄河流域经济发展增速最慢的地区。

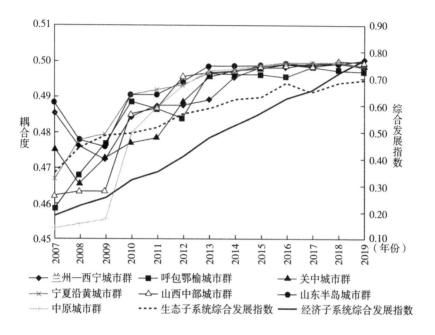

图 14-1 生态保护与经济发展综合发展指数与城市群耦合度的时序特征

研究期内耦合度基本处于拮抗阶段，表明黄河流域城市群的生态保护与经济发展之间的关系还相对较弱（见图 14-1）。2007~2010 年，山东半岛城市群、兰州—西宁城市群、关中平原城市群、中原城市群、山西中部城市群的耦合度呈现"U"形变化趋势，宁夏沿黄城市群和呼包鄂榆城市群的耦合度则逐渐上升。2011~2013 年，耦合度持续提升，随后便基本保持在稳定水平。产生这一现象的主要原因是黄河流域的资源型城市和老工业城市占黄河流域城市比例过半[19]，城市资源环境承载压力大、发展质量不高等问题限制了流域整体耦合度的提升。

黄河流域城市群生态保护与经济发展的耦合协调度整体波动上升（见图 14-2）。中原城市群和关中平原城市群以平原为主，汾渭平原是"一轴两区五极"发展动能中的粮食主产区，自然条件对城镇建设、产业现代化的约束作用弱，因而生态保护与经济发展的协调度水平更容易向好发展，2007~2019 年分别上升了 101.52%、80.97%。"几"字弯都市圈耦合协调度上升幅度较小，宁夏沿黄城市群仅上升 46.86%，这是因为"几"字弯都市圈包括"两区"中以山西、鄂尔多斯盆地为主的煤炭能源富集区，产业结构重多轻少，能源利用和污染排放方式粗放，人均能耗在全国排名第一。

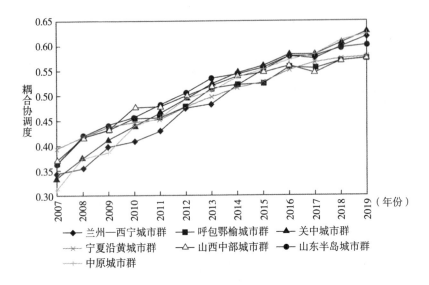

图 14-2　生态保护与经济发展耦合协调度的时序特征

2. 生态保护与经济发展的耦合协调空间分析

（1）耦合协调度分析。2007~2019 年①，黄河流域城市群生态保护与经济发展耦合协调呈现上游城市群低于中下游的分布格局，这与"十四五"规划要求扎实推进黄河流域生态保护和高质量发展应加大上游重点生态系统保护和修复力度相吻合。2007 年生态保护与经济发展的耦合协调度保持在 0.31~0.40，2012年为 0.47~0.51，2017 年为 0.55~0.58，2019 年为 0.57~0.63。2007~2019 年，黄河流域城市群的生态经济耦合协调度一直在向好发展，从基本轻度失调的局面转变为基本良好协调的状态。在空间分布上，下游城市群协调度整体较高，"几"字弯都市圈协调度整体较低。

总体而言，黄河流域上游城市群的生态经济协调度低于中下游。宁夏沿黄城市群、呼包鄂榆城市群、山西中部城市群的耦合协调度相对较低。"几"字

---

① 本章基于中国共产党全国代表大会的召开时间，考虑数据可得性，选择 2007 年、2012 年、2017年和 2019 年为重要时间节点。其中，2007 年、2012 年、2017 年分别召开中国共产党第十七次、第十八次、第十九次全国代表大会，2019 年为可获得的最新数据，下同。

弯都市圈资源型城市以及重化工业城市数量众多，受到土地、能源、水等资源使用方式粗放、污染物大量排放、产业结构单一低质、财政金融支撑薄弱等因素制约，经济发展对生态保护的影响和破坏较为严重，导致二者耦合协调水平相对较低。

（2）空间关系分析。计算 Global Moran's I 得到生态保护与经济发展耦合协调度的全局空间自相关情况。四个年份的 Global Moran's I 值均通过显著性检验 [Z（I）>1.96，P（I）<0.05]①，说明黄河流域城市群耦合协调度具有较强的空间自相关性。同时，存在高值集聚周边为低值集聚城市围绕、低值集聚周边为高值集聚城市围绕的空间负相关特性。形成上述空间特征主要是因为黄河流域城市生态经济发展水平与质量参差不齐。

进一步基于莫兰散点图分析集聚情况发现（见图 14-3），2007 年 HH 集聚地区集中在兰州—西宁城市群、中原城市群和山西中部城市群，LL 集聚区主要集中在山东半岛城市群和关中平原城市群，说明包括"几"字弯都市圈在内的上中游城市群在黄河流域发展中起到了促进周边地区发展的带动作用，生态保护与经济发展的协调度较高。下游的山东半岛城市群和关中平原城市群需要找准自身优势突破既有限制。2012 年、2017 年和 2019 年的集聚情况存在显著波动，不同集聚类型区域逐渐变化，下游沿海区域的 HH 集聚区并未多于上中游流域，表明黄河流域生态经济空间格局从上游、下游的两极分化逐渐走向多元化发展。与 2007 年相比，2012 年和 2017 年的 HH 集聚型城市个数增加，HL 集聚型城市个数减少，说明黄河流域城市群整体生态保护与经济发展的耦合协调度上升，协同发展效应明显。到 2019 年，HH 集聚区处在关中平原城市群；LL 集聚区则分布在原 2007 年 HH 集聚区的兰州—西宁城市群和中原城市群，这与分析的不同城市群的耦合协调水平随时间的推移具有异质性相吻合。

3. 生态保护与经济发展相对发展类型

黄河流域城市群生态保护与经济发展的相对发展水平存在时空异质性。2007~2016 年为经济发展滞后阶段，黄河流域通过承接产业转移并提高经济对外开放水平，促使各城市群经济发展较为迅速，实现了人口集聚与用地扩张。上游城市群丰富矿产资源的开发利用给生态环境带来较大压力，导致生态系统与经济系统的综合发展水平差距逐渐扩大。黄河流域生态本底脆弱，多年平均水资源总

---

① 2007 年 Moran's I=−0.031，2012 年 Moran's I=0.019，2017 年 Moran's I=−0.013，2019 年 Moran's I=−0.026。

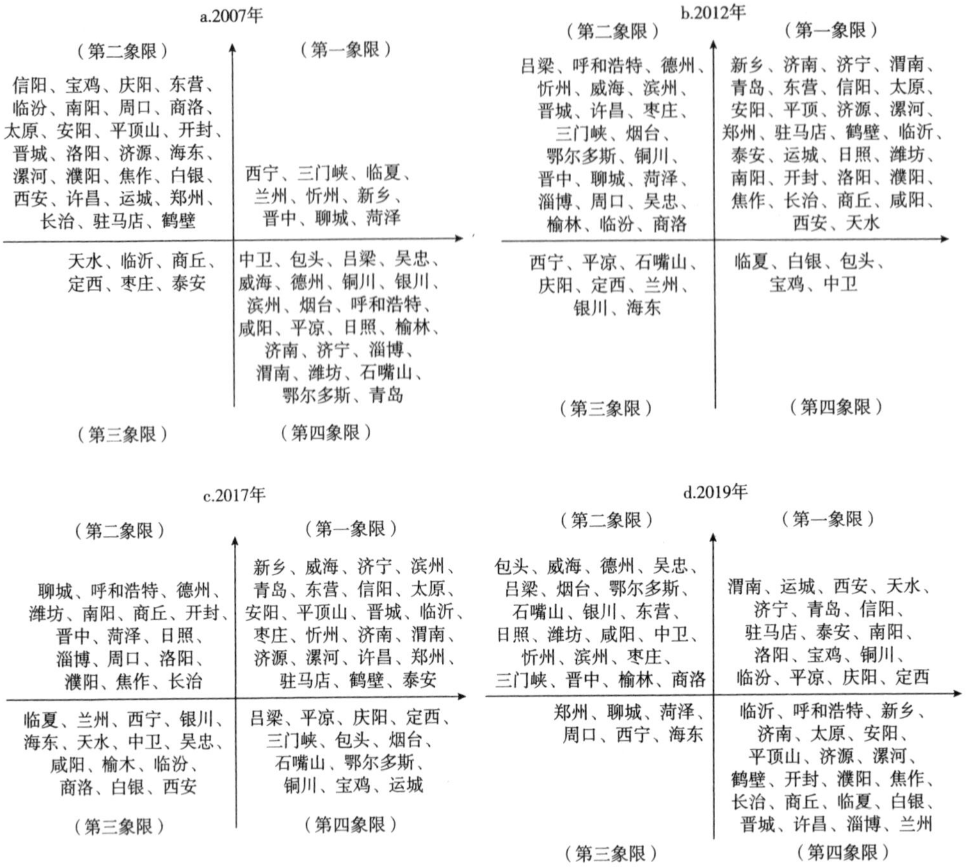

a.2007年

（第二象限）
信阳、宝鸡、庆阳、东营、临汾、南阳、周口、商洛、太原、安阳、平顶山、开封、晋城、洛阳、济源、海东、漯河、濮阳、白银、西安、许昌、运城、郑州、长治、驻马店、鹤壁

（第一象限）
西宁、三门峡、临夏、兰州、忻州、新乡、晋中、聊城、菏泽

天水、临沂、商丘、定西、枣庄、泰安

中卫、包头、吕梁、吴忠、威海、德州、铜川、银川、滨州、烟台、呼和浩特、咸阳、平凉、日照、榆林、济南、济宁、淄博、渭南、潍坊、石嘴山、鄂尔多斯、青岛

（第三象限）　　　　（第四象限）

b.2012年

（第二象限）
吕梁、呼和浩特、德州、忻州、威海、滨州、晋城、许昌、枣庄、三门峡、烟台、鄂尔多斯、铜川、晋中、聊城、菏泽、淄博、周口、吴忠、榆林、临汾、商洛

（第一象限）
新乡、济南、济宁、渭南、青岛、东营、信阳、太原、安阳、平顶、济源、漯河、郑州、驻马店、鹤壁、临沂、泰安、运城、日照、潍坊、焦作、长治、商丘、咸阳、西安、天水

西宁、平凉、石嘴山、庆阳、定西、兰州、银川、海东

临夏、白银、包头、宝鸡、中卫

（第三象限）　　　　（第四象限）

c.2017年

（第二象限）
聊城、呼和浩特、德州、潍坊、南阳、商丘、开封、晋中、菏泽、日照、淄博、周口、洛阳、濮阳、焦作、长治

（第一象限）
新乡、威海、济宁、滨州、青岛、东营、信阳、太原、安阳、平顶山、晋城、临沂、枣庄、忻州、济南、渭南、济源、漯河、许昌、郑州、驻马店、鹤壁、泰安

临夏、兰州、西宁、银川、海东、天水、中卫、吴忠、咸阳、榆林、临汾、商洛、白银、西安

吕梁、平凉、庆阳、定西、三门峡、包头、烟台、石嘴山、鄂尔多斯、铜川、宝鸡、运城

（第三象限）　　　　（第四象限）

d.2019年

（第二象限）
包头、威海、德州、吴忠、吕梁、烟台、鄂尔多斯、石嘴山、银川、东营、日照、潍坊、咸阳、中卫、忻州、滨州、枣庄、三门峡、晋中、榆林、商洛

（第一象限）
渭南、运城、西安、天水、济宁、青岛、信阳、驻马店、泰安、南阳、洛阳、宝鸡、临汾、平凉、庆阳、定西

郑州、聊城、菏泽、周口、西宁、海东

临沂、呼和浩特、新乡、济南、太原、安阳、平顶山、济源、漯河、鹤壁、开封、濮阳、焦作、长治、商丘、临夏、白银、晋城、许昌、淄博、兰州

（第三象限）　　　　（第四象限）

图14-3　黄河流域城市群内各城市空间集聚特征分类

注：各年均按照四个象限划分，即第一象限为 HH 集聚，第二象限为 LH 集聚，第三象限为 LL 集聚，第四象限为 HL 集聚。

量 647 亿立方米，不到长江的 7%[2]。随着经济低质发展导致资源环境约束加剧，重污染天气出现频率增高。

2017 年，黄河流域城市群的整体相对发展类型多过渡到了同步发展阶段，尤以中原城市群内部同步发展类型的地级市占比最高，高达 61%。除山西中部城市群外，黄河流域其余六个城市群的大部分城市经济发展和生态保护均达到了较为平衡的同步发展状态。一方面由于经济总量持续增长，另一方面由于区域生态安全协作稳步启动，"几"字弯都市圈加强联系，生态环境共保共治，例如宁夏回族自治区与甘肃省签订水污染联防联控协议，与内蒙古自治区签订大气污染治理协议等，空气质量明显得到改善，取得了黄河干流"Ⅱ类进Ⅱ类出"的优水质成果，促进生态系统与经济系统的综合发展水平差距逐渐缩小。

2018~2019 年为生态保护滞后阶段。黄河流域城市群发展迅速的同时也对生态环境造成了严重负面影响，在中央和各级地方政府意识到环境保护的重要性后，加强以生态保护思想为指导注重绿色化和可持续性发展，导致耦合度出现小幅下降。随着黄河流域生态安全得到更多重视，资源优化配置、要素有序流动、生态环境进而好转，生态保护和经济发展的协调度继续上升。2019 年，黄河流域 4/7 的城市群由同步发展转变为生态滞后型。仅山东半岛城市群、山西中部城市群和兰州—西宁城市群仍处于整体同步发展的相对发展状态，表明黄河流域仍需加大生态保护力度，继续开展能耗双控工作。

总的来说，黄河流域城市群经历了从经济发展滞后型向生态保护滞后型的转变。黄河流域上中游资源环境较为脆弱，经济发展水平也与全国平均水平存在较大差距，因此整体耦合协调水平差距不大。同时，由于生态保护是长期性工作，经济发展相较而言可以短期提高，所以在耦合协调度计算过程中权重的高低便导致了初期相对发展类型多为经济发展滞后。随着经济发展的推进，城市对资源需求的增长，导致对自然资源的占有和损耗以及生态环境的恶化，降低了城市群居住环境的舒适度和投资环境的竞争力，进而对经济发展起到了一定阻碍作用。

二、黄河流域城市群生态保护与经济发展的耦合协调的影响机制

由前述分析可知，黄河流域城市群生态保护与经济发展的耦合协调水平有待提高，耦合协调发展质量仍需加强，从而更好地推动黄河流域生态保护与高质量发展。为此，本章选取重点因素作为探测因子，运用地理探测器进一步探究耦合协调度波动背后的具体机制。

在运用地理探测器分析耦合协调机制时，一般是基于研究区特征选取 6~15 个指标分析耦合协调度时空格局的驱动机制[18,20]。本章在遵循既有分析思路和借鉴前人研究的基础上[21-24]，依据耦合协调度测算得到的各指标权重，将 43 个指标按照权重从大到小排序，选取前 20 个作为耦合协调机制分析中的探测因子，并基于指标特性划分为七个类别，具体内容见表 14-3。然后，将城市群内各城市各年各个指标取均值作为分析城市群整体的对应探测因子的统计结果，令探测因子按照 K-Means 聚类方式分为 1、2、3、4、5 五类。之后，利用地理探测器，分别计算时序和城市群异质性比较下探测因子的影响能力，依照影响能力从高到低排序确定探测因子对耦合协调度影响的差异。其中，探测因子影响能力最强表

示为1，反之为20。

表 14-3　探测因子

划分类别	探测因子
绿色环境	人均耕地面积 X_2、空气质量优良率 X_{16}
城市发展与人民生活	地区生产总值增长率 X_{19}、人均固定资本投资额 X_{21}、人均社会消费品零售总额 X_{22}、城市建设用地占市区面积比例 X_{24}、城镇化率 X_{29}、农民人均纯收入 X_{34}
科技创新	万人绿色专利数 X_{17}、万人专利授权数 X_{38}
产业发展与结构	第二产业产值占比 X_{27}、第三产业产值占比 X_{28}、工业企业数 X_{32}
对外开放	进出口占 GDP 比例 X_{25}、外商投资占 GDP 比例 X_{26}
交通运输	人均道路面积 X_{23}、高铁站数量 X_{36}
基本公共服务	万人在校大学生数 X_{37}、万人拥有藏书量 X_{41}、互联网普及率 X_{42}

1. 耦合协调度分异的影响要素探测

（1）时序分析。由图 14-4 可知，外商投资占比、人均固定资本投资额、万人专利授权数、万人在校大学生数等是在研究期内影响生态保护和经济协调发展的重要因素，在进入新时代以后，上述探测因子的位次更加靠前，反映出加强对外开放、投资、科技创新和人才储备对黄河流域城市群生态经济耦合发展具有重要作用。

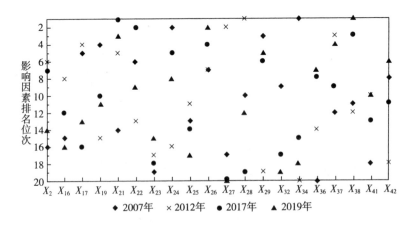

图 14-4　黄河流域生态保护与经济发展的耦合协调度影响因素时序分布

注：图中横坐标对应的指标请参照表 14-1，下同。

分阶段看，不同年份影响耦合协调度的因素存在变化。2007年，主要是受农民人均纯收入、城市建设用地占比、城镇化率、地区经济增长率等因素影响。因为2007年经济发展水平相对较低，追求经济和收入增长是黄河流域的共同目标，这基本与经济发展初期城市发展盲目追求扩张和短期绩效相吻合。2012年，受第三产业产值占比、第二产业产值占比、万人在校大学生数、万人绿色专利数等因素影响较多，这是由于随着经济发展，经济运行结构和质量逐渐受到重视，产业发展和劳动力驱动经济增长。2017年，人均固定资本投资额、人均社会消费品零售总额、万人专利授权数、外商投资占GDP比例等是关键影响因素，反映了自党的十九大以来，起主要影响的探测因子发生转变，呈现出以投资、消费、开放和创新为驱动力的基本格局。2019年，万人专利授权数、外商投资占GDP比例、人均社会消费品零售总额等因素发挥重要作用，因为创新型国家建设成果显著，企业创新能力和经济对外开放程度愈发得到重视。

总之，从时序分析中能够看出，黄河流域城市群生态保护与经济发展的耦合在四个不同时点存在以经济增长为驱动、产业发展和劳动力为驱动、投资和消费为驱动、创新和对外开放为驱动的变化特征。这一变化与黄河流域所处经济发展阶段和发展战略有关。当前，黄河流域生态保护和高质量发展战略的适时提出，为未来黄河流域发展指明了新的方向。

（2）城市群比较分析。由于七大城市群地处黄河流域上中下游，不同流域自然与经济环境上的差异导致不同城市群在探测因子对耦合协调度的影响能力分析中存在不同。图14-5证明了上述结论。从城市群整体探测分析中能够看出，基本公共服务、交通基础设施建设、科技创新、对外开放和人民生活对各城市群均产生了不同程度的影响。各探测因子对耦合协调度的影响能力变化存在着一致性和差异性。

具体而言，山东半岛城市群地处黄河下游，城镇化率、地区经济增长率、农民人均纯收入、互联网普及率和人均道路面积是影响城市群生态与经济协调发展的重要因素，反映山东半岛城市群是以经济发展为主导加快新旧动能转换，优化城市发展格局，实现生态保护与经济发展的双向耦合，这一驱动机制与该城市群地处沿海，经济发展水平、人口集聚和科创实力相对较高有着紧密联系。

中原城市群、关中平原城市群、山西中部城市群、呼包鄂榆城市群地处黄河中游，具有干旱少雨、黄土高原水土流失严重、资源型城市较多的共同特征，形成从银川经呼和浩特至太原三个中心城市辐射发展的"几"字弯都市圈。从地理探测分析结果看，农民人均纯收入、人均社会消费品零售总额和万人绿色专利

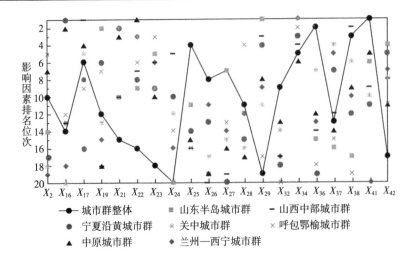

影响因素排名位次

X₂ X₁₆ X₁₇ X₁₉ X₂₁ X₂₂ X₂₃ X₂₄ X₂₅ X₂₆ X₂₇ X₂₈ X₂₉ X₃₂ X₃₄ X₃₆ X₃₇ X₃₈ X₄₁ X₄₂

—●— 城市群整体　　■ 山东半岛城市群　　— 山西中部城市群
● 宁夏沿黄城市群　　＊ 关中城市群　　× 呼包鄂榆城市群
▲ 中原城市群　　◆ 兰州—西宁城市群

图 14-5　黄河流域生态保护与经济发展的耦合协调度影响因素空间分布

数这三大探测因子对中游四大城市群均具有较大的影响力，说明经济发展与环境保护并行能够较好地促进城市群生态与经济的耦合协调。

宁夏沿黄城市群和兰州—西宁城市群地处黄河上游，空气质量优良率、人均固定资本投资额和农民人均纯收入对生态经济耦合协调度影响较大。围绕提升上游"中华水塔"水源涵养能力，绿化、还草、治水、治沙，营造西部生态屏障的生态文明建设和生态保护工作对黄河流域上游经济协调发展的作用较大。

综上，通过分析对宁夏沿黄城市群产生重要影响的探测因子特征与规律，发现推进黄河流域生态保护与高质量发展需要以保障人民收入为重点，拓宽投资消费渠道，在解决好黄河流域水资源问题的基础上，依托经济发展加大生态环境保护投入力度，遵循"大保护"和"大治理"推动黄河流域高质量发展，切实推进黄河流域生态环境改善和经济发展质量的提高。

2. 基于决定性影响因素的耦合机制分析

地理探测器分析结果揭示了探测因子在黄河流域城市群生态保护和经济发展耦合协调度上的影响力差异。实现生态保护与经济发展的耦合协调是环境保护、城市发展、人民生活、科技创新、产业水平、对外开放、交通运输和基本公共服务等多类型驱动因子共同作用的结果。关于生态保护与经济发展的耦合协调机制见图 14-6，从图中可见，基于 7 类 20 个探测因子的划分和选取，能够从城市/民生发展与对外开放、科技创新与产业发展、绿色发展与农业建设和基本公共服务体系四个方面分析黄河流域城市群生态保护与经济发展的耦合协调发展机制，并能够基于这一路径指明未来提升耦合协调质量的基本思路。

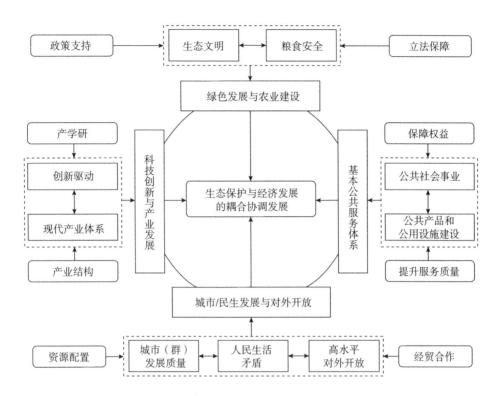

图 14-6　生态保护与经济发展的耦合协调机制

（1）城市/民生发展与对外开放机制。切实处理好"人民日益增长的美好生活需要和不平衡不充分的发展之间的矛盾"是城市发展过程中必须解决的问题。同时，实现高水平对外开放能够丰富城市发展内涵，提高城市多样性。黄河流域城市群间存在着经济分化，城市群内部也存在着发展差距，双重差异的堆叠限制了黄河流域生态保护与高质量发展的推进。沿黄城市群应正视流域内城市发展不足和欠发达地区仍将阶段性存在的现实，充分挖掘地区内部的比较优势来打造黄河流域高质量增长极，实行对内对外两头开放的城市群协同战略。对内承接沿海地区新兴产业和先进制造业产业转移，基于地区资源禀赋和自然地理环境加强要素流动和优化配置，避免城市群间同质化产业建设，最终实现供需两端的高质量双循环发展。对外发展依托沿黄口岸城市的外向型经济，搭建起黄河流域城市群沿海内陆、东西双向的对外交流通道、重要商贸枢纽和人文交流基地。

（2）科技创新与产业发展机制。形成以创新为主要动能的现代化经济廊道是黄河流域参与国际经济分工的战略布局。一方面，科技创新对城市经济发展和生态环境保护起到支撑作用，搭建产学研联通共享的绿色研发平台，结合技术转移共同实现黄河流域生态与经济的高质量协调发展。另一方面，管理或技术上的优化创新能够有效推动产业结构优化升级。黄河流域城市群间的产业发展存在一定差异，基于已发布的各城市群发展规划可知，"几"字弯都市圈在已有能源、冶金和畜牧业发展优势的基础上提出要建设高端能源化工、战略性新兴产业和绿色农畜产业生产加工产业集群，而中原城市群则是在自身地理位置、制造业发展水平较高的基础上指明要成为先进制造业和现代服务业基地、内陆地区双向开放新高地。由此可以看出，基于本地资源优势和发展目标，构建适宜的产业结构，利用现代化发展诉求与科学治理才可形成现代产业体系。

（3）绿色发展与农业建设机制。黄河流域水资源约束一直是地方生态环境脆弱和农业发展受限的主要原因，资源型城市和发展重工业的城市较多，亦导致黄河流域空气质量有待进一步改善。"共同抓好大保护、协同推进大治理"是完善黄河生态系统建设主要原则。践行生态文明能够修复黄河流域生态脆弱性和改善自然气候环境，恪守粮食安全能够稳定粮食生产产量和人民生活水平，改善农业生态环境，保证粮食主产区的重要地位。同时，由于农业生产具有对自然环境产生负效应的天然劣势，要依靠绿色生态技术、种植结构、种植与生产经营模式尽可能减少对环境的负面影响，实现农业与绿色发展齐头并进。在政策支持和立法保障的双重维护下，促使"五极"所涵盖的七大城市群发挥各地比较优势，走出具有黄河流域特色的高质量发展道路，推动生态保护与经济发展的双向协调耦合。

（4）基本公共服务体系机制。实现基本公共服务均等化是当前社会经济发展的重要任务，对改善人民群众生产生活质量和改善社会发展宏观环境起指导作用。目前黄河流域城市群在基本公共服务体系上存在供给不足，通过提供高质量的公共服务，可以提高生态保护与经济发展的耦合协调水平[25,26]。据此，从公共交通、公共教育、公共卫生、公共文化等多领域切实提高服务质量，保障各方主体根本权益，能够促进沿黄城市群之间的经济交往和沿黄环保共治合作，还能推动人口的集聚和流动，为生态保护与经济发展的耦合协调助力。实现基本公共服务均等化也是推动黄河流域治理能力现代化的有效手段，有助于满足人民群众基本生活需要和促进机会均等，实现人民群众共享经济社会发展硕果，并为黄河流域未来更加绿色、可持续和高质量的发展贡献力量。

第三节　结论与建议

一、结论

分析结果表明：①研究期内黄河流域七大城市群的经济发展水平有较大提升，但生态保护建设进展较为缓慢，二者耦合度波动上升。②上游城市群的生态—经济协调度低于中下游，整体协调度提升至良好协调，较过去显著失衡的发展模式有了极大改善。③黄河流域城市群经历了从经济发展滞后型向生态保护滞后型的转变。④各城市群的生态保护与经济发展的协调度存在关联效应。⑤生态保护与经济发展的耦合在研究期内存在以经济增长为驱动、产业发展和劳动力为驱动、投资和消费为驱动、创新和对外开放为驱动的变化特征。生态保护与经济发展的耦合协调是不同影响因素相互作用形成绿色发展、科技创新、公共服务、民生发展共同推动的结果。

二、政策建议

结合上述分析不难看出，黄河流域城市群的生态保护与经济发展的耦合协调度并未如既有认知那样，存在着从东向西、从下游到上游耦合水平降低的绝对趋势。据此，提出促进黄河流域城市群生态与经济深度耦合的政策建议：

（1）黄河流域要紧抓重要国家战略，利用各地资源禀赋和经济特色，结合《纲要》与"十四五"规划的具体目标和要求，因地制宜地构建好具有绿色化、专业化和系统化的政策体系。同时，利用好目前对外开放为流域生态经济耦合的主要驱动因素特征，一方面要结合"一带一路"倡议以保护、传承和发扬黄河文化，另一方面要依托沿黄口岸城市创新式发展外向型经济，特别是发挥宁夏沿黄城市群、关中平原城市群和兰州—西宁城市群覆盖丝绸之路经济带的战略优势，搭建起黄河流域城市群沿海内陆并举、东西双向兼顾的对外交流通道、物流商贸枢纽与人文交流基地。

（2）黄河流域城市群要加强区域合作与交流，敢于突破行政区划限制，形成统一的体制机制。基于黄河流域城市群耦合协调度的空间自相关性，利用城市群中的对外开放中心、科技中心和经济中心城市优势，推进建设黄河流域生态保护和高质量发展先行区、试验区，形成绿色可持续的科技研发共享链、要素流动价值链和生态建设互补链，从而在生态保护与高质量发展的过程中促进欠发达城市群的发展，最终开创全局联动互补的生态补偿和经贸往来的高质量发展新格局。

（3）黄河流域不同城市群内不同耦合水平的城市，要基于城市发展目标、主导产业和产业结构，将生态保护和提质增效相结合，形成生态友好型经济发展宏观环境。根据上中游城市群和下游城市群的生态—经济协调度异质性，上游、中游和下游地区应差异化地基于本地产业特色和资源禀赋，渐进式调整粗放型、高污染型等非绿色经济发展模式与结构，深挖地区经济发展新动能，助力生态环境保护目标不动摇。抢抓碳达峰、碳中和战略机遇，严格把控上中游城市群建设各类开发区，创新并畅通"几"字弯都市圈内体制机制，如建设跨省碳排放权交易、生态补偿等通道，切实起到城市群以点带面实现黄河流域生态保护与经济发展的高水平协同的作用。

参考文献

［1］樊杰，王亚飞，王怡轩.基于地理单元的区域高质量发展研究：兼论黄河流域同长江流域发展的条件差异及重点［J］.经济地理，2020，40（1）：1-11.

［2］中共中央，国务院.黄河流域生态保护和高质量发展规划纲要［EB/OL］.（2021-10-08）.http：//www.gov.cn/zhengce/2021-10/08/content_5641438.htm.

［3］杜霞，孟彦如，方创琳，等.山东半岛城市群城镇化与生态环境耦合协调发展的时空格局［J］.生态学报，2020，40（16）：5546-5559.

［4］白玉娟，洪增林，薛旭平，等.关中平原城市群土地集约利用与生态文明建设耦合性研究［J］.水土保持研究，2021，28（3）：272-280.

［5］赵建吉，刘岩，朱亚坤，等.黄河流域新型城镇化与生态环境耦合的时空格局及影响因素［J］.资源科学，2020，42（1）：159-171.

［6］刘琳轲，梁流涛，高攀，等.黄河流域生态保护与高质量发展的耦合关系及交互响应［J］.自然资源学报，2021，36（1）：176-195.

［7］韩琭，何佟佟，杨勇.城市群高质量发展与土地利用效率耦合协调度评价：基于黄河流域七大城市群的实证分析［J］.河南师范大学学报（哲学社会科学版），2021，48（1）：95-101.

［8］孙斌，徐渭，薛建春，等.黄河流域城市群城镇化与生态环境耦合协调预测［J］.地球科学与环境学报，2021，43（5）：887-896.

［9］任保平，杜宇翔.黄河流域经济增长—产业发展—生态环境的耦合协同关系［J］.中

国人口·资源与环境，2021，31（2）：119-129.

[10] 孙继琼.黄河流域生态保护与高质量发展的耦合协调：评价与趋势 [J].财经科学，2021（3）：106-118.

[11] 崔盼盼，赵媛，夏四友，等.黄河流域生态环境与高质量发展测度及时空耦合特征 [J].经济地理，2020，40（5）：49-57，80.

[12] 徐维祥，徐志雄，刘程军.黄河流域地级城市土地集约利用效率与生态福利绩效的耦合性分析 [J].自然资源学报，2021，36（1）：114-130.

[13] 葛世帅，曾刚，杨阳，等.黄河经济带生态文明建设与城市化耦合关系及空间特征研究 [J].自然资源学报，2021，36（1）：87-102.

[14] 王育宝，陆扬，王玮华.经济高质量发展与生态环境保护协调耦合研究新进展 [J].北京工业大学学报（社会科学版），2019，19（5）：84-94.

[15] 玉亚华，胡鞍钢.黄河流域水资源治理模式应从控制向良治转变 [J].人民黄河，2002（1）：23-25.

[16] 孙黄平，黄震方，徐冬冬，等.泛长三角城市群城镇化与生态环境耦合的空间特征与驱动机制 [J].经济地理，2017，37（2）：163-170，186.

[17] 托马斯，玉燕.增长的质量 [M].北京：中国财政经济出版社，2001.

[18] 王淑佳，孔伟，任亮，等.国内耦合协调度模型的误区及修正 [J].自然资源学报，2021，36（3）：793-810.

[19] 张国兴，王涵，闫磊超.基于绿色发展效率的黄河流域资源型城市转型发展研究 [J].区域经济评论，2021（5）：138-144.

[20] 郭付友，佟连军，仇方道，等.黄河流域生态经济走廊绿色发展时空分异特征与影响因素识别 [J].地理学报，2021，76（3）：726-739.

[21] 黄金川，方创琳.城市化与生态环境交互耦合机制与规律性分析 [J].地理研究，2003，22（2）：211-220.

[22] 陈晓红，万鲁河.城市化与生态环境耦合的脆弱性与协调性作用机制研究 [J].地理科学，2013，33（12）：1450-1457.

[23] 程钰，王晶晶，王亚平，等.中国绿色发展时空演变轨迹与影响机理研究 [J].地理研究，2019，38（11）：2745-2765.

[24] 岳立，薛丹.黄河流域沿线城市绿色发展效率时空演变及其影响因素 [J].资源科学，2020，42（12）：2274-2284.

[25] 刘传明，张春梅，任启龙，等.基本公共服务与经济发展互动耦合机制及时空特征：以江苏省13城市为例 [J].经济地理，2019，39（4）：26-33.

[26] 吕炜，赵佳佳.中国经济发展过程中的公共服务与收入分配调节 [J].财贸经济，2007（5）：45-52，128-129.

后　记

　　《我国区域协调发展与区域新格局构建研究》是"新时代中国区域经济前沿问题系列丛书"中的一本专著。这本书是在我本人和我的学生近十年来合作研究区域协调发展问题的文章集合的基础上，进行编辑、增删而形成的，倾注了大量的心血。

　　进入新时代，实现中国式现代化的路径是由高质量发展代替高速度发展，使中国经济持续稳定走上新的台阶，这其中区域协调发展是解决中国发展中的不平衡不充分问题的关键路径。本书的目标，是从中国区域经济发展现状出发，把区域协调发展的理论深化与实践探索展现在读者面前，为读者分析研究中国区域经济发展的重大问题提供帮助。

　　本书写作过程中引用了大量的政策文件和国内外学者的观点及其相关数据，对此我们都一一进行了注释，或者在文后注出了参考文献。对于由于作者的疏漏而未加注释的，敬请见谅。另外，书中难免有纰漏、缺陷和有不妥之处，敬请广大读者批评指正。

　　十分感谢与我合作多年的各位同仁，按照本书内容的顺序他们是张皓、石林、易淑昶、张翱、蒋治、胡俊彦、张静、苏玺鉴、闫昊生、程芸倩、王邹、周孝伦、殷赏、崔雅琪。

　　最后，对一直支持和帮助我们的研究工作，并付出巨大努力的经济管理出版社表示衷心的感谢。

孙久文

2023 年 12 月 8 日